追寻"野人"的足迹
——中国环保领跑者

seeking the footprints of wild man
——Leading pacemaker of environmental protection of China

图书在版编目(CIP)数据

追寻"野人"的足迹/汪永晨著. —北京：语文出版社，2010.6
ISBN 978-7-80241-174-6

Ⅰ.①追… Ⅱ.①汪… Ⅲ.①汪永晨-传记
Ⅳ.①K825.42

中国版本图书馆 CIP 数据核字（2010）第 030933 号

追寻"野人"的足迹

汪永晨　著

*

语 文 出 版 社 出 版

100010　　北京朝阳门南小街 51 号
E-mail：ywp@ywcbs.com
新华书店经销　　北京皇家印刷厂印刷

*

787 毫米×1092 毫米　16 开本　23.25 印张　317 千字
2010 年 8 月第 1 版　　2010 年 8 月第 1 次印刷
印数：1—4,000　　定价：36.00 元

本书如有缺页、倒页、脱页，请寄本社发行部调换。

对"野人"的评价

我认为：环境保护是一个社会公益性非常强的事业，它不属于国务院的一个部门，像交通行业、铁道行业、建筑行业，它不是一个行业。它关系到所有人。因为所有人都要喘气，都要喝水，都要睡觉，都要吃饭。喘气能不能喘清洁的空气，喝水能不能喝洁净的水，吃饭能不能吃到洁净的食品，睡觉能不能不被噪声骚扰？它涉及到每个人的切身利益，它是社会公益性最强的事业，光凭一个国家环保部，用政府的行政行为是解决不了中国的环境问题的。

我和永晨说：我们不能老凭一种朴素的感情，一种义愤，一种感情，做一个愤青。我们要站得住，从国家法律的角度，从环保科技，从公众参与的角度，参与程度要纵深提高。

牟广丰

（国家环保部环评司巡视员）

做环保没有坚韧的精神是不行的。屡战屡败，屡败屡战，始终如一地推行环保。说实话，做NGO的从来没有指望成功，没有想到居然也取得了一些成功，这是意外的收获，非常难得。但是这也表明我们的工作取得了实际的成果，在现实当中正在发挥实际的作用。水电开发中的信息公开、怒江保卫战，都取得了实质性的成就，对整个国家产生了实质性的影响。

我喜欢这种理念：快乐环保。也就是说如果我们做环保的人都把自己搞成神经病了，自己都非常悲观绝望，没有什么希望，那还怎么保护环境。为社会尽一份能力，实际也是自我改善，自我拯救。也就是说，我们不能使自己的生活质量更高更好，我们要改变别人也很困难，我们虽然有殉道的精神，但是我们也要把自己的生活品质、精神状况调整得比较健康比较快乐。环保一个是对外部的，对他人的；一个是对自己的，提升自我，改善自我。从早期以环境教育为主，逐渐变成公众参与的组织，这也是自然之友希望完成的转变。

杨东平

（北京理工大学　研究员）

中国的民间环保组织是一个个见义勇为的群体。在每一个环保的关键时刻,这些组织的志愿者都能够拍案而起,仗义执言,他们代表了一种声音,而且具有极大的社会影响力,就因为这个不可忽视的声音,在某种程度上震动了整个中国,才造就了今天公众对环境保护的关注。这里面要是没有大无畏的精神,没有奋不顾身的努力,没有象当年闻一多先生的拍案而起的那种志气,也做不到,未来的十年我们继续强调这个精神。

苏京平

(北京人民广播电台新闻部主任)

我参加了一个环境保护志愿团体的活动。该志愿团体起因于一些人对环境问题的敏感和对保护生态环境的责任感，吸引了一批志同道合者，从1996年正式命名到现在，该志愿团体从几十到几百到成千到上万。队伍的成员也从最初的记者、环境科学工作者发展到大中小学老师、学生、退休老人和公司的白领、党政机关的干部及各行各业的老百姓。这次活动非常有意思，参加者基本上是该组织的志愿者。活动选择在一所小学的教室，这些大人把学生小课桌围起来，一瓶矿泉水和一点水果，大家侃侃而谈，气氛好不热闹。参加者也有带来孩子的，孩子们围坐成另外一圈，畅谈自己的话题，大家度过了一个愉快的夜晚。这情景使我不由地想起了上个世纪我在加拿大和美国见到的社区活动，两者很类似，一群有共同兴趣的人，周末利用一个公共空间聚集在一起，畅谈、交流，度过一个愉快、轻松、友好的周末。

丁元竹是中国最早研究志愿活动的专家之一。

丁元竹

（国家发改委宏观经济研究院研究员、北京大学志愿服务与福利研究中心主任）

绿家园及其记者沙龙为环保事业提供了一个很好的宣传平台,也给所有关心环保的人士提供了一个交流的空间,它已超越了简单的记者互动形式,体现了民间环保组织的专业性,已经成为了绿家园最重要的组成部分,形成了独有的特色活动,得到了广泛的关注。

马　军

(公众与环境研究中心　主任)

中国民间环保组织的成长在中国是一个非常奇特的现象，当初有很多还没有注册，就聚集了中国环保意识觉醒最早的一批知识分子。但是十几年来发展非常快，而且成长过程中是一步步走向深入，从浅绿走向深绿。

熊志宏
（中国环境报专题部　主任）

追寻"野人"的足迹
——中国环保领跑者

seeking the footprints of wild man
——Leading pacemaker of environmental protection of China

目 录 CATAIOGUE

志愿的快乐
  快乐来自走进大自然……………………………………001
  快乐来自于志同道合者的组合……………………………002
  快乐来自于自我价值的体现………………………………005

环保领军人物
为"表亲"奔走——梁从诫……………………………008
  遥想当年,舟上有人难眠…………………………………009
  拉钩拉出来的民间环保组织………………………………012
  对"豪"字的解释…………………………………………015
  不当绿色"救世主"………………………………………016

我眼中的廖晓义
  发生在我俩之间的事………………………………………020
  年度人物实录………………………………………………026
  让女儿休学的妈妈…………………………………………027
  她要举起绿色的大旗………………………………………029

能说、能文、能行——唐锡阳……………………036
  做事,做人,都较真………………………………………037
  七十五岁这样走过…………………………………………038
  大学生绿色营………………………………………………041
  错!错!错…………………………………………………045
  一段始于大自然的爱情……………………………………047

官司缠身——王灿发……………………………………052
  200万诉讼费………………………………………………053
  绿色中国年度人物…………………………………………057
  官司从争夺媒体开始………………………………………059
  法律为谁做主………………………………………………061

追求把建议变成行动——吕　植…………………066

"你的大熊猫在我那儿"……………………………………068
还野生动物一个属于自己的家………………………………070
科学家要有勇气和骨气面对自己的良心……………………076

用自己的方式服务社会——梁晓燕……………………084
NGO如何始终保持自身目标的清晰…………………………085
知其雄,守其雌,为天下溪……………………………………089
乡村图书馆的首席推销员……………………………………093
哀莫大于善心无法表达,哀莫大于能力无法施展……………095
她一定是我一生都认的朋友…………………………………098

江河的守护者

长江源——杨 欣……………………………………100
藏羚羊迎着列车………………………………………………101
藏羚羊的经历…………………………………………………102
一条江和一个人独走苍茫……………………………………107
江源的民间保护站……………………………………………109
杨欣的自述……………………………………………………111

富有的民间环保人——于晓刚……………………114
黄车已过………………………………………………………116
博士论文和戈德曼环保大奖…………………………………122
ＮＧＯ应该参与到决策中去…………………………………125

我叫她运大姐——运建立……………………………130
岁末年初汉江行………………………………………………132
60岁的生日礼物………………………………………………135
$1+1>2$…………………………………………………………137
第一次经历没有黑夜的"一天"………………………………139
牵挂南水北调…………………………………………………142
"绿色汉江号"启航……………………………………………144
为五斗米折腰…………………………………………………145

他在乎尊严——马 军……………………………………148

相同与不同……………………………………………149
江河的尊严……………………………………………153
法律的尊严……………………………………………155
中国水污染地图的尊严………………………………156
公众的尊严……………………………………………160

和野生动物打交道的人

为猴子请命——奚志农……………………………………164
它是只疯了的金丝猴…………………………………166
面对三堆藏羚羊的尸体………………………………169
为了野生动物的家……………………………………173

蝗虫亘古不变的"秘密"——走近解密蝗虫的陈永林………178
蚂蚱与蝗虫……………………………………………179
没有护照的国际"游客"………………………………181
蝗虫亘古不变的"秘密"………………………………185
蝗虫与气候变化………………………………………187

漫漫"驼生"——袁国映……………………………………192
野骆驼的母爱…………………………………………193
野骆驼和家驼的区别…………………………………194
荒漠戈壁上的流浪汉…………………………………195
野骆驼的家园…………………………………………197
救救野骆驼……………………………………………200

黑颈鹤的守护神——孙德辉……………………………202

"候鸟"的我歌我泣——周海翔…………………………212
为黑脸琵鹭设的帐号…………………………………213
V字不仅仅代表着胜利…………………………………215
镜头下的阳光与罪恶…………………………………217

他们关爱的是自然

从未得过奖的环保官员——牟广丰……………………………222

给民间环保组织以合法身分·················223
　　向影视明星们鞠躬·····················226
　　请留下最后的生态江河···················228
　　环保最能体现"三个代表"·················231
　　与诗为伴的环保官员····················234

相信大自然永远是正确的——沈孝辉·············238
　　女儿眼睛里的爸爸·····················239
　　长白山自然保护区"人祸"二十年祭············240
　　人参、神山与江河·····················244
　　生态文化与生态文明····················250
　　寻找长白山神秘花园····················252

"感谢"沙尘暴——刘书润··················254
　　生态学与人情味······················255
　　游牧文明过时了吗?····················258
　　地球是五颜六色的·····················262

我的记者同行

思考总理正在思考的问题——苏京平·············268
　　无颜面对完达山······················269
　　来自360度全景的震撼···················272
　　170盘录音带·······················275
　　不是我比别人更聪明,只因为我比别人离炮火更近·····279

我,不能沉默——熊志宏··················284
　　她笔下的中国环保历程···················285
　　一个生命决定了她的人生··················289
　　促成开创杜邦环境新闻奖··················293
　　同事眼里的熊志宏·····················295

张可佳和她的绿岛····················298
　　我俩儿··························299
　　媒体里的NGO······················301
　　绿岛译丛·························304

追求独家新闻……………………………………………………305
新闻维护公众利益才有生命力——刘鉴强……………………310
　　三峡的疑问………………………………………………………312
　　虎跳峡的牵挂……………………………………………………314
没有河流的故乡——我与绿家园………………………………324
　　媒体与环境保护…………………………………………………326
　　走进自然，认识自然和自然交朋友……………………………331
　　从关注江河到推动公众参与影响公共决策……………………336

后记——记录"野人"的足迹……………………………………349

志愿的快乐

汪永晨

我一直有这样的观点：NGO是一个能给人们带来快乐的群体；NGO是一伙志同道合人的组合；NGO是一个追求自我价值多于追求名利的单位、是一片实现个人理想的天地。十二年来，我在这一群体，这一片天地，尽情地体味着其中的快乐，发挥着自己的特长，实现着自己的人生理想，感悟着不是世外桃源的桃源生活。

追寻"野人"的足迹
——中国环保领跑者

快乐来自走进大自然

走进自然，认识自然和自然交朋友。如果说绿家园志愿者初创时的这一宗旨，还带着理想主义的色彩的话，那么十年来的风风雨雨却让我们看到这一理想在一点点由事实得以证明。

12年来，我们到野外观鸟，北京的鸟类特别是每年春秋两季，它们迁栖的时间里有上百种之多。参加这项户外活动的一个小学2年级学生，几次观鸟后就认识100多种鸟。他为中央人民广播电台录来一篇他自己写的广播稿。题目叫"鸟的饮水大战"。孩子的习作把鸟之间争水时的"激战"描绘得有声有色；绿家园活动的早期，有一年"五一"放假期间我们到恩格贝沙漠种树，参加活动的一个孩子在接受记者采访时说：沙漠是一种残酷的美，在那里呆的时间越长，越觉得美向残酷转化。在中央人民广播电台的节目中播出这段采访时，孩子声音奶声奶气，没人置疑他是孩子。可这篇文章在人民日报登出之前，审稿的老总不相信一个中学生能说出这么带有哲理的话来。倒是一起走进沙漠的记者告诉他的领导，大自然可以教会我们很多。没有走进过沙漠的孩子，或许说不出这深刻的哲理。沙漠不仅仅是大自然，也是大课堂。孩子们在里面得到的也不仅仅是快乐，还有知识。

也是那次沙漠种树，另一个小学生在被同行的人问道：回去后会怎么向你的同学形容这次沙漠之旅呢？小学生对着沙漠大声地说：我要告诉他们我在沙漠里种了一棵树。孩子当时的兴奋与得意，至今还印在很多大人的心里。

童心未泯，多用于形容大人寻求孩子式的快乐。大人和孩子们一起走进自然时得到的那份快乐，不仅来自于自然，也来自于孩子。这是志愿种树去，从种树中得到的另一收获。

2005年春节58位绿家园志愿者云游云南怒江后，对那里至今保留着的绿松石般的江水和傈僳族的澡堂会、溜索、同心酒，感慨万千。志愿者们不单对那里绿色的来自冰川的江水及生物多样性有了认知，更看到了那里丰富的民族文化、传统风俗与生物多样性之间的相互关联。那次怒江行还让绿家园志愿者多了一份责任，一家每年花400块学费帮一个孩子上学。志愿者中的一位军人抱起了一个没穿鞋的男孩，用整整30分钟为孩子洗干净脚，穿上新鞋，学会了系鞋带。看着穿着鞋走路的孩子，孩子和军人都笑了。

2007年暑期，绿家园志愿者走近了三江源。在黄河源区鄂陵湖、扎陵湖边山上的牛头碑旁看到了绿色的黄河源；在玉树的通天河畔看到了阳光下跳着浪花的白色长江；在峡谷中穿越后，看到了雨后的澜沧江像是刚刚从母体中分娩。一江红水，让人感慨，澜沧江的孩童时代是那么随心所欲和自由自在。

001

就是本着这种追寻快乐,与大自然交朋友的原则,十年来,绿家园志愿者在山东荣城和大天鹅一起过新年;在江苏盐城和黑龙江扎龙与丹顶鹤过冬度夏;走进四川卧龙自然保护区,拍到了大熊猫懒懒地坐在树上的模样;目睹了福建梅花山野化华南虎的过程;在武汉和当时世界上仅存的一头人工饲养的白鳍豚"淇淇"一块度过了它豚生的最后时光;在洞庭湖、鄱阳湖,数到过上万只千姿百态的水鸟;在壶口黄河边种下的一棵又一棵的树已能遮风避雨;在内蒙古科尔沁、赛罕乌拉、奥罕旗的沙地里插下的黄柳,埋下的荆条也已开始阻挡风沙。

一次,在浩翰无垠的沙地间种草时,突然一个个大冰雹砸将下来。坐在小马车上迎着风,淋着雨,挨着砸的志愿者们往回跑时,车上一群喜欢外国文学的人大喊起来:"呼啸山庄"的风啊,你尽情地刮,雨呀,你尽情地下。冰雹你尽情地砸……

这些年,绿家园志愿者的环保活动,给志愿者们带来了多少快乐很难统计。每个人得到的快感也不一样。有乐大自然里绿色的;有乐远离城市,远离现实的;有乐寻找蓝色的天空,清澈的流水,艳丽的鲜花的;有乐找到了友情亲情的;也还有乐自己的孩子长了见识,培养了吃苦耐劳的精神和懂得关心他人的品德的。

志愿者走进大自然得到的快乐,是只有走进大自然的志愿者才能体味到的。

快乐来自于志同道合者的组合

志同道合者在一起得到的快乐之一是:不花钱也办事。因为大家共同的理念里都有志愿。

绿家园志愿者很少做项目,多为活动,英文叫Action。如今,让很多记者离不开的绿色记者沙龙,2000年发起时,就是觉得记者们需要多学些环保常识,记者和专家们打交道有优势,就办起来。

做项目和开展活动,最大的区别就是志愿者的活动用不着非等找到钱才能做不可。有了好的创意,也有些就是好玩的事,说做就做起来。生态游,这种玩对志愿者来说也是认识大自然的好机会。

为热爱大自然组合在一起的绿家园志愿者,这些年自掏腰包登了7896个台阶上了梵净山;翻过海拔4824米的巴颜喀拉山走进了三江源;镜头里装下了新疆南北江的风情、内蒙古额尔古纳大兴安岭最后的原始森林及五颜六色的湿地;当年柳宗元笔下

追寻"野人"的足迹
——中国环保领跑者

永州八记中的小桥流水、永定河源头的神头泉都留下了志愿者留在心里的欣赏的目光和带不走的生态足迹中。

对于生活在虽不富裕却诗情画意的山中、水旁的老乡们来说，志愿者们在那儿花的钱，是生态扶贫，是履行世界公民的义务，更是一起关爱大自然尽的一份敬畏之心。

如今，参加绿家园志愿者活动的人已有4、5万人之多。参加者自己出钱的活动占99.9%。花钱，少则北京郊区观鸟，租辆大轿车，每人20块钱，鸟也认识了，北京周边的生态也关照了。北京顺义的一块湿地就是一些爱鸟的人从商人的手里抢回来的，那里差点就成了高尔夫球场，现在，正规划北京第一个湿地公园。多则怒江行、三江源行，每人4000、6000元。怒江行报名者的热情有时不得不遭到我们的"打击"。因为当地老乡家的接待能力有限。

参加志愿活动的很多人来了一次就成了"播种机"，就成了"宣传队"，下次不光自己来，还要带上了三亲六戚、"狐朋狗友"。每个人来的目的也许各有不同，但热爱自然是共识，是志同。道合也让各位把自然当了课堂，把自然当了家园。

绿家园志愿者们曾经到山西壶口种树。开始策划的那次种树活动是和长江边的重庆、香江边的香港一起联手，省长、市长、特首，通过电话连线互表为大自然着绿的努力与奉献。后因种树多在荒山、河滩，架线太难，那时手机还没现在这么方便，领导们没能通上话。不过大大小小、老老少少整整250名志愿者，的确是打动了从太原驱车几个小时赶到壶口的山西省的副省长，并且也有了一次民间志愿植树的体验。

那次活动还有一个小插曲：一个因生病没来成的小学生让老师带来50块钱，说是请同学们也替他种几棵树。副省长参加的奠基礼上，这位老师讲了一个北京孩子的绿色渴望。谁也没想到，这位老师离开话筒后，一位中国环境科学院的科学工作者上去了。他说：我们平时干的事就是保护环境，今天是和家人一起来的，希望一家人一起种棵树，为的是恢复被我们人类破坏了的大自然原来的模样。我们知道，树光种是不行的，三分种还要七分养。所以一起来的同事凑了1000块钱，请老乡帮我们浇浇水，管管羊，别把小苗给吃了。这位环科院的志愿者话音刚落，新华社的一位记者又上去了。他说我们平时都是在报道环保活动，今天亲手种了树。我们希望种的不是数字的"数"，而是真正能染绿大山的树。我们希望造的不是"零"，而是绿树参天的大森林。

后来那天的场面是，外企的白领们、大、中学的老师们，学生们，呼呼啦啦队就排了起来，直到副省长、地委书记、县长也一个个地排在了为种树、养树捐款的行列中。那位被临时请上台的，头上包着羊肚毛巾的老大爷的手中，一时间十块、一百的钱就抓了一大把。

seeking the footprints of wild man
——— Leading pacemaker of environmental protection of China

近年来，绿家园志愿者，在增长着对大自然的认知的同时，共同萌生的的信念是尝试着生态扶贫，关注弱群体。因为志同道合，同行者不光时时相互坚定着信念，也不用担心别人的冷眼与多一事不如少一事的嘲讽。遇到上不起学的孩子的学费由志愿者们交了。每年寄学费填汇款单的那一刻，脑海里浮现出孩子背着书包走进了教室的画面，就是志愿者们的乐。一位美国大使馆的公使级参赞及他的家庭，让16个中国孩子坐在了教室的课桌前。这位参赞离任后，还留下一大笔钱，让绿家园志愿者按学期给中国的穷孩子寄钱。

这些年的生态游中，在云南、江苏、河北、山西、内蒙古建立了6个绿家园图书室。为怒江和虎跳峡沿江的小学建立了37个阅览室并开设了电影课。让没有脱离贫困的孩子们，也能读到《中国少年报》，也能看到《十万个为什么》，看到为他们精选的儿童电影。

这种为穷孩子上学寄钱的快乐，为乡村小学建阅览室的快乐，志同道合的人们谈起来，无不称之为是发自内心的快乐。

2000年6月，绿色记者沙龙正式创办。每月一次。最初只是希望记者们在做有关环境问题的报道时，别说太多的外行话。然而，今天的绿色记者沙龙已经成了一个平台，成了一个"战场"，成了一个集体。大家在这里交流信息，携手"战斗"，广交朋友。为保护大自然的自然，尽着记者的职责，也实现着人生的价值。

绿色记者沙龙是无报酬讲座。从2000年到如今的七年间，包括非典时期，每月一次的沙龙，从政府的高官，到有地位的学者，从中国人到"老外"，无一例地外没有提过一个钱字。大家为的是一个共同的目的：愿地球上的一切生灵都安康。

从2003年开始，绿色记者沙龙开始关注并保护中国今天还在自由流淌的江河。这是和中国很多家NGO的联手行动。从中国环境文化促进会的大会上，62名知名人士的签名"留住中国最后的生态江河－怒江"，覆盖了后来几天的中国各大媒体直到在北京召开的中美环境论坛；从在曼谷召开的世界水坝大会，到与联合国环境署部长级会议同时召开的公民社会论坛，都是志同道者们为留住自由流淌的江河发出声音的地方。就连联合国副秘书长环境署署长和亚太地区执行主任在与志愿者的"巧遇"中也在《情系怒江》折页上留了言，签了名。而这一签名，第一时间又通过媒体传到了北京。几个志愿者那一刻的感觉，就不是一个乐字所能表达的了。

湖北襄樊民间组织"绿色汉江"，最大的特点是所有的志愿者都管他们的头头运建立叫运阿姨。这些年来，运阿姨带着一群年轻人走汉江，连电视台台长都要走后门把记者塞进志愿者的队伍中。靠着来自各行各业的志愿者的能量，政府部门拿出上百万元人民币，为一个癌症村的老百姓打深井，解决吃水问题。按常规，本来这口对癌症村村民来说救命的井，起码还要等上三年五载才能排上队动工。然而，经过激烈竞争，运建立带着他的志愿者走进了北京世界银行举办的项目展示会上。20万元的项目款给一个民间志愿者组织，真的不容易，但运建立和绿色汉江的志愿者们用自己的行动证明了志同道合的志愿者聚集在一起的力量。

追寻"野人"的足迹
——中国环保领跑者

2004年春天,十几名北京、云南的记者、NGO人士在怒江采访的路上就开始策划《情系怒江》摄影展。从2月25日记者们回到北京,到3月14日世界水坝日,3月22日世界水日,《情系怒江》网建立,大型摄影展《情系怒江》开展。一位在政府部门工作的志愿者说,这么大型的展览,要是政府部门做,没有半年是拿不下来的,而NGO用的时间只是,20个日日夜夜。

20个日日夜夜办出一个大型展览,靠的是什么?是志同道合,是志同道合组合后的快乐。那位在政府机构工作的志愿者为自己的行为所感慨:不给吃,不给喝,下次又来了!

快乐来自于自我价值的体现

胡适曾经说过:"种下思想,收获行为;种下行为,收获习惯;种下品德,收获命运。"

在一个健康的社会里,志愿者是不可忽视的资源和力量。

研究志愿者的专家丁元竹曾经问一个美国志愿者为什么要一直做这项工作。这位志愿者说:我六岁的时候,肯尼迪遇刺,肯尼迪留下了著名的名言,不要问你的国家为你做什么,要问你为自己的国家做什么。这位志愿者六岁的时候肯尼迪遇刺,她的妈妈对她讲的,这句名言一直激励着她,使她成为全美志愿者服务的领导者,推动了全美志愿服务的发展。丁元竹称这为潜在的人们内心积淀的文化和责任。丁元竹说,9.11以前美国总统的国情报告中从来不谈志愿服务的时候,但是2001年美国的国情报告中讲到了号召美国的国民在一生中拿出4000小时做公民服务和志愿服务,4000小时相当于两年的时间。在丁元竹认识的志愿者里,有国资委的一位副主任,一位副部级的领导。他说只要每个星期六不出差,他就到首都图书馆帮别人搬书。搬书的时候,看到大学生有活力,他这个老头子感觉比较好。

绿色志愿者关注的还不仅仅是自己的祖国,关爱的是我们人类生存的地球,把自己看做是生活在地球村里的村民。

活跃在世界各大动物园的志愿者导游,从2004年5月出现在北京动物园的几个主要景点。动物园在民间环保组织的合力推动之下,向社会公开发布了招募志愿者导游的公告后,社会各界热心公益环保事业的朋友们几乎把志愿者工作站的电话打爆了,在不到一个月时间里就有超过400人报名申请参加志愿者的活动。报名的志愿者

seeking the footprints of wild man
—— Leading pacemaker of environmental protection of China

既有退休老年人，也有在读的大学生；既有从事高新技术研究的科研人员，也有高校教师；既有在外企上班的白领，也有就职于政府机关的公务员。市民们的热情大大超过了活动组织者们的预料。"熊猫组"组长张楠溪在一家电脑公司工作。自2005年5月参加志愿者工作以来，在一年的时间里，志愿服务时间高达352小时。远远超过了每年服务48小时的规定时间。熊猫馆志愿者郜捷，工作时间达286小时。她编写的熊猫馆讲解词，受到了动物园专业人士的好评。为了更好和更生动的宣传科普知识，她自费制作了反映大熊猫不同发育阶段的照片册，在讲解时分发给游客边看边听。使讲解过程变得更加生动、形象，深受游人的欢迎。

聂李亚是志愿者队伍中的佼佼者。他是中关村科技园内一所科研单位的副总经理，担负着国家的重点科研项目。虽然是一位年轻的事业成功人士，但他一直是以一个普通志愿者的身份做着最普通的志愿工作。寒暑往来，持之以恒。受到了很多志愿者的尊重和喜爱。他说："我们来这里工作，不收取任何报酬，从另一方面实现着我的人身价值。"翁哲自在短短5个月的时间里，已经在动物园志愿工作了191个小时。他家住在清河，却几乎每个周末都用一整天在动物园服务。他说自己从童年时代起，就对动物园产生了深厚的感情，长大后更是希望能为保护"野生动物"贡献一份力量。当他第一次拿着志愿者工作证，从"工作人员入口处"进入动物园时，感到十分的自豪，终于实现自幼就有的愿望——成为了一名"动物园工作人员"。

志愿者王瑞卿，暑期用了18天时间，运送由绿家园出资购买的500公斤书籍，以及动物园志愿者捐献的20多公斤的文具去怒江，为当地30所山区小学建立了阅览室。这些学校都分散在两个县的的大山里。王瑞卿顶风冒雨，翻山越岭，多次穿越泥石流，行程达1000公里，到达了当地的27所小学，为学校建立了阅览室，为孩子们分发学习用具和助学资金。

去北京动物园的志愿者们还有一个共识，志愿工作，不单为他们提供自我价值实现的机会、提高自我素质，还培养了他们的社会归属感。用他们的话说：志愿者工作，不仅仅是一种付出，在其过程中也有所收获。

按照原规划，2003年底，怒江就要开发13级水电站，在中国志愿者的努力下，怒江至今还在自由流淌。2004年美国一家著名的旅游杂志，为此把当年的世界环境人物奖授予中国。在纽约林肯中心颁奖时，全场站起来为我们长时间的鼓掌。那一刻，我的感觉是，他们为之鼓掌的是中国人对江河的关爱，是对世界自然遗产的保护，是对视发展为硬道理的中国还有一群人在为大自然而奔走呼吁。我有幸成为其中的一员，这种自我价值的实现，值得。

马军，在南华早报供职时，利用业余时间写出了《中国水危机》一书。2006年马军被美国《时代》周刊评为影响世界的100个人物中的一个。《时代》周刊评价："对于中国而言，马军的《中国水危机》的意义也许如同蕾切尔·卡逊的《寂静的春天》对于美国的意义。"这么高的评价，马军却一直是以志愿者的身份在关注，在呐喊的。2006年马军放弃了原本就职的美国驻华公司高级顾问的职位，做起了和原来的

追寻"野人"的足迹
——中国环保领跑者

待遇无法相比的"中国水污染地图"的绘制者。这份放弃后的选择,如果不是看到了实现理想,实现自我价值的可能,或许不会做出。而选择后的快乐,让马军体味到的除了对自然,对社会尽了职责与义务后的满足以外,就是自我价值的再现。

有人称环保志愿者为"狂热的环保主义者"。志愿者们却把这视为银行的贴现率。因为,明天要是还想有今天100元钱的购买力,在银行存钱时就要存进120元,那多出来的20块的贴现率,志愿者们在实现自然价值的时候深知,那不光为了今天,更是为了地球的明天,为了自己的子孙后代。为了明天付出的热情和干劲,在今天看来是狂热,对明天来说就是地球上的其他生灵也还都能快乐。

快乐,不花钱也办事,贴现率,是志愿者对NGO的理解。快乐,会使人生有趣;不花钱也办事,是志愿者生存的方式之一;贴现率,则是对未来的憧憬。

希望有更多的朋友加入志愿者的行列走进自然,找到志同道合的朋友,在快乐中实现自己的理想及自我价值。那时,或许还会发现意想不到的惊喜。

挪威海

环保领军人物

为"表亲"奔走——梁从诫

　　1998年,克林顿访华期间,特意安排在桂林与中国民间环保人士讨论环境问题。梁从诫将一张滇金丝猴母子的照片,作为礼物送给克林顿。克林顿饶有兴致地问:"这种金丝猴的数量还有多少?""不足1200只。而且据我们所知,这是灵长类中除了人类之外唯一的红唇动物。"克林顿认真地端详照片:"哦,那是我的表亲!"

追寻"野人"的足迹
————中国环保领跑者

遥想当年，舟上有人难眠

　　1994年春天我在美国旧金山采访时，一位朋友托我打听一个叫"梁孔捷"的人。我的朋友当时在美国一家民间组织工作。她说在《世界日报》上看到"梁孔捷"等四人在北京成立了一个环保组织叫自然之友，他们希望和这个组织建立联系。

　　回到北京后我四处打听，1994年环保民间组织不像现在这么家喻户晓。直到1994年秋天在一次中华环保基会的采访活动中我才知道"梁孔捷"应该是梁从诫。因为《世界日报》上那条消息是从英文翻译过去的，"梁孔捷"是梁从诫的译音。

　　从1994年至今，我和梁先生在"一个战壕"里已经打了12年的交道。

　　这12年里，站在梁先生的旁边，我一次次分享着梁先生得到各种奖项和荣誉时的喜悦。也分担着周围的生态、环境一次次告急的惆怅。

　　梁先生得的奖有人一一列出：1995年获日本和韩国媒体授予的"亚洲环境奖"。1999年，获中国环境新闻工作者协会和香港地球之友颁发的"地球奖"，以及国家林业局颁发的"大熊猫奖"。2000年6月，被国家环保总局授予"环境使者"称号;同年，被北京市奥申委聘请为环境顾问。2000年8月，获菲律宾麦格赛"公众服务奖"。2000年12月国家环保总局授予"环境保护杰出贡献者"称号。2003年获第二届"母亲河奖"表彰他在保护母亲河、保护生态环境做出的卓越贡献。2003年12月获中央电视台十大"年度法治人物"。2004年9月被《南方人物周刊》评为"影响中国公共知识分子50人"。2005年获"绿色中国年度人物"奖。特别是有了互联网，如果"百度"一下，提示你的是，有50,700条与梁从诫这个名字相关的内容任你认识梁从诫。

　　在见谁都叫老师的年头，我叫梁从诫：梁先生，似乎这样称呼才符合我内心对他的认知和尊重。我对生态问题关注的程度，曾让梁先生一认识我就把我拉进了自然之友。也是因为梁先生，没多久我又离开了，拉起了绿家园志愿者的旗帜。

　　当时我和梁先生的分歧发生在一次领养树的活动上。活动前我想通过我们中央人民广播电台和北京人民广播电台的节目让更多的人参加。梁先生却认为不管做什么活动，组织化程度应该更高些，以免出问题。所以只能是会员参加。

　　在那时，不知这算不算是一个记者和一个民间组织的领导在工作方式上的区别。不过，这也就是今天自然之友越来越多地找来资金做起了各种环保项目之根本。而绿家园志愿者还在一个劲地搞着各种环保活动，沉浸在不花钱也办事的"育教于乐"中，并试图用民间的声音影响公共决策，推动环境保护公共参与。在民间环保

seeking the footprints of wild man
——— Leading pacemaker of environmental protection of China

领域,怎样充分发挥自己所长,我虽没再和梁先生讨论过,但12年来我把我们之间的关系称为是一个"战壕"里的,可见我们之间在保护环境、关爱自然上达到的默契。

作为国家环保局的"环境使者",我们曾一起去过三峡,当时长江汛期已过,可是黄褐色的江水在舷外波涛不兴。梁先生回忆着抗战时期在扬子江畔度过的童年时代,那时每当秋季来临,江水已是青绿色了。

那天在长江上,梁先生还无法从刚刚路过的一个县看到长江边上一条像酱油一样的黑汤沿着江水往下流,黑水足足有半里路宽的情景中恢复过来。在那个县里,梁先生亮出了自己政协委员的身份。为的是他要问问县长,这条江是不是他们污染的?县长说是一个造纸厂的问题。为什么不装处理污水的装置?梁先生接着发问。县长说这个造纸厂是1958年大跃进时靠两口大锅起家的,当时叫"因陋就简、白手起家"。现在要装一台废水处理装置,投资要超过那个厂的全部固定资产。再说三峡水库修好后,这个厂子在淹没线以下,就几年了,污水处理装置就是装好了,也又要被水淹了,就没去治理。那为什么不停产?你看看把长江污染成这个样子。梁先生不依不挠。厂长说2000名工人,如果算上三口之家就是6000人,一个小县城只有几万人,这6000人谁给我养活啊?

事后梁先生承认,自己当时被问得是哑口无言。这种事情光高唱:"还我蓝天、还我青山、还我绿水"是唱不出来的。

关于长江水变黄,我知道在我们的长江行之前梁先生认真地搜集了资料:解放初,四川的森林覆盖率是22%,而80年代已下降为11%左右,其中有的沿江县甚至不到1%!

一个县对长江的污染,整个长江流域森林的覆盖率,三峡工程总指挥贺恭在听梁先生诚恳地说着这些时,建议我们再去一下宜昌市夷陵区(原宜昌县)考察黄柏河口污染 治理的状况。

黄柏河是宜昌以上长江左岸的一条小支流,注入电站以上的葛洲坝库区。是一条发源于湖北北部山区的原本清澈的小河,夷陵区河段水质曾为二类,是夷陵区居民的唯一水源,现已受到污染。三峡水库蓄水后,原来注入库区的众多支流显然将产生比黄柏河更为严重的问题。由于库区水位大幅度抬高,尾水将深入各支流,使其下游河段成为水库的一部分。由于远离长江主流,这些枝蔓出来的港汊状水库的水体与外界交流一次的时间将变得非常之长,基本上都将成为像黄柏河口那样的静水。加之水库建成后流速减缓,支流泥沙沉降增加,从而壅高河口河床,乃致形成"拦门沙",使内水与外水更难交换。而这些支流源远流长,流域都有大量人口聚集的城镇和村落,除夏季暴雨时上游受灾面积可能扩大外,随着流域经济、社会的发展和人民生活水平的提高,如果对工农业及生活排放物(包括污水)不能及时安全处理,若干年后,其水污染状况必将比目前更加严重。百姓很可能会面临如今日武汉、广州那样的困境——守着河边却无净水可用。黄柏河的悲剧会不会以更大的规模,更严重的程

追寻"野人"的足迹
——中国环保领跑者

度在这些地方重演呢？而众多支流水质的恶化，又怎能不影响主库区的水质？

当我们站在黄柏河边时，当地人认为治理得不错的河水虽不像前面那个县边的长江都成了酱油色，但作家徐刚蹲在江边捞起一把水草，再站起来时，眉头皱起来，鼻子和嘴也都挤在了一起。梁先生没有客气地对陪着我们的环保局的干部说：人的认识当然是要有一个过程的。二十年前，在黄柏河还能见底的那个时代，要人们认识到水库将对邻近水域带来多么严重的负面后果，也许不够现实。然而到了八十年代末，在黄柏河已经开始由绿变黑的时候，在论证中还把"对水污染的影响"列为"影响较小，采取有效措施后可减小危害"的一类，甚至时至今日，还在说三峡水库污染"问题不大"，就很难说是实事求是的了。

我和梁先生在一个"战壕"里打的"战役"还有一次，那次他老人家真急了。

那是2001年的春天。我，梁先生还有北京地球村的廖晓义我们共同发起并组织了一次有关北京昆玉河河底硬衬的对话会。当时我们都天真地认为那是中国民间组织召开的第一次听证会。因为那是中国第一次由民间组织让政府官员、专家、学者、项目工程人员和媒体坐在了一起，讨论一个和都市生态及百姓生活有关的话题。

会前我们才知道听证会只能由政府部门召开，民间组织没有这个权利。那次会上，梁先生发了脾气。当时梁先生生气的不是因为一定要给民间组织的会正名，而是到会的北京市领导不承认当时正在拆北京一个名人家的四合院。气急之下，快70岁的老人把自己的老伴都供出来了。因为老房子上写着大大的拆字的照片是老伴方晶老师到现场拍到的。他认为这难道还不算是铁证如山吗？可中国有多少铁证如山的事不被承认。善良的人永远也不能理解。

那次的会，最后被领导定为无政府组织有组织的活动，一律不许报道。这条禁令是不是和梁先生的急有关，没有人去追究，但他的率直和天真，却是在场的上百号记者和我切身感受到的。用现在的话讲，当时我们民间组织呼吁的就是环保保护公共参与。城市一条河的命运，关系着生活在河边的每一个百姓。她的命运不能只掌握在少数人的手中。

如果说那次我们的行动没能达到预期的目的，但四年以后，2005年4月，北京圆明园湖底硬衬时召开的听证会，NGO代表被请到了会上并做了专题发言。四年的时间在历史的长河中只是瞬间，但在中国NGO发展史上，却走得一步一个脚印。

我和梁先生还一起去过一个农村小学。那所江苏省睢宁县叫做大余小学的学生和老师们爱小鸟，爱到了痴的程度。不管是不是鸟痴吧，在小学参加农村孩子的爱鸟活动，梁先生的欢喜劲和孩子们不分上下。至今我的脑子里还有着返朴归真的梁先生，如同孩子般在农村小学的操场上和孩子们一起跑跑跳跳的情形。

老人和孩子，人和小鸟，后来这群孩子到了北京，我们在北京搞了一个活动，北京电视台的记者制作的电视节目梁先生问我要去看了后，那盘磁带我找不到了。跑到梁先生家愣说他没还我。结果是他和老伴方老师，跪在地上把柜子底儿都翻了个遍也没找到，这才算是为自己洗了个清白。不过临了他扔给我一句话：也就是你来找那盘爱鸟孩子的节目带。言外之意，要是别人来，要是找别的什么带子，他老人家能趴在地上找吗？

我和梁先生是同一年得的"地球奖"，当我把2万元奖金作为绿家园教育基金捐给中华环保基金会时，梁先生说他的奖金要用来看病。因为前不久他和自然之友的几位会员一起到可可西里索南达杰站开展保护藏羚羊的活动时遭遇车祸。他右肩脱臼、胸部挫伤。同行的其他几个人也都轻重不一地伤着了。其中他和另一位没有公费医疗。梁先生原来所在的中国文化书院也属民间机构，没有退休这么一说。那些年我常听他说自己是靠老伴的退休金养活的。

拉钩拉出来的民间环保组织

梁从诫的家世对中国读过点书的人来说都不陌生，特别是他的父亲梁思成先生在建筑学方面的贡献和保护北京城的作为更是令人可歌可泣。这些家学梁先生也许没有直接继承，但对自己的祖国，不管是对自然还是文化的保护意识，应该是随着基因的遗传而存于他的血液中的。

梁先生何时真的走上环保之路？在我看到的写梁先生的诸多文章中有他自己的这样一段话：80年代初有一个杂志叫《百科知识》，是大百科全书出版社的一个杂志，我在杂志社当编辑。当时我收到一位作者给我投来的稿子，里面就讲到乡镇企业，那个时候乡镇企业刚刚起步，社会上一片赞扬声，那个时候这位作者就说，乡镇企业有可能成为我们国家的环境保护方面的一个很大的问题，因为星罗棋布的小规模的乡镇企业可能会造成遍地开花的环境污染问题。我就是从读他那篇文章开始意识到中国环境问题的严重性。从那以后我开始关注中国的环境问题，但是那时我没有想我本人能够参与，因为那个时候我们大家都是一样，都是想着环境保护是国家的事情，国家环保局的事情，专家的事情，我们这些外行人能做什么。

关于中国第一个民间环保组织自然之友的诞生梁先生是这样说的：最早是几个朋友在一起谈，说国外环境保护的一个很重要的经验就是公众的参与，国外有很多这种非政府组织，英文名字叫NGO，non-government organization。1993年春天，我和杨东平、王立雄、梁晓燕四个人在北京的一个已经破旧的塔旁边的草地上席地而坐，算是一个谈话会吧，"自然之友"是从那古塔旁草地上孕育，一年后出生。

追寻"野人"的足迹
——中国环保领跑者

那可不是平平常常的一年。那一年里，梁先生他们几个就在一起讨论，能不能在中国也搞一个团体。可让他们担心的是，在中国成立一个非政府组织，政府让不让？会不会批准？说不定会有风险，特别是政治上的风险。可讨论结果大家认为还是应该试一试，不试怎么知道政府就一定不批呢？当时梁先生还问了各位，万一有政治风险，出点麻烦了，后悔不后悔，得到的回答当然都是不后悔。

后来每当回忆起这段，这位当今中国环保界的领军人物说：那天我们就跟小孩似的，说咱们拉钩吧，大家不后悔就拉钩。

梁先生有孩子般的举动，看来不止我说的和爱鸟的孩子们在一起时的蹦蹦跳跳。一个小插曲造就了一个中国第一。中国第一个民间环保组织是从拉钩开始的。有一天是不是有人愿意考证，在世界环保史上这算不算是一个奇迹。

1993年到1994年那一年，梁先生带着草拟好的章程和大家商量的名称"绿色环境文化协会"来到国家环保局申请注册。按照中国民间组织登记管理的两个主要法规———《社会团体登记管理条例》和《民办非企业单位登记管理暂行条例》，民间组织必须找到一个主管单位。

这一寻找主管单位的过程，常常被人们戏称为"找婆婆"。而中国的法律对"婆婆"的资质要求很高：根据分级管理原则，成立一个全国性的NGO，需要找一个国家部委级的"婆婆"。

国家环保局拒绝了他们，因为环保局下面已经有一个"中国环境协会"（半官方色彩的环境组织），"一个主管单位下面不能有两家相同的协会。"

北京市环保局也拒绝了他们。梁先生继续着他找"婆婆"的艰难历程。"当时我们意识到这条路肯定是走不下去，有点绝望。"这是自然之友副会长杨东平日后的回忆。

后来是国家环保局的一位普通工作人员出了个主意，你可以挂在一个二级单位下面，二级社团不用单独注册。梁先生曾经在中国文化书院任教。终于，中国文化书院"收留"了他们，但按照有关规定名称必须为"分院"，于是他们起名"绿色文化分院"。实际上，根据"保护环境，善待自然"的宗旨，大家私底下已经开始称自己为"自然之友"。

十年后，梁先生回忆，当时文化部有关人员纳闷地问，文化书院里弄个绿色文化分院，你们到底搞什么？"主要弘扬中国传统文化中有关人和自然的关系，比如天人合一等等。"说到文化，梁先生的血液里流淌着几代人的追求，其深髓、迥远，更是几代人的结晶。这样的问题，怎么能难倒他呢？

带着文化部盖了章的文件，梁先生终于来到最后一个关口——民政部。"哐"一下，民政部批准的章顿时就盖了上去。走出民政部大院，拿着一枚崭新的公章，梁先生算了算，自己为此奔波了足足9个月。这可是中国第一个民间环保组织的章呀！

seeking the footprints of wild man
—— Leading pacemaker of environmental protection of China

来之不易。

那枚公章刻着"中国文化书院绿色文化分院friends of nature"。名称上的friends of nature，（自然之友）是申请时梁先生别有用心地加上去的。

拿到那枚章后，梁先生写信把成立"自然之友"这个民间组织的消息告诉了一位远在福建的小朋友。小朋友回信问，"你们是不是准备穿上五颜六色的衣服，驾着快艇冲向大海？"那是1994年。

我差不多是和梁先生一起认识为滇金丝猴的命运而只身到北京求援的奚志农的。后来我们又一起请奚志农为北京的记者们讲讲滇金丝猴，讲讲滇金丝猴生活的那片林子里到底发生了什么事。

滇金丝猴是中国特有的世界级珍稀濒危动物，它的栖息地——滇西北一片原始森林将遭受灭顶之灾。1996年春天，我是在美国伯克利大学的一个志愿者的电脑前，看到他正忙着把梁先生写的求援信转给更多的国际NGO和国际新闻媒体的。

后来我还知道因为梁先生和大家的共同努力，有16位中国部长级以上的领导对破坏滇金丝猴栖息地的行为作了批示，支持保护这片珍贵的森林和这一珍贵、美丽的物种。这以后就有了我写梁先生这篇文章的开头，美国总统克林顿访问桂林，接到梁先生的礼物金丝猴的照片，听着梁先生的精彩介绍后把金丝猴称为自己的表亲的情节。

除了因滇金丝猴与美国总统打过交道，为了野生动物梁先生惊动的还有英国首相布莱尔。那是1998年10月6日布莱尔访华之际，梁先生以"自然之友"会长的身份给布莱尔写信，请求他设法制止英国藏羚羊绒的非法贸易。信中梁先生写道：我请求您，运用您个人在国内和在你们的欧洲同伴中的影响，和我们一道来防止这种珍稀动物因"致命"的时尚而被灭绝。布莱尔很快就给梁先生回了信：我一定会把你的要求转告联合王国和欧洲联盟的环境主管当局，我希望将有可能终止这种非法贸易。

作为中国第一个民间环保组织，自然之友会长梁从诫曾和世界上的两个超级大国的头头克林顿、布莱尔打了交道，一次送了滇金丝猴的照片，一次为的是藏羚羊。他要保护的是大地球村里的"村民"。

追寻"野人"的足迹
——中国环保领跑者

对"豪"字的解释

民间组织和官方打交道,梁先生不光把矛头对准"超级大国",也利用自己政协委员的身份,活跃在历届全国政协的会议上和环境的考察中。

梁先生常常这样算帐:众所周知,我国现在人均资源量非常紧张。我们不妨回过头看看,300年前中国的人口刚刚超过1亿人;100年前,中国人口约为4.5亿;50年前,大概是5亿多一点;到了1956年,毛主席写了一首七律《送瘟神》,诗里有两句话,"春风杨柳万千条,六亿神州尽舜尧"。大家算算,从1956年到现在还不到50年,我们的人口从6亿,一下子窜到了13亿。13亿人要吃、要穿、要住,国家支撑得起吗?在人均资源空前低少的情况下,我们的市场经济却要以前所未有的速度和规模发展着,这就是中国的现实。

受过系统的中国史教育的梁先生,对中国字"豪"的理解超过了一般人的字面认识。他曾这样解释:解放初期,"豪"字是个贬义词。因为,"土豪劣绅","巧取豪夺"等,使"豪"字成了坏字眼。今天倒过来了:豪宅、豪车、豪饮、豪宴、豪华装修,什么都是"豪",好像一用那个"豪"字,你就真"豪"了。梁先生认为这种追求、这种心态对我们的威胁是非常之大的。我国人均资源本来就处在世界排名第100多位以后,比如水、耕地、森林、草原、矿产和日用能源等排名非常落后。在这种情况下,我们13亿人都要过豪华生活,真的"豪"得起来吗?

2002年的《财富》论坛上,以民间环保组织身份出席的梁先生依然我行我素。他质疑台下那些全球经济巨头:"你们纷纷来到中国,无非是想在中国这块大蛋糕上切更大的一块市场份额。可是,如果十几亿中国人都过上你们那种生活方式,中国的资源能支撑得起吗?按1990年官方统计,中国人均能耗只有美国的十四分之一。如果现在中国要达到美国1990年的生活水平,把全世界的能源供应中国都还不够。这,不仅是中国的灾难,也是世界的灾难。你们想过要承担什么责任没有?"

梁先生曾做过这样一个比喻:或许,当今的人类就像坐在"泰坦尼克号"上,你有一等舱的乐趣,我有二等舱的活法。突然有一天撞上冰山,停也停不下来,拐也拐不了弯,大家只能同归于尽。

坐在台下、课堂上听梁先生讲课最多的一次能有多少人,我在网上找了半天也没找到。可最少的一次却是很多文章中都要提一提的。那是在某国家机关,只有5个人。我问过梁先生,那你讲了吗?他告诉我,当然不能放弃,我还是像是下面坐着成千上万的听众那样给那5个人讲开了中国民间组织的环保历程。我告诉他们:环境保护不仅仅是政府的事情,也不仅仅是专家的事情,如果我们作为普通的公民,不参与、不支持、不关注环境保护，仅靠政府和专家，任何国家都是不可能把环境治理好的。

2005年初，我和一位中科院院士就人类是否应该敬畏自然展开了激烈的辩论，梁先生也上阵了。那位院士曾问我：如果老虎在你面前，你怎么办？让老虎吃了吗？

关于这个问题，梁先生早有说法：中国每个人所占有的森林面积只是全世界人均的六分之一或者七分之一，我们现在全国只剩下了不到14％的国土面积是有森林的。大家现在看看山东半岛，白白的一片。我们都看过《水浒传》，著名的打虎英雄武二郎出在哪儿？山东中部阳谷县。这说明在北宋时，山东省中部生态环境还好到那种程度，以至于有老虎出没。解放初期，一个著名的故事，后来变成京剧《智取威虎山》。杨子荣上山怎么上的，打虎上山，现在即使还能找到杨子荣，可上那儿去找老虎，老虎全在公园里头。一次，梁先生听到我讲的在福建梅花山野化华南虎的山上，人们拍到的是老虎被鸡追着跑的镜头，因为动物园里养大的老虎已经习惯吃人们喂它们的精肉了时，他半天什么话也没说。

我听他给年轻的志愿者们讲过这样的故事：文化大革命的时候，很多知识青年上山下乡，从内蒙古回来的人讲，他们那里牧民的孩子是骑在马背上去上学的。每次上学的路上，孩子们的鞋袜都会被草尖上的露水打湿。那时的草都长到了马的肚皮，才把孩子们的脚打湿了。可是现在，草能把马蹄子盖住就不错了。"风吹草低见牛羊"，已经是过去的神话。梁先生说这些时，满脸写着一个字：急。

不当绿色"救世主"

梁先生无论是家学的渊源还是自我的修养，那举止就透着儒雅。可有时他也会对人们说：我也要说点难听的话。虽然他多次深有感触地和我说过：搞环保这么多年最大的改变是学会了不生气。可说是这么说，我还是不止一次听到他老人家十分激动地对人们说：我们全体中国人现在都希望、追求尽快把自己的物质生活丰富起来，这是很文雅的表述方式。要说得难听一点，就是发财的愿望从来没有像今天这么强！不是一个两个人有发财愿望，是13亿人的发财的愿望。13亿人的国家各个都想发财，各个都想当大款，那么其结果会是怎么样？就这点资源，各个都想成大款，款得起来吗？

追寻"野人"的足迹
——中国环保领跑者

当然，每当说到这些时，梁先生气真就是不打一处来。可是每一次，接下来这位年过花甲的老人还是会和年轻人一起分析这一切问题是谁，是怎么造成的？梁先生会说，这是我们所有人大家一起造成的。并不只是现在的政府没搞好，环保局不像话。作为消费者，对于环境的改善，都有一份不可推卸的责任。

和梁先生打了这么多年交道，我当然知道他的这些忠告不仅仅是挂在嘴上。

有一个真实的故事，说的是一次作为全国政协委员的梁先生骑着自己那辆跟随自己多年的自行车，欣赏着街道两旁的街景，来到了政协会议的大门外。不成想被一个门卫就给拦住了，说死说活也不让他进。原由，人家没听说过，更没见过政协委员会骑着自行车去开政协会。后来有记者不知深浅地问梁先生：那一刻您是否因自己没有汽车而感到过片刻的伤心。梁先生道来：为什么伤心？我去报到被拦住了不假，警卫问我你来干什么？我理直气壮：来报到。人家接着问"你给谁报到"？我气更足了：我给我自己报到。警卫的表情好像是很吃惊，可我真的没有片刻的伤心？那位记者听到后的吃惊表情，影响得梁先生也吃了惊：我为什么要伤心？我觉得很正常，我也不是作秀，故意穿个破布鞋，到那儿去表示我的平民化，我穿得蛮不错的嘛！

2004年的"两会"，梁从诫委员带去的四份提案中有两份与环境保护有关。一份是关于停止对怒江梯级开发的提案；另一份是关于对河流应分类规划治理的提案。在那次的政协会上，他指着地图让会议代表们看：中国的河流也就只有雅鲁藏布江和怒江是自由的了，其它的河流哪一条上不是修满了堤坝和水电站，尤其东南部的河流几乎没有一条不被污染。我们能不能让中华大地上留一条自由的河流？

梁先生说，在西北地区，水是人类生存发展的关键制约因素，修水库、打深井，包括设想中的雪水截流等，都不是造水，而是挪用。历史上许多绿洲因过度地开垦，已经变为沙漠，现在每年沙化土地仍在三百七十万亩左右。而在西南的贵州等地，虽不缺水，但因是喀斯特地形缺土。在坡地上砍林开荒，导致水土流失后岩石大面积裸露。目前中国每年荒漠化的总净扩增面积已经超过一千万亩。

如今在很多场合，梁先生都会对一些人不能全面领会中央开发西部的精神表示深深地担忧。梁先生说，西部的生态环境与深圳、海南和浦东等东部鱼米之乡不同。作为农业、能源和工业原材料的基地，西部已经为东部付出了很多，包括相当的环境代价，开发建设好需要几代人的努力。"历史告诉我们：生态脆弱、干旱而贫困的地方，大自然和人一样，最需要的首先是休养生息，最怕的是一哄而上、'人定胜天'的'壮举'。那种趁开发西部肥水快流，或去马上大捞一把的心态是很危险的。"

这些年，我知道梁先生和所有献身于中国环保事业的人都遇到了很多很多的困难。在梁先生看来：困难里面相当重要的一个困难，就是非政府组织这种形式，民间这个形式，我们国家建国以来是太稀少了。我们国家习惯于政府什么事情都包了，所以给非政府组织社会活动的空间非常有限。很多事情民间推不动，一方面是政府不给我民间留出足够的活动余地，好像这种事情不归你们管，你们起不了什么作用。这个

seeking the footprints of wild man
—— Leading pacemaker of environmental protection of China

2001年 修建中的三峡大坝

事儿我们都管不了，你们还管得了吗？另外，就是来自民间的不理解。什么民间组织，你们是干什么的？可别上我们这儿来推销产品啊！

　　本着自己的民间身份，也为了对历史的负责，梁先生在自然之友提出了一个口号，"不当绿色救世主"。梁先生说，不要以为自己有那么大的本领，舍我其谁，我来了！你来了又怎么样。我哪有那么大的能力、那么大的野心，我只是说从我们自己、从我们身边一点一滴做起。社会风气的改变谈何容易啊，就一条"不要随地吐痰"，喊了多少年了，喊了100年了，孙中山就喊起，喊到蒋介石，一直喊到共产党，结果怎么样？不是照样在大街上随地吐痰吗？所以这么一件小小的事情都那么难改变，如果我们自己不从自身做起，而且总是希望借助一个什么奇迹般的力量一下子把这个社会全改了，是做不到的。

　　而梁先生认为：这些年自然之友最大的一个成就，是为我们社会上许多关注环保的人找到了一个共同发挥作用的可能性，是提供了一个组织，提供了一个家园，使得这些关注环保的朋友都可以来参加，大家共同发挥作用。

　　很多年前，在国外有一个记者采访时梁先生很动情地说：我们家三代都是失败者。我的祖父梁启超，如果说他的主要事业是变法维新的话，那他是失败的。如果说他的事业是向中国的知识分子介绍西方的现代思想，那么他是成功的；我的父亲，如果说他的主要事业是为了保护中国的文物，那么在很大程度上他是失败的，但是我父亲做了这么多年的中国古建筑研究，他让西方世界知道我们中国有非常辉煌的建筑历史，这点是成功的。

1900年，梁启超在他那篇著名的《少年中国论》中曾经说过这样的话："故今日之责任，不在他人，而全在我少年"。他大概没有想到一百多年以后，他那已经不再是少年的孙子既没有直接从政，也没有像父母所期望的那样成为建筑大师，而是把环保作为自己最心爱的事业。

梁从诫自嘲说他们一家三代都是失败的英雄；屡战屡败但还是屡败屡战。

梁先生说，如果说我从祖父和父母身上继承了点什么的话，那就是信念：一个人要有社会责任感。

我没有问过梁先生，但我想我的这个假设：为"表亲"奔走，是这辈子要一直奔下去了，是不是就是出于从父辈那里得到的信念：一个人要有社会责任感。

梁先生您不会反对吧！

我眼中的廖晓义

发生在我俩之间的事

廖晓义风风火火的一面，我想"地球人"都知道。"让人知道你"，这是廖晓义生活中的重要理念，做环保不能悄悄做，不管别人怎么看，廖晓义对此的大肆鼓吹从不掩饰。这一做法无疑使她早就成了公众人物，是公众人物就要面对各式各样的公众，和她打交道的10多年来，我真的从没听她为别人对她的议论发过牢骚。这也是我写别人标题用的都是他们痴迷的事，唯独写廖晓义，我要说说我眼中的这位名人。

有朋友给我讲过廖晓义的这样一次遭遇。因为工作关系，廖晓义曾接触过一位富婆。这位因经济头脑看中一项环保工程的女士和廖晓义见面，只有谈到哪个工程能赚钱时，才会挤出一丝笑容。这位女士毫不讳言对金钱的贪婪。那次见面告别时，出于礼貌廖晓义说："你如果想了解非赢利民间组织，可以跟我们联系。"人家却说："我对非赢利组织不感兴趣，我只想怎么赚钱。"停顿了几秒钟，那女士又加上一句："我对做好人不感兴趣。"廖晓义用直直的目光看着那妇人的眼睛，说："是么？可怜的人。对不起"。

我完全能想象得出廖晓义说这句话时的表情。而她的这种表情，和她打过交道，略知她为人处事态度的人，一定也都不会陌生。

我和廖晓义"同居"过几个晚上。女性间的同居，对中国来说很正常。不像有人说的国外：异性同居才正常。当然有关国外的这一说法，我总觉得也有一定的偏执在里面。

那是2004年3月，我被廖晓义拉着到韩国济洲岛参加联合国环境署第八届部长环境论坛举办的第五届联合国公民论坛。我们俩儿都是省钱的主儿，所以拉着箱子进了一个屋。

才几天，她怎么带了那么大一个包，这是我在机场一见到她就不明白的事。我知道那时的她喜欢穿正装。不像我，一穿西服裙就怀疑镜子里照出的是我吗？进屋她打开包我才发现，怎么，才四天的会，她恨不得带了六、七本大书，内容涉及社会、经济、哲学和环保。而我放在床头的就是当月出版的薄薄的一本《读书》。那三个晚上，我虽然在电脑上干活比她睡得都晚，可收拾行装时，她带的书人家说差不多都看了。而《读书》里的书签，我才夹到中间。

我们同居的一个清晨我起来洗漱，廖晓义坐在洗手间的台子上捧着大厚书看呢。我说怎么在这儿看？她说你睡的晚，怕把你吵醒。我俩儿同岁，那年整50。我没问她坐在冰凉的台子上看了多久，就是一分钟，也是她为人的一种方式。那一刻，我只表达了自己对她"吃书"本领的羡慕。

和名人打交道，是廖晓义的长项。我们一起在韩国时，欢迎晚会上她就把我介绍给了联合国环境署执行主任，联合国副秘书长托普费尔和联合国亚太地区执行主任索拉塔。从他们打招呼的样子看得出来，廖晓义和他们不是一般的认识。

那次开会前，中国的民间环保组织正在北京举办《情系怒江》摄影展。作为发起人，我很希望在那次联合国召开的会上结识一些在意江河自然流淌的同盟军。结果，会上会下廖晓义和我一块义卖我们在怒江拍的照片，找人签名。终于还在托普费尔吃午饭时，拉着我"逮"着了他，而且应廖晓义之邀，托普费尔在怒江第一湾照片的背后写下了"多美的江啊！水一直是全世界人民最重要的需求。"

seeking the footprints of wild man
——— Leading pacemaker of environmental protection of China

那天，我们在等托普费尔来吃饭时，廖晓义还让我把我电脑里有关怒江的照片放给联合国亚太地区执行主任索拉塔看，以引起这位亚太地区主任对"三江并流"世界自然遗产的关注。那天晚上通过电话我们一起为北京人民广播电台的"人生热线"做直播节目时，我俩儿的这段经历，让北京台的主持人和听众听得都是饶有兴趣。

10年来的交往中，我被廖晓义拉着干的事要是数一数还真不少。

一起到北京郊区的山上给农民讲绿色生活方式。和廖晓义一起走在北京延庆的大山上看日出的那个早上，她畅想的是让北京郊区的农民也开始垃圾分类。

我们一起应邀在联合国环境署驻北京办公室开会，会议是请联合国的代表介绍将要在中国开展的项目。参加会的人大多是西装革履。廖晓义则是带着一身的风尘走进会议室的。说风尘是好听，说俗点就是衣服上尽是土。会后，从院子里停的那辆越野车我知道她刚刚从沙漠里出来，她要在那里开展改变荒漠的行动。她当时那激情，别说感动我这个性情中人，就是旁边听着的几个官办环保组织的人也都凑上前去要问她个究竟。

2002年我们一起到南非参加世界可持续发展首脑大会。去之前，廖晓义强迫我们每人在北京由她找人做了一个中式绿色的对襟棉袄。到了南非，好家伙，她更硬是拉着我们在会场上着装，男的一色蓝，女的一水绿对襟棉袄，手里拿着折扇，唱她创作的歌"地球之歌"。不管那天被她拉着的男男女女是不是都是"被逼无奈"，她闹出的这出戏，的的确确吸引了国际媒体的关注，几天来都是悄无声息的中国NGO，一下子上了那天好几家大的国际媒体。

2006年1月18日，国家环保总局宣布停建金沙江奚洛渡水电站等13个省市的30个违法开工项目，并表示"鼓励公众参与环评"。廖晓义看到这个消息后给我打电话说，这也给民间组织提出了新的要求。民间组织如何能够成为政府的专业伙伴，如何熟悉环评的过程，掌握环评的规则，切实地参与环评，这都有待于我们能力建设的提高。此外，民间组织还应该加强倡导可持续消费，让公众的环境意识和消费行为与可持续发展模式相配合。

我至今记得，那天我正在开会，她一个电话接着一个电话地打来。为什么，为的是把中国56家环保NGO第一次联名写的声援书，弄个字斟句酌。

在2005年中国民间环保组织呼吁把空调调在26度之前，我和廖晓义已经"大闹"了几次上了。一次是2002年在北京友谊宾馆，才5月，且外面春雨淅淅，可会议厅内的空调让每个人的身上冻得都是一身的鸡皮疙瘩。我们一起一趟一趟找地主管的人，反复地强调冻得受不了了，其实我们真正忧虑的是能源能这么用吗？还有一次是都快过十一了，在北京国际饭店的会议室里。9月，北京人称为秋高气爽。可开会时，空调开得让好多人冻得要靠茶杯的热水捂手。那天，又是我俩儿一趟趟地找饭店的总管和经理。虽然北京国际饭店是统一空调，完全关了有点难，可人家总管还是不

追寻"野人"的足迹
——中国环保领跑者

断努力,一趟一趟地跑到会议主持人廖晓义那问:行了吗?行了吗?

2005年北京市政府通知公务员夏天上班可以不穿正装。其解释为:这样就可以不用把空调调得那么冷。从这点看,中国民间组织发起的"26度空调节能行动",得到了政府的大力支持的。在全社会掀起的一股空调节能热潮中,许多部门与单位都签下了地球村做的"承诺卡",承诺夏天空调不低于26度。

2005年4月,中国国家环保总局召开了第一次国家级的环保听证会,我是作为记者参加的,廖晓义是NGO代表。轮到NGO发言时,我给她递了张纸条。因为那天关注环保的中国大牌记者差不多都在场,我希望廖晓义能向环保局官员提出创办北京无车日的建议。可一是时间有限,再是我的字写得有点草,廖晓义说她没看懂,结果就没问成。会后说起来我俩儿很是遗憾了一会儿。没几天,我接到廖晓义打来的电话:咱们几家NGO联合发个倡议,在9月22日国际无车日那天发起北京无车日吧。

随后,廖晓义在《新京报》上撰文"绿色出行应成为公民与政府的共识"。文章倡议"每月少开一天车",环保部门和环保组织的这一倡议得到不下20万有车族的响应。这是一个令人振奋的信息,它表明一种新的时尚正在悄然兴起。这种时尚体现的是人们对于能源消耗和空气质量的关切,也是人们对于生活品质和环境公平的关注……愈来愈多的人已经意识到,便捷的大众交通加上自行车以及良好的出租车管理,是一个可持续城市的唯一选择。我们不会也不可能拒绝现代交通工具,但我们确实可以通过更为明智的交通方式,来享受更健康和可持续的现代生活,这是一种生活时尚,也是一种生存智慧。

那阵子,在政府官员、民间环保组织和车友的共同努力下,包括北京市环保局的副局长都开始每个月拿出一天来走着上班,2006年6月5日那天,北京的开车族成了"无车日"主力"部队",25万多人响应今日不开车。北京交管局要求交警当日放弃自驾车上班。

廖晓义曾有两个可称得上是左膀右臂的合作者都离她而去。她的工作方式圈子里也不是谁都能接受得了的。而我俩儿是做事都有个性的人,但她拉我,我拉她的,还真做了不少事。

2003年10月25日,在中国环境文化促进会第二届会员代表大会上,歌唱演员郁钧剑在发言中说应该留下最后一条生态河——怒江。我用桌上大会给每个人准备的纸和笔写了个倡议"请保留最后的生态江——怒江"后,廖晓义就和我一起,分别问起了参加会的人对此事的看法。当我们走到当时的国家环保局局长解振华跟前时,老解正揣着盘子排自助餐的队。虽然国家环保局局长没在我们的呼吁书上签名,但我们的这一做法人家也没制止地默许了。这就是后来中国各大媒体差不多都提到的62位科学、文化艺术、新闻、民间环保界人士联合签名"留住怒江"的过程。

2003年11月,"第三届中美环境论坛"在北京举行。廖晓义是大会的主持人之一,我们又是一起在全国比较活跃的NGO都聚齐了的那次论坛上联名倡议:保护中国最后的生态江——怒江。后来,我们的这一做法被有些人质疑:签名的人懂能源吗,懂水电吗,知道那的老百姓有多穷吗?对此,我和廖晓义共同的回应是,我们反对的不是一两个水坝,而是主张中国在各大工程建设上应不断完善程序公正。

我和廖晓义等中国民间环保组织共同关注中国江河的举动,以及NGO为此发起的行动,被媒体称为中国NGO开始走入了新的阶段,从教育自己,到教育公众,到影响公共政策。将来,无论是谁来书写中国环保领域的民间运动,我认为这应该是少不了的范例。而我俩儿不但是见证者,也是参与人和倡导者。

2004年,我的一本反映中国大自然的昨天与今天的书《绿镜头》由三联书店出版。300多幅大自然的美丽和遭到人类破坏后惨状的照片,20万字,记录着我关注大自然10年来的历程,展示着我们国家这些年来自然生态的变化。廖晓义看到这本书后,当场决定买100本。后来她的同事才告诉我,地球村没有这笔预算。没法报帐的结果是,廖晓义从她得苏菲奖的奖金里出的这笔钱。后来我又出了一本书《世界两极密码-从长江源到北极》,这次为了他们地球村那严格的报帐制度,我干脆都没和她说,而是连送带卖给了她的几个同事一人一本。

2005年1月3日,我在《新京报》开的新专栏"绿家园"里写了一篇"灾难是大自然的警示",说的是2004年岁末南亚地震引发海啸,致使死亡人数一路攀升的速度,令人悲痛,让人难以置信,更给人警醒。说如此之大的灾难发生,问题是只出在没有海啸预警系统吗?这次灾难让我想起在四川康定木格错采访时一位藏民说的话:"每当我走近湖边不由自主地就会产生一种敬畏感"。在我国,很多少数民族都有风俗:视大山为神山,视湖泊为神湖,视大鸟为神鸟。一个神字,包括着他们对大自然的态度:敬畏。遗憾的是,这种封山为神,崇尚自然的态度,被有些人认为是迷信,是愚昧。我说,不知在这次上帝发怒之后,我们人类还敢不敢再说"人定胜天"、还敢不敢再说"要征服自然"。灾难应是一种来自上苍的警示,灾难也可能是一种提示人类的最直接最有效的方式。预警系统,地震监测网站固然重要,但更重要的还是对大自然心存敬畏。

这篇文章登出去后,我没想到《环球》杂志刊登了中国科学院院士何祚庥的一篇文章"人类无须敬畏大自然"。何先生在他的文章中说:"我要严厉批评一个口号,即所谓'人要敬畏大自然'"何先生在文章里指出"敬畏自然就是反科学"。我看到这篇文章后,应《新京报》之邀继续撰文"'敬畏自然'不是反科学"。廖晓义看到这一争议后立刻回应。并在《新京报以》连发几篇文章"敬畏自然,何罪之有"、"敬畏自然,有所不为"。连她的女儿也用馨儿的笔名写了"敬畏自然是科学常识"。

廖晓义的"敬畏自然,何罪之有"我选了几段抄录如下,我认为这是廖晓义多年来奋斗的动力之一。

敬畏自然,表达了人类对于生命根基的敬重和对于客观规律的尊重,并在此基础上主张对自然趋利避害,互惠共生。赞同这一概念的人们所坚守的,不过是人在宇宙间的道德底线。这样一种态度,为什么会受到严厉批判?

在我看来,其中的原因可能是:伪科学害怕它。伪科学,是将科学放在神坛上,当作迷信来供奉。敬畏自然恰恰破除了这种迷信,提醒人类作为自然之子的真实身份,揭示科学技术的工具性和双刃性,质疑单靠科技来解决灾难。

资本仇视它。资本的性格就是不断地积累,又不断地扩张,不停地消耗自然资源才能生存。敬畏自然是对于资本的无节制扩张的约束。那些为了牟取暴利随心所欲开山筑坝的人,那些用技术来污染草原和河流的人,那些为了短期效益而不惜向原住民的"神山圣湖"开刀的人,那些要把每一条河流都变成"印钞机"的人,那些不经过环评就敢违法开工的人,当然首先就要搬掉"敬畏自然"这块挡路的大石头。敬畏自然会威胁他们的胆气,会折磨他们心灵深处的自责,会提醒他们尚未泯灭的良知。

强权害怕它。因为敬畏自然给了人们一个天道的尺度来衡量人事的是非,于是敢于去对那些难以持续的和有失公正的发展模式说不,敢于去诘问发展的目的是什么,敢于去追求真实的生活和真实的生命。敬畏自然者多是不畏强权者,他们质疑所有的人类语法和所有的被编辑出来的奇观世界。因为敬畏自然是这些弱势而又坚定的人们心中的尺度。西方著名哲学家康德说,世上最使人敬畏的东西是头上的星空和心中的道德律。他甚至把这句话作为他的墓志铭。在一个浮躁的时代,保持着敬畏自然这份不变的信念和清晰的价值,是勇气,也是幸福。

当方舟子在《"敬畏说"是在宣扬天人感应的观念》(2005年1月21日 新京报)中细心搜集汪永晨以往作品和讲演中的种种个人性感悟以及某些口误笔误,写下辩论的檄文时,常年奔走于山川僻野和土著乡村的汪永晨正在北京和她的草根伙伴们商量如何配合国家环保局的环评风暴,以对付那些既造成环境灾难又引起社会冲突的违法工程。每个人都有自己的软肋,但这并不妨碍她所坚守的敬畏自然的信念和她为此付出的行动。

中国正以历史上最脆弱的生态环境,承受着最多的人口和最强的发展压力。

2003年9月1日生效的环评法以后,还出现了这么多触目惊心的违法开工事件。环保总局的环评风暴,必然涉及到许多利益集团。我们可以想象这次环评执法行动中的压力和阻力。和谐社会的建立是需要正义来支撑的,而正义是要靠整个社会来伸张的。汪永晨们的努力值得我们敬重"。

人的性格决定着其命运,我的性格与廖晓义的性格显然不同,但这并不表明我们做事时就没有了合作的欲望。这点我虽然没有问过廖晓义,但从我们每一次她拉我,我拉她中,我能感觉到我们对很多事的认同。

不知我和廖晓义之间干的这些事算是私交还是公交,反正交了,也还在继续地交着。

seeking the footprints of wild man
—— Leading pacemaker of environmental protection of China

年度人物实录

2006年，廖晓义当选绿色中国年度人物。此奖由中宣部、全国人大环资委、全国政协环资委、文化部、国家广电总局、团中央、国家环保总局七部委联合主办，中国环境文化促进会承办。我的这本书里，有5位获此殊荣。梁从诫、王灿发、马军、杨欣和廖晓义。评选中有关廖晓义的"主要事迹"应该是对她十多年关注环境最好的概括，我就实录在此吧：

廖晓义自从1996年创办民间环保组织地球村以来，一直以倡导绿色生活、建设绿色社区为使命。2006年，她的绿色生活理念朝着乡土文化深入，而绿色社区工作更多地关注乡村。

1. 主编"乡土中国绿色丛书——村民环保读本"，该书以村民的绿色人生为主体，分为六个部分：绿色生计——留住绿水青山；绿色时尚——缩小生态脚印；绿色安全——守护生命银行；绿色养生——关注身心健康；绿色道德——滋养心灵家园；绿色参与——行使公民责任。该书于2006年9月由中国社会出版社正式出版，这是廖晓义和地球村继1998年主编《公民环保行为规范》、《儿童环保行为规范》和《绿色社区指导手册》以来的又一本大众读物。

2. 拍摄以传统生态文化为主题的纪录片《天知道》。这两年来，特别是2006年里，她行走了中国西南、西北、中原和江西的不少山林、城镇和村庄，寻访了几十位民间的文人、艺人和草根代表，寻找儒、道、释、中医和中国传统艺术等乡土文化的精神资源，她在这个过程中通过讲演、撰文和电视采访等方式，传播用文化多样性保护生物多样性、用乡土文化保护乡野环境的主张，并提出将这中国文化的三大遗产，即传统养生、乡土生活以及生态智慧与奥运精神的三大支点，即运动、文化、环保互融互补。

3. 探索绿色乡村建设的模式。从1999年在北京延庆县尝试生态保护、环境教育、乡村建设、民俗旅游四位一体的乡村试点，到2005年在密云河西村建立村民环境议事会这样的村民参与机制，廖晓义带领她的伙伴们一直在探索绿色乡村建设之路。2006年她考察了江西、四川和贵州的十几个村庄，向当地的学者和村民学习用传统文化保护生态环境的实践，提出并试验一种以保护乡村共同体为核心的乡村旅游"三四五"模式，三即乡土文化的三宝：生态智慧、乡土生活与传统养生；四即四乡：推乡间旅游、促乡村建设、守乡土文化、护乡野环境；五即乡村建设的五个环节：价值定位、产品设计、制度安排、人员培训、市场开发。

4. 推动生态旅游标准的出台。近年来，廖晓义和地球村的伙伴们，苦苦寻求着环境教育的新途径，开展了可持续旅游的公民意识教育。两年来与铁道部有关部门、奥组委环境部以及保护国际等创造了云南和草原两条"绿色列车"试点线。2006年，又配合北京奥组委、环保局、旅游局、密云县政府和绿色21世纪，在密云举办了"绿色奥运生态旅游论坛"，出台了绿色奥运生态旅游的宣言和行动指南。指南分为原则和规范两大部分，包括了旅游开发和旅游活动中如何保护生态环境和传统文化、特别是保护乡村环境和原住民利益的细则，这是国际生态旅游标准在中国落地的重要一步。

5. 促进中国乡土文化与国际社会的交流。2006年，廖晓义作为中国民间的发言者，参加了在英国、法国、瑞典和阿联酋等地召开的多国对话会议，并进行了与创办"幸福经济学"的经济学家、建立"盖娅假说"的生态学家、撰写"物理之道"的物理学家等国际著名学者的学术对话录，在这些国际舞台上，她竭力阐述中国乡土文化的和谐内核，让中国以天人和谐、人际和谐、身心和谐为精神内核的乡土文化更多地为世界所认识和认同，也使得注重乡土文化、关注东方哲学的西方思潮更多地为国人所知。

6. 廖晓义在关注乡土文化的同时，也在和地球村的同伴们为中国实现绿色奥运的理想做着努力。她作为北京奥组委的环境顾问曾多次向奥组委提交环保活动方案，并得到奥组委的支持。2005年1月，北京地球村启动了"绿色列车项目"。2005年夏季，廖晓义带领地球村的伙伴们与其他8家环保组织合作，继续"26度空调节能行动"的推广。并建立公众监督机制，进行测温活动，测量大型公共建筑的室温。2005秋至2006年，又积极倡导"无车日"活动，呼吁有车族少开车，选择更为环保的交通工具，还北京一片蓝天。几年来的活动都取得了良好的效果。

让女儿休学的妈妈

"2006年1月28日，中国农历除夕。廖晓义一早就带着她17岁的女儿王胜寒来到数百年来皇家祭祖的地方——太庙。这不是一次游玩。这一天，廖晓义要让已在家休学一年的女儿正式拜师学艺。作为母亲和一个执著的环保人士，廖晓义要从中国传统文化的角度，审视环境问题的价值根源；作为女儿，王胜寒也要寻找'中国人'的文化身份，去发现人格与天道对于生命的意义。'我们在拥抱现代化的同时，把这种传统变成一种新的生活时尚是完全可能的。'廖晓义认为，对一个国家来说，只有将它的文化资本、自然资源、国民健康与它的GDP看得同样神圣的时候,这个国家才是有生命力的。"

拿女儿的学业进行那么大的试验,不是随便哪个妈妈说干就敢干的事。

廖晓义的名字家喻户晓来得要说很猛,那是第四届世界妇女大会在北京召开后没多久。两个国外回来的学者,两个女的,做环保,还是民间的,这些关键词随便拎出来一个,在1995、1996年那会儿,都有"卖点"。何况还是集这些关键词于一体的人的事,那知名度能来的能不快吗?

廖晓义是在1995年5月,得知第四届世界妇女大会要在中国召开的消息后回国的。

刚回来没有房子,廖晓义借居在朋友家。一间7平米的屋子,成了廖晓义母女和来帮忙的表妹的栖身之地。三人横着睡一张木床。晚上为了让女儿舒展开身子,廖晓义常把脚支在墙上,成头低脚高位状。这样的日子足足过了一年半,直到现在有时做梦,廖晓义还会出现当年那种倒置的感觉。

1996地球村成立没多久,我听说廖晓义和另一个创办人分手了。媒体上一直还在说的两个从国外回来的博士,因各自做事理念的不同,工作方式不同而无法走在一起。在这件事上不管别人怎么说,我喜欢廖晓义的处理方式,接着一门心思用自己的方式干自己要干的事,评说留给他人。

和"名人"打交道,是廖晓义的策略,也是她的本事,在今天中国的NGO从业者中,具备应该说不多。有不行的,有不愿的。而廖晓义,不离不弃。

1996年3月,挪威前首相布兰特伦夫人访华,廖晓义以民间环保组织负责人的身份致函挪威驻中国领事馆,要求采访。布兰特伦夫人是全球皆知的"老环保",廖晓义对她的采访,为自己制作的电视片《地球的女儿》划上了一个圆满的句号。布兰特伦夫人中国之行只会见了四个人,廖晓义是惟一的民间人士。

1998年,美国总统克林顿访华期间,廖晓义和克林顿一起在圆桌会议结束后拍的照片在地球村的所有介绍中是永不会落下的内容。其实那次我开始也在被邀之列,可因我的记者身份最后从克林顿见中国NGO的名单中拿下。有时我在想,如果我去了,如果我也和克林顿拍了照,我会像廖晓义那样老把照片印在绿家园的介绍上吗?

想一想,廖晓义拉着我见联合国环境署主任托普费尔,托普费尔为我们"情系怒江"折页签字的照片,在我后来的环保讲座中,倒也是每次都要展示用于"拉大旗作虎皮的"。

这些年来廖晓义一直头疼着人手不够用。我俩儿在有一点上有着强烈的共识,就是中国的NGO缺少的不是钱,缺的是有着同样理想的人。要说在这点上,从培养女儿开始,廖晓义做得坚决,也做得无奈。

她要举起绿色的大旗

如今，圈里人有不少人认为梁从诫先生是中国民间环保事业的一面大旗。我觉得廖晓义也是在用自己做事的激情和方式，努力地试图靠自己的能量扛起一面绿色生活的旗帜。

廖晓义说过这样一句话："环保只有成为民众的共同意识，这面标识着人类大爱的旗帜才能高高擎上蓝天。"看过廖晓义这句话后，我在心里告诉自己，从这个角度来说，我愿意跟随她于这面旗帜之下。

受过系统的哲学教育的廖晓义认为：敬畏自然，是西方哲人的声之大者。康德就曾经说过，敬畏头顶的星空和心中的道德戒律。廖晓义和她领导的"地球村"，是"敬畏自然"的忠实信仰者。他们一直努力把这种信仰转变分解成为可日常接受的文化符号。

有记者对廖晓义反证自己的环保理念给予评价："廖晓义站在了人类欲望膨胀的对立面。她所不理解的是，除了冰箱、洗衣机和彩电，人类还需要什么？如今，整个世界都在崇拜资本，人们追求的是并不安全的财富，代价却是自然毁了，心灵荒了，身体垮了。"

廖晓义曾直面克林顿："我们现在搞的环境教育，就是要告诉中国老百姓，不要重复你们美国的一些不好的东西，比如太多的私车、太多的空调、太多的一次性制品。"

遵循自己的理念，1998年3月地球村和国家环保总局共同审编了《公民环保行为规范》、《儿童环保行为规范》。在卷首语里，作为主编的廖晓义写着："21世纪，环保行为意味着一个人的素质和教养，环境质量标志着一个国家的尊严和力量。"

廖晓义说，自己倡导的环保文化被广泛深入地接受需要漫长的时间，也需具体行动去推动。不过，廖晓义认为，她自己肯定会不遗余力地让人们知道，保护自然与发展之间并非不可调和，另一种生活是可能的。关键是人们是否愿意为之遏制自己的欲望。

2005年12月28日，"2005CCTV中国经济年度人物评选"正式揭晓，廖晓义荣获本次年度社会公益奖。廖晓义领奖时说了这样一句话："让节约成为时尚，让公益成为风尚"。

得奖后，中央电视台《面对面》为她作了一个节目。在这个节目中她和主持人之间的对白，我觉得充分体现了廖晓义的性格与能耐，就摘录如下吧：

记者：你的动力是什么？

廖晓义：自己的生命就是这方水土养的，它有问题的时候，你不可能不管。

记者：有没有撑不住的时候？

廖晓义：可能是天意吧，就不让你垮。

记者：你觉得你能阻止别人践踏生态的脚步吗？

廖晓义：就是所谓的"知其不可为，而为之"。

主持人：年度人物出来了，大家都知道廖晓义获奖了，但不知道你为什么获奖？

廖晓义：我也不知道为什么获奖。开始跟我说这件事，我都觉得当时有点奇怪，因为这是一个经济的精英，这个经济的精英就是在推动，也可以说掌握中国经济命脉的精英们，怎么跟我们有什么关系呢，我也觉得很奇怪。

主持人：那您怎么看这个奖呢？

廖晓义：我觉得这个奖说实在让我很感动，因为环保被整个社会认可经历了一个很长的阶段，我和我的伙伴们，很多年的努力之后，有一天能够得到经济界的精英的这种视线的关注吧。

主持人：为什么这些人群对你来说特别重要？

廖晓义：因为所有的环境问题，本质上是一种经济行为的后果，对吧，所有的问题，生产消费、贸易投资，实际说都是以消耗资源和污染环境为代价的，只有这种经济行为从源头上改变的时候，也就是说只有经济的人群他有这种环境意识的时候，环保才能最有效。

解说："地球村"成立不久，廖晓义便带领大家在北京进行"垃圾分类"的推广工作，然而实际操作中遇到的困难远远超出廖晓义的预想。甚至直到十年后的今天，北京的"垃圾分类"仍然没有任何实质性的进展。

主持人：你现在跟我们说说垃圾分类有什么好处？

廖晓义：垃圾分类了可以不用那么多地来建填埋场，我去过好几个填埋场，周围都是良田，中国土地那么少，拿来做填埋场，何况那些资源，那么多的资源就不能再回收了。

主持人：十年前你们的设想是什么，开始推广垃圾分类的时候？

追寻"野人"的足迹
——中国环保领跑者

廖晓义：当时我们的设想是过于乐观了。当时有个"老美"告诉我你们做最难的事，做垃圾分类，美国都做了20年现在还不到40%，我们当时就想：这个事情最难做吗？中国的垃圾分类曾经是世界上做的最好的呀！50年、60年代的时候，你看我们的橘子皮、牙膏皮，我们小时候都是分类的呀。西瓜皮拿去喂猪，淘米水拿去重新再用。渣土就拿去做建材。我说中国有这个传统，中国有节俭的传统，怎么可能做不起来呢？

主持人：但是和十年前相比，我们没有看到垃圾分类的垃圾箱的增加。

廖晓义：对，我走到什么地方，最喜欢看垃圾筒，也就是看所谓分类垃圾筒摆在街上的是不是分类了，几乎百分百的是没有分类的，那么就说明什么呢？

主持人：说明你们推广失败了。

廖晓义：某个层面上我们受阻，不能说失败，我们不承认失败，不认输，我们还在做。1996年我们在某些小社区实现了非常小范围的分类，实际上支持率挺高的，至少是一大半，公众是愿意来参与的，但是后来处理是个问题。分出去东西的处理，最后成为一个障碍。

主持人：我推广垃圾分类，我在宣传先进的环保理念，我在为你们着想，但人家并不理解，有的时候甚至可能嗤之以鼻。

廖晓义：正因为不理解我们才要做。如果我们说出去大家都理解了，还要我们干吗呢？

主持人：我们可以设想一下，如果你们提的目标都能够实现，都能成为一种时尚，可能GDP就要被改写。

廖晓义：但是绿色GDP会增加。

主持人：那我们需要哪样呢，或者政府会选择哪样呢？

廖晓义：当然是越来越朝着绿色GDP靠近，如果我们不是为了这一代人发展，如果我们还希望中国这个民族能够活了五千年，还再能活五千年。

主持人：但是我们中国有句古话叫"钱是挣出来的，不是省出来的"？

廖晓义：古人的话也有道理，但是现在实际上我们每个人消费的资源，比起古人来讲，不知道多了多少倍，而我们的人口又不知道比古人多了多少倍。像这样如果我们不节约，那我们就等死。我们有很多创造的空间，而不是说一定要选择最消耗资源的，最浪费的那种创造。那个不叫创造，那叫造孽。

主持人：但是我觉得在人类消费不断进步，或者按照你说的倒退这样一种潮流之中，你们的力量我觉得可以忽略不计。

廖晓义：我相信我们做的事情，我们这么多组织做的事情，非常微小，但是它

seeking the footprints of wild man
—— Leading pacemaker of environmental protection of China

存在着。我和我的伙伴我想都有一种傻劲，就是所谓的"知其不可为，而为之"。

主持人：你们标榜不赢利，那么你们靠什么生存？

廖晓义：我们的生存，用一句不恰当的词来讲——"化缘"。你有一个好的想法，那么得到一些基金会，或者是企业的支持，然后把这个项目做出来，然后又再去筹资，用过去话说是吃了上顿找下顿，这么来做。

主持人：容易吗？

廖晓义：很难。如果筹资很容易，我们不止二十个人，可能就更多了，在中国呢，这种民间组织的概念还是一个新生事物。所以，我们主要的来源还是从国际的一些基金会，和一些国际组织来。所以我们由此遭到了一些个别人的质疑，说我们拿国际的钱。我说现在又不是改革开放前的里通外国，你们可以拿外国人的钱去开发，我们为什么不拿外国人的钱搞环保，奇怪了。

主持人：但是你还是个知识分子，你还是要面子的，那你伸手跟人要钱的时候，你怎么说？

廖晓义：我要钱的时候，我没认为我是在讨钱，因为我不是为自己。

主持人：能不能透露一下运作这样一个组织，一年的经费是多少？

廖晓义：一百多万人民币，就是说基本能够维持我们二十多人的薪水，日常的办公费用，还有我们社区相关的活动，一直能够往前走。

主持人：注册的时候你能够动用多少资金？

廖晓义：十万。

主持人：背景呢？

廖晓义：背景啊，借的。你想我这一个北漂，我到北京来，我也就是没什么，没什么背景，那就是住在别人家，吃在别人家，编片子赖在人家的机房里。

主持人：如果有污染的企业愿意给你们钱，你们会接收吗？

廖晓义：这是一个槛，这个槛在国际上一直有不同的态度，有的坚决不拿污染企业的钱。有的又觉得，反正是他有钱，他要给，所谓的好事总是好事。我们在这样一个两极中间。比方说一些石油企业的一些项目的合作也在考虑，但是我们要求拿人家的环评报告。

主持人：但是你这种原则上的灵活性会不会导致你们自己本身工作性质的改变，比方说赞助费变成封口费了。

廖晓义：绝不。至今为止我们从来也不接受要封口的资助。我们很贵，买不动。

追寻"野人"的足迹
——中国环保领跑者

2008年8月13日,廖晓义负责的北京地球村环境教育中心与中国红十字基金会签约,在5.12地震灾区,四川省彭州市通济镇大坪村共同建设"乐和家园"。中国红十字基金会前后两期出资365万元,主要资助大坪村120栋民居及相关配套设施建设,壹基金资助100万元支持乐和书院项目及产业发展,此外,还有南都公益基金15万元的资助款。

这些钱,将在大坪村建起120座生态民居、2个公共场所、2个诊所、120个生态旱厕。

廖晓义告诉记者,"统一规划,集中管理,分户生产,多元经营"这16字经营方针,是"乐和家园"的核心经营理念。廖晓义希望她的"乐和家园"能有一定的复制性。

廖晓义自白

1954年生于重庆。我就是一介草民,一介书生,婆家娘家都不在北京。

有一次还是我女儿有点触动我,当时她三岁多,我们家旁边有一种长眼睛的树,叫白杨。那么小的孩子特别喜欢那树,每次从幼儿园回来看到树上一圈一圈的她会说:这个树怎么了,这个树哭了,这个树在笑。她就这样跟树说话。有一天她走过那树全没有了,被砍了。她就说长眼睛的树呢?长眼睛的树呢?我说被砍了,也就没有在意。她哇一下就哭了,边哭边满世界地说:谁砍的,我要去找他,谁砍的我要去找他,就哭哭哭,哭了一个晚上。我当时就想,为什么同样一个事情,小孩子会是那样一种情绪。而我那么理性地对待这种灾难。这说明我们人身上对自然的原始感情在退化,我们本来是自然之子,我们本来和自然是血脉相通的,但是越来越被技术包裹了,理性塑造了,从自然的感情来讲,叫无情无义了。

我们不承认失败,不认输。如果有什么坚守的话,那是一个群体的坚守。而且你和这个群体在一起,你很幸福。所以我经常说,做环保,其实挺幸福的,做自己喜欢做的事,做社会欢迎的事,和好人一起做事,你说这三大幸福如果有,三个条件有,难道不幸福吗?

也许我不能阻止别人践踏生态的脚步,但试图去阻止。人对自然应该有一份感情,应该有一份责任,因为我们每个人都是自然之子,你真的把自然当成亲人的时候,你就和她血脉相通。有些事情不在我们圈内说,其他人都很难理解。

好多时候我们是用理性的外壳把自己裹起来,那是因为我们要在这个壳里头做事情,是因为我们不能太感性。我有时想,为什么人会认为自己是独立存在呢,为什么人就

seeking the footprints of wild man
——— Leading pacemaker of environmental protection of China

只认自己的父母呢，没有天地、没有空气、河流、水、物种，所有的这些演化，所有的这些环境，哪儿有你的父母呢，哪儿有人呢，这是特别简单的常识嘛。人和天的感情不是人的语言能表达的。我就是因对天地父母的感情支撑着去做事的。我在作为天地该做的事，尽管我做得不好，尽管我还没有做成，但是我在做。中国人有一句话，叫天地良心。讲得真好。

我和廖晓义在做事上有很多不同，但她的这番话我有同感。或者说，这番话如果用形象表现出来，就是我眼中的廖晓义：会哭，不承认失败，凭着良心去做事。

追寻"野人"的足迹
―――中国环保领跑者

5.12地震后的四川彭州农民的家

能说、能文、能行——唐锡阳

2007年，根据8月1日外电报道，菲律宾麦格塞塞奖基金会今天宣布本年度七名得奖人名单，他们分别来自中国、印度、韩国、尼泊尔和菲律宾。唐锡阳获和平暨国际相互理解奖。麦格塞塞奖是由纽约"洛克菲勒兄弟基金会"于一九五七年四月创立，以纪念前菲律宾总统麦格塞塞，有"亚洲诺贝尔奖"美誉。给唐锡阳的获奖评语这样写到：中国的工业化及十四亿人口的物质欲望，使得自然环境因而受到大肆破坏，出生于一九三零年的他，即致力提倡环保意识。曾在反右运动中被批为右翼份子、发送劳改的唐锡阳也体认到，环境有自己的法则，这项法则一旦被违犯，大自然终将报复，而社会也有自己的一套法则，「没有真正的民主生活，便没有长远的绿水青山」。

著名学者金经元得知唐锡阳得奖后，给他写信祝贺：

锡阳兄：

祝贺你获得如此殊荣！如今，人们都习惯于按风向说话，能观察自然、社会现状，探索客观规律和前进方向的人实在为数不多。最近流行谈论"核心价值体系"问题，这很值得思考：究竟是为"权钱核心集团的价值体系"唱赞歌、分杯羹，为"自我中心论"作辩护，还是为"自然、社会总体利益"献身，我选择后者。然而，这似乎不合潮流。那就不合潮流吧！我甘心！

金经元2007-8-5

认识唐锡阳有十年了，我没改过口，一直叫他唐先生。能说、能文、能行，是《人与自然》杂志主编刘硕良对唐先生的评价。对我来说，这一评价的切身感受是，我写唐先生不用再花太多的时间和他聊，在他发给我的各种文章中就能看到他的所思，所想，所说及行踪。文章本已杀青，他又发给我一篇他在三亚度假时几个人合作写给三亚市长的信。这本书还没出版，又得知老人家得了大奖。写他的文章，只要没有结稿，就永远有新东西。这就是唐先生。

做事，做人，都较真

说来也巧，正在我要动笔写唐先生时，他打来一个电话，问我能不能帮他一个忙。我说什么事，您尽管说。他说2006年是大学生绿色营创办十周年，拜耳（中国）要给他二十万元人民币搞个庆祝活动。"我什么都没有，没有组织，没有帐号，有钱还着急怎么才能拿到。"唐先生在电话里和我说这些时，不知为什么，我觉得像是孩子受了委曲。

其实，这就是唐先生民间环保十年来的真实写照。大学生绿色营十年来，如果不是有影响，人家外国的环保组织怎么会知道，又怎么会掏钱让你们来庆贺；十年来，唐先生靠的就是自己不懈不弃的努力和使老劲儿的操作方式，把大学生绿色营从无到有、从小到大、从弱到强地发展起来。可是在这个过程中，如果让我对唐先生本人做个评价，那就恕我不敬，用一句大人们管孩子时爱说的话："这么不懂事，怎么就长不大？"其实不仅这十年，几十年了，唐先生的足迹踏遍了山山水水，他的心境却一直固守着自己的天，自己的地。

我想，或许那"不懂事"，正是唐先生能说、能文、能行的前提与动力。

我认为，别人写某人，是客观地写，自己写自己是主观的写。主客观的写放在一起，可以对一个人有更好的解读。可是对很多人来说，干得不错，可自己不会写自己，要靠别人写。也有一些人是自己会写自己，但别人没有兴趣写他。唐先生是二者结合的典范，无论做事，还是为人。

最初认识唐先生时，不管是参加什么活动，他身边总还有一位清癯的洋女士。后来知道她的中文名字叫马霞，是唐先生在西双版纳采访时认识，随后形影不离的生活伴侣。后来又看到他们一起写的书。再后来听说马霞得了病，这一病就病得撒手人寰，只给世人留下了凄婉的、隽永的爱情故事。

关于马霞，我看到唐先生这样写过："前半生备受摧残，我没有死，至少也该落个精神残废。但我还活着，还能挺起腰板为中国的绿色事业做点事，这主要得力于大自然和马霞给我的影响。她们没有告诫我应该做什么，应该怎么做，但我从她们那里得到的，远远超过这些。"

我这辈子一般是过去的事就过去了，不把遗憾放在心上。但唐先生组织的第一次大学生绿色营，当时如果我努力一下是可以安排出时间去的，可就没有努力，结果至今说起那在环保史上可以留下一笔的经历，我还在遗憾没能用我的话筒记录下来。还有，唐先生雪山下为马霞的祭祀，我也没能摘一簇山花、烧一炷馨香。

在我和唐先生的交往中，他给我下过最后"通牒"。那是他那本别具特色的书

《错错错》出来后,他希望在我们绿色记者沙龙上说说。可是我们一个月一次的沙龙那几个月老有应急的事要讲,就没能及时请唐先生来说。唐先生在电话里跟我就有点急,因为他太想赶快告诉年轻的记者们自己为什么要写《错错错》。

唐先生的执着,让我领教的还有一次。那是我和一位院士挑起的有关人类是否要敬畏自然的论战。唐先生从一开始就说他气坏了,一定要写篇文章好好说说。可是我们的争论都好一阵子了,报社约他写的千把字的文章他一直没写。他的解释是,我还在考虑。终于有一天我的电脑里接到唐先生发来的文章,好家伙,洋洋万言。让我更感慨的是,从这篇文章的写作过程中,也让人们看到了唐先生做事的较真。

关于唐先生的个性,他在《环球绿色行》的"写在前面"中,有个简单的描述:"我这个人有两个特点:一是爱幻想,再是实干。所谓幻想,就是想了许多事,实现不了。但只要有一线希望,就死咬住不放,一直干到底。一个普通的中国人,而且坎坷半世,干扰纷呈,为什么能写出这本'书'来和做出这个'事'来,这算是我的一点体会。"

七十五岁这样走过

2006年初,我的信箱里收到唐先生发来的另一篇很长的文章,题目是《七十五岁这样走过》。对今天的人来说,活到75岁不算稀奇,但75岁还能使劲"折腾"的人,应该说不会太多;75岁还能把自己的折腾淋漓尽致地描绘出来,向众人炫耀,可能就更是凤毛麟角了。唐锡阳先生,就是这凤毛麟角中的角。我之所以选择了炫耀这个词,形容唐先生75岁写的这篇自己是怎么走过的文章,是因为通篇文章中我看到的都是他的自豪与得意。不管是这一年的快乐,这一年的艰难,还是这一年的痛苦。

唐先生在他的《七十五岁这样走过》一文中写道:对我来说,2005年应该算是一个丰收年。这年主要做了三件事:

第一件事,绿色营已届十年,仍在继续。我做了一点工作,实际管得很少。一是忙于外出讲座;再是有意少做一点,绿色营是大学生绿色营,就应该让大学生来做。如果没有我,绿色营就办不下去了,那就说明绿色营没有生命力,也可以不办了。如果它确实拥有生命力,即使停办了也会有后来人继续办。这是百年后事,我只问耕耘,做好精神传递就是。

第二件事,今年写了四篇文章:

第一篇是《尊重自然是现代生态学的一面旗帜》。这篇名曰论战,实际是谈生态道理的长达15000字的文章,已在许多网站公布,为十二家报刊所刊载,也作为首篇放进了再版的《错错错》。应该说,这是社会影响较大的一个精神成果。

第二篇是应香港《良友》杂志约稿,文章的题目是《地球毁灭的第五种可能》。

第三篇是《黄河文明与黄河变迁》,还不能算是正式的文章。只是因为今年七月同全家旅游了一趟侧卧黄河的山西,九月在黄河出海口参加了"黄河论剑"的节目,历年又多次访问过兰州、西安、洛阳、郑州、开封、济南等沿黄河流域城市,又参观和了解过丁村、半坡、仰韶、龙山等文化遗址,耳濡目染甚多,才获得一点灵感,一条思路,一个课题,即从华夏之路来看黄河流域的沧桑;反过来再从自然的变迁来看人类文明的历程。世界四大古代文明有其共有的规律:依傍大河最富庶的生态开创了古代的辉煌,但建设文明的同时却破坏了大河流域的生态,文明也就随之沉沦或消失。古埃及如此,古巴比伦如此,古印度如此,黄河文明也是如此。我们能不能用历史和生态的眼光,把远古的、近古的、现代的、生态的、人文的各种信息收集拢来,寻求文明和自然之间的内部联系,探索出一条新的天人共泰的生态文明的道路。

这是一个沉甸甸的、非常庞大的、有世界意义的主题,也可能就是我想完成的第三部重要著作的提纲。所以严格说来,这还只是一个草稿。真正写完,还得把华夏之路认真细致地走一遍,恐怕需要两三年甚至更长的时间,还得财力上的支持和上帝恩赐我健康护照。

第四篇就是这篇。

第三件事,全年中耗费时间和精力最多,从3月11日到12月7日期间,搞了一个全国性的巡回讲座。在十七个城市讲了130场,重点在96所高校讲了103场。如果按每场平均240人计算,则听我讲的人数是3万多人。如果把历年听讲的人数累计在一起,就是一个可观的数字。作个夸大的比喻,孔子有弟子三千,我有听众十万。我相信这是一个巨大的精神力量和物质力量。因此我应当有所记述,并作为这篇文章的重点。

事情的缘起是这样,感谢绿色营营员、亲戚朋友和一些单位的赞助,我的《错错错》得以出版,并把这本层次较高、印刷精美、比较厚重的环保书的定价压到50元,初印了5000本。后来香港乐施会又赞助8万元,即以此为启动资金,又加印了5000本(实际投资是12.5万元,余款卖了书以后年底已经还清)。两次共印刷一万本,出版社只负责营销2000本,我们负责营销(包括赠送)8000本。能印出这么多

seeking the footprints of wild man
——— Leading pacemaker of environmental protection of China

书是个难题，要把这么多书传递到读者的手里，更是一个难题。我曾和赖芸、郭沛源、曾永辉、吴峰等营员多次商量，多方联系，始终没有找到可以营销的办法，唯一的"笨"办法就是搞巡回讲座。边讲座，边售书，既推销书，也推销环保理念。

除掉寒假、"五一"、暑假、"十一"以及躲开学生的考试，我的活动非常集中，几乎是一天一讲，有时候不得已还得一天两讲，甚至是下了飞机就讲，或者讲完了就上火车。而且我没有组织机构，没有秘书，事情非常繁杂，要通盘联系衔接，要应酬各种社会活动，要接受报刊和电视记者的采访，要安排自己的衣食住行，要应付各种意想不到的问题，而我那个必需午睡和容易失眠的毛病，实在难以对付这种变换不断的日日夜夜，有时候就得靠吃安眠药和硬挺。这对一个75岁的老人来说，确实是超负荷了。但我喜欢这种生活方式，超越自我，挑战人生，每个讲座都是一种收获、一种欣慰、一种鼓励、一种鞭策，更何况此行之中，总有意想不到的情况与收获。

一个七十五岁的人（这里我真是不能加上老人二字的），在一年之内干这么多事，是不是够能折腾的。

对人物的介绍我看到过两种不同的写法。一种是履历表式的，另一种是发自内心的。写唐先生的两种我在这里摘录如下。

例一，男。1930年1月30日生于湖南汨罗。1952年毕业于北京师范大学外语系，分配到北京日报，任编辑、记者。1957年被打成右派，一直在农村和工厂劳动。1980年落实政策，调北京自然博物馆创办《大自然》杂志，他在主编《大自然》的同时，就关注中国的自然保护问题，集中精力考察全国各种类型的自然保护区，在报刊上发表了大量有关自然保护的文章，并出版了专著《自然保护区探胜》。此书1987年获全国地理科普读物优秀奖，并列入向全国青少年的推荐书目；其中《又有五只朱鹮起飞了》获得第二届全国优秀科普作品奖。以后又相继出版了蒙古文本《天鹅之歌》和在台湾出版的《珍禽异兽跟踪记》。1999年出版了青少年读物《到自然保护区去》，同年主编并在香港出版了有关绿色营的大型画册《从世界屋脊到三江平原》。

例二，2001年10月，我与学生在进行土地荒漠化考察过程中，有幸在赤峰沙漠绿色工程研究所结识了唐锡阳先生，并得到了这本尚未正式出版的书。读罢全书，掩卷沉思，心绪不宁，总觉得有什么东西沉甸甸压在心上。我不想呼吁什么，也不想痛斥什么，只是在想：我能做些什么？我以为唐锡阳的出现、他的言行、他的成就要从大的时代背景、社会潮流与发展趋势上去观察才能做出应有的评价。

我写唐先生的文章本来已经写完了，可又接到他揭开新生活一页写来的文章《三亚试笔》讲了他在海南三亚买了房，小住时的兴奋和发现的问题。而这一发现，他的老习惯也再次发挥作用，写信。于是，我写他的这篇文章中，也就又多了一封信。这封信中，唐先生向市长人提出能不能带头到海边拣垃圾；提出了海滩大排挡的污水不能直接排到大海里；提出了建设中必需要给子孙后代留有余地。具体说，城市要多留绿地，海岸河边要多留空间，近海多留荒岛，郊野多留荒山，荒山要多留原生植被，给昆虫鸟兽留下赖以栖息的环境。现在人可能不喜欢这个"荒"字，而这个"荒"字可能就代表了一封还没有拆开的信，一个还没有打开的宝库。

唐锡阳先生有句名言："物我同舟，天人共泰。尊重历史，还我自然。"三亚如果参照这十六个字做去，我想，子孙后代和自然万物会记住我们。

大学生绿色营

——催人泪下的一个传奇故事，

——寻梦绿色的一个崎岖旅程，

——执着环保的一个青年群体，

——播种绿色的一个西点军校。

大学生绿色营现在在大学生圈内的知名度很高。但我对称之为西点军校还是不太苟同。我去过美国的西点军校，那规范的程度，严格的训练，和那里培训出来的人的综合素质，和大学生绿色营的自由、民主、随意是不能同日而语的。

我到觉得大学生绿色营的特色，完全用不着和什么西点呀、黄埔去比。大学生绿色营就是大学生绿色营。他的发起和运作都带着我们当代中国环境保护行动的独到之处。2006年7月23日，大学生绿色营在中国科学院图书馆举行了十周年庆祝仪式。参加会的有国家环保局环境文化促进会的秘书长、有拜耳中国的副总裁、有《绿色中国》杂志的总编辑，从这官、商、学出席人员的结构看，大学生绿色营是得到了各届人士的认可的。

我想在这里有必要先回忆一下大学生绿色营诞生前的阵痛：

1995年11月25日唐锡阳先生收到昆明读者熊建华一封来信，要买《环球绿色行》。信中还转述了他的好友奚志农反映的一个情况：滇西北的德钦县为了解决财政困难，决定在白马雪山自然保护区的南侧，砍伐100平方公里的原始森林，林中生活着２００多只滇金丝猴。这个信息使唐先生震惊。他在欧洲走了十多个国家，连一平方公里的原始森林都没见过，白马雪山的人一开口就要砍伐100平方公里，那里可生

seeking the footprints of wild man
—— Leading pacemaker of environmental protection of China

长着世界罕见的低纬度高海拔的暗针叶林,珍稀动、植物和特有的滇金丝猴啊。这位读者留下了奚志农的电话,唐先生当即拨了这个号码,他们决定一起给当时的国务委员、环境保护委员会主任宋健写信。

那以后,唐先生在计算机前整整修改了三天。妻子马霞不认识中国字,却在一旁说:"你是写信还是写书?写那么长,宋健有时间看吗?"唐先生说:"才一千多字。"

宋健读到这封信,当即就做了指示,而且是带着感情的:"云南省林业厅奚志农同志的信大概是出于无奈而发出的最后呼喊"。宋健要求林业部依法处理这个问题。林业部很重视,立即组建工作组,赴云南德钦进行调查。

林业部的工作组去了,唐先生和妻子马霞商量,他也要带上关注自然的学生去一趟。听了后马霞拿出一万元。北京电视台编导高振兴先生听了"自然之友"杨莘的动情叙述,没提任何条件捐助了两万元。另一个不愿扬名的单位也捐助了两万元。梁从诚先生代表"自然之友"捐助了5000元。连续三年在白马雪山考察滇金丝猴的美国学者柯瑞戈,也捐献出自己的野外装备和人民币1000元。

目标有了,钱有了,绿色营就可以启动了。当时北京只有十一所大学有环保组织,唐先生在这些学校里挑选了25名学生,此外还有云南大学和东北林业大学的3名学生。再加上中央电视台和几家报社的记者、作家、摄影家,一支整齐的队伍组成了。

后来我听说,就是这支队伍中,走出了以后的日子里相伴终身的好几对情侣。是共同的志向,是香格里拉的神奇,还是什么……要是有一天有人跟踪研究一下,一定有意思。

后来我得知,国家计委根据全国政协的一项提案,决定九五计划期间每年给不到5万人口的德钦县财政拨款300万元人民币,云南省同时拨款800万元。林业部也一次性拨款200万元,帮助县的森工企业转产。

事情进展到这个程度后,又发生了新情况。德钦附近的几个县知道德钦一下子来了那么多的钱,本来并没砍树计划的他们,也挥起了斧头,砍树还能得到国家的补助,那不是不砍白不砍吗?

更可气的是,就连德钦也没有放下砍刀。1998年,大学生绿色营从东北三江平原返回北京的途中看到中央电视台焦点访谈节目,揭露德钦县"钱照拿,树照砍。"当时某国家领导人看到这个节目后火了,立即给云南省省长打电话予以严厉批评。

像白马雪山那样的原始森林所在县县太爷的脑子里,难道就只有人民币?

这件事对唐先生的震动太大了,还有什么办法?唐先生把希望寄托在大学生身上,他告诉自己:大学生绿色营不能只办一、两年。

阵痛而后生,大学生绿色营破土长苗了。

大学生绿色营第二年去的是西藏。唐先生说:这一次传统、宗教和生态保护,自然而然地进入了绿色营的视野。

北京师范大学郎艳同学说:"宗教是一种意识形态。人们从精神上领会了自然的含义,也就是接近了真理。在人们还无法接触更多科学的时候,宗教是保护自然的巨大力量。"

让唐先生非常感慨的是,大学生绿色营西藏行,队伍中的每一个人除了每天要经受高海拔的历练,每天也都体味着精神世界的各种碰撞。

有人说:"西藏人纯朴,不错,那是因为落后。"反驳者说:"这里所以民风纯朴,是因为他们精神世界高尚。"

有人说:"用宗教来保护自然,是科学的悲哀。"反驳者说:"过去我们习惯于把宗教和科学对立起来。其实,宗教和科学各有各的作用,各有各的份量,都是人类生存过程中所必需的。保护自然完全依靠科学,起码是不现实,我们不能只依靠一种力量,必须依靠多种力量。"

有人说:宗教在自然保护方面的作用将越来越小。"反驳者说:"宗教过去保护生态功不可没,由于她历史悠久,深得民心,影响深远,现在和将来仍将发挥巨大的作用。

有人说:"佛教所宣传的实际是一种消极的生活态度,过于强调人的承受和忍耐。这种消极的人生观确实可以使社会保持长期的稳定,并可以很好地保持古老的文化传统,但它同时又极大地限制了社会生产力的发展,把自己远远地抛在时代的后面,长此封闭下去,必然是死路一条。"反驳者说:"不对。从保护生态、保护自然资源、保护人类长治久安的生存来说,佛家的宗教观是积极的。相反,那种拼命发展经济,拼命掠夺自然资源,拼命追求物质享受,以秃山浊水代替青山绿水,以灾难代替宁静,以尔虞我诈代替淳朴民风的生活方式,才是短视的,不留后路的,因此才是消极的。"

大学生们在与西藏文化的接触中,唐先生深深地感到,这些尖锐的不同看法,在书本上是读不到的,在课堂上也听不到。而大学生绿色营的西藏行,每天都会遇到这些不同的观点。这些观点没有让大学生们困惑或者茫然。相反,丰富了他们的思想,开阔了他们的眼界,收获是无形的。

唐先生还认为,大学生们的西藏行,收获最大应该是:他们开始认识到只有尊重传统,尊重自然,才能摆正人在社会中和自然界中的位置,才能进入天人共泰的思想境界。

后来唐先生在很多场合说过自己喜欢绿色营有这样的碰撞。2001届有个营员曾叫喊"打倒绿色营!""打倒唐锡阳!"唐先生说当时他并没有觉得奇怪,没有碰撞,不叫绿色营;没有矛盾,不叫绿色营;没有差别,不叫绿色营;没有问题,不叫绿色营。至于每个人从这种碰撞中获得什么或将要获得什么,这是每个人的社会观问题,不必强求一致。

提出问题,这几乎是大学生绿色营的行动之一。大学生绿色营的成员们每次分手前都会在留言本上写几句话。在历届大学生绿色营中,唐先生很欣赏香港吴泳攀同学直率地写下的话:"第一,我觉得绿色营不够绿色;第二,缺少团队精神;第三,缺乏关爱。"

个人性格中,唐先生的好恶其实和他对大学生绿色营的期望,是相吻合的。他认为,创办绿色营为的是学习。而且有三项必修课可以培养一个人的素质:

第一项必修课——热爱自然。

第二项必修课——民主。唐先生认为:团结不能消灭差别,如何运用这些差别,正是互相交融、互相学习的好机会。

第三项必修课——吃苦。吃苦是今天磨练意志的需要,更是未来开拓环保活动的需要,因此吃苦也是绿色营的必修课。

今天,从大学生绿色营走出来的同学,有多少人的性格及素质受到了唐先生认为的必修课的影响,我相信,这会是唐先生所期待的:有人去跟踪,去追问。

历届绿色营的活动

保护滇金丝猴,1996年奔赴云南德钦。 云南德钦县滇金丝猴栖息的原始森林面临遭到砍伐的命运,一群热血青年组建队伍赴滇西北保护原始林和滇金丝猴,这就是第一届绿色营。

保护原始森林,1997年奔赴西藏东南。 绿色营奔赴西藏东南部的雅鲁藏布江大拐弯地区,对那里的生物多样性及自然状况进行了考察。

保护湿地生态,1998年奔赴东北三江平原。 营员们通过亲身体验和观察,对于湿地调节气候、促淤造陆、降解污染的功能有了更深刻了解。

探究生态旅游,1999年奔赴新疆北部哈纳斯。 营员们关注新疆北部哈纳斯国家级自然保护区的生态旅游现状,揭露当地借"生态旅游"名义搞破坏生态环境的事实。

关注西部生态,2000年奔赴新疆南部塔克拉玛干大沙漠。 绿色营考察了新疆南部沙漠化现状和当地自然保护区管理情况,发现了管理不力、执法不严等导致环境破坏的根源。

保护亚洲象,2001年奔赴云南思茅地区。 绿色营深入云南思茅,协助国际野生动物保护基金会开展环境教育工作,关注亚洲象保护与社区发展。

保护沿海湿地，**2002年奔赴辽宁沿海滩涂**。绿色营对当地水污染和黑嘴鸥的繁殖地进行了考察，提高公众对湿地的认识和对鸟类保护的重视程度。

保护湿地草原，**2003年奔赴四川若尔盖地区**。绿色营对湿地荒漠化、草地退化现状和长江黄河上游重要地区的水资源破坏现状进行了考察。

关注海洋生态，**2004年奔赴海南**。绿色营在海南调查了红树林、珊瑚礁、热带雨林的生存现状，探索了海洋生态未来的可持续发展与保护。

访问河西走廊，**2005年奔赴甘肃**。绿色营在白水江和民勤开展暑期考察活动，走进这一片久被遗忘的西北大陆，找寻自然原始而质朴的震撼。

2006年8月26日大学生绿色营十周年及青年环保大会上，唐先生买了一个很大很大的蛋糕，参加会的人大概有200多位吧，每一个人都吃了还有剩余。一边吃着蛋糕我一边和第一届营员们聊着这些年来他们受绿色营的影响走过的人生之路。那天来的大学生不少，年轻人总能给人以生机。不过我也发现当年几个重量级的人物现在已经不在环保行列里了。当然，这并不奇怪。只是看着依然执着的唐先生满头白发还在忙碌着的身影，心里不免又觉得酸酸的。

轮到我主持讲演会的时候，我提出了一个问题请大学生们回答。题目是：谁能为解决我们目前的缺水问题想出一个行动方案来？有点遗憾，等了好久，直到最后，连提出自己的理想做法的都没有。我不得不宣布：如果这是一份考卷，同学们中没有能及格的。

那天，在骑自行车回家的路上我想，唐先生当年提出的大学生绿色营这一创意真的很好，可下一步还将怎么走下去，有人能提出更好的创意了吗？

错！错！错

如果说，唐先生为了在我们的记者沙龙上讲自己的《错错错》时给我下过最后"通牒"，那他让我参与《错错错》一书的评点，就可谓苦口婆心了。说来是我有点不像话，唐先生第一次给我这部书的草稿让我写评点时，我不但没写，连书也不知被谁抄走了。他知道后马上让他的女儿又给我寄了一本来。

seeking the footprints of wild man
—— Leading pacemaker of environmental protection of China

从唐先生寄来的《错错错》征求评点版中我知道，这本书的书名他先后想了五十多个，始终觉得表达不了自己的心境。一天，他忽然想起1999年和两个女儿游览绍兴沈园的时候，读到陆游的《钗头凤》："东风恶，欢情薄，一怀愁绪，几年离索，错！错！错！"这三个错字，直射入唐先生的心中。三个错字，正涵盖着唐先生写的这本书的潜在主题。《错错错》，不是指某个人、某个事、某个地区、某个时期，而是人类发展过程中一个历史的、根本的、越来越严重的、迄今尚未认识的大错。唐先生说，提出这个问题，不是心血来潮，也不是冥思苦想，而是经历了二十多年的绿色实践和反思，才在他眼前不断浮现出这个模糊不清而又震惊心魄的"错"字的。

《错错错》这本书"出炉"，唐先生请几个朋友一起吃饭，我也去了。一个晚上，大家说了很多赞美之词，而让我至今还念念不忘的，一是唐先生自己说的：写出这个错字，需要勇气，改正这个错字，更非容易。但这是一条不可回避的唯一道路。英国学者利斯特说得好："我能想象到的人的最高尚行为，除了传播真理，就是公开放弃错误。"

那天晚上，北京理工大学研究员杨东平一直在劝唐先生：您应该根据自己的经历撰写一本中国环保备忘录。对此唐先生一直是在还以微笑。

出版《错错错》，唐先生的一个标新立异的想法，就是他要搞个"百家评点本"。他说这样做不是要大家来捧场，而是觉得自己力量不够，想以此为平台，引发共鸣、联想、碰撞、交流，也可以反对，以达到荟萃绿色的目的。众人拾柴火焰高，就可能成为一本推动中国环保事业的书。

经过三年的努力，不知有多少人是我这样需要"苦口婆心"才参与的。但书中读者可以看看到远远超过"百家"的朋友，以极大的热情为唐先生这本书写了自己的评点。写得最多的有136条，年龄最大的90岁。

虽然唐先生在为此书发表"自白"时说：我赞同"赞同"，也不反对"反对"。可是当我拿到带着墨香的《错错错》急忙翻看时，却只看到我对大自然为何热爱的一些观点，而我对唐先生这本书本身提的一些意见，并没有收入其中。那一刻，让我稍感遗憾。不过我也没有再问唐先生这是为什么。我知道，一本书里包含着作者的各种思想和意图，也不能不有出版者的介入。

覃琨是中国儿童艺术剧院著名演员。就我所知，一个知名演员不但呼吁保护环境，而且组织环保活动的并不多，覃琨是一个。我就参加过由她发起，并组织的孩子们在动物园为一头误食游人投的塑料袋而死亡的北极熊的追思会。读了《错错错》我知道那是因做为一位资深演员，覃琨觉得读唐先生的书，甚至比她读剧本还要投入。她感动、她流泪，她有很多话想说，有很多事想做，于是就和孩子们一块在动物园悼念起北极熊了……

作为一个扮演孩子的演员，覃琨也有与她的职业角色相关的对《错错错》的评点。她说：每读唐先生的书，我总会想起安徒生童话《皇帝的新衣》中的小男孩——他把自己看到的客观现实如实地说出来，并不厌其烦地告诉大家。这样做，会让一些人不高兴，认为他"添乱"。可对普通人，特别是对孩子们是很有教益的。

杨国斌（夏威夷大学社会学系教授）现已调至美国哥伦比亚大学社会学系任教。我和国斌也是好朋友。在他对《错错错》一书的评点中我很赞同这样一句：我认识到在当代中国搞环保的一个当务之急，是转变观念，是发展绿色文化。观念和思维与语言紧密结合，因此要普及保护环境的观念，就要普及绿色的语言。

杨东平是中国第一个民间环保组织自然之友的发起人之一。他对自然的关注，是走在中国民间关注环保队伍的前沿的。评点《错错错》他用了两段鲁迅的话："从逆境中过来的人变为两种：有的人因为自己受过苦而希望别人免受其苦，而成为博大的人道主义者；有的人则相反，认为受苦受难是自己熬过来的，人都是自私的，而成为冷酷的利己主义者。""在中国，大抵是成为后者的多。"

杨东平认为：一个人成为好人的原因其实也是特别值得认识和探寻的。唐先生就是这样一位博大的人道主义者。我想，他的自救和提升在很大程度上是由于他作为自然之子的宿命，他对大自然的热爱和责任。爱默生说过：培养好人的秘诀就是让他在大自然中生活。

为唐先生的书写评点的最大的官是当年的国务委员宋健。官大的人说话总是锱铢必较。听听他是怎么说的："发世人之良知，引启社会之觉醒"。

一段始于大自然的爱情

唐先生在《错错错》的卷首写着"献给马霞"。有人说这其中的原由之一，是他对大自然恩赐的回报。大自然对唐先生的这一恩赐始于1982年，在西双版纳考察亚洲象时。是大自然让唐先生结识了美籍文教专家马霞（Marcia B.Marks），共同的理想使他们走在一起，开始了为自然保护事业而奋斗的共同生活。在马霞的帮助下，唐先生在纽约和伦敦出版了英文专著Living Treasures，因此获得一些国际环保组织和朋友的帮助，在1989年至1992年之间，他们夫妇先后考察了前苏联、德国、瑞士、法国、英国、美国和加拿大以及香港的50多个国家公园和自然保护区。经过这一系列不平常的绿色旅程之后，他们夫妇潜心写作三年，共同出版了《环球绿色行》。1999年又出版了英文版《A Green World Tour》。《错错错》是2004年出版。

在唐先生的笔下，有不少赞美妻子马霞的语言，让我印象最深的是唐先生转述马霞自己说的一句话："你们首先要学会用欣赏的眼光去认识别人，然后才能正确地认识自己。"

唐先生也曾把这句话在绿色营中讲给同学们听。并强调：这就是一种民主精神，也是我们绿色营所应该追求的境界。

唐先生对大学生绿色营香港同学留言中直率的欣赏，和看重马霞说的要学会使用欣赏别人的眼光。这两种为人处事的做法加在一起，是我认为的，人的完美性格。不知这是不是唐先生和马霞他们夫妻15年相依相爱的人生的缘。

唐先生和马霞有着一段不能靠语言，却能靠心灵勾通的爱情。

马霞学的法国文学，在美国当过记者、编辑。不过她对东方文明古国中国一直深感兴趣。五十年代就想来中国，由于美中关系尚未解冻而未能成行。后来她参加了美中友协，义务帮助中国学者补习英语。1979年她终于有机会到中国参观访问，并下决心来华工作。第二年如愿以偿。

马霞和唐锡阳，一个中文不好，一个英文不行，1987年他们成了夫妇。国务委员宋健同志在给唐锡阳的一封信中曾说："异国同道，结成伴侣，宇宙之缘也。"

唐先生和马霞的交往很多是靠文字。1992年2月，唐锡阳在去南方的火车上给马霞写了封信。信中说：

Dear Marcia:I am difficult so much to write to you in English,I can'tbut to write in Chinese.You had better to ask Zou Dezi or other friend totranslate it for you.

这封要靠翻译的两口子之间的信是这样的：（略）我对一个中国人和一个美国人共同生活在一起的困难，是有充分估计的。我觉得虽然经历了不少的矛盾与磨炼，我们的相处还是不错的，是朝着越来越好的方向发展的。当然我也为我们语言上的障碍，常常发生误会，不能交流思想而苦恼，而且我也懊丧自己的耳聋，精神不集中以及性格、待人上的一些缺点。但总的来说，我是满意的，爱你的，感到幸福的。甚至有个别朋友预言我们不能长久地相处，我很高兴他的预言没有实现。这一切，我得感谢你。这不是一句平常的话，而是包含着丰富的深邃的内容。中国有句老话："大难不死，必有后福。"我的后福就是上帝给了我一个好妻子。这并不是说你没有缺点，你的主观，你的固执，你的孤僻，有时候也确实使我难受。但哪个人没有缺点呢？我的缺点比你多得多。62岁生日你们要我默祷一个心愿，我的心愿就是我们两人相爱长寿，白头偕老。

唐先生曾经这样介绍过马霞："只要一提到大自然，马霞就眉飞色舞。在张家

追寻"野人"的足迹
——中国环保领跑者

界,她一天要跑五六十里山路,年轻的游客也比不上她的兴致和精力。在青海湖,紫外线晒红了她的脸,高原反应使她气喘吁吁,她仍然奔跑在那一望无际的草滩上。"

谁能料到,这样一个热爱自然、亲近自然、矢志保护自然的人,却让唐先生渴望在爱情的驱使下两人相爱长寿的愿望,过早地面对生命的挑战:1995年冬季马霞得了食道癌,且不断扩散。

因为宗教信仰,马霞一直不肯住院,只到生命的最后。在马霞同意住院的那一刻,唐先生感叹地说了这样一句:"马霞,马霞,你真是马霞!"

我听说了,那天医院里的对话是这样的:马霞沉静地听完了大夫的意见,思考了片刻,问了一问:"医院有饭吃吗?""当然有。""这好,就不必家里人送饭了。"接着她又问了一句:"我可以住集体病房吗?""那不行。集体病房没有卫生间,洗澡不方便,想听听音乐也不行。"马霞没表示坚持,但补充了一句:"我身体还好,可以为病人做点事。"

唐先生率领大学生绿色营出发前,马霞已经生命垂危。有人不理解:在这样的时刻,唐锡阳怎能远行?后来随唐先生一起加入大学生绿色营的学者沈孝辉撰文:那是因在唐锡阳的心中,大自然的癌症和马霞的癌症同样沉重。正是这两个癌症,才激发了这对环保夫妇义无反顾的紧迫感和拼搏感。他们勇敢地迎接命运的挑战!

离马霞去世的前五天,1996年7月20日晚上,唐先生家开了个家庭会。讨论两个问题:一是马霞要不要住院;再是唐先生要不要去云南。

马霞一向是反对住院的,但那天没有反对。家人分析有两个原因:一是她已完全失去了料理自己生活的能力;再是她不住院,唐先生就不可能去云南。

关于唐先生去云南的问题,马霞十分坚定,去!

唐先生那一刻真的急了:"我是人,人是有感情的。这个事情再伟大,我怎能在这时候离开你?"孩子们哭了。马霞平静地反复说:"你应该去,你做了那么多工作,全准备好了,你应该去,你应该去。"小女儿对马霞说:"妈,您真地愿意爸走吗?"

马霞带着微弱而坚定的口气说:"是真的,他不去,我会不高兴的。"

唐先生明白马霞的意思,但她用汉语表达不出来,就用她听不懂的成语补充了一句:"她的意思是,如果我不去,她会死不瞑目。"

7月25日是绿色营出发的日子。谁也没想到,这一天大家也都要给一位来自大洋彼岸的伟大女性送行。她就是马霞。

马霞走的时候,没有喊叫,也没有痛苦。她是那么安静、那么慈祥,仿佛又要出征,和唐锡阳一起去看看剩下的那半个中国的自然保护区,一起进行南半球的环球

seeking the footprints of wild man
—— Leading pacemaker of environmental protection of China

绿色行。

本来，大学生们安排了三个营员去病房向马霞献花辞行。送站的大客车停在友谊医院的东门外，营员们在客车上兴高采烈地等待唐锡阳和代表们归来。眼见这几个人在记者们的簇拥下从远处走来，大家掌声欢迎。然而很快就发现过来的这群人神情严峻，气氛异常。只见唐锡阳竭力控制住自己的感情，沙哑地说："同学们送的鲜花，马霞已经不能亲手接了……"

绿色营从云南德钦返回中甸的路上，要翻过一个海拔4300米的垭口，这是他们此行的最高点。藏民们崇拜山岳湖泊，差不多每个优美的风景点，都设立着玛尼堆、烧香台以及五彩缤纷的经幡。这个4300米的垭口面对白马雪山，环顾云山万里，遍地山花烂漫。

唐先生前一天收到一位"自然之友"的特快专递，信中请唐先生替他们在白马雪山采摘几朵鲜花献给马霞。

8月的香格里拉，4300的垭口正是一片花的海洋。尽管花型比较小，但千姿百态，万紫千红。这是马霞最喜欢的花。而这些山花又多么像马霞，她闪耀在千万朵、千万朵之间，非常渺小，非常顽强，也非常美丽。

这山花，让唐先生想起十一年前的一天："我们俩漫步在青海湖边，她被高原的野花陶醉了。她从来不允许我为她拍照，只有这一次，也是惟一的一次，主动要求我拍一张她欣赏野花的照片。那也是我们认识三年之后，面对着蓝天、白云、高原、湖泊以及烂漫的山花，第一次定情的日子。想到这里，我再也看不清眼前的一切了。我单膝跪下，面对着白马雪山放声痛哭。再也憋不住了，我要把这半个月、半年的眼泪倾泻出来"。

绿色营的营员们都默默地站在了唐先生的身后。擦干眼泪后，唐先生站起身来，选择了他认为最美的山花，摘了10朵。对着这10朵山花唐先生说："我是从来不摘花的，这十朵花我准备带回北京放在马霞的骨灰盒里。"

营员们默默地走进草地，都违反着共有的道德和纪律采摘起自己最心爱的花。谁也不说话，都默默地向玛尼堆走去。这时候陪同他们的藏族同胞根据民族的习惯，也采下一些香柏，在烧香台上燃烧起来，还大声念着为马霞祈祷的藏经。

不知谁说了一句："为了纪念马霞阿姨，我们默哀一分钟。"

本来就很安静的大地更安静了。天不说话，地不说话，鸟不说话，昆虫不说话，人不说话，都在纪念来自地球的另一边的这个平凡而又伟大的女性。她带给中国人民的，不只是十五个春秋的默默奉献，不只是西方优秀的文化与精神，而且是用她的生命在这些年轻人的心上播下绿色的种子。

中国、美国，对我们来说，就是两个国家，对唐先生来说，是生活，是命运，是一份刻骨铭心的爱情。"赠人玫瑰，手留余香"。我知道唐先生对马霞的这份赞

在长白山天池

美，是他生活的一部分，会陪伴到他永远。

　　我是在马霞离开唐先生整整十年的那年，那月，那日完成这篇文章的。生前我没能向她说过一句保重，生后我也没能向她献上一枝野花。在这篇文章的结尾，我想如果马霞天上有知，我就轻轻地把这篇记录唐先生这些年是怎样度过的文字念给马霞，让她知道她心爱的人这些年是如何继续着他们共同的理想的。

　　真希望她能听到。

官司缠身——王灿发

2005年我们共同参与的一次大会后,我和几个志愿者想靠义卖书为金沙江车轴村建一所图书馆。3000块钱所需让我把已经出了门的王灿发叫了回来。我告诉他,就是靠义卖我们自己写的书和在怒江拍的照片,已经为怒江沿江小学建了30个阅览室了,想继续为金沙江的小学捐几个。

被我们说的动了心的王灿发一边掏钱,一边说,为了赶这个会,我刚被罚了200块钱,今天的讲课费全花了。刚被罚又让人家掏腰包,我有点不落忍了。王灿发到笑着说,反正这钱也是额外的。他买了我们义卖的书。

我不知这额外是什么意思,是不用交到他们家的"柜上"吗?

对于王灿发来说,义举不仅这一次。2008年举行的第13届"日经亚洲奖"颁奖仪式上,王灿发获得了"经济发展部门奖"。他在致辞中表示:"中国目前正经历着一场特大自然灾难带来的痛苦和哀伤,因此我决定将这次获得的300万日元的奖金全部捐给地震灾区,为灾区的重建尽绵薄之力。"作为中国生态环境的积极维护者,王灿发把这笔奖金捐给了中国保护大熊猫研究中心。

王灿发告诉过我:他们"污染受害者法律援助中心"的副主任许可祝副教授带着学生和两个美国人到河北定州去调查当地一家企业污染环境的情况时,被当地人关在屋里推推搡搡,还拿着砖头威胁说:要让你们知道黑社会的厉害。

2007年10月,王灿发被美国《时代》杂志评选为全球"环保英雄",与他一起入选的还有美国前副总统戈尔和俄罗斯前总统戈尔巴乔夫。

《时代》杂志将评选出的45位"环保英雄"称之为"地球代言人"。开篇语写道:地球虽然是大家的,但它不会说话。地球不会为自己说话,因此必须有人为它说话。作为一名法律学者,8年来,王灿发坚持为地球说话,为环保受害者说话。他说自己一生的偶像是马丁·路德·金,因为"他用一种非暴力的方式寻求和平与平等"。

200万诉讼费

据最高人民法院2000年透露，中国的环境案子以每年25%的速度递增。王灿发说，实际上这还没有真实反映出环境灾难的烈度，因为"在中国发生的环境污染纠纷案中，只有5%诉诸法律"（国家环保总局1999年的数据）。这5%的当事人都是所有的办法都用尽了，实在没办法了，才想到通过法律解决。

从2000年中国政法大学有了"污染受害者法律援助中心"八年来，中心已经为受害者垫付了将近200万元的诉讼费用。我能猜得出这200万元人民币的后面，就是一个个法制文学的素材，就是一个个活生生的司法案子。这些案子又构成了中国目前唯一的污染受害者法律援助中心的艰难历程和王灿发及他的同事们的丰富人生。

前几年我就问过王灿发，你们打的官司是赢的多还是输的多？他说各三分之一，输赢以外还有三分之一是还等着判呢。不过说到这儿，王灿发又补了一句，赢的也不是问题就解决了的，也还有。

什么叫官司赢了，问题还没解决？当然，我知道这在目前的中国来说是一个很普遍的现象，可还是想听听王灿发他们办的案子能有多离奇。

当然，不知算不算离奇，反正这样的例子要是听王灿发给你说，非听就气得半死。

在江苏、山东两省交界处，有一片辽阔的人工湖——石梁河水库，1999年7月9日，突然从水库的上游涌入大量工业污水，致使水库上游300多只网箱内所养的鱼全部死亡，造成直接经济损失60多万元。同年9月11日，灾难又一次降临。石梁河村农民谢恒宝描述了当时的情景："下午4点多钟，我划着装满饵料的船驶向养殖水域，发现那天的鱼一口接一口地吞水，表现出高度缺氧状态，上游水面布满了一层白色泡沫。5点多钟，网箱养的鱼全部死了。"

事故发生后，连云港渔政管理部门立即派人沿着水面上的白色泡沫追踪，发现污染来自新沭河。江苏的渔民们非常气愤，用数辆卡车拉着死鱼到污染源所在地山东省临沭县政府上访，要求排污企业赔偿损失。可他们得到的答复却是：我们这里的企业早已实现达标排放，废水、死鱼与我们无关。今后，政府保证监督有关企业不再向下游排放未经净化处理的工业废水。

渔民们听信了临沭县政府的承诺，又重新投网养鱼。2000年6月28日，悲剧再一次发生，江苏渔民的1310只网箱养的鱼顷刻间又一次全部死光。

农业部获悉这两起特大渔业污染事故后极为重视，委派黄渤海区渔业环境监测

seeking the footprints of wild man
—— Leading pacemaker of environmental protection of China

站，对这两起特大水污染事故进行了全面勘察。结果表明，石梁河水库的污水主要来自新沭河上游的山东省临沭县金沂蒙纸业有限公司和临沭县化工总厂。给养殖户造成损失560万元，给国家造成损失600万元。

渔民们依据勘察结果，多次到山东省有关部门投诉。2001年3月，出席全国人大九届四次会议的江苏省32名人大代表就此问题联名提案，要求有关部门尽快解决，可是问题始终没有解决。

养殖户们不是不想打官司，只是已经破产的他们一是没钱，二是即使有钱，有环境法专长的律师也不好找。在找到"污染受害者法律援助中心"并得到了王灿发的帮助后，97个养殖户立即联名于2001年3月10日向江苏省连云港市中级人民法院提起诉讼。当年12月14日，连云港市中级人民法院作出一审判决：被告山东省金沂蒙纸业有限公司和临沭县化工总厂立即停止侵害，赔偿97户渔民经济损失560.4万元（给国家造成的600万元损失没人出头起诉）。被告不服，上诉到江苏省高级人民法院，经过半年多的审理，江苏省高院于2002年4月16日作出判决，维持一审判决。

官司打赢了，老百姓松了一口气，但快两年了，左等右等，赔偿费一分未到，百姓们被毁坏的生活依然如故……

在王灿发他们的帮助下，渔民们申请了强制执行。可是有关法院不积极，原因是这里面涉及了两省的关系。老百姓接着上访。两省法院在各方催促下，指定铁路法院执行。铁路法院在江苏渔民的再三请求下，到被告工厂走了两圈，以无财产可供执行为由回复了事。

其实王灿发知道，被告所在地法院已经帮助这两个企业造假，将财产转移到了别人名下。有证据证明，在同一天，当地的市县法院做了几份调解书，把工厂财产判给银行……而在此之前，一个被告企业又改了名称变成另一个企业。这是明显的当地法院帮助被告企业转移财产的案子！

97个养殖户，五六百人，生计被断了，借款没法还，孩子要上学，老人要看病，全家要吃饭……所有的办法都想尽了，所有的可能都尝试了，按人们知道的正常法律途径也竭尽全力都走了，但一切照旧。

王灿发以他从事环境法研究20多年的经历，觉得这个案子太重大，太典型，如此责任分明而且得到了一边倒的支持，还是没有一个好结果。愤愤不平的他，2005年7月22日以中国政法大学环境资源研究与服务中心的名义上书最高人民法院，题目是《关于地方法院制作虚假法律文书的反映》：法院竟然帮助被执行人转移财产逃避生效判决确定的债务，使这些正义的人间化身彻底背叛自己的角色和使命，尤其令人难以容忍的是，这种帮助竟是通过神圣的法院裁判实现……不仅国家信用因未兑现而受到贬损，而且国家信用竟然成全了不法之徒逃避法律的制裁。

中国有6部污染防治法，比起发达国家一点也不少。可是到用的时候，却让王灿发不明白，怎么法律越来越多，甚至也越来越完善，可污染就是越来越厉害了呢？

追寻"野人"的足迹
——中国环保领跑者

在王灿发经手的案子中,有一回他是单枪匹马直插"敌营"。国内目前拥有很大读者群的《第一财经日报》的记者这样描述了王灿发的这段具有风险的经历。

福建屏南县榕屏联营化工厂是全国最大,据说也是亚洲最大的生产氯酸钾的基地。它是20世纪90年代初根据省里的"山海协作"(山区与沿海地区合作)的精神建起的,经济效益十分可观。但它周围的村民从建厂不久就开始忍受污染之苦。山上的毛竹、树木和庄稼大面积死亡,许多人被废气熏得整天感到头晕、腹痛、恶心、呕吐,村民患癌率逐年上升。据村民统计,1990年至1994年的4年间,溪坪村只有1人患癌症死亡;1995年至1998年的3年间,有4人死于癌症;而1999年至2001年仅仅两年里,竟有17人死于癌症。这数字上升得也太快了,村民们紧张极了。他们开始用各种形式上访。结果,可想而知,当地政府不给解决,这可是个聚宝盆,利税占全县的25%!

村民们想去法院起诉,可是没钱,于是他们决定在当地募捐,但募捐箱摆在街头没多久就被当地公安局抱走了,说是非法集资。老百姓万般无奈,听说北京有个"法律援助中心",抱着最后的希望找来了。

1640名当地百姓状告这个现代化的大厂!王灿发非常重视这个案子,他带着环境专家和记者一行人千里迢迢来到这个离福州很远的大山里调查。

"我看到山上的死树都砍了,从根上又长出一些小树苗。那些死树的样子,谁一看就知道是污染造成的。专家们看出了门道,这个厂选址就有错误,选在了一个山坳里,有害气体排不出去,在山中积存。在下风的几公里处,植被全都死亡……含镁含铬的废渣全倒在了一个山坡上,下雨后污水四处流淌。那些含铬的废水老百姓一沾皮肤就烂……

王灿发搬动了中央电视台《新闻调查》。记者们去前没打招呼,直接去了排污点采集了水样,然后找权威机构化验。正式采访时,化工厂拿出自己的样本振振有词地说,我们所有的水都达标了,这时记者拿出自己采集的污水样本,检验结果跟工厂出示的完全不同。后来我们得知,这个工厂是90年代建立的,环保设备很先进,只是平时不开动,因为要花很多钱。

这是一个典型的财大气粗、地方仰仗的企业,厂负责人在那一片叫得很响。中央电视台要播出《新闻调查》的那天,厂某领导眼看阻止不了,竟然有权让全县停电。第二天,省环保局就去了,发现他们的排放物里确有有害金属,于是要求他们整改,并要求在《新闻调查》重播时不许断电。这样,屏南百姓才从中央电视台上得知他们是生活在一个什么样的工厂旁边。

7月初,王灿发只身又去了一趟屏南县。庭前交换证据时,王灿发不承认对方的证据,工厂拿出的都是县政府、交警队和邻近企业给作的证,说是没看到山上和门前有死树,没有闻到怪味。

王灿发在法庭上反驳说,"你们作伪证要作得高明点,连行为主体都没有,一

seeking the footprints of wild man
——— Leading pacemaker of environmental protection of China

个单位怎么会有眼睛呢？"

这些证据都是说，据我厂领导和工人观察……全是群体的，没有活生生的个体。这分明是谁都不想署名，最后只能盖个公章了事。

王灿发，一个人孤军奋战在人生地不熟的地方竟然敢对当地权势部门和"亚洲最大"直言不讳。他回北京等开庭的消息。经过几次交锋后，形势似乎向有利于他这一方转化，但至今结果仍然很难说。

中国目前惟一一家"专打环境污染案件"，并且也是惟一一家免费为人打环境官司（中心垫付律师费、诉讼费，官司胜诉返还，败诉则全免）的机构，每当有记者采访中心人讲的新故事，新案例简直是层出不穷。可前面我说了，在中国发生的环境污染纠纷案中，才只有5%诉诸法律"。这两年也许多一点。但王灿发他们的艰难，我想说是如一首流行歌曲的名子《涛声依旧》，应该是不算夸张的。

当然，这些年来，王灿发也不全是走"背"字。挂在他嘴边的一个民告官的经历就胜了。

那是2000年初冬的一天早上，两位河北乐亭县的村民风尘仆仆赶到北京，敲开中心的大门后就哭了起来。他们是河北乐亭县汀流河东石村的2300位左右村民的代表。乐丰钢铁有限公司一年前投入生产后，村民宁静的生活被打破。这是一个污染非常严重、国家明令关停的企业。该厂无任何除尘设施，肆意向大气、田地和河流中排放二氧化硫，这个企业投产以来，有几十户农民辛勤耕耘了半年多颗粒无收。由于粉尘、烟雾的污染，周围区域能见度锐减，司机经常迷眼，以至发生了多起车毁人亡的事故。东石村的村民患呼吸系统疾病的人明显增多，许多孕妇为了肚子里的孩子背井离乡。村民多次上访上告，找环保部门、找政府，但当地政府就是死保乐丰公司，说这是利税大户，县里挂牌保护的企业，绝不能停产，也不进行改造。村民在走投无路的情况下群情激愤，截断了小钢厂的路，阻止工人出入。县公安局出动警力先后抓了5名村民。

"我们是受害者，结果却被抓了起来。现在该怎么办呀？"农民对王灿发哭求。

王灿发立即派律师实地调查，发现这家小钢厂确实属于国务院明确规定的应该被关闭的严重污染企业，它之所以能运营生产，主要是由于当地政府执法不严造成的。律师回去与王灿发研究，觉得如想彻底解决问题，方法只有一个：状告当地政府！

2000年12月，村民们在律师的指点下，以当地政府侵犯其合法权益为由，向唐山市中级人民法院提起行政诉讼，这就是"唐山乐亭县446人要求县政府履行职责行政诉讼案"。法院以研究后给予答复为借口没有马上立案，但立即向县政府通报。县政府没想到村民们会来这一手，这是破天荒第一遭。

县里有些慌了。他们领教了北京律师的厉害，也知道自己确实有失职行为。而且更害怕如果当被告，不仅会依法败诉，而且根据国务院的规定，对该关的"十五小"不予关闭的，其主要领导还应受到处分。在这种情况下，县政府让公安局放了村民代表，并关闭了那家工厂，补偿村民20多万元。面对这样的处理，村民们也就撤诉了。

不过，像这种不战而屈人之兵的胜例，在王灿发追究污染法律责任的案子中，真的不多。

绿色中国年度人物

2001年，王灿发和他领导的污染受害者法律援助中心获得了"福特汽车环保奖"一等奖。2006年，王灿发获得了首届"绿色中国年度人物"。记者蜂拥而来时，王灿发内心深处的情绪自然而然地流露出来：我活得很艰难，甚至孤独。

作为中国第一个向污染受害者提供免费法律援助的学者，王灿发已经在这条为受害者维权、让污染环境者受到惩罚的道路上奔走了八年。而他的孤独岁月似乎要追溯到更早年间。1988年，王灿发从北京大学研究生毕业后，来到了中国政法大学执教。同期，校园里还有几位老师与他一样致力于环境法研究。其后，几位老师陆续离开学校或者离开了这个研究领域，因为环境法研究的前途并不被看好，只有王灿发坚持下来了，而且决心干到底。

1995年，中国政法大学只剩下王灿发一个人还在坚持不懈地教授环境法课程，他包揽了全校五个院、系的所有环境法课程。"我不能让环境法成为学生在政法大学读书时期的一个空白。我要坚持下去。"回忆起这段岁月，王灿发无怨无悔。这无怨无悔来自于王灿发要当一个正义的维权者。

王灿发帮助的人群中，以农民居多。他说，"农民在文化知识方面有所欠缺，他们也不懂得，谁应该为他们的损失负责。"出生于山东农家的王灿发，对农民的苦楚和弱势地位感同身受。他研究环境法有一种扶助弱小的朴素感情在支持。"我们中心和热线电话，就是皓首老农和憔悴农妇们上访的泪水给浇灌出来的"。

农民出身的王灿发标榜自己的做事原则时坦言："有多少钱办多少事。"他把自己多年来经历的酸甜苦辣总结出了"几难",没有经历过的人虽然知道我国目前生态环境形势的严峻,但要说打这样的官司有多难恐怕就难以想象了。没写王灿发之前,我也是这类人中的一个。

王灿发认为环境案子的几难是:

一、起诉难。法官不愿受理这些案子,主要因为环境案子比较复杂,影响工作量;而且法官往往处在两难境地,判企业败诉,当地政府不干;判受污染之苦的老百姓败诉,于心不忍。

二、找律师难,受害者大都是底层百姓。熟悉法律界现状的都知道,律师一般不愿代理平头百姓的案子。即使有的百姓有钱,也难于找到好的做环境案的专业律师。

三、收集证据难,虽然环境官司规定"举证责任倒置"(被告要承担证明受害人所诉的损害事实与自己的排污行为之间不存在因果关系的责任),看起来有利于原告,但往往官司打到后来,法官竟还是要原告举证。

就有这样一个案子,江苏盐城的陈必亮状告某化工厂、某精制棉厂排放的废水导致其养殖的鱼和蟹大量死亡。原告持有原国家环保局南京环科所的鉴定:两被告工厂排放的污水里有:COD、挥发性酚、苯乙烯等,确能给养殖业带来危害。但1998年3月,盐城市法院以"陈必亮养殖的鱼、蟹死亡的原因是否是两被告排放的废水所致,未能提供证据,且当时亦未对死鱼、死蟹进行检测"为由,驳回陈必亮的诉讼请求。

判决生效后,陈必亮不服,向《检察日报》等新闻单位反映情况,并向检察机关提出申诉。1999年5月,江苏省高院指令盐城市中院对此案进行再审。该市中院再审认为:"环境污染引起的赔偿诉讼,适用举证倒置的原则。原告首先应当对受损害的事实承担举证责任,被告就损害事实的发生是否具有过错承担举证责任。在原审及再审期间,陈必亮均未能提供两被告的污染行为导致自己财物损害的直接证据……因原审原告所主张的事实缺乏必要的证据,故其诉讼请求不能支持。"

让王灿发怎么也不明白的是:一句"本院认为",就篡改了国家法律关于举证责任倒置的本意。而法院的这句话,我想任何一个没学过法律的人都要反复看几遍才能明白,这让没有多少文化的农民怎么以此为武器呢?

想想看,在环境案上要老百姓举证,有多难!他们没有技术手段,而环保部门又大都袒护当地的企业,不出监测报告。有时即使是王灿发等律师去要某企业的污染物资料,他们也推说保密,拒不出示。本来应该公开的环境信息,被少数人"奇货可居"。知情权对这些百姓来说,是法定的保障,对有权有势的人来说,置若罔闻。

在王灿发归纳出的几难里,第四难是得到胜诉判决难。要说,只要是他接手的案子,在道理和法理上都应该是能胜诉的。但就因为被告多是当地的企业、商业大户，就都受到了或明或暗的保护。老百姓该胜诉的也往往被判败诉。所以中心接手的案子，也就是说那些按法律、法理必胜的案子，实际的胜诉率，并不高。

除了上面说的这些难以外，还有一难要是用常理来分析，简直就是不可思议：胜诉后执行难。这使得环境案律师往往从一开始心就悬着，案子胜诉了仍然无法放松。谁知后面怎么收场？往往是律师和百姓忙活一场后，眼看着"胜利"了，到头来却只是个画饼，老百姓要多苦还有多苦……

这年头想干好事不易。一个国家环保总局评出的绿色中国年度人物，干的事之难，在他站在聚光灯下接受一大棒鲜花时，有人在想吗？

官司从争夺媒体开始

曾与王灿发和美国一个访华的律师代表团一起吃饭时，我就琢磨，为什么那么小个子的王灿发说话声会那么大。而那大声近乎是在扯着嗓子。是小时候养成的习惯怕人家听不见？是当老师的职业特色？还是律师在法厅上磨练的结果？那天的饭桌上他那怎么也小不了的声音说的是让我帮他找记者去湖南打一个官司。他当时说话的口气我至今都记得。他说：钱不是问题，找几个大媒体的人和我们去一趟。你们是无冕之王呀！

目前报道环境问题的中国记者都有"越位"的嫌疑，我自己就更不用说了。有什么办法，王灿发打的这些官司还不能说明白为什么吗？法律有时"不工作"。这是我用英文回答一位采访我的《纽约时报》记者的说法。没想到这中国式的英文竟成了那位美国记者那篇大文章的最后一句。

按常理，媒体应该是公正的，报道要不偏不倚。但记者一般说来也还有另一冲动：匡扶正义，扶持弱小。在这一点上，"冲动"与"救助"不谋而合。

王灿发曾派志愿者律师张义平去山东打个官司。这场官司打完后张义平感慨地对记者说：在以往成功的案例中，大部分都是在某领导看到了相关报道后，做出了批示，法院才判决冲击致污企业的老百姓无罪。可是在这个案子中，双方都认识到了记者的作用，所以在办理的过程中，对新闻媒体的争夺异常激烈。致使官司竟从争夺媒体开始。

seeking the footprints of wild man
—— Leading pacemaker of environmental protection of China

事情发生在2000年8月，胶东半岛上的海阳市发城镇有几十位村民围堵电镀企业和光（烟台）金属制品有限公司，说该公司排放一种红色污水侵害了他们的身体和庄稼，使他们鱼鸭死亡。村民们截断了公司的用水，放倒电线杆拦堵大门，还把床搬到了公司的大门口，除了在那儿死守，还用来阻止工人上班。20多天后，警察抓了20多名村民，以刑事罪案起诉其中的3人。

村民们找到王灿发后他认为，这是典型的因环境污染引起的正当防卫行动。随后王灿发派志愿律师张义平参与此案的同时还请了两位"国家级报社"的记者同行。

张义平在案后的"律师手记"中告诉了人们："我清楚地知道，此类案件办理起来将十分棘手。不过，当我看到同行的两位记者充满自信的笑容时，我的感觉也轻松了许多。与两位记者交谈中，我发现他们充满了激浊扬清的热情。在办理环境案件时，我们需要的正是这样的记者。"

我在看了张义平这一手记后的第一感觉是，那时的他真的不懂媒体。后来我知道，被张义平看到满脸的笑容的记者，没有起到新闻监督的作用。

记者们的问题出在了哪儿？在事发地看完现场后，记者随即与海阳市委宣传部取得了联系，双方约定好见面时间和地点，希望借助市委宣传部的力量对排污企业进行采访。张义平和记者分手前相约中午一起吃饭。然后自己就去看守所见被告。

午饭时间到了，张义平拨通了记者的电话，电话那边的记者说过不来。张义平想记者们一定是已经和市委宣传部的干部们一块坐到了酒桌旁。下午2点，记者拨通了张义平的电话，告之他们要返回北京了。对此，张义平虽不能说没有一点心里准备，但是想不通，甚至悲上心头。办案如打仗，胜败乃兵家常事。但是让张义平怎么也没想到的是，这两位记者就一顿饭的工夫就被市委宣传部的干部们给说服了，而且在没有将有关信息与他沟通之前就决定打道回府。

因为还有资料要还给张义平，记者们离开海阳市之前他们还是见了一面。张义平到市环保局大院时，除了见到了两位记者，市委宣传部的黑色轿车也停在他们身旁，准备送他们去济南机场。记者从汽车后备箱里取资料时，张义平看到了里面堆放着的保暖内衣和衬衫的礼盒。记者简要地跟张义平说的几句话是：排污企业没有什么问题呀，被告人纯属借故闹事。

关乎这一官司的新闻争夺战的第一战役就这样结束了。王灿发又请了一位新华社的记者去海阳。这位新华社记者拍下了许多企业转移污染设备的镜头，但是他本人还没回到北京，对方的工作就已经做到了北京，结果节目没有播出来。用张义平的话说，"再次展示了争取新闻监督战斗的残酷，以及污染受害者地位的卑弱"。

这个案子开庭的日子。天阴沉沉的，下着小雨。张义平的手记里这样写道："离开庭还有1个小时，县法院的大院里就挤满了前来旁听的村民。他们谁也不说话，却都用那满含期待的目光看着我，使我感到了莫大的压力。离开庭还有半个小时，被大拇指粗的麻绳反捆着胳膊的3名被告被押进了法院的大门。不知是谁开始了哭泣，一时间，满院子的村民大都以手掩面，低声抽泣，十分悲壮。"

审判简直就是批判大会，公诉人大声呵斥被告要端正态度，张义平提出反对，但审判长根本不听他陈述的反对理由就制止了他，在她看来，审讯"刁民"就得如此。

可以预料，这几位老百姓被判有罪。

类似中央电视台的《新闻调查》播放时，厂领导利用职权让全县停电，重播时终于把停电制止了的例子王灿发那儿还不少，类似在河北定州被污染企业威胁的例子王灿发他们也有；靠新闻监督为受害者伸了冤的例子王灿发他们同样还有。王灿发认为，"媒体的报道使更大众的人群受到了法制教育，又普及宣传了环境保护的法律。"因为所有的起诉都围绕着对受害者的权利的维护，从而也就提高了大众的维权意识。

法律为谁做主

2006年4-6月，中国政法大学环境资源法研究和服务中心与美国自然保护协会两次召集NGO和记者研讨和培训《公众参与环境保护办法》具体实施办法。中心副主任许可祝向记者透露，这部称作《公众参与环境保护办法》的框架草案目前已经完成。据介绍，《公众参与环境保护办法》分为六大部分，除第一章总则和第六章附则之外，其他内容分别围绕环境信息的公开与获知、公众意见的征求与表达、公众监督与补救和法律责任四大方面展开。

据悉，公众参与公共行政事务被以专门法规的形式予以明确，这在中国立法史上还是首次。

我知道这是王灿发和他的同事们多年来的努力。有了这一"办法"，在法规层面上就承认了无直接利益也可参与听证。这是中国NGO多年来呼吁的。比如我们一直关注的怒江，过去因为被认为无直接利益是无法参与听证的。而当地老百姓因为没有知情权，对水电站为何物都不知不晓，又让他们怎么去参与？

《公众参与环境保护办法》草案规定，凡是影响到公众权益的环境项目，在环境主管部门作出决策和行政规定之前，都要吸收公众参与。立法框架中一个颇为引人注目的内容是关于环境保护听证，此规定与此前有关规定相比，听证申请人和听证的适用范围，均予以扩大，不再限于以前的"直接利益关系者"。

王灿发对此的说法是："办法消除了听证盲区"。关于对环保听证的规定，现行法，中的"直接"二字，将没有直接利益关系的主体，比如关注相关环保事件的环保组织，排除在听证申请范围之外，这非常不利于环保。此外，对于何为"重大利益关系"，现有规定也未予明确。《办法》扩大听证适用范围后，就消除了听证"盲区"。

草案还使得公众可依此起诉环保部门。框架草案中专门有一章是有关公众监督与补救的规定。根据该规定，公众有参与的权利，政府有信息公开的义务，如果企业和环保部门不作为或者失察，公众可以通过监督或者诉讼或其他的救济程序，对行政决定和行为提出异议。王灿发管这叫做"环保部门也套上了箍"。这就是说，在现实操作中，公众对不满意的事情习惯使用一个"告"字，他们能否去告，通过什么渠道去告，这些内容都会以具体条款的形式纳入《办法》起草中。

许可祝说，实际上，我国现有的《环境影响评价法》等相关法规，在"法律责任"部分大都缺少公众参与的补救条款。许可祝认为，"救济"本身也包含另外一层概念。在环保事件中，地方环保部门如果未能做好公众参与，那么公众可以求助国家环保总局出面解决，"如果环保部门最终的解决方式也未能让人满意，那么这部《办法》也可以作为公众起诉环保部门的法律依据之一。"

由此，许可祝认为，立法本身更多地是对环保部门提出全新的要求。"这项法规无疑将为公众参与环保打开一扇门，但同时也是给环保部门加上了一道自我约束和修正的箍。"

一位环保总局官员说：以松花江污染事件为例说，就环境而言，"公众参与不足让我们付出了代价。"那么《公众参与环境保护办法》注重了公众参与的程序，凡是拒绝公众参与或者有违程序规定的情况，将属于违法。

目前，王灿发领导的立法小组已将公众的环保权益设定为三个方面：环境信息的知情权、环保决策的参与权、公众参与的监督和救济。这三个环节从程序上互相关联，并将具有非常强的可操作性。比如信息公开的具体范围、时限及方式等，都将做出详细规定。这些规定，都是现行法规层面上所欠缺的。面对自己的努力而取得的成果，王灿发生动地比喻：现有的环保立法，最大缺点就是重实体、轻程序，其实没有程序就等于没有规定。"你只告诉我有个果子好吃，但我够不着，你不搭桥我就吃不上。这时候程序就是那座桥。"

由国家颁布的这项法规，从一开始就体现了公众参与的特性——立法的草案起草由中国政法大学环境资源法研究和服务中心这一非官方机构来承担。许可祝说："我们的设想是，环保部门可以把一部分工作，比如社会调查等，委托给民间组织去做，这样既可缓解环保部门的工作压力，又可以促进民间组织的发展。"

追寻"野人"的足迹
——中国环保领跑者

王灿发1982年在吉林大学法律系毕业后，到厦门大学教书，一年后他到北大进修。在那儿，我国早期环保法规的起草者陈正康的课深深吸引了他。他马上感觉到"那是对人类有很大好处的专业"。从此他立下了志向：研究、参与制定并运用环境法。那时，环境法对中国来说是"刚刚出炉"。1984年，王灿发回厦门大学后开了环境法这门课自己讲授。1985年经过努力他考入北京大学环境科学中心攻读研究生，毕业后开始了他在中国政法大学从事环境法教学的生涯。

国家信用竟成为不法之徒的避难所，法律制裁的避难所，岂不可悲！这是一位记者采访王灿发后提炼出的他的悲哀。

1998年王灿发在中国政法大学的校园里，正式成立了"污染受害者法律援助中心"，并在1999年开通了热线电话。8年来，我想他说的最无奈的一句话就是：我长期搞环境法，20年来，对中国环境法的每一步变化都看在眼里。我认为，我们的环境法已经很多了，但环境整体上还是恶化了。

王灿发在探究原因，中国的法律没有真正惩罚那些环境污染的致害者是一个重要原因，法律没有更好地为老百姓做主，使得他们遇到污染损害时，不是首先想到法律甚至根本不想通过法律解决，或者忍气吞声，或者采取极端方式。

多年的环境维权，使王灿发有一种更深的思考，环境污染受害者的力量始终处于一种弱势，他们在短时间内几乎很难成熟壮大起来。作为弱势者，他们该依靠什么？

他得到的答案是"制度"。在一定程度上赋予弱势者以力量，事情就会慢慢好起来，这就是我们目前能做的。王灿发曾苦笑着对一位记者说，"上周，我开了5天会，全交给环保总局了，主要讨论了一些关于适用惩治环境犯罪的法律问题。"

这些年来，中国的民间环保组织能否在世界自然遗产"三江并流"的怒江上修建十三座大坝问题上，和一些专家学者有着严重的分歧。每当我见到王灿发，他都会说，我们正促成公民诉讼——法律有效执行的良方。王灿发说，立法愈来愈严谨而执法的不到位，其关键在于，我国公众监督的力量还比较弱小，仍停留在举报的层面上。他强调要发展"公益诉讼"制度，即建立公众对于执法进行监督的机制，这是解决执法是否有效的问题中很重要的一点。比如一条河流被污染了，河流不是任何一家的河流。如果个人或团体去起诉，那么法院将不予受理。因为起诉者和河流没有直接的利害关系，而只是和其他人群共同享有。没有所有权就没有起诉的权利。是不是可以起诉排污的企业？如果当地政府不管，是否可以状告当地政府？如果能够为社会的环境利益起诉，就是"环境公益诉讼"。但是，按照现在的法律是不行的，因此在法制上就缺乏更有实际意义的公众监督。公益诉讼就不同，如，旅游者发现了违法的排污，有关环保部门不加制止，就可以起诉当地负有管理职责的环保部门。因为污染的关系，旅游没有给自己带来愉悦，环保部门作为管理机构没有管好。只有这样，才能发挥真正的公众监督作用。公民诉讼不是以保护个人权利为重心，而是以确保公共利益的维护作为主要的目的，王灿发说，"这样，环境公益就会得到更好的维护"。

为此王灿发到处鼓动：在环境保护方面，"谁来起诉"的问题必须尽早落实。

中国的法制文明已有4000多年的历史，是法制文明发达最早的国家之一。燕树棠先生在《法律与道德的关系》中说，"我们中国向来以'礼教之邦'自居，这是重道德而轻法律的意思。自从中日战争中国战败以后，渐渐地丧失了从前的那种自信力，而以为泰西的强盛多赖法律，于是渐次崇尚法律，而轻视道德。"

80年代初，在中国法学词典中还找不到"环境法"这个词。1983的中国，人们对法律的认识更多停留在"严打"上，对环境保护以及环境法律的关注接近于无。20年来，环境法已经成为所有法律部门中发展最快、形成较完整体系的独立法律部门。

2006年春天，我和王灿发一起在博客网上回答网民的问题时，我听到他对当前管理和执法职能重叠的情况表示深深的忧虑。我想，这也是我这个关注环境问题多年的记者所忧虑的。即：目前我国环境法体系结构的特点就是，法出多门，重规章而不重法。光是一个水和管理就闹出了"九龙戏水"，地上谁管，地下谁管，水里谁管……

为防止因为对经济任务的完成和政绩等眼前利益的追求，而淡化了对可持续发展尤其是资源和环境保护的长远目标，王灿发建议：要尽可能地将执法职能和管理职能剥离开来。

中国人民政法大学"污染受害者法律援助中心"是志愿者的团体，日常有40多人轮流值班，一般是在校研究生，不拿任何报酬。

为了培养能够打环境官司的律师和法官，中心从2001年起开始培训全国的律师和法官，每年100人。把他们请到北京，让各大学、高法和环保总局的专家给他们讲课，管吃管住。只让他们承诺：律师，每年至少给中心办一件案子（在当地有环保案的情况下）；法官，为了祖国的大自然，公正执法。

"污染受害者法律援助中心"开通了全国第一个向污染受害者提供免费法律咨询的热线电话（010–62267459）。

追寻"野人"的足迹
——中国环保领跑者

钛白粉厂流直排的污水

钛粉厂的污水直入金沙江

追求把建议变成行动——吕 植

研究生命科学的人说人生是一种巧合，倒是我没有想到的。吕植是一个。

我第一次见吕植是在电视上。当时电视画面上的吕植手里拿着个报话机一样的东西在追寻野外生活中的大熊猫。接下来的画面是吕植和一只大熊猫亲密的相互抚摸。电视节目在解释这一画面时说，这只熊猫是吕植从野外救助的，它已经离不开吕植了。很多年过去了，吕植和大熊猫之间的那份亲密，还能像放电影似地回放在我的眼前。我也知道了她手里那个"报话机"上是无线电监测仪。

后来我还知道，那头大熊猫叫娇娇；雌性，当时年芳16。1989年以后很长一段时间，娇娇一直是潘文石、吕植他们在野外进行观察、研究的对象。1989年娇娇在自然栖息地产下第一个幼仔后，基本上每隔一年产一胎，11年里共生育了6个"孩子"。娇娇和她的孩子们多次在中央电视台的新闻联播节目中亮相，成为美国、英国、法国、日本、意大利等多国科学杂志的"封面人物"。

通过娇娇和她"男朋友"们以及他们的"子女"，潘文石、吕植他们发现了野生大熊猫社会实行着多夫多妻的交配制度。这一发现为研究大熊猫种群提供了有利的条件。娇娇具有不可估量的科学价值。可是，仅仅由于娇娇患了次感冒，2002年7月就被陕西省有关人员从秦岭山中捉走，关在陕西省野生动物抢救饲养中心。与她一同被捉的还有她1岁左右的第六个"孩子"。目前娇娇仍被笼养。

过了几年,我在报纸上又看到标题为:大熊猫专家吕植说:"我的保护目标不仅仅是大熊猫"。不过那年,吕植在我们绿家园记者沙龙上讲她在四川王朗保护地工作时,有记者问她娇娇现在好不好,她张嘴就说:不好呀!娇娇现在很不好。被陕西省的人抓起来,关在一个饲养场里。被抓走的时候还带着她的第6个小仔。我们跟林业部反应,林业部和陕西省都强烈要求把娇娇放回去。那时国家林业局还是林业部。可得到的答复却是他们组织了专家进行评审,说娇娇太老了,不应该放归,有生命危险,而小仔是因为太小了也不能放归。这是一个挺可悲的事。

那天,从吕植的言谈话语中,我看到的都是她对娇娇的担忧。

又过了几年,我应吕植的邀请参加她们在四川康定一个被叫做"野人海"的湖泊的考察。那是个被当地藏族兄弟称为神湖的地方,可是当地政府和水电部门要在神湖上修大坝,老百姓上书国家总理。吕植要亲自去看看那片神湖的生态环境,也想帮帮当地的藏民。那天,我们在首都机场集合时我才得知她不能与我们同行,她将坐另一架飞机去看望病危的父亲。机场告别时,握着她的手我说:希望老人家早日康复。那年,刚刚失去父亲的我能看出,作为女儿,即将的旅途中她会有多着急。

那次对四川康定"跑马溜溜的山"边木格错的采访,不但开始了我人生的新篇章,关注江河。同时,也使得中国民间环保组织的发展迈向了一个新台阶,也就是从以开展环境教育为主迈向了影响公共决策。

2007年,中央电视台《半边天》要做一组环保女人,我又和吕植坐到了一起。那天我印象最深的是,她说在做熊猫研究的时候,老有人问她:"你干吗跑到深山老林来,你是北京人干嘛跑来吃这个苦。我说,山里好玩儿。人家说,我怎么没有觉得好玩儿。我说,熊猫太少了应该保护。人家说,我没有看出来它为什么需要保护。后来上了电视,有了一定的知名度,人家说,原来你是为了出名,要出名就要吃苦,要出大名就要吃大苦,这下把这个圈画圆了。"

吕植告诉我,后来他们做的环境保护扩大到了整个藏区。她发现,藏族传统里很看重与生命相关的自然。而且他们把生命的概念扩大化了,认为山也有生命,湖也有生命。吕植说,很多传说咱们认为是故事,但是藏族人相信是真事儿。

如今的吕植头上有很多光环:IUCN物种生存委员会熊类组熊猫专家组组长、全国青联委员、国际地圈与生物圈中国国家委员会委员、"中国十大杰出青年"、"全国环境保护杰出贡献奖"等,1999年被《纽约时报》评为未来中国值得关注的六位青年人物之一。2005年,第二届中国青年女科学家奖,2005年《中国妇女》十大人物。

seeking the footprints of wild man
—— Leading pacemaker of environmental protection of China

"你的大熊猫在我那儿"

这辈子让吕植都忘不了、也爱挂在嘴边的有这样一次与大熊猫的近距离接触："记得那天我到洞里去看一个小熊猫，我学着熊猫妈妈的叫声，没想到小熊猫居然爬到我身上，我很奇怪，难道我长得跟熊猫一样？小熊猫分不出来？也可能是我学的声音太像熊猫妈妈了。后来我跟同伴开玩笑，我说我干脆认它当干儿子算了"。

还有一次，在野外考察研究的吕植发现一只年老的大熊猫牙齿发炎，吃不下东西。她跑到山民的地里求救。山民知道野外工作站的女娃子科学家是保护大熊猫的，就跑来告诉吕植："你的大熊猫在我那儿。"吕植接回大熊猫，治好了它的牙齿。从此，这只大熊猫真成"吕植的"了。它赖在吕植的房里不走，与吕植和同事一道一本正经地看录像，有时还用爪子按键，捣乱一下。吕植把它放上山，没两天，它又跑了回来了。

我们一般人说起大熊猫马上会形容出它有多可爱，吕植不是。她眼中的大熊猫，是她研究生命科学的载体，她的爱是要研究大熊猫生命体中的奥秘。她从19岁开始在野外考察大熊猫的自然生存状态。她甚至可以随意出入雌性大熊猫娇娇山林中的"产房"。吕植的同行们都知道大熊猫疑心很重，全世界没人做得到这点，但吕植做到了。

2001年我在四川宝兴蜂桶寨采访，那是1869年法国传教士戴维发现大熊猫模式标本的地方。采访中，我遇到第三次全国野外大熊猫数量调查考察队的一个考察队员从山上掉下来摔成重伤。野外研究大熊猫，不是一件容易的事。

后来的追踪采访中我知道，从1999年到2003的全国第三次大熊猫普查，向外公布的我国大熊猫的数字为1596只。还知道那些年人们在为"竹子开花"了，而掀起全国"拯救大熊猫"的热潮。很多人以为把大熊猫抓起来饲养才能拯救它们。可吕植不同意。吕植说：我们知道，保护一个物种最好的办法，就是让它在栖息地自然繁衍下去。大熊猫野生种群究竟是怎么生活的？必须在山里面对面地观察它们。

其实，竹子开花不会饿死大熊猫。一天中有10个小时，它们是在吃竹子的。它们的栖息地里至少会生长两种竹子，两种竹子不会同时开花。大熊猫不傻，这种竹子开花枯死了，它跑上、跑下几百米，就能找到新竹子。

天天跟着熊猫满山跑的10年里，吕植每天都在猜它们怎么想，它们要干什么，为什么这么做。同时，她也一直试图让熊猫了解他们。一开始大熊猫怕他们，她就像前面说的学着熊猫叫，消除它的戒心。头两年，大熊猫总跟他们捉迷藏，顶多看个影子。有一次，她带着相机出入"娇娇"家想去找熊猫的小仔，结果大熊猫生气了，把

追寻"野人"的足迹
——中国环保领跑者

一块大石头推下来。那块大石头从高处砸下来，落在距吕植只有两三米远的地方。

曾经有记者问吕植：很多大熊猫是您看着出生和长大的，它们是人们所说的"发情难、配种受孕难、育幼成活难"吗？听到这个问题，吕植笑了：在野外，这些问题根本不存在。每年3月，白雪还覆盖着秦岭，山谷里已经生机勃勃了，四处回荡着它们的叫声，那是熊猫发情了。这些平日互不往来的"隐士"，在山谷里跑来跑去，聚在一起。经常七八只公熊猫，追求一两只母熊猫。公熊猫争风吃醋，甚至大打出手，而母熊猫则爬上树观战，等分出胜负了，才下来接受胜者。我们观察的秦岭成年熊猫都参与繁殖，没有哪一个会拉下，繁殖能力丝毫不比熊差。

跟踪研究大熊猫的十年让吕植得知，母熊猫隔一年生一小仔，小仔在妈妈身边呆到一岁半，学会各种生存技巧，然后就被赶走。从1989年到1997年，吕植和她的研究伙伴在驻地周围40平方公里的地区内，至少看到16只幼仔出生，其中15只活了下来。在野外，熊猫可以自由选择最适宜的对象"恋爱"，可是圈养的呢？只能拉郎配。每年生出来的小仔五六个月大就断奶分笼，它被剥夺了1年的学习机会，这可能是圈养熊猫，特别是公熊猫不会繁殖的原因。

这些年有人担心大熊猫少了，会不会近亲繁殖呀？在野外，吕植说我们没有看到。大熊猫兄弟姐妹之间是互相认识的，可能是因为母亲的缘故吧。母亲生了新的小仔，大一点的孩子有时也会凑近来，在母亲周围很近的地方玩，是巧合，还是别的什么原因，我们还没搞清楚。对入侵者，大熊猫会你死我活地打斗，可是兄弟姐妹间从不打架，也没见过它们交配。大熊猫是独居动物，但它的社会交往，比想象复杂得多。DNA多样性研究也显示，大熊猫依然保留了其历史上种群遗传多样性的主要部分，并未像人们想象的发展到进化的死胡同。总体上，它们不是一个近亲繁殖的种群，只要人们不去干扰，它们在野外完全能够延续自己的种群。

吕植说：大熊猫产仔时，攻击力最强。1989年"娇娇"生第一胎时，我们想找到小宝宝，可它调虎离山，引着我们绕来绕去5小时。最后我们在原地发现了小宝宝，这下不得了，"娇娇"冲我们龇牙咧嘴，一口咬断面前的树枝，吓得我同伴扭头就逃。1992年，它生第二胎，我们已经比较熟悉了。靠近洞穴时，它窝在洞里不理人，用胳膊捂住小仔，不让人看。于是我们用玩具熊猫娃娃去逗它，但它没什么兴趣，一大胆，我就用手直接抚摸它，结果"娇娇"还是没吭声，与大熊猫如此亲密接触是第一次，这也许也是人与野生熊猫的第一次！

对于摸野生动物这一举动，《绿色家园》的记者曾问吕植：珍妮.古道尔最初和黑猩猩的幼仔玩耍，后来她发现这种做法不对，黑猩猩是她观察研究的对象，而非她的宠物；亚当森夫人也说她要很艰难地克制自己才能不去抚摸她养大的母狮的野生幼仔。在野外工作中，您跟大熊猫密切接触，可以随意进出熊猫"娇娇"的"产房"，一个学生甚至喊"娇娇"儿子的名字，说"三儿，你下来"，这个叫做三儿的小熊猫就乖乖地过来。你们是怎么看待这个问题，怎么对待这种情况的？

对此吕植这样回答道：在野外观察大熊猫的过程中，我们没有特意克制自己不去抚摸它们。熊猫特别可爱，我们忍不住就要摸它们一下，在给小仔称重的时候会抱着它们，不可能不接触，它们也会主动接触我们。这种接触并不是把熊猫当成宠物对待的，我不认为这是原则上的问题。

还野生动物一个属于自己的家

说到中国的大熊猫，人们就会提到吕植，提到吕植人们也少不了要说到大熊猫。吕植自己说她的研究不仅仅是大熊猫，不专门研究大熊猫对她来说也已经很多年了。我们一起在央视《半边天》做节目时，已经是2007年了，吕植为保护野生动物的栖息地做了很多事儿，可节目中，谈的还是吕植和大熊猫，这让她很不满意。不满意的当然也包括我。

吕植所领导的国际环保机构"保护国际"这些年来为保护中国的生物多样性做了大量的工作。可是如果上网点击吕植两个字，出来的8000多条里，有关她与大熊猫在一起的信息远远多于其他。为此有记者甚至问她：很多人认为现在对大熊猫的保护已经很到位了，甚至可以说："大熊猫得到了所有帮助，其他动物却遭到冷落。"这句话再延伸一下，就是其他没有受到如大熊猫一样浓荫庇护的野生动物受到冷落。有的动物不像熊猫那么可爱，但数量远远比熊猫少，人们对它们的关注远远不够，这是不是一种不公平的待遇？

吕植直言：不能用公平不公平来衡量，大熊猫的外表招人喜欢，这是不能抵御的。人们喜欢大熊猫不能装成不喜欢，关心喜欢的动物及其命运是很自然的事。对于我们做保护项目的人来说，要做的工作是如何把其他动物的价值、魅力等也展现给公众，获得人们对保护工作的支持。人们愿意支持什么不是错事。科学家有责任为需要保护的野生动物进行呼吁，帮助政府部门制定保护政策和保护计划。

1995年，眼看着秦岭大山被"削光头"为抢救秦岭大熊猫保护区，吕植他们曾上书朱镕基，阐述停止砍伐对于国宝熊猫的意义以及对子孙后代的意义。吕植的建议得到高层的关注，森林停止砍伐了，自然保护区也成立了。可吕植说：这是个成功，也是个悲哀，因为如果环境与生物的保护只能靠高层领导的决策的话，这一次虽成功了，有的就有可能被漠视。

吕植本来相对单纯的研究工作，曾因为一个偶然遇到的事件变得复杂起来。一

追寻"野人"的足迹
——中国环保领跑者

次,吕植和助手在秦岭做研究,正赶上家在附近的助手的哥哥要结婚。她和助手走了100多里山路去参加婚礼。到达的第二天一大早,他们发现全村人都在追赶一只怀孕的毛冠鹿。结果,母鹿流产了,最后被乱棍打死。村里人对吕植说:你真有福气,一来就有肉吃。

那是一个贫穷的小山村,平常村里吃肉的机会并不多。吕植眼看着村里人杀那只鹿,却张不开口去阻止他们别杀。

这次经历让吕植深深意识到一个问题:"作保护工作时,不是单把自己的科研工作做好就可以了。你不能把人排除在外。"吕植说,如果没有人为因素的干扰,在200年里,只要有28只大熊猫存活,这个物种就不会灭绝。

关于人的干扰,人与动物,人与动物栖息地的关系,吕植说自己也是从一个自发的过程,到了自觉的过程。开始并没想到要做一个环保主义者。选择研究大熊猫,就是觉得好玩儿,往山里跑,看那些城里头见不到的东西,很新鲜。做着、做着,发现熊猫生活的地方的树给砍了,接着看到研究的东西在消失。在研究娇娇那头熊猫时,每年都要去跟林业局协商。说,能不能不砍这一块,娇娇正在产子,就在这一片林子里头呢。有时真是做很多准备,下很多决心,鼓励自己去跟人家交涉。有时候能成,有时候就成不了。有时可回旋了很多次后人家说好吧,今年不砍这一块,砍另外一块,后年砍这一块,总归那一块是要砍的,只是时间而已。越到后来,连回旋的余地都没有了,都要砍。

那些年让吕植越来越深地感觉到的是,作为一个科学家,研究动物的行为、研究动物和森林的关系,实际上都是解决不了砍不砍伐树的问题的。他们为什么要砍树呢?有2000多采伐工人在那里生活呢。还有2000多民工。4000多人等着吃饭。

如果再看一下整个木材市场的链条,除了这4000工人以外,中间商,服务行业,还有多少人是靠着这点木材生活的。这些都不是科学家通过研究熊猫的生活、研究熊猫的自然历史能解决的问题。可话又说回来了,眼看着熊猫面临着巨大的威胁,又不可能不管。你跟熊猫在一起呆了七、八年了,怎么可能眼睁睁地看着它没地方生活了?吕植就是这样一点、一点被拉到现在走的这条路上来的。

2001年秋天,我去四川平武县王朗自然保护区采访时,吕植在美国。但不论是我采访保护区的工作人员,还是当地藏民,都是三句话不离吕植。那次关于吕植,我还知道了其酒量及打牌的水平。看得出,她在王朗真的是和当地人打成了一片。

对那一段的形容,吕植说是一头扎在社区,天天都会碰到社区哪个领导又发了一个命令,要修这个,要建那个。她就要想办法对付。

我那次去吕植工作的地方,听到最多的是平武王朗保护区开展的生态旅游,那是世界自然基金会(WWF)和当地政府合作的一个项目。当地人告诉我,平武是中国最大的熊猫县,有300多只。1998年底天然林停伐,断了那里的经济支柱,国家拿钱补偿了林业局,可是普通百姓的温饱怎么办?经过调研并与当地协商,他们选择了

seeking the footprints of wild man
—— Leading pacemaker of environmental protection of China

以看熊猫为主的生态旅游，解决保护与经济发展的矛盾。当时的这一选择让吕植得意的是，将保护与发展结合，这在中国大熊猫保护史上是第一次。

我去王朗之前，就听有人说，那里的生态旅游很时髦，是坐在高空缆车上看熊猫。以我的常识，这当然是天方夜谭。中国的大熊猫要是能那么容易能看到，世界各地的游客来的还不打破了脑袋。当然做为宣传，这也是我们某些地方领导和旅游公司喜欢使用的办法。

其实我认为，王朗的生态旅游，更多的是对大自然的一种体验和感悟，要进入到自然之中，认识野生动物和植物的丰富多彩。能看到熊猫当然很幸运，可一般来说可能你一靠近它，它就跑得无影无踪了。其实，看野生动物还有另外一种享受，也是生态游和一般旅游的有所不同。那就是当你进入了它们的栖息环境，随着保护区生态导游的轻轻的脚步，你会认识大熊猫吃掉的竹子是什么样的、你会发现那里原来就是大熊猫产仔的洞穴。或许你还会突然发现了一堆新鲜的粪便。这时导游会说，一只大熊猫或是什么动物刚刚离去，刚刚离去。

随着这一发现，你知道了，原来在大熊猫生活的圈子里还有它们与它们生活在一起的其它动物、它们在森林里是怎么生活的、它们在自己的家园森林里是怎么和当地的老百姓朝夕相处的，等等。想想看，这一切是不是也很神奇？一般的旅游，一般的走进林子里，怎么会有那么多有关大熊猫的知识和体验一并地获取？

吕植要干的事太多了，也许我们要想跟着她一起走进大熊猫生活的地方不容易，但是在她这些理念的鼓励下，一拨一拨的导游带着参加生态游的游人走进了山林，走进了大熊猫生活的地方。

这样的生态游，使吕植的另一愿望也随之得以实现，就是让周围的老百姓受益。用吕植的话说：这也是生态旅游的前提条件之一。为了尽量减少对自然环境的破坏，这里没有豪华大宾馆、高速公路等硬件条件，而是在现有设施基础上，保证住宿舒适、卫生。大兴土木会违背保护的初衷。因此王朗的住宿是有限的。这样，在游客多的时候，把他们分流到老百姓家去住。生态旅游让老百姓受益了，他们就能更加自觉积极地参与保护。比如巡山、救助大熊猫等。

陶醉在自己这一追求中的吕植享受着：在野外每一天都不一样，早晨起来是晴天，太阳从这个方向出来，把山林这个角度照亮了，你看到的东西和你昨天阴天的时候看到的东西就不一样，每一天都给你提供很多新鲜的东西，大自然教你学会欣赏，教你学会享受野外生活的每一天，教你懂得每次出现的东西都是不可重复的。

当然，吕植的山野调查，不管是和人还是和野生动物打交道，也不都是那么浪漫。1998年以前森林砍伐、栖息地的丧失、偷猎都是她要面对的极大挑战。"我跟偷猎分子遭遇过"，吕植的那次经历不说是惊心动魄，也是剑拔弩张。

当时偷猎者正在保护区里打羚牛，撞上吕植他们逃跑后留下两背篓羚牛肉。当时的气氛比较紧张，吕植赶紧派人去找保护区的人带枪来查，自己留在原地看着

追寻"野人"的足迹
——中国环保领跑者

背篓。吕植在明处,偷猎者在暗处。虽然那时吕植在山里做大熊猫研究已经好些年了,可这样直接和盗猎者动真家伙还是第一次,心里还是很紧张。当然,那次吕植他们最终没有和偷猎者正面遭遇。

吕植说:实际觉得自己也挺幸运的。从研究熊猫,学生物学开始,在野外摸爬滚打,看着什么事情发生了,什么东西能改变,什么事情改变不了。很多东西就这样一点一点地体会出来。这期间,吕植还去了耶鲁、哈佛,看到了世界上其他国家人家是怎么解决这些事情的。

2002年,吕植创建了美国"保护国际"中国项目办公室,开始关注中国西南山地生物多样性热点地区的生态系统保护。因为她知道,大熊猫和所有的野生动物目前面临的最大的问题,是整个生态系统面临的共同问题。保护熊猫的目的不仅仅是保护这一个物种,而是这片森林,是所有动物栖息的生态系统。大熊猫生存的森林,地处我国主要江河,如长江的上游地区。大熊猫的家——西南山地,生物物种极其丰富,是全球25个生物多样性热点地区之一。那里可能是世界上植物最为丰富的温带地区,我国大约50%的鸟类和哺乳动物栖息于此,除了大熊猫,还有金丝猴、雪豹、羚牛和白马鸡等珍稀动物。

我曾多次听吕植说过她的遗憾:这些野生动的栖息地正在退化、减少及进一步地破碎化。早在240万年前,大熊猫就出现在我国南部,其后70万年间,遍布长江、黄河和珠江三大流域,空前繁荣。之后,北半球气候变化了,特别是人类近几千年的繁衍和发展的影响,到20世纪中叶,它们才退缩到了青藏高原的东缘和秦岭山区的腹地,局限在我国中西部的6大山系中———陕西秦岭,甘肃和四川交界处的岷山,四川邛崃山、相岭和大小凉山。最近50多年来,就栖息地和种群数量的下降而言,是大熊猫进化史上最严峻的时期。上世纪70年代,这些栖息地还能连成片,但是80年代已经破碎成一个个孤岛。

这会带来什么后果?吕植认为:大熊猫要绵延下去,必须保证基因多样性、保持基因的最优组合。现在大熊猫种群被孤立在一个个"孤岛"上,相互之间的基因交流很困难,一旦近亲繁殖,生存力减弱,对环境变化适应力下降,随机的环境变化就会使它灭绝。所以,使这一濒危物种数量不再下降的有效对策,就是将栖息地相连,在更大的分布区内存在一个集合种群的结构来进行繁殖,促进和保护基因流的畅通。

吕植确信:保护好大熊猫栖息地,就保护好了森林,就涵养了水土,提供了良好的空气和水源。像1998年长江大洪水的生态灾难就能避免,这会惠及下游千百万人。

吕植的另一高论是:保护大熊猫及野生动物,最根本的,需要全社会的参与。急了可以给中央写信,但这不是长久之计。长久之计必须找到一种机制来解决问题。也就是集合巨大的公众、政府、社区和科学家的力量,理顺社会、经济、环保目标,寻找彼此的共同点,想好解决问题的办法,推动与各方面的合作。

seeking the footprints of wild man
——— Leading pacemaker of environmental protection of China

2004年6月,保护国际在都江堰召开工作会议。吕植在台上讲话时我坐在下面数了数,中国做生态保护的环保组织,差不多都有代表在会场里坐着了。此外,还有在中国开展生物多样性保护的国际组织及中国政府有关职能部门的人。这距2002年我们在北京参加"全球环境基金第二届成员国大会"(GEF)时,她和孙珊两人刚刚拉起摊子,连名片还没印,第一次向外界介绍保护国际,仅仅两年的时间。都江堰保护国际工作会议会场上就坐的,要么是保护国际的合作伙伴,要么就是用她们提供资金开展活动的NGO代表。

参加那次会的人都知道,保护国际是进行全球性生物多样性保护及保护科学研究的非营利性国际组织,保护国际的工作人员在全球生物多样性保护需要最迫切的地区工作,与当地社区一起在不破坏自然资源的前提下发展经济,从长远上起到保护自然资源、维护生物多样性的目的。

那次会上,吕植的发言警醒着每一个人:中国是世界生物多样性的大国之一,目前这个热点地区丰富的生物多样性由于自然资源被过度开采受到了严重威胁,森林覆盖率在过去的几十年内从30%下降到15%,长江流域已经丧失了85%的原生森林,栖息地的片断化与退化已经造成野生动物种群的严重下降。我们要做的就是筹集《关键生态系统合作基金》,把云南、四川、西藏等地区的生物多样性保护下来,同时照顾到方方面面的利益。要把当地的农民调动起来,让他们也参与到保护工作中来。非洲人把野生动物保护区开辟成生态旅游区,赛灵格提的狮子和卢旺达的山地大猩猩就是买门票才能看到的。据说这两个国家每年接待世界各地游客参观狮子、猩猩的收入占到了国家总收入的三分之一。我国现在还有没有供世界各国游人参观的野生大熊猫旅游区?

从理论上讲,吕植认为生态旅游做好了对于自然资源的保护非常有利,还有可观的经济效益,对于老百姓来说也有直接的好处,他们会更加热心地来关注保护工作,是一个良性循环。

当然吕植深知,管理上的难度可以说太大了。这就必须要使管理与教育同步进行。旅游本身是一个双刃剑,如果来旅游的人多了,就会修路、盖房,这些带来的负面影响都非常大。所以,怎么把握一个"度"是至关重要的。吕植一直强调:生态旅游的目标是保护,而不是追求经济,生态旅游带来的经济利益是给当地的,而不是给某个外来的投资方。目标是鼓励当地人支持保护,从保护中受益,经济效益除了用在当地,还要直接用在保护上。生态旅游最好是在少数民族聚居地开展,这里面有一个民族文化的问题。王郎保护区就是一个实验点,联合周边的4、5个保护区一起在做,是很成功的一个例子。

我去王朗时,保护区的人把我带到一个白马藏族的人家,那家的妇女还有他们的邻居,有的手里不停地织着布,有的边和我们聊天,边打着毛线活儿。她们在布上织出的花色和身上穿的衣服,头上戴的花翎和周边的花花草草,山山水水一样展示着和谐的色彩、自然的艳丽。

追寻"野人"的足迹
——中国环保领跑者

我在王朗时还遇到这样一件事。刚走进一户人家,那家的男孩转身就跑走了。后来我知道,这个男孩因家庭困难刚刚辍学。原本他在学校的学习成绩一直是名列前茅。他妈妈说,孩子不愿见人,常常坐在家里哭。我把这个男孩的伤心事做成了广播节目。美国驻中国大使馆的一位参赞夫人听到了,立刻托我找到这个孩子,决定帮助他完成学业。当那个男孩再次走进学堂,当那个男孩寄来他的成绩单时,我想,这是不是也是生态旅游的组成部分呢:帮助每一个求学的孩子实现他们的愿望。

2007年,保护国际中国办公室,在中国正式注册,取名"山水自然保护中心"。这些年来,吕植和她的团队把西南地区所有濒危物种的信息都汇集到一起,建立了一个地理信息系统的数据库。他们希望以专家的视角,研究出哪些地方是更重要的,需要建立保护区;哪些地方在进行建设的时候需要绕开。然后,再在这个基础上来开展生物多样性和生态系统的动态监测,为保护的决策建立一套科学的基础,填补政府在政策上和计划上的空缺。

我问吕植,这些年你把精力放在藏区,除了做研究、做保护以外,得到些什么启示吗?听我这样问,吕植告诉我:在四川雅江县有一个寺庙。在那常常能看到喇嘛走的时候,后面一群一群的小鸟跟着飞,非常可爱,感觉真是很温暖。那儿的小鸟不是见到人就跑了,而是跟着你跑。吕植说,看到这些时,真的很愉悦。

吕植说的这个寺庙已有200年的历史。保护神山记在庙里每天都要念的经文中。寺庙里的活佛向吕植介绍时说:如果有人在神山打猎,那就是违反了戒规。

吕植说在一些藏区的寺庙里能看到一些刻出来的动物的模子。打了动物的人,要用糌粑把模子填了,然后扣一个小动物出来。扣一次,忏悔一次。嘴里还要说:对不起,我打了你,以后再也不会了。这样的忏悔,有时要扣几万到十几万次。

吕植他们在神山做调查时发现,实际上藏区的神山也在变化着。当地人的解释是:任何文化都是动态的,是活的东西。所以,怎么把外来的影响变成正面的而不是负面的,是个很大挑战。当然,外面的人也不应该动不动就给人家的价值观戴上迷信、落后的帽子。

2008年7月,我和凤凰台一起做"江河水"电视节目时,到了澜沧江源杂多县。采访慧尕活佛时,知道他2005年还得了阿拉善生态奖。当地的官员一再地向我们介绍慧尕活佛用藏文化保护野生动物的作用。说他在当地德高望众。我问慧尕活佛,你认识吕植吗?活佛马上说:我们是好朋友。

用藏族的文化和宗教习俗保护大自然,吕植做得扎扎实实。

科学家要有勇气和骨气面对自己的良心

严格地说我和吕植的关系是工作关系。虽然我们有不少共同关注的事情，但我们在一起时，时间的安排还没有到谈论人生的程度。我是从一个朋友写她的文章中知道了一些她面对生死的经历。我想，那经历对我们了解如今头上有着那么多光环的年轻女科学家会有些帮助。就也写在这吧。

多少年已经过去了，如今陕西佛坪自然保护区三官庙保护站前立着的那块石碑上面依然刻着"想起你我们更热爱这片绿土"。石碑上的你，叫曾周，是吕植的同窗，他们一年走进北大。三官庙保护区是曾周献出风华正茂的身躯的地方。

曾周出事时是和吕植一起在野外考察。进山后第39天，曾周因天黑迷路误入一个当地人叫做"黑弯"的阴森狭长的山谷里，走上黑弯的山梁，从160米高的悬崖上摔了下去。潘文石说：如果曾周还活着，他一定会成为一个出色的生物科学家。

事后他们的教授潘文石谈到面对生与死、金钱与荣誉时给了吕植很高的评价。而吕植自己回忆起与曾周的交往，却充满着同学间的情意：我们第一次野外考察是大学的最后一年，我还没过20岁生日，他刚过完21岁生日。他也是一个刚刚准备开始生活的年轻人，他的死对我的震动非常大。在那之前，一个19岁的年轻人从来没有面对过死亡这个问题，通过这件事才发觉生命实际上是那么脆弱和无常，轻易就可以消失。出事前一天曾周还在跟我们开玩笑，第二天他的东西就全变成了遗物。

有两年，每次看见悬崖时吕植都会想：当年曾周从那160米坠落下来，大概用了5秒钟的时间。在那5秒钟里，他都在想些什么呢？生命原来那么脆弱，说没有就没有了。我们来的偶然，去的也容易；所以活着的时候就应该把每一天都过好，尽量多做一点事情，最起码自己不会有遗憾。

经历过这样一些事后，吕植说名利和荣誉对她来说就成了没有份量的东西。但吕植同时认为：名利和荣誉不一定是坏事，那要看怎么对待。比如名誉，在社会上有一定的发言权就可以做更多的事情，对更多的事情有影响，这是好事。

如果从1981年，16岁的吕植考上北京大学生物系算起，到她有了这番经历，有了这番感悟，吕植的生命历程仅仅过去了三年。说来，还有什么事能比死对一个人更残酷，更历练，更升华呢。

我没有问过吕植，查了很多资料也没看到记者写过当年只有16岁的她是跳级，还是什么。怎么16岁就能从出生地甘肃兰州考进了北大。当然，有一点是可以肯定的，那就是她的聪明和才智。

追寻"野人"的足迹
——中国环保领跑者

不过有人在分析吕植的成就时下过这样的断言：时代对一个人的造就也是不能忽视的。80年代初，中国的电视台正在播放英国连续剧《达尔文》。这位进化论创始者的环球航行经历，在吕植童年的心里留下了极为深刻的印迹。小孩子虽然并不懂得进化论的意义，却依据自己的成长背景和兴趣本能地觉到它很有意思。再后来，报纸上有了珍尼·古道尔考察猩猩的连载故事……珍尼·古道尔的生活，真的让小吕植充满了向往，她隐约觉得这才是自己应该过的生活。

这我倒是问过吕植，是达尔文还是珍尼·古道尔的故事对你未来生活产生了影响？吕植她自己也说不清。反正在考大学时，她是自己在填志愿时报了生物系。要学生物，吕植说这和当时媒体对科学的宣传有关系。那时"文革"刚刚结束，1978年的全国科学大会带来了"科学的春天"，这"春天"在文艺作品中也有诸多体现。这体现撩拨着一个求知欲正浓的孩子的心。

遗憾的是进入北大之后，吕植才发现那里的生物学研究与她想象中的大相径庭，既没有植物专业也没有动物专业。结果在选专业时，吕植也不知道自己该选什么好。同宿舍的好友报了生物化学专业，吕植也就稀里糊涂地跟着报了，根本不知道那是干什么的。

后来吕植回忆：稍微了解生化的人都知道，在这门学科里化学的内容极多，还有不少需要记忆的内容。对于她来说，跟着学也能及格，但总觉得与自己的爱好格格不入。她甚至感到了没前途，没方向，没动力。这以后吕植还发现，虽然那时到处都在宣传21世纪是生物的世纪，可生物在当时远不如数理化热门。在人们的印象中，这个专业比较偏，近似于农业之类。

那段时间吕植总是问自己：我在干什么？在写给妈妈的信中也流露出她无比的彷徨。她担心："我会不会辜负大家的期望？"毕竟她从小就是好学生，又上了国内最好的大学，亲朋们都对她寄予了厚望。

大学二年级的暑假，学校里有一个专业的学生要去烟台海边实习。吕植知道后决定自费跟着，人家实习，她游山玩水。

这趟旅行吕植很兴奋，且发现这样的活动适合自己的性格。正在苦闷没方向，没动力的她，以后在形容那些天时用的词儿是：变化多端。每天都做不一样的事情，不用循规蹈矩。

如今、沉浸在往事的回忆时吕植还会说："也许和当时的大气候有关吧。那时刚刚允许有一点自由的思想，我的性格适合野外，恰巧又有了这样的机会。"

这次机缘，是吕植说的：人生是一种巧合吗？

说是"游山玩水"，野外实习毕竟不同于旅游团的风光旅游。吕植看到了各种各样的动物，这与她想象中的生活接近了。

吕植在北大读大三的时候，听说学校里有一个叫潘文石的老师在做大熊猫研究。还听说潘老师特别能说，很会讲故事，每天招上一群学生，眉飞色舞地讲那些有趣的经历。

后来吕植说：如果我不遇到潘老师，或他是一个沉默寡言的人，我的生活也许就是另外一个样子了。

开始，吕植不是人家的正式学生，虽然十分向往，也只能在外围旁听。这时有一个同学告诉吕植：潘老师正在招学生呢，要做熊猫研究，你不去试试？当然要去试试，在吕植的性格里有说人生是巧合的认知，也有对变化多端的向往。

吕植找到了潘老师，潘老师不知道她是谁，顺嘴说了句"考虑考虑"。对有些人来说，这句话很可能就被理解为是一种委婉的推辞。小吕植没这么想，真的等开了潘老师的"考虑"。而且不光等，还主动帮潘老师"考虑"。每天一大早吕植就守在潘老师门外，潘老师起床一出门吕植就问："潘老师您考虑好了吗？有记者说，那是一幅经典的拜师画面。

"那好吧，试试看。"潘老师真地考虑了。

"回去我跟系里打报告转专业。"还没有发出人生就是一种巧合感慨的吕植，认准的事不会放过。

但是，当时在北大转专业是很难的，没有特殊理由不可能转。又是潘老师的考虑出了招儿："要不考我的研究生吧。"

没转成专业的吕植，一边上本科的生化学，一边恶补动物知识。1985年春参加了研究生入学考试，没等分数下来，吕植就跟着潘老师去了野外。这样一来吕植本科毕业论文，基本上是在野外做的。

初到野外，吕植的感觉直到现在还被她说成："真的是梦想中的样子！"一条弯弯的山间小路穿过森林，上面覆盖着皑皑白雪，一路上都能看见动物的痕迹。走着走着，突然就看到了野外工作站，一座四面环山的小房子。

已经有了很多头衔的吕植，如今要是有人问她你最喜欢的地方是哪里？她还会说：我比较喜欢青藏高原，四川西部的一些地方也是很美的。人的生活状态比较安详、人与自然的关系比较和谐，这就是我理想中的绿色家园。

吕植说，在中国的西部能够找到一些还没有遭到破坏的地方，那里还有原始的景观和植被。对藏族百姓来说，保护动物是天经地义的，他们是人与自然真正和谐的典范。在中国西部、四川西部、西藏东部生活的人们已经生活在绿色家园里了。不过外来的发展经济的要求，正在冲击着他们平衡的心态。

吕植说，北京历史上也是绿色的，可现在她不知道北京要用多久才能再变绿。也许要一、二百年。在吕植看来，让北京变成适合居住的绿色家园，或许更多的需要是一种态度。

追寻"野人"的足迹
——中国环保领跑者

"科学家要有勇气和骨气面对自己的良心"。吕植的这句话我在很多场合都听她说过。我认为,这是她从少年大学生、从同学早逝、从与大熊猫交往十年、从成了国际组织在中国的代表,成了北大教授,一步步走过来形成的自己的思想及自己应对世界的信念。

有勇气和骨气面对自己的良心,我真的很喜欢吕植的这句话。很多人有良心,但当他需要面对一些挑战时,却不知良心去了哪里。我想,可能就是缺少吕植说的这两种气节。

在一个很正式的场合吕植对自己的这句话做过如下诠释:我觉得在中国做一个科学家非常不容易,待遇是一个很大的问题,它表现出一个国家重视到什么程度。我们都知道一个科学家(在各自的研究领域内)往往有很多想法,要让这些想法真正有用,比较困难。这个"有用"往往不取决于科学家自己,特别是对于做自然保护的科学家来说,我们希望研究的结果都能够转化成保护的行动。比如我做熊猫的研究,希望它能够对熊猫的保护有用。但是用不用这个知识,不完全取决于我。再一个就是往往会发生一些争执。比如是不是要克隆大熊猫就非常有争议。作为一个科学家,想要坚持一些东西往往会受到压力,在压力之下还能不能坚持你认为对的东西,就会跟科学家的良心这个问题联系起来。科学家有没有勇气和骨气来面对自己的良心,说起来是轻松的一句话,做起来心理上要承受的压力很大。当然我也有建议得不到采纳的时候,不过也不觉得委屈,因为选择做的是自己喜欢的。

国际野生生物保护协会的乔治·夏勒博士80年代曾被美国自然基金会请到中国研究大熊猫,回去后他写了本书《最后的熊猫》。这本书里面有一段话是这样说的:"中国人主要效忠个人和家庭,对工作和服务单位并不那么热忱,所有事物更是靠关系而不是靠责任感推动,结果各个单位若非由领导人督导,都自私自利,相争而不互相合作。中国人称之为'婆婆'太多。"曾有记者追问吕植是不是也有同样的感觉。

吕植坦承:确实也有这种感觉。吕植说:当年我加入世界自然基金会就是出于两方面的考虑:首先,我希望自己的研究结果能够有用,但是作为一个科学家能够起到的作用非常有限,建议是不是被采纳不取决于自己;其次,作为科学家因为某个建议没有被采纳或者没能变成保护行动,从而指责别人是很容易的,但对于怎样去做才能把建议变成行动那时我还没有很深的体会,所以我想亲自来做这些事情,希望自己的知识和经验能够用上,直接参与保护工作,而不是做旁观者。但是做了这个工作以后,我发现一个人能起到的作用非常有限。

其实,我知道吕植和她的保护国际这些年做事的方法,在很多时候和很多方面是有示范作用的。或者说,可以给其他地方一点启示和鼓励。

吕植的研究生刘芳第一次知道吕植的样子是在一部影片中。那部片子名叫《最后生存的机会》,由美国"国家地理"拍摄,是一部关于潘文石和吕植在野外研究、保护大熊猫的记录片。他们在冰天雪地里谨慎地跟踪着大熊猫,眼神中充满了对大熊猫的关切之情。当他们俩跟踪一只母熊猫到了它的洞穴,并趁着母熊猫外出觅食的机会"偷偷"地把熊猫幼仔抱出洞外时,潘文石师用一条红色的包袱皮把小熊猫包起来,吕植用一把看上去很古老的杆秤给小熊猫称体重,两位科学家对大熊猫付出的心血和情感让刘芳眼睛湿润了。

作为青年学生,刘芳说,自己常常会为某些地区环境恶化的现实而痛心,面对那么多以前没有想到过的现实的不完美而寝食难安,为我国环境的现状忧虑不已。有一次她不无焦虑地问吕植:在目前的情况下我们究竟能做什么呢?吕植告诉她,这些现实的问题总是存在的,只不过你一直处于一种理想化的幻想当中,没有注意到真实的情况。实际上正是因为有这么多的环境问题存在着,才需要我们这么一批人为之而斗争。既然选择了环境保护专业,那么你就要明白这对于你今后的生活意味着什么,就应该有面对困难的思想准备。

和吕植同在保护国际的孙姗是同样一个充满激情的年轻人。她和吕植的关系我想一定不仅仅是同事。在一次世界保护地大会上,有一位科学家自己拍摄了一部纪录片,放映这部片子时这位科学家问与会者:"what is a wonderful world?"。这句话中文的意思是"什么是精彩的世界"。孙姗当时就问吕植:"what is a wonderful world?"吕植的回答很有意思:一个精彩的世界就是早上不用那么早起床,吃饭又有胃口。保护国际的另一位已经当了妈妈的年轻人王雁在夸她的老板时会用这样的惊叹:吕老师太厉害了,项目评审的时候每天只睡三四个小时!对a wonderful world的回答,和每天只睡三四个小时,共同构成了吕植丰富的人生。

在吕植的人生中,人们常常会领教的,还有这样的认真:

汪永晨:

看到你的江河行文章关于野牦牛和家牦牛杂交的问题,这么做可能是有害的——如果没有良好的种质资源管理,可能会最终导致野牦牛基因的丧失——即野生牦牛的消失。因此平时野牦牛和家牦牛一定要隔离生活。有意引进野牦牛配种不是不可以,但是要严防杂交后代随意混群于野牦牛中。野牦牛的丧失对于生物多样性和家畜的复壮都是损失。希望你能帮助澄清和宣传这一点。

吕 植

在我和凤凰台一起做"江河水"电视节目时,在每天写的"江河水走进三江源"的第七篇里,我写了"野牦牛和家牦牛的婚配"。几个小时后,我就收到了吕植的这封来信。

追寻"野人"的足迹
——中国环保领跑者

记者的职责是记录现实,传播信息。对于我来说,开始关注自然,就是看到了大自然中的美,也看到了大自然中的问题,希望把这些信息传递给更多的受众。至于野牦牛和家牦牛的婚配,六年前我在西藏阿里采访时,当地的牧民非常头疼。他们是因为杂交出来的小牦牛在家里的牛群中太野而产生反感的。而这次在长江第一县治多县采访,我也没想到林业、畜牧科技局的局长尼玛会夸这种方式给牧民带来了效益。当时,我也问了尼玛局长,这样的交配会不会影响野生种群的原生态,尼玛说,野外的种群还很大。这么少量的交配不会影响到野生种群。

不过,如果不是吕植的这封信,也许关于野牦牛和家牦牛的交配,我也就是写到尼玛局长给我讲的这些就完了。有了吕植的这封信,回到北京后,我在为人民网做专访时,特意请了吕植的同事王大军,请他谈谈对此的看法。

王大军认为,如果只是野牦牛到家牦牛中交配,生下的小牦牛不回到野外,问题不是太大,从现在的情况看,杂交的小牦牛一般是不会再回到野外的。如果,杂交的小牦牛回到野生种群,那确实要就对野牦牛的基因造成影响。

我想,我会持续跟踪这一采访,我也会再次采访尼玛局长,生物学教授提出的这个问题你们考虑过吗?如果像科学家说的对野生种群会有影响,他们这一级的地方政府会采取什么措施呢?

帮助澄清和宣传在江源这样的地方更好地保护那些珍惜的野生动物,是我愿意做的事情。

2005年11月9日,第二届"中国青年女科学家奖"在京揭晓,包括吕植教授在内的5名青年女科学家成为这一奖项得主,她们每人还获得了欧莱雅公司提供的10万元奖金。吕植坦言,这是她获得的第一笔奖金。对于从事保护生物学的吕植来说,这10万元奖金是大有可为的,但她却选择了成立专项基金,用于鼓励从事野外生态研究的青年科学家。

那天现场也有人提问,为什么有成就的女科学家会比较少。吕植的结论是,"他们(男科学家)太轻松了,家里的老婆照顾了他们的全部生活;如果女科学家也有一个'老婆',一定比男性还要出色"。这个很女权主义的说法,我倒真是从我认识的很多非常出色的女性朋友那儿可以得到验证,包括我自己,和家中的那一半真的分不开。可是这一论断用在吕植自己的身上,似乎又不那么合适。因为,据我所知,她在没有一个"老婆"时,做的一样出色。

吕植认为自己是幸运的,因为她所做的事情是她自己热爱的。吕植说,在这个社会上可做的事情太多,道路也不止一条,而人们往往不知道自己要什么。如果在面临选择的时候多考虑一点兴趣,多用一点"直觉",少顾忌"时髦"和周围人的眼光,那么一个人就更有可能找到自己真正喜欢做的事情。做喜欢的事情,是一切成功的基础。

有关零碳排放的宣传,现在是山水自然保护中心的工作之一。这项工作简单说就是用种树来弥补工作生活中产生的二氧化碳。有人问吕植，这样的事跟大熊猫研究可以说是大相径庭了，你依然在努力做着，争取着，是不是说明你的工作性质变了。吕植的回答是：目的一直都没变。

也有人问吕植：刚开始您是以科学家的角色研究熊猫，研究了八年，而且出了很多成果，可现在给人更多的感觉您是一个社会工作者。这会不会影响您作为科学家的研究？会不会有些不太值？

这个问题吕植是这样回答的：如果从个人兴趣来讲，蹲在那儿看熊猫更是我的乐趣，爬山呀，每天呼吸新鲜空气，对自己的身体也好。现在做的，对个人来说，确实是有一些牺牲，有时甚至要你硬着头皮去做。比如跟人打交道对我来说就比较累。更何况有时候还是不愉快的交道。但是，你做这个事情是有理由的，是必须要做的。科学家是希望解决这个地球上的问题。科学的目的并不只是个人享受，科学家本身也应该有社会责任，要为社会做贡献，要解决这个世界上的一些难题，我选择的是解决环境保护这个领域里的难题。

山水自然保护中心现在北京、成都、云南、西藏都有办公室。用吕植的话说：我们每个人都是一个火种。到每个地方去，就要激发更多的人加入我们，帮助当地的民间机构来做环境保护工作。更重要的是激发当地老百姓做环境保护工作。老百姓是永远住在那里的，如果他们的愿望和追求、目标和我们环境保护的目标能够结合起来，我们的环境保护工作就成功了一大半。我们所做的就是如何想到好的激励机制，激发所有住在那里的人。所以我们管自己叫做"火种"、"催化剂"。

2007年12月，我和吕植做央视《半边天》节目一起聊时，有一点我俩特别有共识。就是幸福感和挣钱多少的关系不成正比。吕植说她知道2005年有人调查了2000多人后发现，在城市，生活幸福是哪些因素决定的：人情、文明、环境、交通、娱乐、挣钱。挣钱居然排在最后。

吕植告诉我：这个调查还发现，幸福感高的人是不注重物质的人。注重物质的人却没有觉得有幸福感。也就是说幸福感和钱的关系是，月工资到了4500元以后就没有明显的差别了，到了6000元以上的时候就没有关系了。当然，吕植说这只是一个学者的调查。

那天，吕植问我：你说什么决定了人的幸福感？我说：对我来说物质和钱并不是最重要的。重要的是做自己喜欢做的事。她说，自己这些年来和藏族人打交道的经验，做保护大自然的所得，也让自己得到了这样的感悟。

那天，我还问吕植：你现在是北大的老师，你的学生有些可能会羡慕你走的这一条路。在他们走向社会的时候你会告诫他们些什么呢？

吕植想想了说：就是不可能样样事都想要，那样可能会特别失望。我会告诉他们有一条特别重要，就是说，你要清楚你要得到什么？是不是真的在乎这件事情。如果真在乎这件事情，那你就试试做。做人还是简单一点，做你最想做的事情。看到别

追寻"野人"的足迹
——中国环保领跑者

人做什么事情抓挠一下不要紧,要紧的是选择自己要做的事时,不要想的太多。

吕植曾被问到:您想不想写一本像《黑猩猩在呼唤》、《亚当森与爱狮同行》这种自述体的小说,对十几年的大熊猫科研和保护工作做一个全面的回顾,用更生动的文字把野生大熊猫的社会结构、行为方式、婚配制度以及某些避免近亲交配的机制等描述出来?

吕植答:有这种想法,也有出版社在跟我商谈相关事宜,不过暂时还是没有时间动笔。

在我期待着她的自述体作品时,除了对她在野外生活的好奇外,还有一种期待更迫切:做为一名科学家,她怎样把更多的建议变成行动。

青海玉树寺庙里的僧人与野生白唇鹿

用自己的方式服务社会——梁晓燕

梁晓燕可以算得上我无话不说的朋友，每当碰到什么解不开的"疙瘩"，她一定是我想到要打电话求助的朋友之一。除了一起参与环保行动，一起关注乡村图书馆，我们还一起唱歌，一块看电影，一块学英文。"非典"时我们一块在山上，她用高亢的音调唱的陕北民歌，让同去的人都不敢相信，一个城里人能唱得那么地道。

1996年我在美国看了一个描述中国的纪录片，看过后，所有的朋友，不管是中国的还是外国的，都说该片被采访人中讲得最好的、最能留下记忆的就是梁晓燕。很多年以后，我和一帮朋友再谈起那部电影，其中一位知道我认识晓燕，一定让我介绍他认识。这位朋友说，都十年了，可晓燕在片子里形象的漂亮，话说得有理有据，只要想起就像是在眼前一样。我知道因为这部片子晓燕有了些麻烦，但她坚持说，我对我说的每一句话负责。

2007年5月14日。我和梁晓燕的同事们一块吃晚饭时，她的同事刘欣琰在应我之邀对她的"头头"梁晓燕评论几句时用了这样一个比喻：同样是造桥，做一件为别人谋福利的事情，有的人出发点非常简单，他就是造一座桥让人有路可走；还有的人说是我造的这座桥，把我的名字刻在上面，我要对自己干的活儿负责任；而我认识梁老师以后有一个感觉，她从道德人格上是比较完善的，她做事情的理念、方法和她的人格、信念是一致的，既怀大志，也拘小节。

NGO如何始终保持自身目标的清晰

我们常常开玩笑地说，在中国，研究NGO的人比做NGO的人还多。现在我要拿出自己的很多时间去应付一些研究NGO的人来采访。他们有的是为了写论文，有的是为了写书，有的是为了申请项目。而我认为，对中国NGO真正能称得上有研究，且身体力行，有发言权的，梁晓燕是少有的几个人之一。而她做这些事的原由也很明确：以自己的方式服务社会。

不论是对志愿者，还是对民间组织，梁晓燕都有自己的独立判断。

中国"'十一五'规划"的"社会保障"一条中，明确提出"支持志愿服务，并使之制度化"。制度化，是不是等于政府将志愿服务纳入到自己的体系中？据北京大学志愿服务与福利研究中心主任丁元竹教授统计，在中国，目前加入志愿者民间组织和非正式草根组织志愿者群体(如NGO组织)的人，每年大约有10万人以上。但是依"制度化"这样的说法，说不定未来会有一天，"民间"志愿者，可能会因为一部新的志愿服务法规，而被归入"体制外"的另册。以"大学生西部服务志愿计划"的现状为例，可从另一方面说明民间志愿者组织的缺乏。2005年招收6500名志愿者支援西部，但是报名人数达到5万人。这样有4万多人无法完成自己服务西部的志愿理想。

针对目前的志愿服务立法，梁晓燕在接受记者采访时曾指出：青年志愿者协会及其所属的共青团组织，原来只是三大志愿服务主体之一(其他两大主体，为民政部组织的社区志愿者和民间的"草根志愿者")，而在各地的立法过程中，青年志愿者协会变成了所有志愿服务的指导机构，并按照自己的要求来认证志愿者和志愿活动的资格，这有形成对"志愿服务"的垄断之嫌。

对于中国的志愿者来说，另一个难以回避的问题是，由活跃在NGO(非政府组织)等民间组织中的非青年志愿者和社区志愿者构成的第三类志愿者，可能面临沦为"体制外"的危险，这对于中国本来就薄弱的民间志愿者组织的发展也可能带来不利影响。

在梁晓燕看来，如果青年志愿者协会和其他志愿服务一样都被看作是提供社会公共服务的竞争者之一，那么上述的政府激励政策，也涉嫌将公共资源作为对民间机构的奖励，或许会造成志愿者机构之间的"不正当竞争"。按照志愿者"量力而行"和"不记报酬"的原则，真正意义上的志愿者不会是为了计算工龄或者考研加分而去服务社会西部，也不会因为少了这些激励手段而不愿意去做志愿者。

我非常认同梁晓燕的这一观点：志愿服务的意义，并不在于帮助政府解决多少社会问题，而在于让一群人按照自己的理念和愿望，以自己的方式去服务社会。因为

seeking the footprints of wild man
—— Leading pacemaker of environmental protection of China

在一个自上而下的组织环境中，参与者的个人意愿是很难得到尊重的，它的目标也不是从参与者中产生，而是来自于一个居高临下的意志。同时，对志愿者组织的绩效考核也并不依靠政府或者上级主管部门，而应完全依靠社会监督。

我在《志愿的快乐》这篇文章中也用我的语言为我这些年做的事说了几条：NGO是一个能给你带来快乐的群体；NGO是一片实现个人理想的天地；NGO是一伙志同道合人的组合；NGO是一个追求自我价值多于追求名利的单位。十年来，我尽情地体味着其中的快乐，发挥着自己的特长，实现着自己的人生价值。

梁晓燕告诉采访她的记者，在国外，非政府的民间组织才是志愿服务活动的主体，比如在美国，"志愿组织"是非营利组织或非政府组织的另一个表诉方式。而根据《中国环保民间组织发展状况蓝皮书》，在中国非政府志愿者组织最为活跃的环保领域，目前全国2768个民间环保组织中，有约50%是由政府主办，42%为团委领导下的大学生社团。算下来，只有8%为真正的民间组织。

我知道，在国外，志愿服务的制度化或者说法制化的方向，是为志愿服务建立法律保障和共同遵守的法律准则。与中国大陆目前志愿服务立法内容不同的是，其他国家和地区的志愿服务立法很少有对志愿者资格和服务范围的认定。我们这里，不能以社团注册的环保组织如以工商的方式注册的话，所划定的服务范围就更细了。

我在写梁从诫先生时，用了不少的篇幅说"自然之友"是怎么注册的。和梁晓燕聊时，我很想听听她是怎么参与创办这个民间环保组织的。因为我知道对于中国公民社会的开拓，梁晓燕是"先知先觉"者。

那天整理了一下自己的思路，晓燕告诉我：思想上的酝酿，实际是在80年代的时候。她自己对环境问题的关注，是和《走向未来丛书》联系在一起的。她跟梁先生的认识也是因《走向未来丛书》。1984年，《走向未来丛书》推出了罗马俱乐部《增长的极限——关于人类困境的报告》，"增长的极限"这个概念第一次出现在中国人的公共视野中，虽然那个时候中国的经济发展还没有太大的增长速度。她说，我的环保意识启蒙就是从那个时间开始的。

90年代初期，中国的文化界、知识界非常沉寂，大家都有关怀这个社会的心，但是找不到一种着力点，找不到一种方式表达你的关怀，因为有很多顾虑。后来触发我们谈问题的是乡镇企业发展起来以后。梁晓燕说。

梁晓燕拉着自己的好朋友杨东平、王立雄第一次见梁先生，是1993年3月"两会"期间，在代表们住的友谊宾馆。那次的讨论极为热烈，而且是第一次见面就一拍即合。马上就进入了具体讨论，我们可以怎么做，分别联络什么人，什么人会关心这样的事儿，会愿意做这个事情，我们把这样的人一一列了出来。

梁晓燕说，当时是王力雄提出来，既然我们是民间组织，做事情就要有民间的风格。所以"自然之友"的成立会没有会议室，没有正襟危坐的发言，1993年3月11日在昆玉河畔玲珑塔下召开了。是一群志同道合的人，是共同的关怀和共同的爱好,把这群人凝结在一起。当天到了100多人。不过,自然之友最后注册下来,是一年以后的事了。

到了那年的秋天,在十三陵的德陵,以北京中学教师为主的自然之友的活动上,讨论的话题就是中学的有关课程怎么才能把环境教育加进去。当时,在中学教育中,环境教育是没有一席之地的。

晓燕说,自然之友最初成立的时候一点钱都没有,或者说是什么都没有。梁先生的家就是办公室。最初的一点点钱,晓燕印象中是梁先生的儿子拿了2000元,然后他们每个人捐了一点小钱。做事时,只要能不花钱的全不花,必须花的钱大都各人自掏。没有专职人员,所有的人都是义工。

其实,这也是中国早期任何一个NGO最初的状况吧。

那天和梁晓燕聊的时候我问她有没有这种感觉:这些年我们越做环境问题越严重。

关于这点梁晓燕是这样看的:环境问题的严重与中国经济发展追求GDP的疯狂,是成正比的。这几年GDP的上升很大的贡献之一是重化工产业,第一轮污染遍了,现在又开始往没有被污染的地方转移。所以说,仅仅是公众意识的提高,不足以变成社会政策,更不足以变成产业政策,政府不会凭意识做决策。利益的驱动,绝对比意识要大得多,尤其在中国这样的利益结构当中。

为此,梁晓燕说自己是积极的悲观主义。心态是不管这个事情的结果会如何,人生总是在积极争取的状态中度过。晓燕认为,环保主义者通常都有一个健康的心态。如果你一直很在意结果,很在意你的成败,你就很容易被挫伤,很容易觉得没有意义,因为你把意义放在一个太具体的结果上。

晓燕很肯定地对我说,这一点我们可能都没有多想,因为我们是差不多的人。

目前,自然之友的会员里,公务员、个体户、中小学老师、记者、公司白领、军人、警察、还有小老板,什么人都有。它是真正以社会为纽带聚集、连接起来的。梁晓燕认为,这一群体的组合,对中国社会转型有相当好的探索作用。她认为,从环境保护上看,是不是有特别重大的作用,还未必能说出来。因我们做了,环境就多好了,她认为真的不见得。而有行动欲望的人,找到你的同道,同道们结合起来,找到一个做事情的方法,并且把这个事情做到社会上,并且让更多的人知道了,这一步又一步地循环,就非常有价值了。

自然之友从1995至1997年做了三年报纸版面的环境意识调查。三年来,确实可以看到媒体环境意识的增长。当然这个增长有其社会背景,但不能否认这也和有相当多的发环境稿子的记者是自然之友的会员有关。也就是说,当一个人把他自己的关怀投入到一个事业的时候,那他在事业里面也会找到一个支点。

在自然之友,梁晓燕是常务理事,也是一个志愿者。对于"自然之友"几年来人事上的一些动荡,那天我们聊的时候提出了一些问题希望能一起探讨。她的问题是：民间的自治能力需要一个过程来培育，自治要有规矩，要讲究合作，也要讲究妥协。那么：

一个组织在发展方向上的坚持和妥协如何把握其间的"度"？

我们每个人内心的东西，最后怎么能变成共识？

会员制的组织，会员是一个个个人，怎么把一个个个人的意志通过合理的机制凝聚起来？

大家都是志愿者，志愿者除了自我约束，没有外在约束，如何有效行动？

理事会怎么发挥作用？理事会和工作班子的关系如何协调？

在NGO的建设方面，梁晓燕认为：一个组织一个机构需要常规运作。常规运作要求的效率、规则和志愿者的随意、无责任，内在是有冲突的。就比如自然之友的理事会挺大，开会的时候理事没有来齐过。他不来你还真没辙。自然之友路走得挺艰难，但摸路、以及大家对一条路不同的看法，这都是民间组织发展的过程中少不了的东西。如果有一个声音老在那儿"指导"该怎么走，该怎么做，未必是一个好的自治状态，我们是在慢慢地学习过程中寻求共识。大家都有责任把这个事儿往前推。一个组织合理的治理模式，是探索出来的，我们需要有人、有心去探这个路。2009年5月，梁晓燕告诉我，自然之友取消了原来的常务理事，改组了原来的理事。现在理事会只有12个人。由这12个人决定组织的发展方向和做事原则。新聘的总干事李波是个"海归"并在云南的国际环保组织有多年的经验。

如果说环保NGO的路怎么走还需要探索，但有一点梁晓燕却认为必须非常明确，那就是，NGO始终要保持自身目标的清晰——自己的关怀是什么，要干什么。很多NGO在发展初期是有目标的，但后来慢慢地异化了，以找钱、做项目为目标、以和政府的关系好为荣。梁晓燕认为，"如果NGO只是用政府喜欢的方式、做政府允许和希望的事，就只能是政府行为的补充。这样即使做成了事，NGO存在的独立价值也会削弱。NGO的工作很重要的意义还有监督作用、推动作用、倡导多元价值的作用。在这一点上，NGO的领导人必须有清晰的理念和高超的技巧。

好奇

追寻"野人"的足迹
——中国环保领跑者

知其雄，守其雌，为天下溪

2003年冬天，我在农家女培训课程设计会上见到刚刚从哈佛大学做访问学者回到北京的梁晓燕。这次美国之行她一走就是快三年。那天一见面，晓燕就告诉我，这次回来是要开始她最想做的事——乡村教育。她说，其实去美国之前就有了这个打算。在美国这几年一直在跟踪这方面的信息和研究。最后的决心是在美国期间下的，要做关注农村教育的NGO。

"天下溪"的名称源于《老子》："知其雄，守其雌，为天下溪"。意为知强守弱，善待万物而不争名利，不断检点和反省自己，袪除自己的野马之心，以山一样的沉静从容安守雌伏之道，成为真正有利于别人、有利于天下的涓涓溪水。2004年7月，梁晓燕正式接替了民间组织"天下溪"创办人郝冰，做了天下溪的负责人。

女性、教育、环保，梁晓燕开始从这三个视角，以自己的方式服务社会。

性别文化给这个社会带来的良性的东西是什么，这跟环境的关系是紧密的，几乎是一个主题。和晓燕交往越深，我越觉得她在目前的环保领域中，可称得上是一个思想家。

梁晓燕说：我们做性别意识培训的时候，我会拿很多环境的案例来讲。比如改造山河，在贵州，是涵养水土，还是去开山劈林，有一个村子对此很有争论。贵州是喀斯特地貌，有一个妇女她也不是什么环保人士，就是非常质朴的想法，子子孙孙也要在这里生活；就是天然的对自己家园的热爱，对繁衍生息的一种责任。最后那个村的钱就是用在把泉水引过涵养水土上了。这个由一个农村妇女提议做出的决策，就是我做女性意识培训中的例子。它告诉我们的不仅仅是一个生理的女性，是一个意识的女性。这时，一个人是女是男不重要了，因为这个意识就是对自然、对社会的另外一种眼光。

应该说，这种发散性的思维，是渗透在梁晓燕以自己的方式服务社会做的每一件事中的。在她所有做的事儿中，环境意识不仅仅是一个具体的工作，而是一种价值观。在她看来，环境意识是要融化在血液里的。所以不管是做传媒、做教育，环境意识都涵盖在里面。也许学科分类上是环境问题，但关注应该也是人文环境，是怎么跟社区和谐共处，怎么跟自然和谐共处，和社会是一个有机系统。

梁晓燕说，对于社会关怀很强的人来说，强调的是社会生态，是一个社会要有一个好的机制，且关注这个机制是怎么形成的，因为这种机制能提供人们美好的生活。

"认识自己"、"留住根"。越来越多的人开始关注乡土教育，并且很多组织或学校正在将乡土教育的理念付诸实践，在乡土教材的编写和使用方面进行着许多有益的探索和尝试。

2005年11月、2006年12月，民间教育公益组织北京天下溪教育咨询中心两次举办"乡土教材开发研讨暨培训工作坊"交流活动，梁晓燕告诉记者：开展这样的活动是"为了让从事乡土教材开发的各地同仁互相交流成功经验，探讨遇到的问题，学

seeking the footprints of wild man
——— Leading pacemaker of environmental protection of China

习乡土教材编写及推广的各种模式和方法，探讨乡土教材的理念及呈现方式、组织方式、编写过程、推广方法等。"

参加这两次培训交流的有来自全国15个省市的不同公益组织和学校。北京大学教授钱理群曾在一次讲演中说，现在的青少年有一种整体倾向：逃离乡土，对乡土有认识上的陌生感、情感上与心理上的疏离感。钱理群痛心地说："这就是失根，会最终导致一代人民族文化的缺失。要想立足大地，先得认识脚下的土地，保持住自己的根。在这个层面上，乡土教育不仅是爱家乡的教育，也是人与土地关系的强调。"

在"天下溪"已经编写完成、投入使用的乡土教材中，生态、环保、人文的意识渗透在所有的内容中。我知道，这是她以自己的方式服务社会的又一范例。用参加了那次会的记者的话说：介绍本土环保内容的教材占多数，如北京天下溪教育咨询中心组织编写的《我爱拉市海》、《草海的故事》、《霍林河流过的地方》、《白鹤小云》、《与鹤共舞》、《扎龙》等一系列地方乡土教材。

参与编写乡土教材《我爱拉市海》的天下溪志愿者王小平是梁晓燕的好朋友，退休前她是工人出版社的编辑。参与编写乡土教材《拉市海》，用王小平的话说：有了在正规出版社从来没有过的感受。

为了编写关于云南丽江拉市乡的乡土教材，王小平他们于2005年11月开始到当地调研，查找当地的资料，熟悉当地的情况。然后就分头进行入户调查，与当地的小学老师接触，让他们参与到写作和备课过程中。

调研后大家首先统一了思想，这个乡土教材要讲拉市海这个高原湖泊与湿地，因为拉市海的自然状态有着鲜明的特征；其次，那里是一个多民族混居的地区，文化的多样性十分丰富。这样教材中就要体现出它具有的生态多样性和文化多样性。另外，拉市海靠近丽江，丽江是著名的旅游之地。乡土教材中所表现的应该要有旅游这一外在文化的参照。通常来说，旅游热的地方乡土文化会产生变异。那么在编写这套教材时，希望能对这种异化有所反驳。

对教育有着深入研究的梁晓燕认为：民间总有一批真正热爱自己的家乡、自己家乡传统文化的人。这些人在学校里相对多一些。所以，老师们参与的主动性，使得他们成了编写乡土教材的生力军。

具体操作，乡土教材的初稿一般都是当地老师写的。天下溪志愿者要做的一是启发，二是引导。引导老师想想家乡有什么值得说的；家乡，要传递给孩子们的是什么；再就是一本教材的架构。这个过程不是所谓的专家到了一个陌生的地方，写一本教材给当地的老师用，那样的教材很难用下去。他们是跟当地的老师，带着学生一起到村里走访、采风、交流、互动。然后大家一起拿出一个提纲，老师再分工，每个人写一部分。部分出来以后，根据教材的标准，重新润色。这样编写一本教材的时间也许会长一些，但它决定了后期这个教材的使用程度。

梁晓燕和王小平都说，她们真的都很惊讶，老师们会那么尽心尽责，老师们的

追寻"野人"的足迹
—— 中国环保领跑者

能力那么强,老师们的文字写得那么好!现在,在拉什海有11所学校使用起了《拉市海》这一乡土教材。课堂上老师和同学参与的积极性都非常高。

乡土教材谁来上,梁晓燕认为这体现着不同的教育思想。我们中国的课堂里,通常是满堂灌的。但是乡土教育的核心不仅仅是知识灌输,还包括感情的抒发和知识体系的扩展。梁晓燕说这种教育思想认为,只有喜欢才能把它作为一种知识所接纳。所以,这样的课一定要启发式地上、参与式地上。在我们一般的教育体系中,老师从来不会参与式的上课,尤其在农村教育中。所以编一套教材,就连教师的培训也一起做了。在乡土教材的编写中,教师培训的工作还不仅仅是上这一门课的教师,学校里有兴趣的教师都可以来。这就又有了教育的扩散性,教语文课、数学课的老师也会受到这种教法的启发。

民间组织进入课堂教育,也是一个很好的切口,因为它能把新的教学理念、新的教学方法带进课堂。晓燕他们的教师培训到后来,又发展到了夏令营。夏令营是什么呢?是一种放松的方式,是带着一种玩儿的心态,而在这个过程中,却让学生接纳和习惯了另类课堂。

在梁晓燕看来,编写乡土教材有四种思路,也可以说是从四个方面进行:最大的一个方面就是环境教育;其次是社区发展,尤其是在少数民族地区,通

看看我画的鸭子

地震灾区的孩子

拿到新铅笔盒的孩子

过NGO在那里做社区发展的项目,把乡土教材带进去;第三个方面是多元文化的保护。在这方面乡土教材是一个载体。第四是扶贫。扶贫不是说他们就是弱势,给他们什么就行,扶贫是要建立文化自信。贫也不是说什么都不行。一个地方自有一个地方有价值的东西,这是梁晓燕认可的一种新的扶贫思路。

梁晓燕告诉我,她自己的关怀,是通过推动教育变革来实现社会变革。这一使命让梁晓燕成为一个在几个方向上工作的人。她说,它们之间有着内在的联系。

我的这本书都要结稿了,可还没和梁晓燕聊上呢。先是她的脚扭了,后来又是母亲病重、去世,回上海陪老父亲。但我执着地认为,我的这本写环保人的书里不能没有梁晓燕。而我采访她之后,坐下来写她,好好想想她说的、她做的事后,我更庆幸着自己非写她不可的执着。这本书交给出版社后,考虑到今年的市场,要从40万字减到30万字。我又向晓燕求救。她帮我改回来的稿子中,删掉了自己。

幸好最后的"生杀大权"还在我这。在中国,在环保界,能把自己的思想付诸行动,在行动中继续升华思想继而传播的人不多,梁晓燕是一个。天下溪今天的发展,正得益于梁晓燕身上这二者的结合。

2003年10月份,梁晓燕参加自然之友绿色希望行动,广西行后写下了这样一段话:

"我真正投入进去了,不是坐在书斋里、讲堂里或者会议室里,我触摸到了农村学校的脉搏。我上课的时候有一个学生突然站起来,我挺奇怪的,问他干什么,他看看我,又坐下来。下课后我就问他们班的老师,我说那个同学为什么突然站起来?那个老师告诉我,因为长期营养不良,很多学生低血糖、贫血,上课犯困要睡着,他跟学生们讲过,如果实在困的时候就站起来,站一会儿困劲过去了再坐下,要不课就听不到了。我到食堂去看他们吃饭,看了后几个同去的人都说不出话来。孩子们营养缺乏的程度,造成了低血糖上着课时的晕倒。他们每天吃两顿饭,早上10:30一顿饭,下午4点半一顿饭,只有主食玉米饭,基本没有副食,用盐水或一点点腌菜下饭,从下午4点半到第二天早上10点半什么吃的都没有。"

"在那里,给我留下深刻印象的还有学校师资的情况。在开展环境教育时,光跟他们讲山好水好是不行的。首先应该关注的是孩子们的身心成长。因为他们从一、二年级就开始住校,就脱离了家庭的环境、脱离了他熟悉的社区,每天早上6点半起床,晚上9点半睡觉,全部时间都在学习。学校把大门锁起来了,怕他们跑出去会出事。这是多么恐怖的学生生活,真的是恐怖。老师们也很辛苦,住在学校,课很多,他们的业务水平得不到提高,没有进修、提高的机会,没有更多的信息,差不多就是一个恶性循环。"

2007年春节前,梁晓燕辞掉了天下溪的职务,辞掉了《民间》杂志的主编工作,到广西农村学校教书和调研。她要把用自己的方式服务社会的奋斗目标,从乡村教育上再来一个新的开始。在那一待就是一年。

乡村图书馆的首席推销员

我和梁晓燕一起做的事虽不太多，但我们有着很多共同的志向。建立乡村图书馆却是这不多中的一个，且是不谋而合。我的图书馆情节来源于我受过大学图书馆系的教育。梁晓燕的呢？

2002年，一位香港中文大学的教授希望为自己的家乡——云南某乡村捐建一所图书馆，委托朋友在北京采购一些图书。朋友很热心，马上跑去新华书店，用2000余元的捐款购置了百来本书。百来本书用于填充一个图书馆显然是远远不够的，而且这些书里有很多也并不适合农村百姓阅读。

"太心疼了"，这是徐晓（光明日报出版社编辑）听说这件事后的第一反应，2000元可以做多少事啊！身为编辑的她，立即想到了各家出版社库房里积压的大量库存书，"淘书去！说不定还能找到一些宝贝，把这些书捐赠给需要的人，功莫大焉。"徐晓和她的两位出版界的朋友梁晓燕、王小平发起了日后被她们称为"乡村社区图书馆援助计划"的活动。

2003年年末，企业家武克刚想要回报乡土，经过商议，由他和夫人萧今出资，"乡村社区图书馆援助计划"配合在云南省弥勒县做了第一个试点。弥勒县有16个圩场，每十天一次赶圩，"援助计划"在每个圩场建了一个图书馆，每到赶圩那天开放，由当地的学校来管理。全部图书馆的藏书都是徐、梁、王带着志愿者到各家出版社的库房里精心选择，并以较低的折扣买下的。这样一来，每个图书馆差不多能有1000册图书和4、5种新报刊。而达到这样的规模，只需费用3000元。

弥勒试点在当地得到了不错的反应。但是由于这次捐建的资金来源和受援地的选择都比较偶然，"乡村社区图书馆援助计划"并没有马上继续下去。怎样将云南的尝试复制过来，形成更长期的力量，摸索出可持续发展的捐建模式呢？

2003年秋天，梁晓燕去广西考察。几个地区，县以下根本没有书店，而县城书店基本只有三类书：考试书，质量很差的武侠、言情类消遣书，为数不多的农业实用科技书。多数村子甚至连拥有一个上面她描述的"图书馆"都还是奢望。

"要给这些村子的老百姓建一个真正的图书馆"，梁晓燕抱着这样迫切的心愿找到了大化县团委书记，将自己的想法粗略告知，没想到这位团委书记竟是欣喜万分。原来团中央要求在每个乡建立青年活动中心，可是他们既苦于没有经费，也发愁没有合适的活动内容，梁晓燕的想法正好可以和这个计划相互配合。

"定了这种方式后，我把想法和当地的一些中小学校长说了说，一个星期后就收到了38封来信，都是他们自己写的详细的管理办法，还给我出了很多主意。"乡亲们的热情和期待让梁晓燕感到，一定要把这件事踏踏实实给办好了。

乡村图书馆援助计划开展后不久，在接受中华读书报记者采访的时候，对为农

seeking the footprints of wild man
—— Leading pacemaker of environmental protection of China

村图书馆这样配书，梁晓燕表现得极为自信："我们不会把没用的书送下去。"在广西的时候，她将云南所建图书馆的书单拿给当地人看，征求村民的意见之后，再根据他们的需要进行调整，形成一个真正有效的书目。一旦达成了协议，志愿者们便一头钻进库房里，一本一本挑选需要的图书，每次挑到了好书，就是对他们辛劳最大的安慰了。同时，天下溪也与多家杂志社联系，动员他们无偿提供过期的杂志和期刊，让这些原本只能卖废品化纸浆的过期杂志有机会发挥"余热"。"一般人都会认为10%的折扣太不可思议，出版社其实是乐意低价处理一部分库存的，我们要做的就是打通渠道。"运作了一段时间，天下溪和一些出版社建立了长期的合作关系。这样的合作，不仅有公益的成分，对于出版社来说，也在一定程度上减低了库存压力。

那天和晓燕及她的同事们边吃边聊时，天下溪的工作人员付惠萍称梁晓燕是"我们的首席推销员"。小付说，不管梁晓燕走到哪里，参加什么活动，都要把图书馆项目介绍一遍。最初的捐款多来自志愿者及其周围的朋友，逐渐地，更多的社会力量参与进来。甚至还有一位捐款人将给母亲建坟的钱都拿了出来，他说："我把这笔钱用作这事，妈妈会高兴的。"

如今，在天下溪捐款人长长的名单中，除了少数NGO组织，全部都是个人而非企业或其他机构。这样的结果是捐款名单分外的长，捐款的款额都不大。对此梁晓燕解释道，中国社会的现状一方面是，慈善捐款正在逐年增加，但是个人捐款的比例却在降低。大部分慈善募捐都把焦点投向了机构和企业。另一方面是，有钱的人找不到渠道表达自己的善心，有善心、有能力的人找不到资金，有需要的人找不到能够帮助自己的力量，对一个社会来说，这才是最悲哀的。我们就是想建立一个沟通平台，将资源整合起来。

《中华读书报》的记者采访梁晓燕后写的文章中还说：目前，天下溪已经帮助山东的两个残疾人组织和山西的一个妇女组织建立起了自己的图书馆，由这些组织自主管理。还有就是与其他的机构合作，由其提供资金，指定受援地，天下溪负责图书的采购和配送。2006年初，天下溪又发展出一种新的工作模式——"为你的家乡捐一座图书馆"，即由出资人落实受援地点和管理人，天下溪负责剩余的事情。梁晓燕说，已经有几个捐助人为自己的家乡捐建了图书馆，还有人愿意为自己曾经插队的黑龙江某地捐建图书馆。通过不同的模式，充分调动人们的爱心，配合不同捐款人的要求以及受援地的需求，也是这项计划能够持续下去的原因。

据我所知，"乡村图书馆援助计划"开展以来，受援地老百姓的热情被调动起来，图书馆成为他们一个新的公共生活平台，围绕这一平台，一些新的关系正在形成。现在，在天下溪的网站（http://www.brooks.ngo.cn/index.htm）上，可以看到了好几个图书馆的反馈报告，这些反馈不仅表达了当地老百姓对图书馆的欢迎，也提出了很多问题，比如希望增加图书品种与数量，加强管理等。"我们做的事，要在当地'活'起来，这是最重要的。"梁晓燕这样强调。

梁晓燕认为，天下溪要做的，还不仅仅是给几个村子建一个图书馆，给天下溪捐过钱的人在收到捐赠证明的同时，还都会收到一封信："你可以义务来参加图书打包发送的劳动。"梁晓燕说："并不是我这里缺劳动力，而是想要他们把自己的这种感受挖掘出来，让志愿者们找到自己的组织，做些自己想做的事情，使自己的生活更有意义。"

梁晓燕清楚地记得，第一次配送图书打包装箱是在2003年12月31日，"那天下着大雪，我们几个志愿者在回龙观的一个库房里一直干到天黑，看着整整80箱图书装上汽车，发往云南的时候，我们真正体会到了当一个志愿者的精神快乐。"

哀莫大于善心无法表达，哀莫大于能力无法施展

"《民间》是中山大学公民社会中心的内部刊物。《民间》正视目前全国民间力量和弱势群体生存存在的严重问题，如中国农村发展，农民与城市弱势群体生存状态、污染问题，并致力于寻找切实行动和改变方案。《民间》不是呼吁政府和商业力量的关注和援助，而是强调异于目前主流发展思路的民间自我援助，自组社区的能力。它吸引的是不再满足自己物质的小我生活的理想新青年。《民间》并不满足于对社会零敲碎打的修补工程，而是努力探索不同于中国目前以利润与经济指标为导向的发展观。《民间》是草根行动者和组织之间传播、沟通和资源共享的根据地，又是NGO与社会的融合场所，同时又是民间草根行动者的理想主义家。"

这是《民间》网上的一段话。梁晓燕是《民间》编委会的召集人和一任主编。

2006年7月我们的绿色记者沙龙推广到了云南昆明。梁晓燕是我们从北京请到昆明的讲演者。那天，她讲的主要就是《民间》。她从为什么给杂志取名《民间》谈起：

我们知道中国是在一个高度行政化的社会中慢慢转型的。随着我们经济资源的多元化，开始走向社会生活的多元化。也就是说，人除了隶属你的单位，隶属你的家庭，也还是一个社会人。共同志向的人寻找共同关心的社会公共话题，并为之改善而努力，这样组合的社会才是一个公民社会。当然，公民社会在今天，在中国，还在形成的过程中。推动这个过程的这些人，可能很卑微、也可能地位很高、可能是律师，可能是记者，可能是教师，是企业家，是公司白领，、是小生意人、是农民，但一定有共同的特征。第一，关心的是社会共同的话题，第二，组合的是社会公共的力

seeking the footprints of wild man
—— Leading pacemaker of environmental protection of China

量。这个社会公共力量,由来自不同方向的人,在一个公共的平台上组织起来,有着共同的利益和理念追求,探讨并实际地解决共同社会问题。梁晓燕说,在这样的过程中,她看到了很多可歌可泣的事情。公民社会不会从天上掉下来,不会说某一天宣布一个公民社会建成了,永远不会。公民社会是什么?是每个人参与的过程——爱护动物的行动,保护残疾人的行动,捍卫自己和公众权利的行动……。做的是一个个具体的事,但每一个具体事情的意义,都是在构筑公民社会的基石。

梁晓燕对公民社会所具有的最重要的功能的诠释是:在一个社会公共平台上,把各种不同利益集团的声音,把各种不同利益主体的声音展现出来。圆明园听证会,云南金光集团撤诉,都是由一些从事公共活动的公民发现,揭示,推出的。每一个引发事件的人,他可能不是专家,不是某一方面的权威,他就是一个普通的行动者,凭着朴素的良知,认为有一个事件是损害公众利益的,必须把它揭露出来,他就做了。而媒体的介入,则会使个别事件具有了公共含义,有了公共含义的事件再进一步扩大,变成了更大的公共话题。

梁晓燕认为:这些作用的发挥,这几年有了长足的进步,而且也有越来越多的专家,走出了他们小专业的范围,不仅仅在自己的专业领域中谈论一些事情,也有了对公共利益的关照。同时用自己的专业知识为公共利益服务。梁晓燕在总结2006年中国环境NGO的发展趋势时说"呈现了某种专业化的趋势,首先表现在NGO中间开始出现一些自然分工。大家都根据自己的资源和条件,根据自己对中国环保事业的关注角度的不同,逐渐确定了自己组织的工作领域。一些有政府背景的环境组织,正在利用他们的特殊优势,发挥作用,把民间的草根环境组织与政府连接起来,为草根环境组织谋取资源。这种作用在中国是非常重要的。"

"环保NGO专业化的另外一个表现,就是开始把工作做得更加有权威性。民间调研正在提升民间组织发言的质量,民间组织发言的权威性、感召力、说服力正在加强。2004年关注江河的几家民间组织共同成立了"中国河网"。2008年中国河网的两个民间组织被邀请参加了国家环评;2006年,自然之友发布了《环境绿皮书–中国的环境危局与突围》、2006年新成立的中国公众与环境研究中心发布了水污染地图,制作了中国首个民间水污染数据库。他们不仅对水污染数据进行了采集,还对数据进行分析,为水污染治理提供了切实可靠的依据。"

"还有一种值得高兴的专业化,那就是,扎根社区的草根型环保组织开始发挥自己独特的作用,尤其是各类污染受害者群体,他们的抗争和参与,使得环境保护的公民行动落实到最坚实的基础上。"

《民间》在资源整合上发挥着自己作用的同时,作为主编的梁晓燕不时地还在发出着警示:在影响公共政策制定的时候,西方的NGO常用的策略是动员公众,对政府形成一定的民意压力,从而达到既定的目的。然而,对中国的NGO来说,这方面的选择余地比较小,风险会很大。在这种情况下,NGO如何保持自己的独立性及监督作用?它的社会动员有什么更有效的方式?还有,志愿者团体如何避免行政化,"花瓶化",这也今天民间环保组织面临的挑战。

梁晓燕在《民间》讨论的另一论断是:环保问题越来越和社会问题纠结在一起,环境NGO如何回应这个趋势,把握住社会发展的脉搏,这对环保NGO的未来发展至关重要。仅仅埋头做项目会看不到方向,也很可能找不到依靠的力量和人群。

在2007年春季的《民间》上,我看到了自己和梁晓燕也比较一致的观点:不是每个人都能够把触动转化为行动。被触动了、有想法的人很多,但最终真正成为行动者的只是一少部分。如果一个人想要成为一个行动者的话,首先要做的,是面对自己的内心,感受并呼应内心的召唤。因为一个行动者将要面对数不清的困难和问题,所以在行动之前必须想清楚,这到底是某种契机触发之下的一时冲动,还是内心深处久久蓄积的关注。

梁晓燕说:"行动"是要自己在茫茫人海中寻找同道,由同道形成的"场"将创造一种让他可能成为行动者的基础。有着共同情怀、共同关注的人是散落在人群中的,要自己去找。从常理说这个分布并不太高,很多人最初的同道都是自己的朋友。在这个寻找的过程中你会发现,即使是从自己朋友圈开始,能够回应的比例也不是很高。不要怕别人不认同你,甚至打击了你。人是不一样的。在这个过程中,虽然会遇到很多不解、疑问、否定、打击。但是,你会发现,你也吸引了一些人,感染了一些人。吸引了人,是因为他本身心里也有同样的东西,与你一拍即合;感染了人,是因为你内心的东西有一定的力量。你的表达、你的表现有感召力。这需要你发自内心的热情,需要你的信念有值得为之努力的公共价值,而且,需要你表现出面对问题的智慧和能力。对一个"孤单"的开创者来说,感召力是你最基本的资源,能否对周围产生影响是一个非常重要的指标。在这个过程中,慢慢就有了同仁,形成了一个小小的团队。在这个团队里,大家可能会有不同的角色,对做事情来说这很重要。一个团体哪怕只有两个人,也可以互相支撑。

2007年春季《民间》上的"做一个行动者"一文中,作者问梁晓燕:积多年的社会工作经验,你认为能够赢得信任的人应该具有怎样的特质?

梁晓燕的回答:第一、热情。对自己所从事的事业的热情。人家为什么要被你吸引?首先打动他的是非理性的因素,你有没有办法让他在几分钟之内吸引他,是你对弱势群体的关爱之情。

第二、你对自己要做的事情,有没有一个清醒的认识,和一个明确的、可以落到实处的切入口。

第三、创造性。如果是个大路货的东西,我为什么要听你的?这个创造性不需要独一无二,你是不是把入手的点找得特别好,是不是能够把你有限的资源用得非常巧妙,这就是创造性。

梁晓燕说:有时特定的细节最容易打动别人,赢得信任。做事,才是真正地凝聚一个团队的过程。几件事情做下来,就会形成一个核心团队。说实话我本人并不主张想做事情的人都要有一个固定的机构，许多社区内部服务只需一个志愿者群体就足够了。

《民间》正尝试着为"哀莫大于善心无法表达，哀莫大于能力无法施展"的社会病症，开药方。

她一定是我一生都认的朋友

梁晓燕在北京天下溪教育咨询中心的年轻人心目中得分之高，让人羡慕。

郝冰，天下溪的创始人，她说自己和晓燕打交道十多年了。最能形容晓燕的可用两个字表述：坦然。郝冰说：我和晓燕之间在天下溪有两次交接，先是我走了晓燕来了，再是晓燕走了我来了。这中间我俩都不需要有过多的讨论。天下溪就是大家做事的地方。

郝冰说：晓燕，我觉得她一定是我一生都认的朋友。事情上我们也许会有不同的意见，但是这个朋友我肯定会认的，因为她那么坦然。她以再激烈的方式表达什么，我知道都是坦坦荡荡的。

刘文泽：我刚来的时候被"严重地"剋了一回。为什么？我问道，"当时刚毕业开始做这个工作，有点不适应，做事情比较糙，大大咧咧。梁老师专门把我叫过去剋了一顿，挺狠的。具体就不说了，但是感觉说得特别有道理，被剋还很舒服。因为她不是简单地把你骂一顿，或者只举具体的错，不是。她是让我自己内心真的意识到自己不对，骂完以后，让你有了动力。

刘欣琰：（刘欣琰毕业于北京大学生物系，一个月的工资最多也就3000元，项目不多时还不到。）梁老师超级能说。刚来没多久的时候，一个学生找她谈什么事情，她足足说了三个小时。当时我在那边一边敲电脑一边听，听呆了。梁老师精力超级充沛，好几次，周宇这个男孩子累倒了，可梁老师还能"窜来窜去。"

汪：你跟晓燕，郝冰都合作过，她们有什么不同？

刘欣琰：郝冰做事情是很讲规矩、很讲步骤，条条框框很多。会一项一项布置好你照着干就可以了。梁老师干的时候，什么限制都没有，就告诉你有这个事情。开始觉得挺不靠谱，工作一段时间就发现，大事把握上面她是一点不含糊的；她不会给你定很多规范，会给你很多空间。郝冰是给你领一条道，你跟着走就可以了，梁老师是给你打开了一片空间，一片天地。你怎么走她不管，不过她会在后面贼贼地看着你，适时地提醒你。

刘欣琰：我们做的乡土教材云南拉什海这本特色最突出，也最体现梁老师的思想。包括里面的一些插图，都是当地教师用东巴文和东巴文化的风格画出来的。这就是梁老师的路子，整个教材的编写过程她不问具体的细节，但对当地人的参与非常强调，让乡村教师们有了自己发挥想象的巨大空间。

付惠平：我进入这个领域很晚，刚刚进来把这个圈子看得很沉静，把里面的人也看得都是道德很完善的人。后来发现NGO不是庙，NGO的人也不是和尚、尼姑。这里面也有名利之争。我接触了这个圈子里面可以说是教母教父级的人，发现很多人说是在做公益，做的事情也很大，但是你很难判断他的出发点是什么。我进入天下溪的工作团队后感到，善良是每个细胞里都渗透着的，这就是梁老师对我有很深影响的地方，我很看中这些。因为这些才是真正有生命力的。

刘欣琰：我们每周一的例会，一般开到最后就会变成梁老师的"演讲"，从国际形势到国内形势，到NGO形势，再到天下溪的工作，我们都很喜欢听，梁老师特别有"煽动性"。

刘文泽：而且她非常自信。我负责的项目第一年筹款，非常艰难，项目要开始了，经费却"黄"了。我记得，后来一个企业家答应给我们出一半的费用，我想还差好多，很急。梁老师说没关系，再去找，会有的。

刘文泽：梁老师挺能给人鼓劲的，有一次做事状态不太好，有点疲了。梁老师就给我讲她年轻时也有这样的时候，她管这个叫小资产阶级冷热病。梁老师说，这是一种性格缺陷，会让你给自己的懒惰找理由。因为这种缺陷，你可能事业上就难以突破。从那以后，我一不想干活了，就会想是不是小资阶级冷热病又来了，就调整一下自己。

2007年6月5日世界环境日之前，太湖美，美就美在太湖水的太湖，水中蓝藻大面积泛滥，国计民生遭遇巨大挑战，无锡政府官员竟说这是天灾要市民们共渡难关。我和晓燕，和本书中其他好几个与我们一起经历着"野性"生活的人联合中国民间环保组织，就太湖水严重污染呼吁政府：直面太湖污染，呼吁企业：勇于承担责任，呼吁公众：请参与到保护太湖的行列中。

2008年春节后，梁晓燕在自然之友总干事人选未定时，承担起执行干事的职责。

2009年，梁晓燕正式接管了西部阳光农村教育发展基金会，做开了她这辈子最想做的农村教育。我写到这时，她正和同伴们一起奔走在甘肃藏区的一所所小学。

江河的守护者

长江源——杨 欣

第一次见到杨欣时，知道他是从深圳来的；参加过首届"长漂"；拍了很多长江源和青藏高原上的野生动物的照片；心里有一个凄婉的故事，说的是一位叫索南达杰的藏族书记在和偷猎者枪战后成了一座射击状的"冰雕"。

为杨欣流泪是因为看到一篇报道，写的是他在可可西里为自己亲手建立的索南达杰站降最后一次旗。

漂流、与偷猎者较量、在高原建自然保护站，杨欣干的事不是玩命，危险系数也都是极高的。但真正让人为他揪心的是，两个志愿者魂归可可西里。

为杨欣解囊则有三次：义买《长江魂》；为沿江的学校捐《长江源》；义买《亲历可可西里10年－志愿者讲述》。杨欣楞是靠义卖书的钱，筹建了位于可可西里的索南达杰站。

2006年10月我和杨欣一起第一次走进祖国的宝岛台湾，他让台湾的民众知道了大陆的环保人士是怎么保护长江，保护生活在江源的藏羚羊。

2001年在索南达杰自然保护站

追寻"野人"的足迹
——中国环保领跑者

藏羚羊迎着列车

在中国，藏羚羊的知名度和杨欣有着很大的相关性。

1994年1月18日，青海省玉树藏族自治州治多县西部工委书记索南达杰和偷猎者发生枪战，当人们再看到他时，他已经成了一座拿枪射击状的"冰雕"。杨欣第一次到索南达杰家，曾在这位藏族汉子的遗像前发过誓："大哥，我一定回来"。

杨欣再次近距离接触索南达杰做事时，保护可可西里的野生动物，就不仅仅是他一个人，而是成千上万的后来者。

青藏铁路要为藏羚羊留下通道，无论是中国还是世界，人们大多都是从媒体上知道的，而杨欣是亲历亲为。他和他的"绿色江河"志愿者一起守在青藏铁道旁，要的是亲眼目睹藏羚羊是不是能从我们人类为它们修的路上过去。铁路还没通，穿越公路对藏羚羊们来说已是巨大的挑战。我们看看杨欣是怎样描绘他看到的一次情景。

"年复一年。母藏羚羊在可可西里深处的神秘之地集中产羔后，又带领着刚出生的小羊长途跋涉返回各自的故乡。8月初，成群的母羊和小羊聚集在青藏公路的西侧。

8月13日，我随志愿者进行野生动物的例行调查，在距长江北源的楚玛尔河不远处，发现一群60余只的藏羚羊群正战战兢兢地接近公路，我们远远停车观察。每当青藏公路上呼啸而过的汽车经过时，靠近公路的羊群又赶紧掉头逃离，待汽车走远后，再接近公路，汽车来了又跑。来往无数次后，繁忙的青藏公路终于有了暂时的平静，一只胆大的母羊爬上了两米多高的路基，站在路边四周张望，跟在后面的羊群不知何故，突然又吓得掉头狂奔。那只在公路边上的母羊没有胆怯，稳稳地站在那里。榜样的力量是无穷的，羊群很快止住了奔跑，又都掉头走向公路，有更多的羊站在了路基上。

藏羚羊是青藏高原奔跑速度最快的动物，可以以每小时80公里的速度上在高原飞奔。可是路基上的羊足足几分种不敢踏上公路。还是那只胆大而又勇敢的母羊率先踏上了黑色的沥青路面，但动作格外谨慎缓慢，每一步都在试探，就像走钢丝。10米宽的公路走了太长的时间。第一只羊总算过去了，当脚一离开公路，立刻就恢复了藏羚羊的本性，以惊人的速度跑下路基，狂奔到远离公路的安全地带。接着一只又一只藏羚羊效仿着慢步跨上公路，期间不少胆小的藏羚羊受各种因素惊吓，不时又从路基上跑回去，甚至到了公路中间，也有往回跑的，但看到大多数的藏羚羊都在坚定向前，回头的羊又都立刻返回，公路上一片混乱。最后大部分藏羚羊跨过了公路。剩下几只小藏羚羊实在是连走上路基的勇气也没有，望着公路另一侧的羊群，绝望中向着相反的方向跑去。突然间已经走过公路的羊群中，有三只母羊扭头返回，又艰难越过公路，向逃走的羊群追去，原来这些母羊的孩子没有过来。三只母羊很快追上各自的孩子，并带着小羊再次接近公路，其中两只母羊成功带领自己的孩子跨过公路，追上羊群。最后一只小羊站在路基上怎么也不敢踏上黑色的路面，任凭母羊来回在公路上引导，鼓励。这时一辆小汽车从远处飞驰而来，我扔下相机，站在公路上不停向汽车挥手，希望它能停下，但汽车还是从我身边呼啸而过，向着公路上的藏羚羊母子冲去。母羊望着迎面而来的汽车，顽强地站在公路一侧，汽车没有减速，在最后的瞬间，母羊才绝望地丢弃自己的孩子，冲下路基，带着惊吓和悲伤狂奔而去。小羊则在惊吓中跑向另一侧，随着另外几只没敢过公路的小羊慢慢消失在遥远的天边。

几十只藏羚羊跨越10米宽的公路用了近一小时。我没有想到，每年产羔期间的千里迁徙中能面对青藏高原最恶劣自然环境的母藏羚，在面对人类构筑的公路时是如此的恐惧和软弱。将来他们面对更加难以逾越的铁路时又该是如何呢？"

2008年7月，我在可可西里采访时得知，青藏铁路通车以来，藏羚羊已经习惯了人类为他们修建的通道。而且，铁路通了后，公路上的大车少了，对迁栖的藏羚羊倒不是坏事。不过这事，我更希望得到杨欣的确认。

藏羚羊列队

藏羚羊的经历

1903年英国探险家罗林曾深入到青藏高原的腹地羌塘地区进行考察，他在游记中描述了当时所见到的藏羚羊驰过的宏大场面："我极目所至，可以看见成千上万只带着羊羔的藏羚羊源源不断地涌来，一眼望去，不下1万5至2万只。据说，当时羌塘的藏羚羊数量不下百万只。1990年的一次科学考察报告中称,藏羚羊在青海约有5万只。

1990年5月底至8月初,中国科学考察队深入到可可西里地区,他们在数百头藏羚羊奔腾驰过的情景时欣喜若狂。

先后两次到格尔木市野牛沟地区考察野生动物的美国蒙大拿大学的理查德·哈里斯博士,1991年调查时统计到藏羚羊的数量是1200余只,1997年9月,在这个地区却仅见到3只。

杨欣,1986年第一次到长江源头时,看到的是上百头的藏羚羊在开阔的草原上疾驰。几年后,他第五次抵达长江源时,最多的一次见到也仅是11头为一群的藏羚羊。青海省海西州野生动物调查队在1997年的野生动物调查中,统计出的数字是:4群共38只藏羚羊。

另一组数字是,1995年冬至1996年夏,在可可西里的巡山中曾查获了3千张以上的藏羚羊皮;在新疆巴音郭勒州,自1992年以来,共查获藏羚羊皮4千余张。

昔日家族兴旺的这种青藏高原的生灵,一段时间以来遭到人们疯狂地追杀。

"可可西里",在蒙古语中的意思是"美丽的少女"。它东起青藏公路,西至青海省界,北至昆仑山脉,南到唐古拉山,总面积约8.3万平方公里,平均海拔在4600米以上,是中国最大的无人区之一,也是藏羚羊分布最集中的地区。据科学家推断,这里曾是古特提斯海的海底。

可可西里的野生动物资源十分丰富,其中的藏羚羊种群数量庞大。据80年代末至90年代初的调查资料表明:1986年冬季,青海西南部的藏羚羊分布密度约为每平方公里0.2头—0.3头;1991年西藏羌塘自然保护区东部,藏羚羊分布密度约为每平方公里0.2头,并且还能看到集群数量超过2000头的藏羚羊群;1994年仅新疆昆仑山区的藏羚羊数量约43700头。

1995年,中国藏羚羊总数却急剧下降到约50000—75000头左右,并仍在继续下降。许多昔日藏羚羊聚集的地方,如今再也见不到气势浩大的集群了,只有零散的藏羚羊。

藏羚羊(Pantholops hodgsoni)是青藏高原动物区系的典型代表,也是江河源头生态系统的标志物种,具有难以估量的科学研究价值,其种群构成了青藏高原自然生态系统中极为重要的组成部分,是我国最珍贵的野生动物种类之一。1981年,中国加入《濒危野生动植物种国际贸易公约》后,藏羚羊为附录Ⅰ物种,我国政府因此而严格禁止一切贸易性出口藏羚羊及产品的活动。1988年,《中华人民共和国野生动物护法》将藏羚羊确定为国家一级保护动物,严禁非法猎捕。

藏羚羊也被称作羚羊、长角羊。雄羊有一对长而扁的角,长达70厘米左右,从侧面看,似乎只有一只角,所以有时被称为"独角兽"。最为奇妙的是,在它的两条后腿腋间皮下长着一个直径大约2厘米的圆孔,孔边还有一个皮盖子,奔跑时,腿下

seeking the footprints of wild man
——— Leading pacemaker of environmental protection of China

的孔中充气如同皮囊，因而轻捷如飞。

中国科学院西北高原生物研究所长期从事高原生物研究的科研工作者朱申武、周志军先生曾对记者说：藏羚羊是从中新世时期的山羊亚科分出来的，是继喜马拉雅造山运动之后逐渐演变、进化到今天的，至少经历了几百万年的生命流变。

藏羚羊，是在海拔4100米以上进化而来的物种的基因，对我们研究生命基因、物种演化有什么意义呢？科学家们说：意义肯定很大，但到目前还没有开展此类研究。科学家们希望今后能先进行分子试验。

青藏高原是地球上地质活动频繁的地区之一。这里河流、湖泊星罗棋布，温泉与冰川交相辉映，第四纪时代的气息如同微风吹过，随处可闻，火山活动的痕迹也铭刻在被人们称为"神秘的死亡地带"的腹地上。强大而没有停息的造山运动造就了这里寒冷、荒凉、干旱、缺氧的自然环境，同时也奉献出了地球的珍贵产物——黄金。

可可西里地区是我国最大的砂金矿资源区之一。自80年代初期，潮水般涌到这里的淘金者占据了这里的每一条山谷、沟壑。从1982年起，来到这里圆黄金梦的淘金者以逐年递增5000人的速度在增加，到1989年，曾一度达到10万人之巨。浩荡的采金游击队在这里进行着工艺粗陋、技术低下的原始性开采。在他们所经之处，地面被开膛破肚，洞穴、坑道密布，很多溪流被抽干、改道。铁器声、放炮声起伏不绝，惊醒了这片恒久沉寂的荒原。掠夺式的开采严重破坏了存在了亿万年的原始植被，严重威胁着野生动植物的生态平衡。

1992年，青海省玉树藏族自治州曲麻莱县的电线杆上贴出了一份高价收购藏羚羊皮的告示。这份告示贴出后不久，荒原上空不断响起射杀藏羚羊的枪声。

藏羚羊的生存领地是海拔3700米至5500米的高寒荒漠地带，由于这些区域气温极低，在长期的进化与适应中，藏羚羊身上生长有一些保暖性极好的绒毛。《青海经济动物志》中记载，藏羚羊"除头部、四肢下部及尾以外，通体被毛丰厚绒密。"藏羚羊绒是世界上公认的最好的绒。在中国境外，1公斤藏羚羊生绒价格可以达到1000到2000美元。因而，其绒也被称作"绒中黄金"或"软黄金"。用藏羚羊羊绒加工而成的披肩被叫做"沙图什"（Shahtoosh），据说这是克什米尔方言。

"沙图什"披肩通常长1至3米，宽1至1.5米，重100克左右，其轻柔如絮、保暖性极强，如此长与宽的一条披肩竟可从一只戒指中穿过，其轻柔程度可想而知。因此被称作"戒指披肩"。一条100克的"沙图什"披肩需用300—400克羊绒，而一只藏羚羊产绒仅100克左右，因此，编织这样一条披肩就得猎杀3到4只藏羚羊。一条"沙图什"披肩价格可高达5千到3万美元，在伦敦的高级时装店标价一般为1.1万美元，高的竟达每条4万美元。因此，"沙图什"披肩在一些国家和地区成了身份与财富的象征。

很早以前，印度的一些家庭就将"沙图什"作为少女的陪嫁珍品。18世纪，这

追寻"野人"的足迹
——中国环保领跑者

种披肩传到了欧洲，因其富丽华贵而成为上层社会贵妇们的宠物。

克什米尔印度控制区具有悠久的加工"沙图什"的传统，这里也是全球最大的加工"沙图什"的地区，这个地区的斯里那加有加工"沙图什"的从业人员10万人。而加工"沙图什"的藏羚羊绒，都是从我国西藏境内走私出去的。

中国没有加工利用藏羚羊绒的传统，也不存在藏羚羊绒的消费市场。

但是，在暴利的驱使下，一些犯罪分子铤而走险，利用一切手段进行偷猎、走私。据青海省森林公安局提供的资料：

——1992年，破获猎杀、贩运、走私藏羚羊及皮张的特大案件5起，收缴藏羚羊皮404张，查扣违法狩猎枪支5支，车辆6部，抓获犯罪嫌疑人19人。

——1993年，破获特大案件8起，收缴藏羚羊皮1174张，查扣枪支16支、车辆14部，抓获犯罪嫌疑人17人。

——1994年，破获特大案件8起，收缴藏羚羊皮2332张，查扣枪支29支，车辆4部。其中，1月18日，青海玉树藏族自治州治多县西部工作委员会书记索南达杰在可可西里太阳湖地区，一次就查获藏羚羊皮1300余张。在与盗猎分子的激烈搏斗中，索南达杰竟被盗猎分子枪杀。

——1995年至1997年3月，青海玉树、海西两州在可可西里等地区共查获重大、特大盗猎案10起，收缴藏羚羊皮159张，查扣枪支9支、子弹1670发，车辆11部，抓获犯罪嫌疑人60人。

——1996年4月至6月，共破获重大、特大案件27起，收缴藏羚羊皮5060张，查扣枪支57支，子弹6万余发，车辆68部，抓获犯罪嫌疑人89人，有两名案犯因持枪拒捕被击毙。

——1996年6月，青海省委副书记姚湘成沿青藏公路视察时，与一伙盗猎分子相遇，经干警们追查，搜出小口径步枪1支，子弹2100余发及藏羚羊皮44张。据犯罪嫌疑人交持，另有10余人仍在数公里之外的山中盗猎，他们立即前往搜捕，抓获犯罪嫌疑人6人，缴获枪支3支，子弹200余发及作案用吉普车。

——1997年4月至6月，玉树州治多县公安局西部工委派出所、海西州格尔木市公安局林业派出所在可可西里、唐古拉地区破获特大案件8起，收缴藏羚羊皮626张，查扣枪支12支，子弹3.4万发，车辆12部，抓获犯罪嫌疑人56人。

一些来自西藏、四川的不法分子，雇佣保镖、携带巨款，在青海境内以每张400至800元的价格非法收购藏羚羊皮。据说，一个拉萨不法商人，曾一次收购过6千张藏羚羊皮，雇人取绒后将残皮尽数抛入拉萨河中，河面上一时漂满了羚羊皮。

面对青藏高原这一珍稀野生动物物种惨遭肆无忌惮的屠掠及日趋严峻的团伙走私犯罪行为，1998年11月27日，一个旨在保护藏羚羊的专题会议在西宁召开了。青海省副省长刘光和主持召开了这次会议。会议决定加大对破坏可可西里地区野生动植物资源违法犯罪活动的打击力度，取缔格尔木市野生动物及其产品的非法贸易市场，杜绝藏羚羊皮的走私渠道。由省财政拨专款，购置打击盗猎犯罪行为所需的武器装备和交通通讯设备。

与此同时，国内外媒体也对江河源头的生态环境状况，对壮烈牺牲于可可西里的索南达杰给予了极大的关注。从杨欣在索南达杰遗像前发誓："大哥，我会回来"，到他游说四方争取资金，最终于1997年在海拔4500米的可可西里东侧建成索南达杰自然保护站并招募志愿者，杨欣用了3年的时间。

中国环境报记者丁品曾和一支科学考察队在可可西里采访。回来他对那里的描写，看后如在人们的脑海里铺开了一幅画面：

"由于长时间的跋涉，加之高原反应，使我感到体力难支，索性就在一个山坡上躺下休息一会儿。强烈的高原阳光照射在身上暖融融的，很快就迷迷糊糊地睡着了。

当我醒来时，竟发现一只母藏羚羊站在离我仅一二十米的地方，向我这个奇怪的不速之客张望。显然，它观察我已经有好一会儿了，当它确信没有危险后，竟朝我缓缓走来。它那神态，就像一位善良慈祥的母亲，尽心尽力去关照一个病弱的孩子。我躺在原地没敢动窝，只是悄悄托起胸前的照相机，不失时机地拍下了这一难得的镜头。

这只母藏羚羊在我身边观察了几分钟后，便掉头离开，跑下附近的山坡。但它并未一走了之，而是在我附近的山坡上兜着圈子小跑，跑一段距离又停下来，从山坡下露出半个身子向我这边张望。当它又跑出去好远，我以为它会从此不辞而别了，没想到它再度停下了脚步，回转头来，用一双关切的大眼睛遥遥向我回望，于是我们又彼此友好地互相盯望了好一阵，母藏羚才转而翻过山坡，加快速度跑到附近的藏羚羊群中去，向它的伙伴们"报告"自己的见闻观感。我们科考队的专家、美国动物学家毕尉林，通过高倍望远镜看到了我与藏羚羊之间的这一幕，大为惊讶！他说："藏羚羊何以如此主动地接近人！"

一条江和一个人独走苍茫

1987年中央人民广播电台《午间半小时》节目和《新闻和报纸摘要》节目共同呼吁"长漂"降温。11年后,我自己也踏上了青藏高原的长江源,参加了中国第一支女子长江源漂流队。那40天的经历,让我今天写起杨欣,或许能更准确地体会他那独走苍茫的情结。

80年代初,美国激流探险家肯·沃伦向中国政府申请漂流长江。在西南交大工作的摄影师尧茂书知道后首先发出呼吁:长江是中华民族的母亲河,应由中国人自己来完成长江的首次漂流。这位热血男儿说到做到。1985年6月,他只身踏上了首漂长江的不归路。那年的7月24日,尧茂书在金沙江翻船遇难。杨欣他们当时也是为义所激,以青年人固有的热情豪气,要"踏着英雄的血迹"去长江漂流。

壮士尧茂书殉江不久,在美国人声言要漂流长江的刺激下,杨欣等一干人也匆匆地去漂流长江了。当时不管是杨欣,还是他的同行者对漂流探险并没有太多的专业常识和实践经验,只是因为爱国心理的驱使一定要赶在美国人的前头。

1986年初,中科院成都分院牵头成立了中国长江科学考察漂流探险队,召集全国有志青年和科学工作者,全程考察和漂流长江。消息传出后,成百上千的青年人踊跃报名。当时的杨欣是渡口市河门口电厂的职工,他也专程赶到成都。报名的时候,他是自信的。他有10年长跑的经历,两年野外探险的经验和一打在虎跳峡拍摄的相片。凭着这些,他如愿以偿地入选了。

科考队成立后,由于资金缺乏以及其它一些原因,一直到当年5月中旬,仍未成行。美国人快要来了,杨欣与另外两名队友宋元清、王琦商量:不行就先自己干,反正不能让美国人漂在前头。5月24日,他们三人组成的中国青年长江漂流探险队离开成都,带着极为简陋的漂流装备,登上了西去的列车。出发前,他们都填写了"生死书",颇有些"风萧萧兮易水寒"的悲壮气概。

6月中旬,三人与后来启程的科考队在沱沱河会合了。漂到通天河巴雾滩时,杨欣划的橡皮船冲出险滩,靠上了岸。这时,他立即从防水袋中取出相机,赤脚跑回滩前。后面的橡皮船此刻也冲进了险滩,但立即被埋入了惊涛之中。突然间一个巨浪把小船从浪涛谷底高高抛起,眼看就要摔下来了。另一个巨浪从相反的方向涌来,两股巨涛在船下相遇,撞击出巨大的声响,把小船高高托起。在场的人全吓傻了。杨欣及时按下快门,记录了那个瞬间。而这只是他们那次漂流中的一个小小片断。

漂到金沙江虎跳峡时,全国各地20多家媒体40多名记者云集。在记者们的大力宣传下,科考队与其他队员们一下子成了全国关注的焦点。杨欣作为主力队员乘密封船参与了虎跳峡的漂流,并且毫发无损地出了密封船。1986年11月25日他们到达上海,完成了中国人首漂长江的壮举。事后杨欣说:"长漂把我带向了更广阔的舞台。"

那年，杨欣23岁。那年，让中央人民广播电台呼吁叫停的"长漂"，三支漂流队中共有10名勇士献出了年轻的生命。

长江的正源沱沱河的发源地是唐古拉山的姜古迪如冰川。初次到那儿后杨欣说，冰川在太阳下银光闪亮，冰川末端的河流反射着耀眼的光，九曲回肠的来回扭动，向西北方向流去，这就是沱沱河。我是1998年到的姜古迪如冰川。并录下了我们的母亲河孕育最初时滴哒的低语。而2008年7月，我再次到沱沱河时，因全球气候变化等种种原因，沱沱河，我1988年去时的一江大水干了。长江源头断流，沱沱河仅留下没有一滴水的河床。7月，还是江源的雨季。

从沱沱河进入通天河一段800里无人区，杨欣去过3次，那条河道中间有一个湖，被杨欣称之为"死湖"，因为用他的话说：自己在那里"死"过一次。那是1986年6月17日，杨欣漂流长江时在那里宿营。"死湖"是一个方圆十多公里的湖泊，湖水都是冰雪融水，寒冷刺骨。在阳光的反射下，湖水又亮得刺眼，望不到边。那天清早，杨欣为湖光山色的美景所吸引，一个人上岸，走着、看着，手中端着相机不断按快门。走着走着遇上了狼群，至少有十几条。饥寒交迫中，杨欣紧张得发抖，眼前一颗颗金星在舞。他的一条腿疲软地跪在地上，嘴里喘着粗气，用手护着胸前的相机。当时他想：我是来漂流长江的，死在长江的波峰浪谷中还算英雄，被狼吃了算什么呢？黑压压的狼群还在向他靠近，被逼无奈的杨欣想，反正是一死，不如拼一下。瞬间的决定让他抽出腰间的藏刀，使出最后的力气大吼着，向狼群大步冲过去。也许狼群根本没料到这个"红色的动物"（杨欣穿着一身红色的羽绒服）会向它们冲来，吓得掉头就跑。而壮了胆的杨欣一直大吼着，挥舞长刀冲到了湖边。

其实，我采访草原学家刘书润时他告诉过我，他研究了一辈子内蒙古大草原，从来没有狼主动伤人的例子。不知这种说法要是告诉杨欣，他还会觉得自己"死"过一次吗？

和野生动物近距离接触，让杨欣难忘的除了那群狼以外还有三只狐狸。那是杨欣驾车途经青海可可西里自然保护区附近的楚玛尔河畔的时候，见到路边不远处一窝三只小狐狸，在嬉戏打闹。在夕阳的照射下，小东西一身火红的绒毛，格外可爱。他们停下车来，拿出"长枪短炮"。尽管动作很轻，但三个机灵的小家伙还是发现了他们，转眼间就溜得不见了踪影。当他们正准备收拾起家伙上车继续赶路时，三只小狐狸的身影又重新出现了。杨欣赶快又抓起相机从车窗里拍开了。这回三个小家伙不光毫不胆怯，还继续玩起了它们的游戏。这下杨欣觉得在车里拍得不过瘾，索性又下了车，举着相机向三只小狐狸贴近，直到仅有十米的距离时，小家伙们才鬼精灵地溜下了土坎。

杨欣他们跟踪追击，没费多少气力就找到了小狐狸藏身的洞口。杨欣想："哈哈，这里一定有它的窝！"。于是几个人在洞口守望、观察了好一会儿，果然发现一只小狐狸从洞里探出头来四下张望。大家悄声围过来，屏住呼吸，一时间快门连响，闪光灯频闪。其中一只小狐狸好奇心很强，并不怯场，竟在洞口摆了好一会儿模特姿势后，才把头缩了回去。杨欣打趣说：咱们堵到人家家门口上拍照，真是有失礼貌。谁知大家刚转身离开洞口，却发现那小家伙又出现在洞口探头探脑呢。于是大家返回来，又是一阵猛拍。就在双方玩捉迷藏式的交手中，小狐狸们愈发胆大了，频频露头，似在逗弄他们。那副可爱的憨态，着实逗得大伙很开心。当他们拍足了，欲上车赶路时，谁知那几个小家伙也跑出洞，尾随而来，站在土坎上，目不转睛地瞅着他们，那神情还颇有些恋恋不舍。

　　1986年在长江源，杨欣他们除了看到大群的藏羚羊，有一天，他们还突然发现四五十头白唇鹿在河边喝水。那时江源的白唇鹿不怕人。杨欣他们的船越来越靠近那群喝水的鹿时，白唇鹿一个个地抬起了头，好奇地看着杨欣他们这些从水上来的"怪物"，没有半点惧怕的样子。白唇鹿可能是从来没见过人，鹿群也还没有遭受过人的捕杀，还不知道人的厉害，出于好奇驻足观看吧。

　　顷刻间，船就漂到了鹿的面前，鹿依然惊奇地望着他们，慢慢顺着河流走了几步，接着迈开四蹄与漂流船平行而跑，翻过山岗，淌过溪流，始终和漂流船保持一致。跑了好几里，一直追到一处悬崖下面，河水挡住了路，这群白唇鹿才一个一个地站在那里，抬着头，深情地目送探险队员远去。

　　8年以后，1994年8月30日上午，杨欣带领漂流拍摄队又来到了"死湖"，但"死湖"不见了。当年波光粼粼的湖水收束成了一条狭窄的河流，狼不见了，白唇鹿也没了踪影。

　　那一刻，杨欣几乎不相信自己的眼睛，他不断地对照着当年拍摄的"死湖"照片，山还是那个山，梁也还是那道山梁，"死湖"，却名存实亡了。那天，杨欣给"死湖"拍了很多"遗照"，杨欣说，当时他特别寂寞，他多么渴望能再遇上狼，再看到白唇鹿。那个秋天的午后，杨欣怅然地望着长江的苍桑巨变。

江源的民间保护站

　　我开篇时说的为杨欣掉泪，是因杨欣轰轰烈烈靠民间的力量建立起来的自然保护站到了降下国旗的那一天。有多少人和我一样看了《南方周末》上以"最后的降

seeking the footprints of wild man
—— Leading pacemaker of environmental protection of China

旗"为题写的文章后流了泪,我不知道,但我想这是可以载入中国民间环保史册的一段,是中国人在走向与自然和谐相处中可歌可泣的经历。下面是杨欣的亲笔:

"12月31日,2001年最后一天,这天索南达杰自然保护站的最低气温是零下35度。3名志愿者帮助留守人员捡回最后的3袋野驴粪。周围的100多匹藏野驴距离保护站比往常靠得更近。18时41分,可可西里地平线收回了最后一束阳光,志愿者伴随着日落缓缓降下了寒风中的国旗和绿色江河标志旗。

2001年是联合国确定的国际志愿者年。从1月1日到12月31日,共有12批30名志愿者到索南达杰自然保护站工作,这30名志愿者是从上万名的申请者中挑选出来的。每一批志愿者有2到3人,在保护站志愿服务时间是一个月,志愿者大都来自于低海拔的城市,保护站的海拔超过4500米,高山反应和艰苦的生活给每一个志愿者留下深刻的印象。

志愿者的日常工作是维护保护站站里的设备;对每天的天气、气温及周围的野生动物活动情况进行观察、记录;每隔15天向周围的居民和牧民居住的地方进行环境宣传、教育;每隔7天驾车往返200公里,沿青藏公路进行野生动物种群数量调查。每天晚上志愿者要对全天的工作和调查进行记录,通过电脑和卫星电话把信息传送,经过绿色江河的网页把最新的资料对外发布。4月的一天飞来横祸,卫星电话、电脑、电视同时遭到雷击而损坏,之后借来的卫星电话因通话费用太贵,只得把每天传送的邮件改为3天传送一次。

在西部开发的浪潮声中,青藏铁路开工了,青藏公路上格外热闹,各种考察队、建设大军、观光团都往这里拥进,每天都有许多高级车辆往返在青藏公路上,作为坚持在这里进行环境宣传和野生动物调查的志愿者就显得有些寒酸。建设者与保护者在物资和装备上的反差是很大的。经费一直是制约保护站工作的关键,2001年维持志愿者运转的经费来自义卖《长江魂》、《长江源》两本书和加拿大公民项目的资助。

2001年12月31日,保护站的旗帜在杨欣照相机的取景框中降下来,他只能对志愿者说,"你们尽了力,每个人的能力都是有限的,我们不可能急功近利地指望一两场轰动效应的活动就能改变长江源的生态环境现状。"

《凤凰周刊》主编邓康延也曾为杨欣的《长江源》写过这样一句我认为非常精辟的话:"长江,长长的江,与岁月共长,与神州共长,与民生共长,与国脉共长。长江融汇千条河,一朵浪里有长江。"

邓康延说:"水在生命之前。这条江的流动比这个民族发源更早……却被人手和人欲一年年杀伤。我能看到20世纪末的高原上有一条江和一个人独走苍茫。

长江源,你的神秘是母乳的神秘,你的峻拔是父躯的峻拔。天地结晶,生发大爱,一川之上,万代丰沛。"

沱沱河气象站2001年至2006年5年来的监测数据表明,跟30年前相比,青藏高原年均气温升高了0.2~0.5℃;长江源从年均-4℃,升至近两年年均-2℃。沱沱河水文站的监测也显示,近年长江源来水量偏少,含沙量增加。第三次全国水土流失遥感调查称，长江源的水土流失面积由1995年的46328.87平方公里增至2001年的48888.7平方公里。

2006年5月，杨欣和他的绿色江河在长江源区的岗加曲巴打下了第一批木桩，他们准备用木桩、图片记录和卫星图片比对三结合的方法监测长江源的冰川退缩。打桩每年一次，数据5年后才能公布。但杨欣表示，目前的图片反映和目测估计都足以肯定冰川在消退。

杨欣的自述

冯勇，我想一定是杨欣永远刻在心里的一个名字。对杨欣来说，冯勇是一个和平年代为了保护共同的家园而身死无人区的真勇士。2002年11月30日处于交接班期间的冯勇与索南达杰保护站的其他志愿者一起去可可西里野鸭湖捡垃圾，当时他们所乘的汽车发生故障，冯勇就去寻求救援，后来他在格拉管道建设工地得到帮助，他与这家工地的司机一同进山拖车，可一晚上没有回来，等保护站的其他人员于12月1日发现时，他俩已停止了呼吸。

2002年12月4日下午，冯勇的遗体放在太平间冰柜前的空地上。杨欣第一个走上前去撩开盖着的黄军被，蹲下身在他身边细细地端详。冯勇就像是睡着了一样，可眼睛始终睁着，怡静中一脸的刚毅。为帮助冯勇拖车的司机李明利的遗体放在里间的台子上，杨欣默默地走上前去。出来时，杨欣对值班的老头做了一番交待，要求把两具遗体放进冰柜。出了大门，杨欣又返身回去，在太平间门口给值班的老头一百元钱。

我想，杨欣的坚强，当然不仅仅来自长江，还来自他的父母及从小养育他的家乡。杨欣写过一篇自传体的文章，里面的小标题分别是：一条大江、一张地图、一架照相机、一次漂流探险、一位至死还握着枪的人、一本不属于我自己的书、一座民间自然保护站里的志愿者、一条没有回头的路。是这些一的集合，构成了今天的杨欣。而这些一，应该说也就是杨欣的朋友邓康延说的乳汁的神秘。让我们一起听他解密。

10岁那年，文化大革命还在继续之中，一天放学回家，我们家的墙上多了一张彩色地图，我清楚的记得那是一张一厘米等于40公里的中华人民共和国行政图，是母亲出差在

seeking the footprints of wild man
—— Leading pacemaker of environmental protection of China

外地花1块钱买的。这是我第一次看到这么大的地图，弯弯曲曲的彩色线条，大大小小的圆圈和各种符号看得我眼花缭乱，但从这以后，我们家围绕地图顿时多了许多的话题。上中学后，我跟几个同学迷上了摄影，经常凑些零花钱买胶卷，又求各自的家长四处给我们借来照相机自己拍照。之后，用床单堵上厨房的窗户作暗室，学会了自己冲胶卷，印相片。16岁那年，母亲拿出几年的积蓄，花了120元钱买回一架长城135照相机，我成为所有同学中第一个自己拥有照相机的人。

20岁那年，我已是渡口市一座发电厂的会计，工作性质是坐在办公室拨弄算盘珠，但旅游和摄影已经成为我生活中不可缺少的部分。2年后，把照片登到报纸上的愿望已经实现。凭着一张普通地图开始我的旅行。两年间我多次到过丽江、虎跳峡、泸沽湖，不仅拍回一堆图片，还写了一叠没有杂志给我发表的文章。

31岁那年，我在深圳经过一年的筹划和准备，组建了"神奇长江源"电视拍摄探险队，那年夏天我带领这支9人的队伍开始长江源头地区的电视专题片的拍摄。这是我第五次到达长江源区。那次考察拍摄活动结束后，我在曲麻莱听到了不只一个人在讲述索南达杰的故事。

1994底我又来到深圳，寄宿在深圳郊区朋友的出租屋里，靠着仅有的一点积蓄开始长江源生态环境保护的梦想。我每天的伙食和交通费只有10块多钱，连坐中巴车都得算计，买菜要等天黑降价以后，但每天与人谈论最多的话题是索南达杰和藏羚羊保护。

1997年初，远在可可西里雪原上反偷猎的扎巴多杰好几次在酒后给我来电话，诉说藏羚羊的命运和反偷猎的困难，希望我能早日建立起保护站。扎巴多杰是条硬汉，只有借助酒劲才敢硬着头皮给我讲一讲他的困难。然而为筹集建站经费，我已是焦头烂额，甚至想到去卖血，冒死去做商业漂流。这时深圳的一位朋友告诉我：根据你自己的经历写一本书，我们大家帮你去卖，用卖书的钱建立一个保护站，哪怕是一个小木屋，要证明你在做。在这种情况下我又不得不拿起了笔，走上这条写书卖书的路了。用2个月时间完成了《长江魂》的写作。又在许多朋友的帮助下，这本书很快出版。

1997年9月10日，五星红旗第一次在可可西里无人区升起，但没有一个记者在场记录下这个过程和最后的瞬间。在离开保护站的时候，志愿者们又背上自己来时的行装，脖子上多了一条扎巴多杰敬献的哈达，拍拍沾满油污的手，久久看着这座荒原上的惟一建筑。

1999年，我和几个志同道合的"环保份子"在四川注册成立了四川绿色江河环境保护促进会，简称"绿色江河"，开始以一个民间社团的组织形式继续推动长江源的生态环境保护。

上山花钱，下山化缘，这是杨欣的朋友对他的评价之一。杨欣自己也承认：这几年只干了两件事。山指青藏高原，长江源在那儿。

2000年4月22日，杨欣获得地球奖资金两万人民币；2001年，杨欣领导的"绿色江河"荣获"福特汽车环保奖"一等奖，奖金20万元人民币。2007年杨欣获得阿拉善生态奖，奖金20万元人民币。这些钱的到来，要说和长江源——你的神秘是乳汁的神秘，有着不可分割关系。

2005年，民间环保组织自然之友出版《环境绿皮书》，其中杨欣写的那篇《为了藏羚羊献出生命中的一个月——可可西里的绿色江河志愿者》由我做前期修改。从这篇文章中我知道绿色江河启动了金沙江项目、杨欣要建第二个自然保护站——岷江自然保护站。

2006绿色中国年度人物揭晓，杨欣当选。评委会给的获奖理由是：他在长江源和可可西里从事生态考察和环境保护工作20年，建立了中国第一个民间自然保护站——索南达杰自然保护站。在青藏铁路建设和今年开通期间，他带领志愿者开展了"长江源冰川退缩监测"等系列项目，并向青藏铁路建设单位和地方政府提交了加强生态与环境保护的一系列建议，几乎被全部采纳。

2008年四川汶川大地震时，我在网上看到，杨欣和他的绿色江河有人、有车愿意为灾区人做些事，可只有三千块钱，让他们有劲使不上。我们绿家园志愿者把在第一时间里捐出的7万块钱打到了四川，加入了杨欣他们开着车把物资送到灾区的志愿行动中。可是后来让我们有些遗憾的是，杨欣在地球村召开的"地震中的民间组织"大会上，只是介绍了他们做的事，并没有提与其他民间组织的合作。会后我向他提出了我的"抗议"。

这个抗议倒也让我想到，在民间组织有了自己做事的空间后，怎么才能形成合力，这是我们今后都不应忽视的，因为民间组织在中国，还是弱势群体。

我也不知道为什么，《为了藏羚羊献出生命中的一个月——可可西里的绿色江河志愿者》，杨欣写的这一篇最后成书时没有被收录。翻着那本《环境绿皮书》时，我的脑海里忍不住地闪出了杨欣的朋友邓康延给他的那句话：一条江和一个人独走苍茫。

富有的民间环保人——于晓刚

漫湾大坝

于晓刚的富有，是用某些人对他的不公换来的。

2004年5月24日，于晓刚协助怒江14名当地居民代表，驱车数百里访问澜沧江漫湾水电站。于晓刚说："我们想让他们看看澜沧江上建设水电站后当地居民的生活是什么样的，然后让他们考虑该如何与政府签订保护自己长期利益的协议。"

2004年10月，于晓刚带领五名村民代表出席了在北京召开的联合国水电与可持续发展论坛。会上农民们获得机会与政府高层官员、水坝公司的执行官以及水坝建设专家交流意见。

2004年12，于晓刚在应邀去老挝参加世界银行的会，在机场被扣了护照。理由是：于晓刚有经济问题待查。

2005年初，于晓刚领导的民间环保组织"绿色流域"被通知年检未能通过。做为民间组织的绿色流域被挂起来。

2006年于晓刚得的奖金12.5万美元、号称绿色诺贝尔奖的戈德曼环境奖影响太大了，而我在百度网上搜索于晓刚，2005年他得的其他环保大奖，竟然很难找到。

而2005年和2006年，朋友圈里的人都说：晓刚拿奖拿的手都软了。就我所知，于晓刚还拿到的有钱的大奖：壳牌中国集团推出的"可持续发展在中国十佳案例"，奖金2万元人民币；阿拉善环保奖，奖金5万元；福特汽车自然保护项目一等奖，奖金20万元人民币；2006年，于晓刚得到世行的一个项目赠款，也是20多万元人民币。

这些大奖都是在于晓刚因"经济"问题被禁止出国，他所领导的绿色流域没有通过民政系统年审之后得的。

问题到底出在哪儿？我不好说，只好在不公前加上了限定词"某些人"对他的他不公。不过，这某些人的权力还是挺大的，能不让一个人出国，能不让组织注册……

2005年8月，我和于晓刚参加完在兰州举办的一次培训会后，一起去了名胜古迹麦积山。临离开在麦积山的那个早上，我还在依依不舍地举着相机拍着那神奇的，建在山崖上的建筑，晓刚的手却伸向了一位算命先生。是他那常有的憨厚的笑声把我也吸引了过去。原来算命先生认定他不出5个月有件大喜事。于晓刚问什么喜事。算命先生说反正很大。

绿色诺贝尔奖，当然很大。正式通知于晓刚的时间是2006年1月，距算命先生说的时间整整5个月。

虽然我并不认为算命就是迷信，但我并不是一个信算命的人。我知道中国文化的高深，不敢轻意就下结论信还是不信。大多时候还是按照自己的意愿去做事，而不是听天由命。

发生在我和于晓刚身上的事还真有点缘。我们是关注江河以后认识的。先是知道了他和我在昆明的两个好朋友都是大学同班同学。接下来知道的事追溯起来可就有历史，也有意思了。我的父亲和晓刚的母亲解放前同在西柏坡时期的新华社工作。当年两个风华正茂的年轻人还有过非同一般的交往。用晓刚妈妈的话说，当年我父亲和晓刚的爸爸都追她。她觉得我父亲有点花，就是和她好时还有别人，所以就选择了晓刚的父亲。可惜我知道这事时，我的父亲已经离开了我们，无法对证，只有听凭如今晓刚80多岁的母亲的一面之词了。

有一天我去晓刚北京的家，80多岁的老人马上从电脑里给我调出了他们当年的照片。照片上的他们真年轻。老人给我看照片时还有一句话：这是张可佳的爸爸。

中国青年报的张可佳，这几年绝对是我们关注江河人中的铁杆，竟然我们的父辈当年就是好朋友，就志同道合地走在了一起。

那到底是什么让今天的我，晓刚，可佳又走在了一起呢？

seeking the footprints of wild man
—— Leading pacemaker of environmental protection of China

黄车已过

这两年每当我们去怒江，于晓刚他们绿色流域在昆明的办公室就是我们歇脚、会客、买票的家。2006年2月我们乘夜班车到怒江之前，晓刚开车送我们到长途车站顺便在车站附近吃晚饭。路上我问他绿色流域年检的事怎么样了？他说，一次他开的这辆黄色的吉普车刚出大院，就听到路边的一辆车上传出这样一句话："黄车已过"。这样的待遇，可想而知年审了。

于晓刚为什么得罪了某些人，这要从漫湾电站说起。在做社会影响评价的调查时，于晓刚在云南澜沧江上的漫湾电站附近发现，电站建成八年之后，当地老百姓并没有像当年政府承诺的那样"电站发电之时，就是百姓幸福之日"，而是越来越贫困了。

全国人民都在奔小康，而漫湾水电移民却脱贫无望。在那里，于晓刚亲眼看到每天9点钟，水电站就有人开着垃圾车将垃圾倾倒在村附近，很多当地妇女和老人是在靠拾垃圾为生的。他也亲耳听见当地老百姓形容大坝如一个庞然大物，沉重地压得他们喘不过气来。于晓刚痛心地说，"我万万没想到垃圾行业在漫湾成了给当地老百姓带来最大利益的行业。"

2004年7月，国际环保组织"保护国际"在都江堰开会，于晓刚带去了几个来自漫湾的农民。在我的话筒前，农民们这样形容了他们的昨天和今天："以前是活得很踏实，现是是油灯就要灭了"。

在这次会上，野性中国工作室史立红拍的，于晓刚带着怒江小沙坝村村民去漫湾走访的电视片让很多人看了掉泪。怒江小沙坝村去的人是在垃圾堆旁听漫湾人讲着他们的昨天和今天的……

其实，早在2002年，于晓刚通过新华社向中央政府报告了漫湾大坝社会影响情况，最终促使相关部门为当地社区追加了7000万元的二次移民安置费，用于减轻大坝的负面影响。可是漫湾库区的百姓生活依然艰难。

于晓刚现在常对记者说的一句话，也是我常说的："我们的目标不是反对修建一两座大坝，而是希望我们中国能早日创造一种机制来促进流域管理的科学化和民主化决策。"

2003年，水电公司和当地政府宣布计划在"三江并流"地区的怒江上建13座水坝。"三江并流"属于世界自然遗产，也是中国生物多样性的宝库，拥有原始森林以及6000种以上的植物和79种罕见或濒危动物。一旦修建这些水坝，不仅对周围地区的动植物造成不利影响，还会导致大量移民，会间接影响下游地区中国境内、缅甸和泰国上百万人口。

让晓刚遗憾的还有，生活在怒江两岸的老百姓并不知道建坝对他们到底意味着什么——怒江工程需动迁人口五万，下游保山还有几十万人也会受到影响，其中有不少是少数民族，由于语言和信息渠道沟通不畅，许多人还不知道要修水坝，要被重新安置。或者只知道政府宣传的那些好处，但是不知道对他们会有什么影响。

于晓刚认为利益受到影响的群体应该有知情权，应该把一切有关水坝的事实告诉当地百姓，包括负面的影响。要给当地人更多的时间发表意见和讨论解决的办法，然后由受影响社区选出自己的代表，如果不能和政府协商，起码也应该和开发商平等对话，这才是市场公平原则。

为了让怒江居民了解当时的移民政策和执行状况，于晓刚在带怒江小沙坝村的人去漫湾前后，还专门给村民们讲了在对环境和社会评估的前提下的科学民主决策。他向村里的人介绍我们国家现在有法律保证任何大的工程，都需要所有利益相关群体的参与，就是环评法中的公众参与。

于晓刚一直坚持在大的工程项目中，要把各种可能的被选方案，以及利和弊放在一起进行研究，并以对当代和后代负责的态度，以长远的眼光来抉择。

不知是于晓刚的思想太超前了，还是什么，他的这些愿望没有得到当地有关部门的理解，甚至还把他定为不受欢迎的人，连再去怒江也受到限制。2006年2月我去怒江小沙坝村采访时，去过漫湾的一位女士告诉我，他们回来后上面发火了。不过，私下里村上的人对修水电站有了更多的忧虑。

另一件让于晓刚享受"黄车已过"待遇的事，是2004年10月，他把5位来自怒江和金沙江流域的农民带到了北京国际水电可持续发展大会的会场。于晓刚不但为每一位农民掏了800块钱注册，5位农民中来自云南中甸的农民葛全孝还告诉记者，他希望国家能把移民在水电建设中的参与权制度化。

在大会上，这位农民提出，中国有1000多万移民还处于贫困之中，在旧的移民问题没有解决的情况下，现在又要上马更多的大型水电站，产生更大量的新移民。应该先拿出一套好的解决移民问题的办法还是先上马新的工程？希望大会考虑。

于晓刚带去的这5位农民，无疑是给那次大会带去了波澜。加上国内外民间环保组织的参与，那次会还是开出了不少值得记入史册的内容。从头到尾参会的我，每天晚上挑灯夜战记录了中国NGO在国际会议上的表现。摘抄一些：

2004年10月27日深夜

昨天晚上中国河网及来自云南金沙江边漫湾，小湾库区的移民和泰国怒江下游段的NGO代表，关注水坝的记者共20多人，围坐在北京什刹海餐馆的木桌四周，望着窗外古老的北京的后海，商讨着将如何参与今天在北京召开的联合国水电与可持续发展会议。

seeking the footprints of wild man
—— Leading pacemaker of environmental protection of China

今天一到会场才发现，大会完全是一边倒的声音，无论是国外，还是国内的发言，都在为水坝大唱赞歌。大会上放的纪录片《跨越》里，更是一串连着一串的赞美之词。

尽管三峡总工陆佑楣在这次联合国大会上的发言和我曾在大会设立的网上看到水利部副部长索丽生的讲稿中，都承认中国有1500万移民，现在只解决了500万移民的贫困问题，那就是说还有1000万移民生活在贫困线上。可是不管是在上午，还是下午一些地方政府和水电部门的发言中，不少与会者还是置这些于不顾，大声在这次由联合国召开的大会上说：中国的移民无一例外的都被安置得很好。

本来上午的大会应该有10分钟的提问时间，可因为各位发言的高官们不遵守时间，把那短短的10分钟挤没了。

上午的大会结束后，来自漫湾、小湾和虎跳峡的移民接受了记者们的采访。在场的记者分别来自新华社，中央人民广播电台，中国青年报，南方周末，东方早报，瞭望东方，南华早报，纽约时报。漫湾移民带来那些反映当地民众生活的照片，真是触目惊心。其中有武警站岗不让移民们再回到自己的家的照片。

大会没有真正NGO发言的机会，在下午大会发言结束后，有20分钟讨论与提问的时间。虎跳峡要是修了水坝后将会成为移民的一位农民先站起来说：以后我们的生计怎么办？

这位农民的提问被大会主席打断，说社会问题明天有时间再谈；泰国一位NGO代表问：怒江政府官员发言说代表怒江人民，那下游人民的问题管不管？

泰国人的问题提出后，大家朝刚才怒江州副州长坐的位子看，是空的。大会主持人说：下一个。我站起来问的是地震问题：这些地方都是地震多发地带，在没有建立地震监测网站的情况下就修水坝，有关方面有什么解释。大会主席说：这个问题太专业了，在场的有没有人回答？结果，没有。

突然，一位不知是何身份的中国人站起来说：提问扰乱了大会的正常进行，NGO提的问题都是分散大会主题的。有人还提出水电工程使库区人靠拣垃圾为生，这是完全不可能的，不负责任的说法。大会主席接受了这位先生的意见，没有再给NGO解释的时间。

今天大会的另一插曲是：几位记者采访联合国经济事务部能源交通处主任。我提的问题是：一般联合国召开的大会都有NGO论坛，这次为什么不但没有，连发言的机会都不给。中国一些NGO的发言稿交上去了，也未能获得批准。

我问这位官员能不能把我们的意见反映上去。这时，站在一边的一位水电部门的人气呼呼地说，你们带来的几个移民没有代表性，你们这种做法是不爱国的表现。我问他：什么是爱国，不要动不动就拿这个帽子压人。在一旁的于晓刚也问了一句：什么是代表性，今天大会发言的人都有代表性吗？

为大会没有安排中国草根NGO的发言，今天我们进行了不懈地努力。终于，于晓刚得到了明天下午在小组会上15分钟的发言时间。另外，草根NGO决定写一份声明递交大会，表达大会第一天的发言对公民社会的忽视和我们的遗憾。

2004年10月28日

夜已经很深了,我想可能还有人在等着我来自联合国水坝会的消息。今天采到的最重要的一条消息是这样的,一位大报记者在联合国水电大会上采访国家有关方面负责人时,这位官员把一张纸,说是温家宝的最新批示在她的面前晃了一上。这张纸卷着头,盖着尾,露出来的中间,记者看到的是怒江包括六库在内的四个水库在今年11月环评结束后,可以作为试点开工,我就不再批了。

有关部门给记者的这一晃,不知道是出于什么意思。

回想今年二月份我们在怒江采访时听到温总理的批示时,多高兴。可今天……

今天联合国水电与可持续发展会上,我们这些人被进一步认为是一小撮反现代化的代表。中午排队吃饭时,后面两个人的对话让我听到了,记在了心里,并变成了文字:

男:上午A组的会开得怎么样?

女:还不是就那几个人又在说他们那一套。

男:提了什么问题?

女:给移民多少补偿,为什么不事先告诉人家。

男:回答得怎么样?

女:不错。

这位女士提到回答问题的人,是云南省移民局的副局长。他回答的是虎跳峡来的农民提出的问题:我们国家现在是在用两种政策对待水电开发,一方面是市场开发的政策面对水电公司。一方面是命令式的,计划经济的那一套让农民服从。

副局长说:云南的移民工作做得是好的,国家有规定,淹一亩补10到30倍。

我站起来问:怒江和虎跳峡都即将上马,国家的规定为什么不告诉农民。

副局长没有再回答我的问题。改说漫湾水坝是十年前的事,现在他们已经在做二次移民了。听到这儿,漫湾的移民站起来说:给我们的地没有水,没法子种。这位官员口气很肯定地说,已经在解决了。

这就是吃中饭排队时,我听到后面那位女士认为"不错"的回答。

下午,于晓刚的发言强调的是如何让公民社会的参与得以实施,环境影响评介已经有了法律规定,但至今难以实行。社会影响评价,更是根本就没有,如果让现行的法律得以执行,如何完善我们法律建设。

于晓刚发言后,中国水电科学院的副总工程师何少苓专门拉着我说,很好的一个发言。很理智，有说服力。

中国河网的赵昂在分组会结束前得知还有一个用5分钟陈述自己观点的机会，立刻抱着电脑走到发言席，把刚写完的"来自民间社会的呼吁"念了一遍。这段陈述给本已死气沉沉的会场，带来了不小的掌声。

草根NGO争取到了站在会场发言席上念自己的呼吁的机会，对主办方来说不知道是不是一个意外。但可以肯定，是一个提醒，是告诉他们公民社会声音的存在。

晚饭后，国际河网和中国河网接受南方周末、科技日报、中国环境报等几家媒体的采访。来自印度的一位NGO代表说，他参加过很多国际大会，从来没有像这次这样被边缘化；尼泊尔的一位先生说，没见过收费这么高的国际会。一个人要450美元。他说自己以NGO的身份参加过很多国际会议，其中有很多也是联合国组织的，都不像这次这样收取那么高的报名费和餐费。他认为，这也是此次大会公民社会来的人少的重要原因。

一位在缅甸出生，现生活在缅甸和泰国边界的NGO代表说：怒江在缅甸叫萨尔温江，那里居住的都是少数民族，本来少数民族的生活就非常困难，他们非常担心怒江上游的开发计划会使他们那儿的生态更加恶化，生活会更难。可是他也说，所有支持建坝者都是大公司，他们不可能站到我们一边。

今天晚上，面对中国媒体，葛全孝这位来自虎跳峡的农民说得很动情：联合国不是最讲人权吗？我们就问问他们，修水坝保护了我们农民的权利了吗？这是不是也是人权。葛全孝说，我们住在金沙江边上的老百姓已经有两个村委会表态反对在虎跳峡旁建大坝。因为我们农民已经适应了在这片土地上种庄稼，什么第二产业、第三产业，我们也只会理个发，开个小卖部什么的，其它我们农民就很难插足。别说我们农民，城市工人、大学生都有就业问题嘛。我们国家一直强调村民委员会是最基层的权利机构，我回去后会把发生在这次会议上的事情告诉乡亲们。

人类学专家萧亮中今晚特别强调的是，联合国的公民宪章、土地宣言里都有，联合国不允许强制移民，不允许以工程的形势把农民从他的土地上赶走。明天的大会宣言是用联合国的名义发，所以，我们呼吁将联合国的这些条款放进宣言。

明天，我们还有很长的一天，明天，我们还有很难的一天，但晚上坐出租车回家时，收音机里的天气预报说，明天的北京：晴天。

2004年10月29日

大会最后一天通过了此次大会的北京宣言。说得都是很大，很大的话，让你觉得也没什么好再提的了。

大渡河水电开发的一位副总在发言中说：大渡河的整体开发瀑布沟是样板。他下来后，东方早报的记者问他，现在移民们还在政府门前静坐，中国青年报上发表整版文章，讲得是当地移民的利益受到严重损害，这些他是怎么看的。这位水电公司的官员立刻说：中国青年报上的报道歪曲事实。

追寻"野人"的足迹
——中国环保领跑者

在今天大会最后的总结上，国家能源局局长徐锭明用了差不多三分之一的时间谈NGO，并提到他答应了我的邀请，要到我们的记者沙龙来讲一讲。

虽然，在这次大会上我们被很多人认为是另类。但我还是发现，在开幕式以及第一天和第二天大会的发言中没有一个人提及NGO。可在这次一共三天的大会，第二天的小组总结发言和最后一天的大会总结上，包括世界银行、联合国和中国发改委的头头们，都用了很大的篇幅讲到了NGO的参与。讲到来参加大会的还有农民兄弟。和前两天的大会上NGO完全被忽视，有了明显的不同。

大会结束最后的午餐，徐锭明带着他的部下，满脸是笑的走到我们这些草根NGO坐着的餐桌前，隔着很多人，他把手伸向我，然后是我们桌上所有的人都把手放在了我们俩的手上握在了一起，很多人把这个场面留在了镜头里。他脸上的笑容及热情也同时被我们记在了心里。我们期待着今后关注江河的行动中，国家发改委能继续把民间组织放在眼里。

1998年夏天长江发生洪水之后，我曾随中国第一支女子长江源漂流队到江源采访。我想去江源看看我们的母亲河怎么了。那次采访回来我制作的广播节目得了亚洲太平洋地区广播联盟广播节目大奖。评语说我用广播的形式让更多的人认识了长江，看到了长江正在消失的冰川和那里的风土人情。那次回来以后，我开始比较多地关注中国江河的生态。

1998年长江大洪水过后，于晓刚开始思索流域问题。大洪水的发生揭示流域大面积遭到了破坏。1998年年底，于晓刚去长江上游调查发现，流域正在遭受巨大的破坏，当地政府依靠木材发展经济和获得财政收入、大小水电站和各种工程盘踞在大江与山涧之上，自然流淌的江河遭到层层围追堵截，失去了自然伸缩的空间。木材和电力输出了，流域也破坏了，当洪水倾泻而下，遭殃的还是流域内的百姓。"为了某一个下游的城市的经济发展而牺牲上游某个地区的土地资源、生态资源，以及老百姓赖以生活的农田耕地，这种发展是难以持续的。"这是于晓刚调查后的断言。

同样是从长江开始，同样是从一次自然现象：洪水的发生。我和晓刚各自开始了我们对江河的关注。

博士论文和戈德曼环保大奖

我和于晓刚还有一点相似,那就是我们都有很好的单位,很好的职业,但为了自己的执着,他被云南社会科学院除名,我也在中央电台处于很边缘、很尴尬的位置。值得一说的还有,这都没有影响我们对自己想干的事继续干下去的执着。我们工作、生活两不误。

我们绿家园的活动中,既有从2000年开始每个月都举办的绿色记者沙龙,而且范围已经不仅限于北京;也有隔周五的晚上绿色合唱团的活动时间。

于晓刚呢,得了大奖后,记者对他的描述中有这样一段:搞研究时他是一丝不苟的科学家,做项目时则俨然一位运筹帷幄的管理人才。生活中的他,举止言谈中又满是感性的一面:坐在他喜欢的咖啡屋里,听他很开心地谈出去考察时大家开辆车一路唱着歌,遇到美丽景色就停下来看。他是那种即使是在办讲座时也喜欢请朋友来拉拉小提琴唱唱山歌的人。"艺术即生活",于晓刚是集现实主义于一身的浪漫主义者。

在外人看来我们做事近于玩命,其实我们绝对不是苦行僧,追求的是快乐人生。

有人说,关注环保的人都是浪漫主义者。我想,程度可能会有不同。我和于晓刚无论在对环保的执着上,还是生活中追求浪漫上,标号可能都属于:重量级。

2000年,于晓刚在撰写博士论文《拉市海修建水坝的社会影响评估》之后,开始实施他的拉市海流域管理项目。他花了很长时间在滇西北地区及长江、澜沧江流域做大量科学和社会考察。

于晓刚在拉市海调研时发现,水坝已经改变了当地的生态系统,并严重影响了当地渔民和农民的生计。由于农田被水库淹没,多数村民转而以打渔为生。后来,鱼类资源随着过度捕捞而萎缩,鸟类又损坏了剩余的田地里种的粮食,当地居民的生活进一步陷入困境。尽管国家给予了一定的补偿,但经过各种克扣之后,真正到老百姓手中的钱每亩不过百元。

在调研的过程中,于晓刚逐渐认识到,我们中国的许多政策都体现了精英取向,而忽略了对弱势群体切身的关注。对弱势群体的关注是"剩余性"的,在财政有余力的情况下才会做低度投入。比如说,在决定政策和利益分割的时候,很少能听到农民自己的声音。但决策的结果又深深影响着农民的生存。而在于晓刚看来,最有资格参与决策过程的,是那些受影响最大的群体。

追寻"野人"的足迹
――中国环保领跑者

随着这一认知的加深,于晓刚进一步意识到,NGO的作用并不是争取发展权,而是怎么样去为弱势群体增加他们的权利。"当他们缺乏信息时,我们应该传播全面的信息;当他们缺乏相关知识来确定自己的意愿时,我们应该提供必要的知识并增强他们的分析能力;当他们表达意愿时,我们应该倾听并让决策者听到;当他们有了改善社会环境的意愿时,我们应该提供技术培训并尽可能地协助他们寻找资源实现他们的意愿。"

我不是一个对性别很敏感的人,所以在做了多年妇女问题的广播节目后转而深度界入环保。可看了于晓刚这段话,我强烈的感觉不是听一个学者、一个民间环保行动的倡导者在发表自己的演说。而是觉得于晓刚是一个男子汉。脑海里浮现的他,黝黑的脸颊上散发着长期在山野行走的刚毅和平实。我曾经采访过一个音乐家,这位音乐家的中学同学对他的评价是:"厚道。当然知识分子都要讲才能,有些人有才能却不厚道。"我没有细究过厚道的内涵与外延,但在我给人的分类中,于晓刚归于厚道。这年头对农民、对弱势群体能有这份心的人,真的是难能可贵。

绿色流域在申报一年一度的福特汽车奖时,对他们这些年做的拉市海项目有很长的一段介绍。虽然篇幅很长,我还是想稍加删节把它抄下来让更多的人看到。因为,这段文字记录着一个中国男人的追求,记录着一个民间组织这些年来是怎么在做事的;记录着这样做事的人为什么会在受到不公正待遇的同时,还可以"拿奖都拿得手软"。

项目名称:丽江拉市海参与式流域管理

在中国的西南高原,云南省大众流域管理研究及推广中心(又称绿色流域)在丽江拉市海已开展四年的参与式流域管理项目,正是推动流域善治的一个有益尝试。

项目背景

拉市海高原湿地位于云南省丽江市玉龙县拉市乡境内,是云南省第一个省级高原湿地自然保护区。作为金沙江水系的重要组成部分,拉市海湿地以其特殊的地理位置、气候条件、生态环境养育了众多的动植物,并为当地数以万计的群众提供了生计的保障。作为中国为数不多的高原湿地之一,拉市海湿地已被列为中国重要湿地名录,2005年初拉市海正式列入国际重要湿地名录。

挑战与项目目标

2000年,绿色流域开始进入拉市海,与当地政府、社区群众及其他组织一起探讨拉市海流域可持续发展的道路。通过参与式调查评估,当地政府和群众认识到流域面临四个方面的问题:

1、资源和流域生态功能遭到破坏;

2、当地社区居民的生计困难;

3、流域管理缺乏参与性；

根据所提出的问题，绿色流域与当地政府和群众共同提出将生计保障、森林资源保护、生态农业开发、小流域治理、山区基础设施建设以及渔业资源管理作为拉市海综合流域管理项目的重点，通过建立以社区为基础的流域管理体制，协调资源开发与环境保护的矛盾，促进当地的社会经济、文化以及生态系统的和谐发展。

拉市海流域管理项目四年来工作大事记：

2000年6月，拉市海参与式农村评估(PRA)。

2000年6月，社会性别与流域自然资源管理培训。

2000年7月，拉市海社区自然保护规划。

2000年7月，拉市海流域管理委员会成立。

2000年7月至10月，在拉市乡十六个村实施参与式农村评估。

2000年11月，组织村民代表和政府官员到东南亚国家参观学习流域管理经验。

2001年3月，拉市海湿地渔业资源管理规划会议。

2000年——2004年，山区彝族社区小学助学项目。

2000年-2004年，在拉市乡吉余村开展湿地可替代能源的软贷款。

2000年-2004年，拉市海社区资源保护活动，包括山区和湿地。

2001年8月，山区彝族小额信贷培训。

2001年9月，社区流域管理规划会议，组建西湖村流域管理小组，负责西湖村流域治理项目。

2002年9月，组织村民和当地政府官员代表参加中国社会性别与发展会议。

2002年6月至10月，组织村民编写拉市海生态变迁史，倡导流域善治。

2002年11月，拉市海生态变迁史小组针对亚洲开发银行的参与式扶贫进行倡导。

2003年12月，农村参与式发展的倡导培训。

-2002-2004年，在西湖小流域管理小组的带动下，开展西湖村混农林、水土流失治理活动和河道治理。

2004年3月，成立拉市乡湿地渔业协会。

2002-2003年，彝族社区的筑路项目，资助彝族山区修路12公里。

2001-2004年，在当地社区推广有机农业，伙伴机构来项目点进行农业考察和有机

追寻"野人"的足迹
———中国环保领跑者

农业培训。

2004年,在彝族社区开办妇女夜校,进行扫盲教育和相关的卫生、医疗教育。

2004年,绿色流域在拉市海建立办公室,并开展拉市海流域保护倡导活动,提升村民对拉市海流域的保护意识。

2005年,拉市海流域管理项目除了得到福特汽车自然保护环境大奖以外,还被誉为中国十大可持续发展典型案例。

我不知道到目前为止,中国有多少博士的论文是和他们一生要做的事相关联的。但我知道于晓刚是一个。我不知道有多少人热衷做的事,能给他带去那么多的不公,也能给他带去那么多的奖赏。我也知道,于晓刚是一个。

NGO应该参与到决策中去

戈德曼环保大奖,于晓刚得的这个奖真是影响太大了。不管是Google还是百度,点他的名字,几乎每一条都和他得了大奖有关。我有时在想,我和晓刚所受的家庭教育,让我们这辈子不会在乎名利。可是有了名,接踵而来的一切,又是那么让人眼花缭乱。我没有问过晓刚,以前默默做事的感觉和眼花缭乱时,有多少区别?知道了什么是眼花缭乱,还要有多大的定力才能依然只求耕耘不问收获?

"戈德曼环境奖"评委会介绍词中这样写道:"于晓刚花费多年时间建立了开创性的中国水域管理项目,同时研究并记录了水坝对中国社会产生的社会经济影响。""戈德曼环境奖"授予那些持久致力于保护自然环境的人士,以鼓励公众积极投身到保护遭受危害的生态系统和物种、反对破坏性开发工程、持续促进、影响环境政策,并为维护环境的公正而努力的进程之中。

"最有资格参与决策过程的,是那些受影响最大的群体"。于晓刚的这句富于挑战的话,是很多记者在采访他时都会听到的。

关于这句话的解读,在记者们写的报道中有这样一些:

"当地政府要征拉市海湖边农田时,农民有两种意见:一方认为,只要补偿合适就可以出让。另一方认为土地是农民的根,为了今后的发展和子孙的利益决不能放弃。

seeking the footprints of wild man
—— Leading pacemaker of environmental protection of China

这个时候他们并没有经历征地的过程，所以较难做出决策。于是把他们带到临近的一个流域，看到当地政府与开发商合谋把土地价格压到很低，而村民因意见分歧，难以对弈，结果被征地后多数生活无保障……他们通过别人的例子学会了怎么抉择。"

"于晓刚认为的什么是发展和参与。大致分为三种情况，一是简单地出出劳力获得发展中的一些好处，这是最原始的动手不动脑的参与；二是参与发展的项目规划，开始用脑子来参与发展，这是战略层次的，但并没有对当前的发展持任何怀疑；三是倡导，在这一层次上，参与者对发展具有了批判性——发展的道路是否走偏？我们为什么不能引导一个更好的发展和改革政策？

"NGO应该参与到决策中去"，这是于晓刚的重要思想。倘若仅仅拥有知识和对底层的关注，也还是不足够的。行动的能力对民间组织来说至关重要。怎样参与到决策当中去。倡导慎建怒江水坝，是于晓刚和他的绿色流域用行动体现着自己的理念：

——2003年11月，绿色流域在昆明举办了"怒江对话"水之声论坛："让我自由地奔腾"。

——12月，绿色流域、绿家园和自然之友共同在泰国世界河流与人民大会上呼吁保护怒江，有60多个国家80多家民间环保机构响应。

——12月底，于晓刚接受了中央电视台《新闻调查》的采访。该节目在2004年两会期间播出，引起强烈反响。

——2004年2月13日，云南"两会"期间，绿色流域协助云南政协委员正式提交了保护怒江以及开发怒江要审慎的提案。紧接着组织全国的媒体到怒江采访考察9天，之后又在云南大学举办了怒江一行的报告会。

4月2日，有媒体披露温家宝总理认为怒江建坝应该慎重研究，科学决策，并且退回了国家发改委关于怒江13个水电站的开发建议。绿色流域以及其他NGO在其间的推动作用被称为怒江保卫战胜利的关键因素之一。

"更重要的是，人们对大坝的思考已从技术和财务的可行性逐步深入到大坝的环境和社会的负面影响，又进一步深入到决策的治理过程，最终触及到发展的终极目的和多元的人类价值。而公众在怒江水电计划争议上的参与使这种深入成为可能，这是中国发展和环保的进步。"于晓刚这样说。

其实，我、于晓刚，还有中国很多民间环保组织、媒体共同关注的怒江，共同呼吁的"留住最后的自由流淌的江河-怒江"，直到我的这本书即将结稿的2008年奥运会期间，还是命运未卜。我们还在一起艰难地努力着。

2006年3月我和于晓刚都受邀，参与美国香格里拉漂流公司在澜沧江上进行的一次漂流。我有事没去成，晓刚去了。回来后他说：八天的水上漂流，到处是险滩，随时有被浪冲到江里的危险。这倒也正如我们倡导的参与式决策，在这个过程中，面临

追寻"野人"的足迹
——中国环保领跑者

着各方面的压力,包括被疏远、被排挤、被跟踪、家人遭受恐吓,因为影响到某些人的利益。但是这样的漂流也让人享受到了江河的力量与江河的美丽,这正如坚信自己所走的路是正确的,参与性决策虽有一时的冲突,但获得的是长久的安稳与效益。让老百姓受益是行者的职责。

2006年,于晓刚从美国拿大奖回来后,在我们绿家园的记者沙龙上、英语班上、朋友聚会上我都把他请来给大家讲讲他的得奖感言。"下一步你准备做什么,12万5美元的奖金怎么用?"这是人们少不了也要问的。

于晓刚说,他希望看到的是,在不久的将来,各方社会力量都协力支持当地的群众,通过参与式的流域管理更有效地保护和利用他们的自然资源。而他本人以及绿色流域的使命,是提供参与式的流域管理的知识、技术、决策及规划方法,与广泛的利益相关者合作,共同寻求可持续的流域资源的利用和管理。

凭我对于晓刚的了解,我知道他的这些计划来自多年山野之行中的遗憾和痛心。在云南,很多当年保留下来的"江边寨"面临被赶出保护区的结果,原因是澜沧江边要建水坝。2002年在澜沧江漫湾大坝社会影响评估中,于晓刚了解到由于建水坝,澜沧江水坝旁边的田坝村被迁出后,人病倒,牲畜也接连死去。特别是拍到那张现在已经很著名的漫湾人靠拣垃圾为生的照片时,于晓刚痛心不已。

我的哭被很多记者常常写在他们的文章里,于晓刚的哭却并没有得到记者们的宣扬,我在这替他说说是为什么吧。

2001年,于晓刚参与到丽江拉市海流域管理项目中,提倡建立一个参与式的决策平台。在需求评估调查中,老百姓提出历代都没有路,希望有一条公路。后来当地彝族在非常艰苦的条件下,每家出工,从拉市海的山底到山上修好了一条21公里长的公路。路修好后他们召开了一个庆功大会。那些从来没有进过城的山里人把县里的一些领导都请到了山上,给当地领导一次很大的震惊。那次于晓刚是喜极而泣。他看到了参与性共管把老百姓的积极性调动起来的成效。正如当地老百姓所言:给我们一个机会,我们会给你一个惊喜。

2008年7月26日,由经济观察报主办的中国最佳银行评选在上海召开。作为中国民间组织的代表于晓刚在大会上发了言。绿色银行,赤道原则,成了他最新关注的事。

赤道原则是2002年10月世界银行下属的国际金融公司和荷兰银行,在伦敦召开的国际知名商业银行会议上,提出的一项企业贷款准则。这项准则要求金融机构在向一个项目投资时,要对该项目可能对环境和社会的影响进行综合评估,并且利用金融杠杆促进该项目在环境保护以及周围社会和谐发展方面发挥积极作用。

我们认为什么是绿色银行?于晓刚这样说:一个全球性的经验,银行和金融界环境制度建立的完善离不开公民的参与和监督,特别是代表着社会上环境需求的民间环保组织的参与。这次评选活动由经济观察报、投资者报联合八家民间环保组织进行评选,这是一次民间有效参与的尝试。本年度获得评选提名的银行有:中国工商银行，中国银行，兴业银行，中国招商银行，中国浦东发展银行。我代表大会组织者和民间环保组织绿色银行创新奖评委会宣布评选结果，获得2007年度中国绿色银行创新奖的银行是兴业银行。

获奖理由：兴业银行承诺将社会责任与可持续金融融入银行发展战略，经营理念和营运模式，并进行了大量的实践探索。兴业银行对未达到环保要求的企业实行一票否决。节能减排、项目贷款是兴业银行最重要的绿色创新。该项目贷款用于能源效率项目，作为中国首个依靠市场机制节约能源保护环境的融资产品，能效项目一经推出便得到政府、企业、社会的充分关注和普遍认可，反映十分良好，已取得了阶段性的成效。兴业银行签署了联合国环境署金融机构关于环境和可持续发展的声明，并准备加入赤道原则，这一国际商业银行最严格的标准。

于晓刚从美国拿奖回来在一片赞扬声中，还听到一个消息，就是本来非常热情地邀请他们去做流域管理项目的西双版纳地方政府很明确地告诉他，不做了。这对晓刚来说不是第一次。

我想，于晓刚在写他的博士论文时，一定没想到有一天，他开的车一出门，就会被人指着说"黄车已过"。但是，社会影响评价、绿色金融在保护环境中如何发挥作用，于晓刚是中国的开拓者。中国环境保护史册中，一定会记上这一笔。

2008年，于晓刚和他的绿色流域终于通过了年检，他和他的同伴坐着他们那辆黄车在四川地震灾区继续告诉人们：重建中，不可或缺的应该包括社会影响评价。

追寻"野人"的足迹
—— 中国环保领跑者

拉市海傍晚

我叫她运大姐——
运建立

　　这年头管什么人都叫老师已成习惯，有点像文革那会儿管谁都叫师傅。老师和师傅，一字之差内涵虽体现了人们对知识与职业的不同态度，可依我看形式主义的毛病如出一辙。这习惯如今在NGO里也不例外，明明是抬头不见低头见的同事，也要叫老师，完全不管是不是真有师生关系。这倒让我对曾经根据年龄和资历称呼老张，小李的年代多少有些怀念。那时候，即使叫中央人民广播电台的台长，我们也是直呼老杨，现在谁敢。是那时候更随意，还是现在更尊重人了？

　　在襄樊绿色汉江民间环保组织的办公室里，进来的年轻人管运建立叫的是运阿姨。刚听这么叫时还真觉得挺新鲜，也挺亲切。老师和阿姨，前者带着尊重，后者就包含了亲情。在NGO里是

该多些尊重还是该多些亲情且不论，这声阿姨叫的就是人家绿色汉江的特色。就我自己的喜好，推崇特色，不屑人云亦云。

运建立比我大十岁，我们是2002年秋天在北京召开的"全球环境基金第二届成员国大会"上认识的。她这辈子最主要的职业是教师，可她对人的那股子热呼劲，与人打交道时让人感觉到的亲情绝对多于师长。所以一般不乱用称谓的我，也不知怎么就一口一个运大姐地叫她了。

叫她大姐其实还有一个原因，就是和她在一起时，你会发现她是一刻也不停地说。我不知道一般人形容耳朵都磨出茧子了，是指老说一件事，还是不停地说啊说。运大姐是后者，跟随她的绿色汉江的志愿者都叫她阿姨，她能不可劲地说吗？

我和运建立见第二面时，曾把她带到国家环保总局参与南水北调项目的一位官员那儿。结果，在饭馆吃午饭的那会儿功夫，她也硬是把自绘的汉江在襄樊段的地图挂在窗户上给人家讲起来。在坐的人光顾着听她讲，一顿饭下来桌子上的菜谁也没动几筷子。

这几年，记者们采访运建立后写的文章中都会提到，一次她到北京来就住在50块钱一天的地下室这个细节。要说那地下室还是我根据她给我的原则找的，图的就是便宜。对于NGO的人来说，少花钱，多做事，这是不可缺少的精神，运大姐自然不例外。不过现在基本不用了，运大姐召集到北京不是参加国际会议，也是参加国内环保大会上的嘉宾，管住已不是问题。

就是住地下室的那次北京行，运大姐干的最可圈可点的也是那张自画的、已经有成千上万听众知道的地图。它打动了北京的一堆记者、学者、志愿者，包括我。

第一次走近汉江，加入《情系南水北调，京、津、襄环保之友手拉手、心连心行动》，我们一行人是在运大姐和襄樊市委宣传部部长马黎等人的陪同下，亲眼目睹了汉江的水情，感受了南水北调后襄樊人面临的缺水、污染等挑战的。此三地环保之友共同发出了《情系南水北调，保护水资源，共建美好家园》的倡议。

seeking the footprints of wild man
—— Leading pacemaker of environmental protection of China

岁末年初汉江行

说起来认识运大姐也有好几年了。在她的感召下，2005年岁末我第二次踏上前往襄樊的火车，来到了汉江江畔。

前两年，我经常是被运大姐的电话叫醒的。说心里话我很害怕接她的电话，倒不是电话来得太早，而是从2004年以来，她给我打电话传递的信息常常是湖北、河南交界的那个叫翟湾的村子，村民因患病(主要是癌症)而离世的已经是110号、120号、130号……了。

也是从这些电话里，我知道了运大姐和她的小分队这几年做得很苦。知道了绿色汉江有支环保小分队，小分队的成员由优秀、铁杆环保志愿者组成。其中，既有襄樊人大代表、政协委员、政府部门的干部、环保部门的执法者，也有交警大队的队长、监狱管宣传的官员、大学教师、私营业主和媒体从业人员；知道了60开外的她自己带队10多次走汉江、42次进河南、湖北交界的癌症村翟湾；知道了她先后在幼儿园、中小学、农村、社区、襄樊市人大、政协办公室进行讲座、宣传429场(次)，向近23万多师生、市民、农民宣讲了她的环保理念；知道了她曾上书国务院领导、递信给两省领导和国家环保局的官员；也知道了2005年福特汽车环保奖环境教育一等奖归属了绿色汉江和她。

两个月前，从运大姐打来的电话中我听出了她那掩饰不住的高兴。她说白河清了。白河是汉江襄樊段最大支流唐白河的一条支流，唐白河在千年古城襄樊边注入汉江，这些年一直被污染得水体呈黑色。当时我虽有些怀疑：两省交界的污染问题那么复杂，河南境内那么多的小造纸厂，都关了吗？但我还是从心里佩服运大姐他们这两年的功夫没有白搭。

2005年岁末，我和这些年来一直关注江河命运的朋友马军为正在做的大文章"江河的故事"设定了第一个选题并开始采访："为南水北调做贡献的汉江及为此操劳着的运大姐"。

不仅是我们没想到，连运大姐自己也没有想到，我们从襄樊出发，看到白河的一条支流刁河，水依然是黑色的。

襄樊市供水总公司水质监测站站长吴非站在刁河边，一只手让运大姐拉着，另一只手从翻着白沫的河里打上了一瓶泛着白沫的黑水。看着瓶子里的水吴非告诉我们，这是劣五类的水。运大姐在一旁生气地说，一定是不远处的小造纸厂又偷排了。

"不过这水虽然黑，比以前还是好多了。"站在河边的运大姐又加上了这么一

追寻"野人"的足迹
——中国环保领跑者

句。而站在那么黑的水边的我,却试图调动自己所有的想象力,河水还能有多黑?

后来从吴非的化验中我知道,两个月前襄樊水质监测站对那段河进行的监测,衡量水质污染程度指数的COD是243。而我们看到的,我认为已经够黑的水的COD是多少?43。

从243到43。这之间那200的差距,当然和运大姐及一声声叫着她运阿姨的绿色汉江志愿者们,先后深入到汉江及其支流沿岸的污染源头调查100多场次有关,和他们那八走白河,七进翟湾村也是密不可分呀。

离开刁河,我们走下了新野白河大桥,白河总算没让运大姐失望。水是我们今天见到的大多数中国江河的颜色,黄黄的。可就在运大姐为我们说着白河的过去时,和我们同行的襄樊电视台的记者彭鹏一脚没踩好鞋陷在了江边的泥里。随后我们看到的,就是他脚上那雪白的运动鞋上了一层黑色。与此同时,河面上翻起来的底泥,把江水弄得像是倒进了墨汁一般。

12月底的襄樊,天空是灰蒙蒙的,江上一片沉寂。运大姐倒吸着凉气对我们说:白河是比以前清了,可沉在河底的这些污染物要在河底存留多久?这就是我们白河和汉江两岸人民,包括我们的后代都要面对的不可预知的今天和明天。

那天,在前往刁河的路上,运大姐还把我们带到了离襄樊城里也就有十几分钟车程的唐白河边。我们看到的唐白河,除了水上漂的一片片不知是从停在岸边的船上流出来的,还是从哪儿来的油以外,河水到也还算是河水的颜色。然而,江边土坡上堆满的垃圾,却让我想在描绘这风景本不错的江边时,一定要在风景前加上"大煞"两个字。

我没问运大姐,只是在心里问自己:住在这里的人,难道天天就这样与江河朝夕相处?家门口有那么多垃圾,他们有的只有无视和无奈?

进入被称为癌症村的翟湾前,我们先经过了河南新野县马庄村,路边已经被关闭的小造纸厂里盖上了新房。运大姐一路上都没停的嘴里加了新内容:瞅瞅,又盖上新房了,他们这是要干什么嘛。我问:会不会是转产了?车上同行的人中,没有人回答我的问题。刚刚还不停地质疑小造纸厂怎么盖了新房的运大姐,也沉默了……

我们的车再回到湖北境内时,就进了翟湾村,从2000年以来,村里先后因患上各种疾病(主要是消化系统、泌尿系统的癌症)的人已经死了130多。村支书家里死了三位。村里死的最年轻的人只有18岁,刚刚步入成年人的行列,刚刚有了选举权。

车进村,村长已经等在卫生室。见到我们后,他拿出了村民们刚刚写好的"我们全体村民呼唤干净水"的呼吁书,恳请社会各界能帮他们打一眼深井。这一张新闻纸大小的白纸上,除了写着一村人的渴望外,还印着村里368个村民留下的一个一个,一片一片,鲜红鲜红的手印。

不知是冷,是忧,还是怕,我这个广播记者手中话筒里录到的村长念着全村人

seeking the footprints of wild man
—— Leading pacemaker of environmental protection of China

的渴望时的声音，是颤抖的。但每一字咬得都很清楚。我知道，那是因为每一个字无论是写还念，都发自翟湾父老乡亲的心。

这之后，运大姐问我们是不是去看一位患了结肠癌的老人，我们同意了。

进屋后，躺在黑暗中的床上的老人在女儿的招呼下欠起了身。老人的女儿告诉我们，自从绿色汉江沿江考察，把翟湾村的情况通过媒体报道之后，一位广西的老中医免费给老人寄来两大桶中药，老人吃了后精神好些了。

可是，在我的这段采访录音中，女儿的话声中伴随着的依然有老人的呻吟。在我数码相机的取景框里，女儿和母亲，健康人脸上的红润和病人脸上的苍白，还有那两双迷盲的眼睛，被同时记录下来。

唐白河变清，是绿色汉江，也是运大姐心中的梦想。我们此行，一路上运大姐都在告诉着家住江边的人，污染举报电话是12369，看到水浑了就打这个电话。在翟湾村卫生室旁，运大姐向几个村里的大小伙子说时，小伙子们告诉运大姐他们昨天晚上熬到深夜两点。他们还会继续盯着，河上游的人要是再往河里排污水，我们马上打电话。

翟湾村被一条街分成两半，得癌症的人大都是住在靠河边那一侧的人家。我奇怪，明明住在那边那么凶险，为什么还住那儿？我问一位把自家暖瓶里的开水倒在盆里让我们看的妇女，她没有回答，只是满脸迷盲地和我们一起看着盆子里的开水中立刻漂泊起的一层白色的漂浮物。倒是运大姐接过了话茬：往哪儿搬呀？

是啊，往哪儿搬呀？翟湾村，是他们世世代代住的家，唐白河，是养育了他们一代又一代的河，他们能去哪儿，哪儿还有他们的家？

运大姐带我和马军向河边走时，路边的一栋院墙的房檐下站着一群老母鸡，咕咕地叫着。一个中年妇女从压水机里打上水来，一桶一桶地浇着她家屋前房后的菜地。

岸边，收割后的田野上，几株枯树在淡淡的黄昏下无声地摇曳……傍晚的河里有一条船在送着来往的过河人。

说是已经停了产的小造纸厂留下的，或是还在偷排的污水，还是把那天河水的颜色弄得浓浓的黄中，泛着绿。

站在那载有过往小舟的河边，看着那缓缓流淌的泛着黑沫的河水，我不知道怎么回答自己的问题：住着3000多人的翟湾村，什么人能喝下这样的水，什么样的体魄能经受得住这种水的浸入？

"在我们各方的努力下，湖北、河南两省都有了正式文件，文件中都说：要综合整治，要加强沟通和合作，各负其责，团结治污……这应该说是希望，但我们不能只有期待。"运大姐还在一句一句说着什么，那一刻伴随着她的话的，还有无言的水声。

追寻"野人"的足迹
——中国环保领跑者

我们离开翟湾村时已是傍晚,一个老人推着自行车,走路还摇摇晃晃的小孙子拉着他的衣角,跟着孩子的一条小狗摇着尾巴。我举起了相机拍下了这个画面。我知道,翟湾村人的日子,还要这样一天一天地过下去。

2006年元旦爬过武当山后,运大姐又带我们到了与襄樊一江之隔的鱼梁洲。当年身为政协委员的运大姐写过提案本想把这片泄洪区保护起来作为湿地公园。没想到她们的努力被房地厂商们利用了,在那里盖起了楼房。2005年一场大水,一直淹到已经住进了豪华别墅人的家里。这才引起有关领导的注意,停止了房地产开发。如今那里的楼房除了能让人们看到大水后留下的水印,还能看到的就是靠河边一幢幢楼房空空的一层和用砖头堵着的楼门口。

住着580万人口,有着两千八百多年悠久的历史,诸葛亮、孟浩然、孙坚、米芾等历史名人留下了很多遗迹的古城襄樊,至今没有一个污水处理厂。前几年耗资两个多亿在一片本是泄洪区的地方建了,可因二期工程的钱没了,污水治理厂到2006年一月,还是只有空空的建筑物,大门紧紧地关着,从墙头望去,里面长满了茅草。

2008年5月18日,运建立率16名志愿者参加了"鱼梁洲污水处理正式运营庆典"活动。该项目服务面积45Km^{2}服务人口约46万人。庆典结束后,小分队参观了污水处理全过程,该厂王红斌(协会志愿者)向前来参加活动的人介绍襄樊城区的污水终于开始处理了。

60岁的生日礼物

因为父亲在台湾,当年品学兼优的好学生运建立,没能走进大学的校门。文革后恢复高考,她才有机会走进高等教育的学堂,脱产进修学了生物学,在经历了人生的40个春夏秋冬后拿到大专文凭。

从1985年开始,运建立先后担任过4届市政协委员、常委、省政协委员、省妇联执委。2002年春,运大姐认识到一个地区要想保护好环境,不能光靠政府和职能部门。要保护好汉江,仅靠个人努力也远远不够。于是她联络了几位政协委员,发起并筹备成立了经民政局审批注册的湖北省第一家环保NGO:绿色汉江,担任了常务副会长。2005年3月换届大会上,全票当选为协会会长。

seeking the footprints of wild man
—— Leading pacemaker of environmental protection of China

2005年最后一天的下午，绿色汉江不大的办公室里坐满了叫她运阿姨的志愿者。他们中几乎每一位都有和运阿姨一起走汉江，走唐白河，走饱受水污染之苦的翟湾村的经历。在绿色汉江，现在通知个什么事都是小分队活动。而小分队的来由，是徒步走白河、唐河走出来的。

2004年4月，运大姐策划的一支走唐白河的小分队就要出发了，名单却出了问题。一般NGO活动没有报酬，都是业余做，人员到最后一刻都可能变动。可运大姐碰到的问题有点让她没有想到，是有关部门让她限制走汉江的人数。本来一个个都是挑出来的，也一个个都充满着激情，有的甚至还是托关系，走后门硬挤进来的，又不让人家去了？

自掏腰包，去考察水污染情况，为什么要限制人数？运大姐怎么也想不通。

4月1日那天，家里的儿女要为妈妈，老伴要为妻子过60生日。菜摆上了，她却一筷子也不想挟，终于还是闷闷地回到离家不远的办公室。到了晚上，老伴心疼她，中午就没吃，晚上煮点粥吧。粥摆到运大姐跟前时，运大姐已经想出了一个辙。小分队里不是有记者吗，他们都不算小分队队员了，就算是随队跟踪报道的记者，这能腾出好几个名额呢。

做事常常认死理的运大姐，都坐在饭桌前了又来了气：汉江是我们的母亲河，为南水北调要做重大贡献，现在沿岸有那么多污染企业，虽说这些污染不会影响到南水北调，可会影响到襄樊两岸的父老乡亲呀。我们去关注，而且要让去的人，沿岸的人，更多的人和我们一起关注，怎么就不能一个队去十个，只能去六个？去翟湾村要经过河南，考察跨省污染的河流是个复杂的问题，什么事都有可能发生。就这么想啊想，直到粥凉了，运大姐还是怎么也打不起精神吃。直到晚上睡不着觉，起来查查自己的电子信箱吧，看到全球绿色基金北京办公室写来的：2004年资助绿色汉江500美元用于保护汉江，运大姐这才冲了一碗方便面，算是把自己的生日当生日过了。并向家人宣布：这是我60岁的生日礼物。

直到2002年3月，襄樊日报的一位记者采访时，运大姐才第一次听说中国有民间环保组织。同年9月，经过她积极奔走，联络李治和、叶福宜等几个老政协委员，在当地环保局的支持下，市民政局批准成立襄樊市环境保护协会。市环保局支援了几张办公桌椅，她又从家里带来了几样日常用品，算是把摊子支起来。

从2003年4月第一支小分队徒步走汉江，运大姐说自己是离开了走惯了的参政议政二十多年的老路，死心踏地地开始领着一群叫她运阿姨的年轻人走上了一条新的，环保的不归路；从开始为汉江水质而发愁、为小分队考察江河的行程吃不下饭、为翟湾村人喝上干净水而奔走，掰着手指头都能算出来的6个年头里，爱说的运大姐说过多少话，我看是没有人能数得过来了，但她做过的400多次环保讲座，直接听众20多万，沿着汉江及支流跑了32640多公里的路，可是一次次，一公里一公里都切切实实地有案可查。

追寻"野人"的足迹
—— 中国环保领跑者

"丢人呀丢人!"一天天刚亮,我家的电话铃响了。运大姐的这几句丢人呀,说得我心里咯噔一下,又怎么了?接下去传过来的笑声才让我明白,2005年福特汽车12万奖金的环保教育大奖的得主归她之前,人家刚把三等奖念了她就坐不住了。人家二等奖刚念完她就站了起来一动也不动。等到念了一等奖后,她都做了什么,是怎么上的台,怎么从领导的手里拿过的奖状,竟然都是在大脑里一片空白的状态下进行的。我这辈子交往的朋友中,差不多是最爱说话的运大姐,那一刻不知道说什么了。奇怪?

要说奇怪也不奇怪。2005年是运大姐幸运的一年,除了福特汽车环保大奖以外,她还被国内每年都为公众人物设奖的杂志《南风窗》评为年度人物。不管现在社会上的风气怎样,我自己的心里一直是这样的理念:钱不是要来的,是干出来的;荣誉更不是要来的,是干出来的。我的这一理念用在运大姐身上是非常合适的。

2005年和2006年新旧交替的时刻,我是和运大姐一起数的倒计时987654321。那一刻的她在想什么我没有问,但我猜多半是在为2月份在北京世界银行举办的项目展示会上的结果祈祷。她和我说了好多次了:"这回我要势在必得"。那笔钱对她来说太重要了。她要用那钱做基数再向市领导去申请,为翟湾村的村民们打一眼深井,让翟湾人别再一个一个地得癌症。

1+1>2

说实在的,我本人关注环境,关注自然那么多年了,可像刁河那么黑的水,像樊城这样的城市生活污水就那么肆无忌惮地往清澈的汉江里排,见得也不多。2006年1月3日我拍到这一画面后立刻放在我的文章中准备发表,马军提醒我,问问运大姐,这样发表出去,襄樊市领导会不会找她的麻烦。这回是我一大清早把电话拨到了运大姐的家。得到的答复是坚决的:当然要让人们都看到,我也要把这些照片发给襄樊的头头脑脑,让他们看看北京人拍到的咱们的汉江!以此加快污水处理二期工程尽早开工也是好事。

2005年最后一天的下午,运大姐的搭档李治和早早地就坐在了绿色汉江的办公室里微笑着。叶福宜还在一个个电话打着:"今天下午小分队活动"。

seeking the footprints of wild man
—— Leading pacemaker of environmental protection of China

那天下午,来的小分队的队员,一个不落地向我们讲着他们与绿色汉江结缘的故事。交警大队中队长王国培,讲的是自己第一次不是以一名交警,而是以一名志愿者的身份站在樊城人民广场举行的"徒步汉江"启动仪式的行列中。我问他,你是用休假参加这个活动的吗?他说:"不是,是出差"。出差,交警的工作和考察江河有什么联系?"我们领导很支持我们绿色汉江的工作,我是拿着单位工资参加环保志愿者的工作的。

鸽子,是绿色汉江小分队的人给襄樊环保局监察支队科长刘曙光起的外号。全因为小分队活动时他跑得太快。因为他在环保局工作,有个什么信息,他捎带着就传递过来了。这样看来,按鸟类分类,他是信鸽。

媒体与环保NGO联手,所能起到的作用不是1+1=2。特别是中国的法律在很多情况下实施起来还有难度的时候。运大姐对此坚信不移。

运大姐也常有自夸自擂的时候。她曾很得意地对我说:我们襄樊电视台台长在和我一同进京时抢着帮我提资料包。他说他的部下要靠走后门才能参加我们的徒步考察,一定要和我搞好关系。所以,我们的活动从来不缺记者的参与。

有记者这样记录过运大姐的一次讲座。那是2003年,湖北省襄樊市的山区县五山镇的堰河村,100多人拿着小板凳聚集在小学校的操场上,村民们第一次听有关环保的事情。运建立的开场白一下子吸引了大家:"我和大家是同一个村的。"正在村民们不得其解的时候,她接着说:"我们都是地球村的村民。我很羡慕你们,因为这里山好水好,生活环境好,这是花多少钱都买不来的。"

不知不觉中,已经将近两个小时了。要结束时,一位农妇突然站了起来,大声说:"不行!"运建立和在场的人都愣住了。那位农妇急急地说:"我们还没听够呢。以前城里的人来了,都是讲大道理,唱高调,我们不爱听。今天你的每句话都说到了我们心里,你还要讲。"运建立连忙说:"大家如果觉得有道理,就要立即行动起来,从现在做起,为了我们的子孙后代,保护好身边的一草一木。以后我们会再来的。"

这以后,环保协会又多次到山区,还在五山镇举办了村镇干部环保讲座,运大姐同那里的许多姐妹交上了朋友。

记者和官员,更是运大姐讲演听众中的重要组成部分。她有过这样一次经历。市委党校请她给在党校上学的基层领导讲环保,安排的是下午讲。去之前她被告之,不久前市妇联请省妇联副主席讲时听众才8个,要她做好思想准备。走进会议室后运大姐没细数,但她知道七八十人是有的。讲完后好几个在党校参加培训的人站在外面的院子里等着她,为的是问上一句:我们能当你们的志愿者吗?再后来,市委组织部的人告诉运建立,她做的那次讲演是好评率最高的。所以下次要请她上午讲,听的人会更多。

和当官的打交道,什么样的滋味都有可能尝到,这是做环保NGO的人谁都不会少的切身感受。2003年6月22日是"保护生物多样性日"。那天，运大姐求林业局赞助了2000块钱，做了11块展板，在襄樊市的大广场上拉了2米宽，22米长的大条幅。上面写着"人与自然和谐共处，保护生物多样性，拒食野生动物"，万人签名的场面很是盛大。

看效果不错，运大姐一来劲，把那有了众多人签名的条幅拿到了襄樊市人大常委会上，让正在开会的人签。一位副市长说，今天好像没有这个议程。运大姐说：如果你管不住自己的嘴，还想吃野生动物，你可以不签。

通过运建立势在必得的努力，世行"中国发展市场"为翟湾村民安全饮水争取到3万美金，并推动促进了省、市政府拨出款项，为翟湾村打了一口深井。到2006月6月，全村村民已经饮用上安全的水了。而且是打一井救三村，翟湾村富余的深井饮用水还可供王集、黄岗村6000多村民，2007年底通水。

2007年，绿色汉江又争取到日本政府"利民工程"无偿捐助1000万日元援助"襄阳区朱集镇刘湾村安全饮水工程"建设项目，地方配套293万元。2008年2月24日，"中日友好刘湾水厂"开工。

村民能喝上深层地下水了，运大姐并不乐观。在湖北这样的千湖之省，翟湾村的地下水直打到120米才达到饮用标准。运大姐说：地下深层水本来应留给子孙用的，守着村旁一条大河，为什么不保护好用来饮用、浇灌庄稼和养殖呢？

第一次经历没有黑夜的"一天"

2007年5月28日下午1时（北京时间）——28日下午3时（纽约时间，纽约和北京时间相差12小时），我们乘坐波音747飞机从北京起航，13个小时后飞到纽约。这是我一生中第一次经历没有黑夜的"一天"。飞机往东北方向飞时，见到下面除了房屋就是黄色，很少看到绿色。到俄罗斯境内时，只见大部分是海水、一块块的浮冰支离破碎，飘浮在海面上。待进入加拿大境内时，看到的是一望无际的大小湖泊和一片片绿色的植被，我想，拥有丰富自然资源的加拿大人，一定不可能想象地球水资源正面临何等严峻的局面吧！

这是运大姐的第一次美国之行。带着好奇，带着疑问，运大姐记下了在那里的

seeking the footprints of wild man
—— Leading pacemaker of environmental protection of China

每一天。我们挑几段：

5月31日

哈德逊河保护者是1965年开始保护河流的，７０年代定名为WaterKeeper，该组织的负责人成为美国河流保护者联盟第一位成员。哈德逊河全长600多公里，他们保护的行动在中下游的300公里之内。

哈德逊河面宽阔，河水水质约在3——4类之间，我们在河边，还看到有"此处不宜下河游泳"的标牌．

再往上游不远，看到岸边建有发电站，焦恩船长说电站对河流也有影响，附近水域水温偏高，影响鱼类等生长，正说着，河面上漂下来一条死鱼……

没料到，再往上行，河的西岸，西点军校出现在眼前，校区很大。焦恩告诉我们，这里近年发生过两件事，一是西点军校的生活污水处理不达标，哈德逊河Keeper告知对方拟提出诉讼，校方很快采取措施，加大治理力度，做到了达标排放。其二是军校的学生在学校对岸山坡上对多块岩石涂鸦，环保组织提出抗议后，他们立即用灰色颜料抹盖住了，但仍然和山体不协调，环保人士还要进一步追究……

6月7——9日

河流保护者联盟2007年会开始了，共有来自全球六大洲9个国家（捷克和英格兰两个国家的代表未来）的150多位河流保护者参加，大家见面都热烈拥抱，像一家人一样。三天时间内，先后有20多个河流保护者在各个分论坛发言，主要的议题是：水量、水危机、清洁水法、环保NGO公信力、低耗发展、湿地法、如何募捐、如何获得支持、环境犯罪调查、侵蚀与控制、有毒的矿区、发电厂、用煤的代价、法律诊所、环境公正、水质监测、卫星图片作为倡导工具等。

其中，我印象较深的是：

尽管美国联邦政府对环境保护不重视，但许多州政府各自立了不少有关保护水、清洁空气的法律，许多环保组织就可以依照有关法律对污染企业提出诉讼，且很有成效。

有一个组织的专家建议在美国不仅公布各州的经济指标，也应同时公布其生态指标，（图示说明，一目了然），这倒是一个好主意。

一个美国河流保护者报告中说：养殖业现在对水域污染也很严重，该州有个大型养猪场把污水就近排入河流，致使大量鱼类生疮。（其出示的图像中可见到许多鱼肉已一块块脱落）。

尽管在会上有一定收获，但在年会的安排上，我却有一些想法。其一，刚到美国我就告知他们，为了此次赴美参会，我们费尽心思设计，四处求人翻译，终于做成了一个DV（其中配有英文字幕）带来与大家交流，可他们却充耳不闻，到开会时安排的大都是一些美国河流保护者在讲；其二，会议前后也没有人征求一下我们的看法，听听我们的意见。

让我感到疑惑的是，他们是否仅以为是又发展了两位亚洲代表，两个中国河流保护者而已？如果是这样，我们赴美交流的意义无疑会大打折扣。

到闭幕式后，我郑重地通过斯蒂芬妮表明了我的态度："我从2000年就开始走上河流保护之路，我们的保护行动与美国河流保护各有千秋，直到2006年，我才知道地球上有个河流保护联盟。环保无国界，地球人都应参与，有钱的出钱，有力的出力.今后，联盟能帮助我们筹款，那是美国人应尽的义务；不能帮我们筹款，我'绿色汉江'也会一如既往，一路走下去。

去美国后才得知，小罗伯特·F·肯尼迪——美国有名的环保律师、纽约贝斯大学法律教授（被刺杀的原美国前总统约翰·肯尼迪之弟罗伯特·肯尼迪的第三子），是"护河者"运动的创始人之一，一直致力于保护河流。他主持了开幕式，在公园栽树现场讲了话，会议结束当晚又作了一个小时的演讲，因翻译跟不上的缘故，我们没能理解全部，但有几处我是听懂了的。

其一，他说当天刚实地察看了密西西比河两岸，看了一些市区、受到2005年飓风的破坏至今重建步伐还这样慢，人民很苦，布什政府宁愿花4600个亿（美元）去打伊拉克，也不愿抽出更多资金支持新奥尔良重建，良心何在？

其二，当今美国政府对环境不负责任，所以有些企业就官商勾结，不好好治污，今后我们的孩子怎么办？他说：我不是反对企业，我自己也有企业，但企业不能靠以不正当手段取得政府官员庇护发财，而应靠自身合法经营，创造效益，靠股市争取绩优去发展才是根本。（注：这不有点像我国提出的政企分离吗？）

美国有美国的长处，我们也有我们的优势。只不过我们的任务更艰巨些。现在我更有信心了。今后我们要继续起好政府和广大民众之间的桥梁纽带作用，发挥民间组织的优势，与所有环保志愿者取长补短，争取在保护河流的道路上不断向前……

seeking the footprints of wild man
—— Leading pacemaker of environmental protection of China

牵挂南水北调

从我认识运大姐起就听着她在呼吁：襄樊人在为南水北调做了贡献后，自己的家园应该怎么保护。2007年夏天我们一起走向了汉江源。这次江源行被运大姐解读为：一是，学习：向民众了解汉江上游沿岸的生态环境，记录两岸经济社会发展成就，真实记录、反映，持续关注上游民众的生存状态。二是宣传：向沿途乡镇、农村和学校宣传保护环境的知识，传播绿色文化。三是考察：观察了解河流水质变化，采集水样，分析水质。

我们的行程是襄樊——安康，约476公里，到宁强约417公里，然后是汉中，约104公里，最后到源头的马家河和赵家河交汇处。

绿色汉江的老李一路上写着自己文章：我们沿汉江溯源时，实际上是进入了梦的乐园，进入了博大的地质公园和森林公园。汉江上游是在秦岭和大巴山脉（包括武当山系、神农架山系和荆山山系）之间的夹缝中流过的。这条夹缝又源于一条西起帕米尔高原、东到胶州湾的中国古大陆最长的断裂带。顺着这条断裂带，有昆仑山、巴颜喀拉山和岷山，然后是两条并列的山脉秦岭和大巴山。两条山脉之间的峡谷地带就是秦巴走廊，我们襄樊就在这条走廊的出口。而汉江就是这条走廊的血脉。

秦岭和大巴山地区都是岩浆长期剧烈活动的地区。海洋和岩浆的交相洗礼，使这里有着丰富的岩石和矿产资源。今天汉江两岸的山石和汉水中的奇石，都是大自然的深情赐与。在2.2亿年到6500万年的恐龙生活的时代，汉江上游，先属于南秦岭海槽地带，后属于秦岭山地。这里的多样山水，是恐龙繁殖区，繁盛区和灭绝区，丹江水库北边的西峡和水库中部的郧县，有大量的恐龙蛋化石。另外还有著名的1.8亿年前的南漳"湖北鳄"化石。大约5000万年前时长江形成。大约250万年前时，秦岭海槽消失，黄土开始覆盖大地，这时汉江边就生活有犀牛、大熊猫和剑齿象。大约50——100万年前时，这里生活着比北京人还早的郧县人。大约5万年前时，汉江逐渐形成。汉江上游的两个盆地是安康盆地和汉中盆地。人们的行进在这里有着令人陶醉的观察和思考。

我们称为中原地区的范围是四水（江淮河汉）和三山（秦岭、大别山和泰山）。中原地区是我国传说中的东南西北分界地区，而分界的中心点就在汉江上游。传说中南北分界的河流是天河，而天河就是汉江。《毛诗故训传》说："汉，天河也"。古代传说中的东西分界，就是汉江上游的一条河称谓子午河，这条河是古代长安翻秦岭经宁峡到汉江的通道。我国古代计时中，子时指夜半23—1时，午时指日中11—13时。子午河的含义是东西两部分的分界河。因此，我们到汉江上游这段路程，就将经历我国古代传说中的"中国原点"地区。这个原点地区的东南西北，在地

追寻"野人"的足迹
——中国环保领跑者

理上、气候上、植被上的差别,都是围绕原点地区而逐渐增大的。

由于这里"风气兼南北,语言杂秦楚",特有地理位置决定多元性和包容性,因此有强大的文化生命力。我们襄樊有的,汉江上游都有:古城墙、古码头、古民居、古会馆,还有襄樊没有的武当山、安康龙舟和古栈道等。说起汉中,第一要说到汉王刘邦,还要说到汉朝、汉族、汉字、汉剧、汉文化;第二要说到诸葛亮,那就要说到汉中屯兵八年,六出祁山,直到勉县定军山。这些都是蕴含着无限魅力的文化内核。

而使这里将要吸引全国、全世界目光的南水北调中线工程。

南水北调中线工程是从丹江口水库的淅川县的陶岔(水位149米,折算黄海标高为147.2米),经1247公里,引水自流到北京玉渊潭(水位50米)。初期调水量为95亿立方米,后期调水量为220——230亿立方米。

人们会奇怪,为什么汉水上游能调出这么多水?丹江口以上集流面积为9.5万平方公里(相当于半个湖北省面积)天然径流量为408亿立方米。1956——1990年资料说明:丹江口水库入库量最大为584.6亿立方米,最小为212.9亿立方米,预测到2020年净入库为385亿立方米。为了保证调水,1958——1968年建成的丹江口大坝将由162米加高到176.6米,库容由174.5亿立方米增加到290.5亿立方米。丹江水库以及汉江上游的水质为一、二类优质水。但目前水质不容乐观,一是上游有200万亩黄姜的加工,生产一吨皂素排放的废水相当于日常排放25000吨废水。二是由于要保护丹江水质,这里许多工业项目限批,经济发展受限,治污项目实施乏力;三是这里建有几百座大中小水电站,由于利税分成上级提成多,库区政府和老百姓实际得利少,治污财力不足,汉阴南临的月河已成废河;四是三峡库区农民享受的天然林保护资助,这里农民得不到,农民穷困,林木砍伐严重,水土保持问题大。

这次江河行,除了让我感受了老李笔下形容的山水自然以外,就是也感受了一把运大姐他们是怎么一路走一路宣传的。在汉中那天,早上八点半左右,来到了汉中市桥北广场,运大姐他们先是熟练地摆开了宣传阵地,打开发手绘汉江地图。接着二位会长分别做起了宣传:一个地区的环境保护,不能仅仅依靠当地政府和环保局。因为人人都是优美生态环境的享受者,人人又都在制造着污染。人人都要担当起这份社会责任来,对于环保,大家都要从自己做起,从身边做起,从一点一滴的小事做起,做好身边五十件小事。人人做环保,世界最美好等等。因为事先进行了联系,运大姐他们宣传的时候,当地环保局的人也拉起了条幅。

"绿色汉江号"启航

运大姐访美最大的收获应该说是她的表现打动了一个有钱人，这位有钱人掏腰包为绿色汉江买了一艘旧船。经过全部维修后，于2008年3月29日，"绿色汉江号"在襄樊市外侨办、环保局、水利局和海事局的支持下，这艘利用河流保护联盟捐款购买的一艘水质监测船，成了中国民间组织第一艘监测水质的船，于汉江兴武街码头首航。

29日一大早，下着小雨，40多名志愿者汇聚码头，市环保局、水利局、教育局及外侨办、民政局领导也冒雨赶来表示祝贺，并与志愿者共同登船，察看汉江水质，海事局黄致敬局长亲率两艘巡逻艇来为我们保驾护航，给了广大志愿者极大的鼓舞。

"绿色汉江号"不仅是"绿色汉江"（襄樊环保协会）的活动工具，更是襄樊人民的共同财富。它主要用于环保志愿者监测汉江襄樊段水质，此外，协会今后还要将"绿色汉江号"作为水上流动环境教育基地，每月将有两至三次开放时间，免费供在校学生、社区居民、机关干部察看水情，现场进行河流保护的宣传教育。

让我们看看"绿色汉江号"的日程安排：大庆路小学、襄樊市四中、长虹路小学的40多名师生和绿色汉江的40多名会员登上绿色汉江号，察看了汉江水质。船上给大家做了水质变化的演示实验。

2008年4月13日，美国公共电视台《亚洲地球要素》节目派出记者ROBMCBRIDE一行2人专程来樊，拍摄了"绿色汉江号"上给中、小学生作培训的景况。

5月12——13日，市水利局借用"绿色汉江号"，与市公安局、工商局、交通局、堤防处等单位联合组织"保护"等整治汉江河道的统一行动，对汉江航道上非法采砂及电打鱼等船只进行了处罚及整治。

5月21日，省政府组织的（由省水利厅、公安厅、工商局等参加）"打击汉江非法采沙专项整治活动"验收组来樊，在市水利局的安排下，再次乘"绿色汉江号"在汉江襄樊段进行了视察。

"绿色汉江号"，中国民间环保组织第一船，在运大姐的带领下，乘风破浪。

2008年8月13日，运建立带着绿色汉江的一行人，在市环保局环境监测支队队长等人的支持陪同下前往印度在樊企业博拉经纬化纤有限公司调研其污水处理情况，并严肃地向该公司几位印方负责人提出：一定要做到达标排放，汉江关系到几百万人的生存，我们对汉江的感情像你们印度人对恒河一样。几位印方负责人再三表示：继续改进治污设施，一定争取坚持做到达标排放。

为五斗米折腰

为五斗米折腰，这是运大姐形容自己这几年干得有多难的一个说法。为此，她还说自己虽一大把年纪了可还不够成熟，还要再成熟一点。怎么不成熟呢：说着急就着急，说上火就上火。不会在电脑上打字，急了只能从别人的文章中挑出一个一个的字，贴出一篇自己的。

不过。就是这个爱着急上火，急得有一只耳朵都失聪的64岁的老太太，2005年4月被美国公众电视台和英国广播电台、格林纳达电视台联合拍摄电视系列片——"中国"采访并于2007年元月18日，在美国公众电视台向全球播放。

这位拿到了一系列环保大奖的2006年感动襄樊的十大人物之一，2006年10月9日出版的美国《时代周刊》在《中国的水忧思》一文中，用较大篇幅介绍了运建立保护母亲河的事迹。

2008年8月，运大姐应美国最大最悠久的环保组织之一SIERRA杂志俱乐部请求给美国即将上任总统写一封信。运大姐没客气拿起笔就写了：

尊敬的美国新当选总统：你好！

首先祝贺你新当选为美国总统，相信在你上任后即会竭力抓美国的经济振兴，但作为一个环保志愿者，在此时，我要向你提几点要求：

首先请你要时刻记住：美国是地球村的一个村落，你是美国总统，就要带领美国保护地球家园，在节能减排、尤其是减少CO_2排放方面履行美国应尽的国际义务，这样才能显现出一个大国的风范。

其次，美国许多地方大白天汽车开灯等浪费资源，大量消耗资源（包括能源）的现象比比皆是。你也是地球村的一个村民，希望你能率先垂范，带领并发动全体美国国民节能减排，人人从身边做起，从现在做起！

seeking the footprints of wild man
——— Leading pacemaker of environmental protection of China

  在美国，戈尔先生、罗伯特·F·肯尼迪先生等在环境保护方面都做出了卓越贡献，令世人敬仰。你在这一任里，政绩再好也是一时，你欲争当一个好总统，首先你必须争取成为一个优秀的、合格的地球村的村民，这样才能令人信服，如在节能减排、保护河流、保护环境上下大功夫，保护了地球生态环境，则造福于子子孙孙，地球人永远都会记得你。你的名字也将载入世界环保史册！

  愿全地球村村民携手共保我们唯一的家园！

中国"绿色汉江"老年环保志愿者运建立

2008年8月

  给运大姐翻译这封信的美国人说，中国民间环保组织的人说话真够冲的。得，这就是我叫运大姐的大姐。为了汉江的水清，她的腰杆其实挺得直着呢。

追寻"野人"的足迹
——中国环保领跑者

运建立在受污染的村子里给大家看锅底的残留物

运建立走访受到严重污染的村子里的村民

劣五类的水

他在乎尊严——马 军

很多人羡慕我这辈子跑的地方多，跑的地方人们难得去的多，跑的地方难得去又很原始的也多。而在我跑那些还很原始的地方时，与我同行的最多的人算来算去是马军。

从写这本书开始就在说下一个该写马军，下一个一定要写马军了。可是当我写他时，已经是这本书的最后一个要写还没有写的人。

不知道写作的人是不是都有我的这种感觉，写熟人难，写朋友更难，写好朋友是难上加难。下笔写马军时，我们已经一起走了大渡河；两次走了怒江；走了金沙江、虎跳峡；走了黄河最大的支流渭河的源头；走了漓江；走了"江河十年行"；走了珠江；走了永定河源；走了汉江源……真有不算不知道，一算吓一跳的感觉。

正在谋划的还有探秘长白山神秘花园，东北的三江源：鸭绿江、松花江和图门江和2007年的江河十年行。我想，我们还会继续走下去。

相同与不同

马军很认真地和我说过,你要写出我们的不同。恭敬不如从命。

我想,之所以喜欢一起行走在大自然中,行走在大山,行走在江河,是因为我和马军有很多相同之处,关爱且敬畏自然。做事都会认死理。也被有些人称为死磕。

不同呢?我们都是记者出身,也都是从自己的采访经历中开始了关爱自然的生涯。可他现在更被人们称为是专家,而别人对我的认同多数还是记者,或行动者;他有专家的理智,我有记者的敏感;他有专家的稳重,我有记者的激情;他有年轻人的老成,我有一大把年龄还改不掉的冲动。

我遇到激动事时的大哭,让圈里圈外人说得哪儿哪儿都是,从不压抑自己是我的性格。而马军,要不是和他夫人李焰一起聊时,李焰几次说到马军在家看电视时常常会气得大喊大叫,他这辈子恐怕永远也不会让外人看到自己情感如此外露的时候。压抑自己,或许已是他的习惯成自然,而且体现在他做事的方方面面。

高兴和不高兴的事,都会放在嘴上的,我有一次对很多事只放在心里的马军说,怒江真的永远留住了她的绿色的那一天,我们是不是可以一起大哭一场。他回的短信是:见证历史,不想十年后一大哭。我问:要是真的留住了呢?他说:男的能当人面哭吗?

不想只是十年后一大哭,是我和马军的相同,而把眼泪流在脸上和流进心里是我们的区别?这本书出来,我还会再问问他:这只是性别的差异吗?

我不放弃一切用文字表达思想的机会。我们一起差不多走了十条大江大河了。每次不光回到北京我要写文章,详细描绘那江、那河的现状和当地百姓的生活。而且有时还是当天走,当天晚上就把稿子写完发在第二天的"绿家园江河信息"上。他,十条河走过之后至今写的文章极为有限,倒是有些沉淀后的见解可能在他写的一些评论文章中略见表述。他在耶鲁大学访学一年,回国后差不多也有一年的时间,花了两年写的一本有关环境管理体制方面的书,出版社让他做些修改,他就把书稿搁在一边忙别的去了,尽管他认为这本书现在的中国很需要。《中国水危机》一书让美国《时代》周刊认为是中国的《寂静的春天》,有出版社要再版,他却坚持已经那么多年了,有些内容要修改。一时半会儿又没时间改的他,就让我们共同的好朋友襄樊绿色汉江的运大姐,说了多少次想看看这本对中国江河保护很重要的书,也因买不到而无缘一读。

我们曾经一起接受美国各大媒体记者的采访后,我拿出在怒江拍的照片请他们为怒江小学建阅览室义买。他说：你义卖也不看看人，那些大腕级的人物口袋里只有信用卡。我至今也不理解这些腕级的人物那么关注怒江的事，为什么就不能为怒江小学做些贡献。

马军的成名是在默默无闻地干了十几年后，"一夜"之间就成了环保界"天上掉下来个林妹妹"，轰炸般地遭到记者的"围追堵截"。而我却是从关注环境，关注自然的那天起，就暴露在公众的视线中，供人吹捧，被人嘲讽，让人争议。

我戏称有两个男朋友管着我，这两个人都小我很多，其中一个就是马军。每当我对一件伤害自然的事，一个虐待弱势群体的人奋起反击时，常常是马军站在前面挡着说：要慎重。他说的慎重，包括这件事如果干的话其后果要想周全，也有对我本人的提醒。为此，我们吵也吵过，急也急过。经历的事多了，交情深了，我们的搭倒到让很多朋友认为是"互补"。

当然，我们之间的互补还包括，我为什么事所动情，会拿起电话向他哭诉兴奋与委曲。他就会找话把我引上另一条思路。而他，虽然碰到可气的事也会对我讲，但更多的时候他不是在碰到事了马上就说些丧气的话，而是在不经意间问我：有时在想，是不是有一天我们真的做不了？这时，我的快乐环保，对他也就有了灌输与影响的可乘之机；

我们都自认是纯粹的环保主义者。然而他拉我一起做事的时候不多，而我拉着他做的事却真的不少。面对我的煽动，他坚守"不强迫"别人。我渴望不管什么事，大家一起做。他做事，却是自己和自己较劲的时候居多；

走进大自然，使我可以放弃其他很多都不会放弃的事。特别是在碰到难事时，走进大自然，我觉得会给我感悟，可以"充电"。很多时候马军是在短信里说他如何之羡慕。但在他，难以舍弃身边的事绝对多于走进自然。他对此的解释是身不由已。而我笃信：自己的时间表当然要由自己掌控。

拉着朋友一起干事，我认为是分享。马军却常常认为那是麻烦人。因为客气，多难的事，他也要一个人挺着，苦自己，累自己地干。至于好事，也就自己偷着乐了。"绿色选择倡议"，是他在做水污染地图过程中有的创意，并牵头中国21家环保NGO在2007年3月22日"世界水日"那天一起隆重发出。可后来做事，其他组织多是在一旁看着他只身面对媒体大战，并与一些著名的跨国公司较量着。少有和他一起分享酸甜苦辣的经历。以致于其他组织的几个年轻人告诉我他们要向马军请求，给他的部下一点"喘息"的机会。倒是我不得不出面阻拦，因为我知道，自从做了中国水污染地图以后，他自己每一天的气是怎么喘的，别人不心疼，他的家人可快替他扛不住了。

面对他收集并下载在中国水污染地图上的8000多家污染企业，其中包括100家跨国公司，只有接受他坚持的：想从"黑名单"上下来，改好后一定要经过三方审核。马军的团队有多少人？全职的不到5个。除了污染企业所在地的三两个民间环保

追寻"野人"的足迹
——中国环保领跑者

组织和一两个朋友在帮着他给污染企业定位,参与三方审核以外,其他朋友们只知道他快忙死了,却谁也插不上手;要是我,绝对不会这样干活!我们的绿色记者沙龙网,有15个城市的记者和NGO和我们一起做。

我做事,没做之前先要和朋友商量呢,他更多时候是与合作伙伴开会。有一点我的先生至今遗憾,本不是说好你们一起注册一个关注江河的工作平台吗?后来他的NGO开张了,朋友们都是被通知的。直到媒体已经有很多报道了,很多朋友还跑来问我马军在干什么呢?就连另一位也爱管着我的男性朋友都诉苦:咋没知情权呀!

这是记者与专家的区别吗?是在国际公司训练过的人做事的方式?还是性格使然?

我做中国河网召集人时,北京的、外地的民间组织常常一起商讨面对江河的开发,我们的对策。他接手后,大家一起碰头的时候,加起来都有限,孤军奋战替代了会战。我强调集体智慧碰出的火花。他坚持发挥每个人的优势,一切事都顺应自然。

为了江河,马军成立了研究中心。而我却盼着早一天能归队专职干记者,这或许是我们很大的不同。也许正是有了这一不同,才有了我对他的这些"批判"。不知是不是可以这样解释:个性决定了我们会从不同的视角用不同的方式对待我们同样关注并希望改变的社会,恢复我们深爱着的大自然的本来面目。

我一直坚信一个人的性格是天生的。但马军让我动摇了这一观点。不过,这动摇还没有成熟到让我这个心里搁不住事的人就直截了当对他说的地步,只能写在这儿。就是他成了名人之后比以前随和了。过去他不"讲理"的时候能气死谁。有一次竟还拿出了:"我妈管我我都没听"这样的话来噎人。就是那次,我们已经走到了西藏龙普,还有几个小时的路就能到达西藏察瓦龙和大山深处怒江边上的人一起筹备过藏历新年。可就是那天,我们硬是在怒江泥石流、滑坡多发地段,自从怒江水电站勘探以来,十个月内已经死了20多人的路上,黑灯瞎火地赶了好几个小时的夜路回到丙中洛。为了什么,不知道。知道的是,那天,如果我不放弃察瓦龙,他就要放弃我们策划好的采访100个怒江潜在移民的计划。后来,这100个人的访谈被广泛采用。而和察瓦龙怒江边的藏族同胞过他们的藏族新年的机会,还要等到什么时候,那只有天知道。

而如今,"对不起,是我的问题",这样的话,这样的态度,在马军为人处事中使用的频率越来越高。所以在我看来,名人的压力即使不能说改变了马军的性格。但因压力而有的随和,在如今他的身上是完全可以感觉到的。同时感觉出来的还有这份随和对他身上棱角的打磨。

说来可笑,我和马军的相识,是两位美国人的介绍。他们是拿着马军的书《中国水危机》来找的我,他们希望我能认识马军,说我们干着同样的事。书看完了,我们还没见过面。只是我觉得写书的人会是位老者。

seeking the footprints of wild man
——— Leading pacemaker of environmental protection of China

一天，几位关注自然与环境的记者聚会，我给马军打了电话。他走进我们视线的一刹那，大家几乎都是眼睛一亮。马军，不是老者，是个很帅的小伙子。

我认识马军是从他的《中国水危机》开始的，马军让世界认识，也没离开他的《中国水危机》。2006年，马军被美国《时代》周刊评为当年影响世界的100个人物中的一个之前，他被人介绍时，身份通常就是《中国水危机》的作者。以书介绍人，当然要那书有一定的读者认知度和那书产生了非同一般的影响。

《时代》周刊评价："对于中国而言，马军的《中国水危机》的意义也许如同蕾切尔•卡逊的《寂静的春天》对于美国的意义。"对这么高的评价，马军从他知道自己成了影响世界的人物开始就真诚地说："受用不起。我和别人比有懂英语的优势，又在耶鲁呆了一年。"这样的话，他和朋友，和媒体说，可以被认为是客套，是为人谦逊。可李焰，马军的夫人告诉我，马军也是这么和李焰说的："很惭愧，已经做了很多工作的人没有得到这种认可，反而我一个后来者，等于是踩着别人肩膀上去的。不好意思，比我做得好的人有很多"。

能和自己的老婆这么说，不能不说是心里话，表达的是本性。嫉妒，不知算不算是人的本能。

至于《中国水危机》是不是能和《寂静的春天》比，我觉得下此结论还早了点，随着时间的推移，相信历史会给出更公允的评说。

当然，今天的人耐不住等。从2006年5月，被《时代》周刊选为人物，到2007年夏末初秋我写时，马军这一年多来的忙，我想着着实实让他感到了名人的滋味。站在马军的一旁，我看到了他刚被评为人物时，从媒体对他的陌生，到越来越成为媒体的"抢手货"的过程；也看到了他十多年潜心研究的水问题摆在了"桌面"，成了中国第一张水污染地图。看到了这张电子版的地图被世人关注并开始发挥其重要作用。

一位称马军是伪环保主义者的人说，《中国水污染地图》是马军爆出的"猛料"。这个评价，倒让我高兴地看到了《中国水污染地图》对那些对自然妄自非薄的人的杀伤力。看到了继《中国水危机》之后，马军的人生中再次有了需要由历史评说的经历与记录。对我来说，这一"猛料"也让我们一起共同关注的江河的命运，多了另一个关注的视角。

当然，我和马军能一起继续关注江河的前提是，那个称马军是伪环保的人，更早地就把我归到了伪环保人士之列。连在这些人的眼里我俩也气味相反投。看来我俩的不同，更多的是性格，是做事的方式。而对大自然，对社会的认知，由认知而要做的事，是相同的。

江河的尊严

2006年8月,从乌鲁木齐到喀什的火车上,我和马军的夫人李焰住在一个车厢里。那次是绿家园到新疆生态游。李焰曾在他们的儿子2岁多时,和马军一起在北京的绿家园营地里参加过亲亲土地,种萝卜白菜的活动。生态游,那是李焰的第一次。

我曾经被一个马军的朋友质问:你们让马军混到了连工资都没有的份儿上!马军也和我说过,如果从工资来看,专职环保使他回到了参加工作以来最初的起跑线。国际关系学院毕业后,马军的第一份工作是北京外交人员服务局,然后到了南华早报,然后到了美国在中国的一家咨询公司工作,然后到耶鲁访学,然后又回到北京,辞掉了由美国公司发的按年收入计算的顾问的工资。

我从没问过马军当年的工资,但从他和李焰的话里话外都能听出,即使没了工资,他们家一时半会儿靠积蓄仍能维持一定的生活水准。拿国内工资的工薪阶层,别说一年,两年,就是一个月,两个月没了工资,还能强调什么生活水准吗?当然有些当官的除外。

马军,是在干自己喜欢干的事,就不用说了。我和李焰聊他时,马军差不多已经有一年没有工资了。对家里的男人不挣钱,李焰怎么看?火车在新疆的大戈壁滩上飞驰时,面对我的问题李焰很平静地说:我坚持一个原则,能干自己想干的事情就是最幸福的。

《中国水危机》从一开始写,就改变着马军的生活,同时被改变生活的还有他的家庭。

李焰说:"他写书都是利用自己的业余时间,经常熬夜到两三点。从那时候开始我就觉得他的作息时间变了,从那时候起头发也开始掉了。我就不知道他写书的数量和掉头发的数量是不是成正比,如果是的话就别写了,太费脑子。以那个时候作为一个分界线的话,之前和之后的照片明显不一样,发际线往后退了好多。后来我们有了孩子,我父母过来帮我,临时住在小小的一间房子里,四个大人一个小孩,他还要在那儿写书。后来他就找了一个临时空着的房子去写,蚊子特别多,每天都被咬得一身大包就回来了。《中国水危机》是自费出版的,发行量也不大,但我觉得他做的事还是得到了一些认可吧。现在关注水的问题的人越来越多了,我有时候想他还是有一点小的先知先明。"

马军做这些,这样做,在我看来,是在维护中国江河的尊严。江河的尊严是什么?马军为什么要维护?鉴于书现在很难买到。抄些片段以飨读者。

seeking the footprints of wild man
——— Leading pacemaker of environmental protection of China

黄河篇

在我们唱着"让高山低头,让河水让路"的豪迈歌曲,花费巨额资金、无穷劳力,筑下一座又一座水库大坝,凿开一条又一条引水渠道,最终可以安排每一滴黄河水的去向时,我们实现了自己的口号:"改造自然"。

但我们却很难征服自然。黄河和我们开了这样一个可怕的玩笑,以断流这样极端的方式嘲弄了我们。

然而,黄河入海流,在水利学家们眼中,实在是糜费资源。他们用一个术语称之曰:弃水。如果不是为了冲刷每年十几亿吨的泥沙,这点"弃水"恐怕流不到今天。

有人不能认同,声称要为黄河讨回尊严。

长江篇

记得我第一次去三峡,游罢奉节,溯江而上返回重庆之时,才发现阳光下的三峡,竟与梦中的三峡有着这样强烈的反差。我不敢相信,眼前闪过的竟是一座连一座的荒山,一条接一条砾石堆积的干涸河谷;我没有听到猿啼,但我的眼眶已经湿润。

低头看看江水,不但是浑浊的,而且极肮脏,飘浮着种种难以名状的垃圾。

如果仅仅是一个人,一艘船,甚至是一个城市在这样做,那么我们还奈何不了这条大江。但我们有30多万艘船,21个大型城市,4亿多人!

长江水好像甘甜的乳汁,哺育了一代代中国人。如今,格拉丹东雪峰滴下的依然是乳汁,但当它流进大海时,已经掺进了200亿吨毒液。

这样不可持续的发展模式何时才会改变?等待长江的会是怎样的未来?等待我们的又将是怎样的未来?

2007年夏天,我和马军一起坐在前往汉江源头的火车上,他的手里是一本《水经注》。看得出来,这本书已经被翻了不知多少遍。在我俩的聊天中,郦道元的《水经注》还是他常常要挂在嘴边的:自三峡七百多里,略无阙处,非亭午夜分,不见曦月。

2006年冬天,我们一起走在今天的卢沟桥、永定河时,马军吟着那幅著名的《卢沟飘伐图》:那是什么样的一条永定河呀!水是河浪翻滚,两边是一棵棵粗大的郁郁葱葱的树。现在,远处西山没有一棵树,地上更是永定河里没有一滴水。这条河,滋养了北京,缔造了北京古都的位置。但是,一年又一年,我们建的宫殿庙宇,高楼大厦把它的生态系统破坏了。管理水的方式是一个闸接着一个闸,大河里没有水放下来了。

第一个看《中国水危机》这本书稿的书商认为:这本书是不是有点前卫?水利

工程措施你个做媒体的人居然认为有问题？倒是环境科学出版社的老编辑吴再思首肯了这本书，并认为中国环境科学出版社就应该出这样的书。

上个世纪末，人们的眼光还没有关注到水危机的时候，《中国水危机》在书店里上架的位置是和水利的书放在一起的。马军后来庆幸：虽然这个书印得不多，但通过不同渠道目标读者都找到了也都读到了。

为江河讨回尊严，马军带着他对中国水危机的忧虑，一步一步地走在路上。

法律的尊严

2002年马军离开南华早报，进入博信国际咨询公司，其实就应该算是从事环境保护工作了。博信是一家专门为到中国投资的企业提供有关中国环境法方面咨询的公司。公司的客户都是国际大企业。

用马军的话说：这些大企业也给了我机会。公司总部希望我们能给每一个到中国来投资的企业提出环境保护的忠告，哪怕经济上遭受一些损失。环境风险，对他们来说是大风险，要避免。这和我们国内的情况不太一样。甚至和那些大公司在中国的经营者，施工现场的管理人员想法也有所不同。所以说，是美国总部给了我们这样的机会，让我们实实在在地执行中国的环保法。

马军给我讲过那时的一段经历。在雅鲁藏布江的河谷里开矿："去之前我就非常吃惊，那家企业的总部在加拿大。我警告他们环境影响评价是过不了的，那个地方生态非常敏感。可这家公司总部的人跟我谈他们要在那开矿的态度非常坚决。因为公司在中国的管理层认为，该项目的经济利益诱惑太大了。他们甚至认为自己了解当地人，知道怎么就能摆平当地政府"。

2006年春天马军去雅鲁藏布江河谷时，那个项目开工已经十个月了，可投资方甚至没有告诉当地社区他们到底要干什么。更没告诉人家有几个村的人都要移民。

马军去时，当地已经死了很多羊。马军认为这肯定和施工排水有关。可老乡们却纳闷，不就是修路吗，可我们的羊怎么会越死越多？

"都破坏成这样了，还不告诉当地人他们要干什么！更让我吃惊的是，那里居然离保护区如此之近。我在离那40公里的地方拍到过上百只黑颈鹤，还在离那大概只有一千多米的雅鲁藏布江的河滩上看到过七只。国家一级保护鸟类除了黑颈鹤以外那里还有藏雪鸡。施工现场这些就都能看到。

在马军的坚持下，经过调查果然发现，开矿的地方就是黑颈鹤自然保护区的范围之内。那个铜矿利益的诱惑之大，致使马军当时所在的公司内部也有了不同的想法。可马军的态度不容动摇：NO。因为他认为这家公司的做法显然没有达到他们最初的承诺：遵循国际通行的规则。而且对有关中国自然保护区法更是一种无视。

马军说，那些年他在公司做企业社会责任咨询时，对一个项目的审核与认可，包括那个项目对环境的影响，对健康和安全的影响，也包括劳工的权益。这些方面中国都有相应的法律法规。问题是有法不依在中国是家常便饭。外国企业在他们所在国生产，法律的约束已是习惯成自然，在中国投资却……

当年，马军所在的那个公司基本是跟国外的大客户打交道，公司给了他很大的空间，按照自己的理想去追寻真正的环境与社会的和谐与公平。在马军看来，利用国际惯例，让外国企业在中国的生产只有达到他认为的和谐、公平才能开始这个项目，这是当初把他从媒体跳出来干上这份工作的诱惑。可是，当这样的公司，在中国现行的体制下，都难以守住他认为的底线时，马军知道，自己到了不适合在商业机构做事的时候了。

我一直承担着把马军拉出了挣大钱的公司进入了只挣"最初的起跑钱"工资的NGO工作的"恶名"。可我没想到他在国际大公司的"谢幕"竟如此悲壮。

今天，人们看到的《中国水污染地图》，用马军自己的话说：很多思路来自那些年我对企业的调查，对在那些企业工作的工人的访谈，对所供职的公司承担的咨询经历，对一个人良心底线的历练。在我看来，这就是马军在维护法律的尊严。

中国水污染地图的尊严

2004年到2005年，马军在美国耶鲁大学时，专门研究了中国的环境管理体制。那时的他就发现，我们的体制里缺乏一种动力。就是在管理中、在决策过程中，只有当地的官员加上开发商，还有少数的一些专家参与在其中。他们之间是很容易达

追寻"野人"的足迹
——中国环保领跑者

成妥协的。马军认为,他们之间的妥协,很多时候又是以牺牲环境的利益、牺牲公众的利益,他们自己的利益可以最大程度实现而达成的。有了这样的妥协,决策者们就有可能,或很难再有动力真心地去解决环境问题。就会造成执法不严,就可能即使有很好的环境法,也没有很好地遵守与实施。

2006年秋天,中国水污染地图一经问世,新华社的《半月谈》就给它定了性:一份污染企业的"网络追杀令"。定性的话里还有这样一段:网站高调开通。尽管这家网站的初衷是为专业环保研究人士和组织提供一个可资利用的数据库、交流平台,但由于它采取了新颖、直观的地图形式表现水污染现状,一下子引起了社会公众的注意。开通一个多月来,点击率节节攀升,许多人留言表示赞许,还有许多人主动提供水污染线索。对污染源的详细曝光是这个网站的一大特色。

《中国水污染地图》问世以来,虽有很多媒体围追堵截,面对记者,马军一直没有改口:"要彻底曝光污染企业,我们做得还很不够。下一步工作是对污染企业进行定位。网站目前正和一些环保组织合作,利用全球卫星定位系统GPS找到污染企业的准确地理方位,在详细的网络地图上加以公布,然后发动公众对其开展独立监测,运用社会监督的力量促使其改正污染行为。"

我所召集的绿家园志愿者,是马军所说的利用GPS给污染企业定位的环保组织合作中的积极参与者。我一直在受着他的诱惑:你刚定的这个企业,又打开了网上一个省地图的页面。在《中国水污染地图》上,只要那个省的污染企业有一个被定了位,整个省的地图就会打开呈现在读者的面前。

为了让这张地图更充分地展现目前我们的江河所受污染的程度,一年多来,我和马军一起兴奋着,遗憾着,生气着。

那是我们一起在山西大同给污染企业定位。找不到路时我租了一辆小蹦蹦车请当地司机带路,马军把标有十几个污染企业地址的名单给了我。后来因污染的严重我竟被呛得去了医院。后来马军的同事告诉我,从医院里出来时我说:当时想的就是要把这十几个企业都找到。

其实,《中国水污染地图》上我为污染企业定的位是有限的,马军却把这如此最艰巨的事,当成了他这辈子都要干的事。

前面说过,依马军的性格有苦诉给朋友,难得。以至于朋友们会说,现在要想知道马军在干什么,从报纸上找才知道。不知道马军自己算过没有,现在他每天接的电话中,媒体的比例占了多少?见记者,见洋人,见当官的,一天到晚都要着正装地生活,我想不是马军要的生活,但却是他目前的处境。

把自己的时间都给了水污染地图给了媒体的生活,是什么生活?

就我所知抄录在此:丹麦嘉士伯啤酒厂是那个城市唯一没有污水处理设施的企业。每年罚它两次,一次五千块钱。政府要求他们建污水处理厂,两年了还没有建起

seeking the footprints of wild man
——— Leading pacemaker of environmental protection of China

来。央视《经济新闻联播》、《今日说法》从网上看到我们的"黑名单"，把镜头对准了这家企业和当地环保局局长。镜头前，环保局长很无奈地说：我一年就只能罚它两次，每次5000块钱。他建一个污水处理厂要390万元。环保局长对着中央电视台的镜头算的帐：这个钱他可以交390年的罚款。

就是因为这种规则，丹麦总部才敢说：我们是国际大公司，我们做事情有一个过程，没有那么快。1995年初说到现在了，污水治理厂还是没有建起来。马军说，我就不信这样的国际大公司在他们国家也敢说这个话。

2007年春节期间，马军在一个国际会议上跟欧盟大使谈到了他们一些企业在中国的表现。后来这位大使通知了一些欧盟的商会和企业。这之后，倒是有几家欧盟的企业找到马军他们中心，其中包括德固赛，很大的一家化工企业，还有芬欧会川，一家很大的造纸企业。不过，这样的沟通最终能起到什么效果，马军说还在等待。

日本的企业看到"黑名单"找过来的更多。连他们驻中国大使馆的公使和一些企业总部的老总都从日本来了。其中包括松下电器、花郎味之素、普利斯通在云南的一家做轮胎的企业。有一家日本企业一天给马军打了三个电话，说他们的订单都减少了，人家都要换供货商了，他们以后怎么立足啊，压力很大。

那天，马军和他约谈的时间一直定不下来，非要求一见不可的日本企业家就在外面等着。快下班时总算轮到他和马军谈了。虽然让那位久等了，马军并没能就此嘴下留情："你连中国本地法规都达不到，还怎么让人从你那儿买东西"。

日本驻华使馆公使和马军他们谈过之后，双方达成了这样一个共识：不针对任何企业，也不针对任何人，但是也没有任何企业有权利违反中国本地的环境标准，谁违反了谁就要自己承担应该承担的责任。日本公使给名单上的日本企业都发了通知，要求上了"黑名单"的企业要与公众与环境研究中心沟通。

凡是主动过来沟通的企业，公众与环境研究中心就安排会谈，这样的会谈对马军来说，常常是比较尖锐的。有些企业会说，我污染的没有我的邻居严重，为什么我们要受到这么大的压力？也会说，开车和关车的时候很自然地就会出现一些超标的情况，我们也不是一个月都在不停地超标，也不是一年不停地在超标。

我能想象，对于这些人马军的态度会有多强硬。

"我做咨询公司的时候，很欣赏一些国际大企业有它们环境管理的体系。做了中国水污染地图后，真的让我吃惊，怎么有些国际大公司它们的管理体系移植到中国以后就本土化了。而且这一本土化，是在向本地有不良记录的企业看齐。"

马军和我说这些，是他百忙当中，唯一一次参加"乐水行"活动，我们还中途离队坐在一家小餐馆里吃午饭的时候。那一刻，从他的脸上我看到的除了气愤再就是焦虑。

那天，河边的饭桌旁，马军也有说到兴奋的时候：美标陶瓷，一家很大的洁具

追寻"野人"的足迹
——中国环保领跑者

企业,污染排放的消息在香港媒体报道的那天,他们在国外的总管吃着早饭就勃然大怒,把企业经营者一年的奖金全取消了。不过虽说这样的举措对企业有了压力,但我还是不知道着力点在什么地方,公众怎么参与进来?咱们在兰州做绿色记者沙龙的时候,很多人也明确提出,西北那么好的山山水水,不希望都被污染了。但是作为个人,又不是领导,怎么努力?

就是自己与环保NGO人的这些疑问给了马军启示:每个人都有的一个权利是别人没有办法剥夺的,购买权。也就是说,掏钱的一刹那,选择的自主权是没有人可以剥夺的。市场经济中,购买的权利,力量很大。

"所以我拟了绿色选择的倡议书。"马军说。随之,全国21家民间环保NGO连手响应。

有学者认定,中国民间环保组织开始关注江河的命运,是中国民间组织朝影响公共决策迈出了一步。那么,马军推出的企业、专业机构、NGO的三方审核,我认为是:中国民间环保组织开始向影响企业行为迈出了另一步。

自1994年中国第一家民间环保组织成立到2007年,一步一步地经历了教育自己,教育公众,影响公共决策等阶段。影响企业行为,这一步,马军可以说是拓荒者。

2007年5月初,日本松下电池成了第一个接受中国环保NGO审核的企业。

后来和马军他们交流的企业,又有了德国的拜耳、巴斯夫、巴斯夫是德国的一个化工企业、IBM、微软、沃尔玛、必合必拓(澳大利亚的矿业公司)、联合利华。有几家已开始在内部以此名单过滤他们的供货商。

马军说,他倒也不希望冒然地就以这个名单决定人家企业的终身。因为他们掌握的数据还是有限的,离看见这个名单就"毙"了人家的地步还有距离,还有很多调查、研究要做。绿色选择提供的是一个线索,对消费者来说,是通过这一线索识别潜在的商业风险。对于企业来讲,你在名单上了,你改了吗?改了找一个第三方看一下。通过这样的方式,是要把不尊重环境的企业纳入到压力范围之内。

在绿色选择上,马军有不容置疑的信念:通过绿色选择,我们期待创造正向的市场压力,协助各级环境部门更有效地对污染源实施管理;建立一个公平的市场环境,让负责任的企业赢得竞争优势;推动每一个企业的节能减排,促进经济增长方式的转变;通过绿色选择,我们期待公众能通过购买行为维护自身的环境权益。沿着信息公开,公众知情,促进消费者以自己的购买权力进行绿色选择,企业担负起自己所承诺的企业社会责任,我们期待可以绕过当前环境管理体制中存在的诸多瓶颈,探索出一条环境保护的新途径。

2007年12月,4000多家企业因曾经或者正在损害空气质量的事实,被马军收进了刚刚完成的"中国空气污染地图"。中石化、海螺等大公司在各地的分支机构,

APP、巴斯夫、米其林等国内分公司，悉数在列。

　　2007年底的一个论坛上，一位听众当场询问马军：公众与环境研究中心汇集了众多污染企业名单和数据，有没有一个引擎，可以帮助企业直接查询自己的各级供应商，是否存在不合法的污染记录。

　　2008年初，企业污染记录搜索引擎开发完毕；2008年3、4月间，引擎投入使用。7月初，一家较大规模的广东纺织出口企业告诉马军，他们通过这个引擎，查到了自己十几家供货商的23条污染记录，多数是废水问题；他们已开始和相关供货商沟通情况，要求其改善，对其中一些考虑不再选用其产品。

　　到2008年7月为止，公众与环境研究中心的数据库中，已有2万多家企业、26000条的企业污染信息记录。

公众的尊严

　　2007年8月在西行的列车上，李焰曾经这样形容过她和马军的不同：我肯定不会说我很崇拜他。但我承认我关心的是小众，他关心的是大众。以这一点来说，他要比我伟大一些。

　　李焰说：我觉得他没有什么领导欲，不是说我想去管别人。我的感觉他是把自己和你们这个团队联系在一起，从保护水资源的角度考虑，我有这样的思路，我看到一些问题，我希望我周围的人可以理解，我把我的想法说出来，大家拿一个最稳妥的策略。我也真不觉得他是想体现自我主见，他是把自己和集体联系得很密切。

　　马军是公众与环境研究中心主任这个身份现在被媒体广为报道。其实2005年，他从耶鲁大学一回来，由于大家的信任，和李焰说的，"他是把自己和集体联系得很密切"的原由，他还被9家民间环保组织共同发起的"中国河网"推举为秘书长。

　　2004年7月和2005年8月、2007年、2009年马军四次代表民间环保组织动笔起草呼吁书，呼吁公示影响世界自然遗产、影响生态环境、影响当地民众利益的"三江并流"金沙江、怒江、澜沧江水电开发的环评报告。

　　在《提请依法公示怒江水电环评报告》呼吁书中，马军重点强调的则是："据

追寻"野人"的足迹
——中国环保领跑者

悉新的怒江水电开发规划已经经过规划和环保部门审查。我们认为,对于这样一个涉及当代和后代利益、引起社会广泛关注、且潜在影响巨大的项目,应该按照相关法律规定和国务院依法行政的原则要求,向社会公示环境影响评价报告,在公众充分知情并作出评议后方可做出决策。

2004年夏天,我们一起走大渡河时的一个晚上,在大渡河峡谷里和当地一位官员一起吃饭时。就能不能在那已经成为国家级地质公园的峡谷里修水坝,我们和那位地方官员展开了激烈的争论。这位官员的说法,和许多江边领导说得一模一样。甚至也说了:如果不让我们开发水电,我们宁愿不要国家级地质公园。不能给我们的今天带来财富的名称,我们要它干什么?至于水电,这位官员认为只要业主一进场,每年就有2000万的税收。对于这笔钱是不是真能到来,他没有一点置疑。至于修了水坝后,对景观、生态的影响,他也承认。但他说,为了改变现在的穷,这是必然的。不能为了景观,连开发自己所在地自然资源的权利,也被剥夺了。

和这样的人争论,马军有马军的君子风度,晓之以理,我有我的锋芒毕露且动之于情。但在发展是硬道理的政绩标准面前,我们的嘴皮子都还得磨下去。

2005年春节我和马军一起结束了绿家园怒江生态游后再次到金沙江、虎跳峡。这次我们是要看望刚刚因劳累过度,年仅32岁就去世的萧亮中的父母兄弟。我们也没有想到,到金沙江边的车轴村时已经很晚,几个村子的人聚在一起,在一个很宽敞的农家小院里等着我们,要向我们诉说不想搬到"花果山"的心情。

江边乡亲们说的花果山是:勤劳勇敢的当地人把能开垦的地早都种上了。修水坝,要淹他们的地,要让他们就地上移。上移的山上能种地吗?那是猴子住的地方。

那个晚上,面对焦急的农民,马军讲得最多的还是公众参与,还是环评法里的知情权,听证会,是利益相关群体说的话要让决策者听到,这些群体的要求应该影响到公共决策。

2007年,"乐水行"后,一起坐在河边的小餐馆里,我们的聊天中,马军还在为江边的乡亲们着急:金沙江的河谷海拔只有1700、1800米,是非常富裕的河滩地。当地人至今记着1959年到1961年那三年期间,金沙江边农民种出的粮食,是调往中原的救命粮。江边的人爱种兰花。那里一盆好的兰花值几千,甚至上万元。有人试着把这些兰花带到昆明,可离开故土的兰花很快就失去了生命力。我说江边农民的气质看起来不差教授。马军说,是因为那里有着丰厚的文化底蕴。我们不是反对修电站,我们反对的是还没有进行环境影响评价就开始勘探;是置当地人利益于不顾的江河开发。

我和马军一起去过三次怒江,当地的澡堂会是他每一次去都要向同行人推荐的。傈僳族的澡堂会,现在是每年春节时,方圆多少里的人,即使要爬十天的山路也要去的温泉。在温泉里,他们说是要洗去一年的污垢,迎接新一年的到来。历史上,怒江边的澡堂会是男女全裸同浴。马军称这情景是一种陶醉、一种欣赏,是不去那难以想象得到的。一惯沉稳的马军,在形容澡堂会时,用了很激动这个词。他说,是因为那里给你的感觉是回归到原始状态。是古典诗词里对一条河的描绘:"流水如碧玉"。我听他不止一次地向没去过的人说:在怒江边真的可以看到。

和虎跳峡一样,马军也为怒江深深地担忧着:什么叫要把美好的东西撕碎了给人看?如果怒江修坝,这些温泉将被淹没。那里的文化怎么传承?还有少数民族的传统与宗教怎么办?马军说,除了这具有神圣意义的温泉,怒江更具特色的是它的激流险滩。那儿的峡谷长达300公里,在国际上叫东方大峡谷。江里有十几种冷水鱼、底栖鱼、激流鱼。一旦形成"高峡出平湖",这些鱼类怎么活?水电集团说这些问题都解决了,但是怎么解决的要告诉公众。告诉公众最好的办法不是说,而是环境影响评价是怎么做的,要公示。

2007年4月国务院总理温家宝签署第492号国务院令,公布《中华人民共和国政府信息公开条例》。国家环保总局随后又出台了"环境信息公开办法"(试行)。"当人们都在说环境保护需要公众参与时,如果信息不公开,公众什么都不了解,叫他如何参与?信息公开不是口号,也不应是形式主义"。这是马军在信息公开条例出台一周年时,接受记者采访时再次强调的。

这几年,我知道马军做的所有的事都和环境信息公开有关。因为他认为,信息公开是公众参与的前提条件,我们强调它是因为它是环境保护的重要部分。马军还认为:信息公开,现在法律法规都比较健全,而且没有明显的障碍。虽然像美国或者西方国家那样,每一个工程项目都要开听证会,都能落实到参与的层面上,我们中国一时半会儿还难以实现。但信息公开应该是可以做到的,是得到了国家的法律政策支持的,也是有条件做到的。如果说以前我们很难做到信息公开的障碍,是因为我们很难象西方国家那样,在做信息公开的时候大量地印刷资料,邮寄到千家万户。成本太高。现在有了网络,可以大大降低信息公开的成本。所以,现在从技术层面来说,信息公开就不仅仅是发达国家可以做到,发展中国家也可以做到。

2005年初,我的一篇《对自然应报以敬畏》的文章引起了一场不大不小的争论。有人针对我的这篇文章发起论战,说敬畏自然是反科学,反人类。同年6月,针对"人类无需敬畏大自然"的说法,马军在《南风窗》上发表文章。文章对于"以人为本"的对立面是"以环境为本"、环保人士是"为了生态而生态"等观点做出了自己的表述。文章中他写道,以人为本的立意恰恰不是要强化人与自然的对立关系,反而是指统筹人与自然的和谐发展。只有维持人与自然的和谐关系,才能协调经济与环境保护之间的关系。

"变工程治水为生态治水,变征服自然为与自然和谐相处,达到人口、资源与环境的平衡,这正是中国水资源问题的唯一出路之所在。"这是马军的一家之言。

马军说:"我是一个环保主义者,但是环保只是社会诸多利益诉求的一部分,我们并不追求主导决策过程,而是希望建立一个公众参与的平台,让不同的利益群体都能够在充分知情的条件下进行平等的探讨。要相信公众不会选择毁掉自己生存环境的发展模式。"

追寻"野人"的足迹
——中国环保领跑者

2008年12月30日，马军和绿家园志愿者的代表杨勇参加了国家环保局有关金沙江阿海电站的环评会。这是中国民间环保组织第一次以民间组织的身份参加国家环评。

2008年7月，我们俩人作为联合国开发计划署推荐人选参加了奥运火炬的传递。传递后没几天，在我们互通的电话中，既有一起大谈传递火炬时的感慨，也有因对一家在中国的国际企业有不同的看法足足在电话中大吵了一个多小时。

我也不知道这次大吵后，对我们今后一起做事是升华，还是什么？

人的一生，有为享乐的，有为金钱的，也有为自己认定的事业的；有既要享受，也要金钱的，有既要享受也要事业的，也有为了事业其他都可置之度外的。我和马军都不是只要享乐，或只要钱的人。但我是既要自己认定的事业，也要享乐。他和我的判断只要自己要干的事，其他都可不管不顾。

性格决定命运。

这里原是一江清水，修电站后成了这样

和野生动物打交道的人

为猴子请命——奚志农

雪地上,两只藏原羚转过头望向镜头,露出它们白色的心形大屁股;一场冰雹后,一头羚牛从大石头后探出头来,好奇地看着摄影师;繁殖季节,雄性藏羚羊带上了"黑面具",角像剑一样直指天空,等待着他们的情人;出生6个月的大熊猫趴在树上,等着觅食归来的妈妈……

这是野生动物摄影家奚志农镜头中记录下的各种动物。2008年6月21日开始,由《上海外滩》画报主办的"2008中国野生动物影像巡展"在上海举行。122幅精选作品回顾了奚志农十几年野生动物摄影的心路历程。

1992年开始,奚志农在云南白马雪山拍摄滇金丝猴,守候了3年,但只有两次拍摄到这些"雪山隐士"的身影。

1999年的夏季，奚志农随科考队到阿尔金山自然保护区考察藏羚羊，发现在那片古老的繁殖地上竟躺着超过一千只母藏羚羊的尸体，还有一千多只刚刚生下的小羊!

2001年英国"BG野生动物摄影年赛"，奚志农的一张滇金丝猴的照片获得"濒危物种"单项大奖。

2003年奚志农去了一次加拿大，那里野生动物数量之多和它们对人的亲善，竟引起了奚志农的嫉妒："在那里，我生平第一次拍到了3万只雪雁同时飞起来的镜头，但那又怎么样呢？任何一个有相机的人，按照摄影手册上的说明，在指定的时间到达指定的地点，都能拍到3万只雪雁。"

奚志农的这句话，正是他性格的体现。拍到野生动物是他生活中的大事。但这句话我觉得他说得有点牛。拍照片按书上说的就能拍到吗？相机卡壳了、焦距没对准，都有可能达不到他说的"任何"二字。还不要说构图，光线等技术活儿。

我曾几次问过奚志农使用相机的问题，他当时脸上的那样不屑，差不多让我发誓这辈子再也不问他有关摄影的问题了。说不上是因为我的笨，还是受不了他的刺激。不会使，才问你嘛。你觉得简单，不值一问，你在这行里磨了多少年！

不过，我知道奚志农现在办的野生动物摄影训练营红红火火，和奚志农学摄影，差不多是当今的时尚。而他和北京动物园一起办的野性中国系列公益讲座到我写他时，也已经办到第十五期。这期讲的内容是：《飘落凡间的精灵——北京首届昆虫摄影展》；《飘落凡间的精灵——昆虫摄影师的故事》；《野生动物影片背后的故事——拍摄野生动物影片的苦与乐》；《野外生态微观摄影——在野外，在微观世界，你所不知道的一切一切》；《植物私生活——花草间的隐秘生活》。

云南的一位记者写奚志农时用了这样的标题：野性中国，理性公民——奚志农的"绿镜头"。绿镜头也是我的一本"大自然的昨天与今天"一书的书名。2006年11月，奚志农在他的"十年寻梦"云南香格里拉行时很感慨地说："我很幸运，能够深入人迹罕至的地方探访那些濒临灭绝的珍稀物种。无论是可可西里的藏羚羊、野牦牛，还是白马雪山的滇金丝猴，或是秦岭深处的大熊猫，它们或多或少地给了我机会，让我记录下它们的惊恐、好奇、安详和宁静。不是我的照片而是它们的眼神感染和打动了每一个看过那种眼神的人。从它们的眼神里，我看到了自己的影子，看到了人类的自私和贪婪，也看到了什么是纯真，什么是自然。这就是影像的力量！"

我听中央电视台一位著名的主持人说，他曾和奚志农一起上了一辆出租车去采访，上车后奚志农就让司机打开窗户关上空调。结果，那位主持人不客气地对奚志农下了逐客令：那你下去。

从记录到保护，做事认真到了苛求，这就是奚志农。

seeking the footprints of wild man
——— Leading pacemaker of environmental protection of China

它是只疯了的金丝猴

我和奚志农的相识也因金丝猴。那是1996年初，他写了封鸡毛信，信中他告诉人们为了把木材运出来，云南德钦县的路就要修到原始森林里。

我很快在中央人民广播电台的午间半小时节目里播出了这封信。没几天我接到自然之友会长梁从诫先生的电话，说是云南德钦县六大班子的头头都来了，他们听到了我在我们中央人民广播电台做的节目里播出的奚志农的信，中央电台都播了，地方官害怕后面还会发生什么……

我问过如今名声越来越大的奚志农，还记得我播完他的信后又对他进行的那次采访吗？奚志农当时脸上的表情还是不屑。这次的不屑里我看出的是，还用问吗？怎么能忘。和奚志农打交道对我来说，或许就像是他拍动物，不光拍外表，还要拍出那精气神。

写奚志农，我翻出了自己的"老皇历"——当年做的广播节目。整整十年了，我想应该看看当年我是怎么写他的。这一看，就看得我也想让今天的奚志农看看，让如今一口一个奚老师的奚志农的粉丝们看看。同时脑子里又闪出一个人，也应该让她看看。她，是当年追，且得手，婚礼在颐和园的画舫上举办的奚志农的妻子史立红。

下面是中央人民广播电台午间半小时1996年1月播出的广播节目，主持人是傅成励和方舟。我基本上照录如下，因为是录音，再用文字表达出奚志农的话很是口语。

傅：前两个星期，我们在节目里曾经播出过，云南省林业厅的奚志农写给我们午间半小时节目的一封信，奚志农在信中呼吁保护云南德钦县的一片原始森林，保护森林里栖居的200多只金丝猴。节目播出以后就有不少听众朋友打来电话，和写来信询问情况，有的还在电话中说，为保护这片原始森林，愿意尽自己的一份力量。

方：元旦刚过，奚志农到了北京。上个星期，在民间环保组织召开的、为保护滇金丝猴献计献策的会上，奚志农告诉大家，他这次到北京，是来为猴子请命的。我们在上次节目里说到的，正在修的路，现在已经修到了原始森林的边上，县里还拿到了贷款。木材公司要靠卖了木头把钱赚回来。在他们的计划中，预计用8、9年的时间把这片原始森林采完。

傅：这几天，经过多方努力，林业部已经决定派出工作组赴云南了解情况。但是今后的情况会如何发展，参加会的人心情并不轻松。我的同事汪永晨参加了那天的会。奚志农在会上又向大家介绍了目前金丝猴的一些处境。他说，一提到云南，很多人就想到西双

追寻"野人"的足迹
——中国环保领跑者

版纳,想到云南的热带雨林,想到大象。但是云南有句俗话,一山分四季。云南由于特殊的地理位置和构造,形成了它复杂多变的一种自然环境。它的生物多样性在中国体现的最为充分。

方:云南具有代表性的动物,也是世界上唯一有的动物,是金丝猴。这种猴子又是世界上生存在海拔最高的一种灵长类,大多生长在海拔4500米的地方。由于地理阻隔和环境恶劣。过去人们对它的认识很少。1992年,中科院云南动物研究所和白马雪山自然保护区管理局才开始做了为期三年的研究。奚志农六上白马雪山,只有两次见到了金丝猴。说到自己的经历,他很激动。

奚:(录音)6月份时气候变化,一场雪很快就下来。猴子最主要栖居的地方,生长在广茂的原始森林中。4000米以上,都是长毛冷杉。滇金丝猴20%的时间离开树,在地上活动。在突出的石涯上找苔藓,主要采集寄生在冷杉上的地衣类植物。当地叫地胡子。只有那样一种环境中才有它的食物。那样的环境破坏了,它也就失去了生存的条件。寄生地衣类食物,如果无限制繁殖,拼命吸取冷杉的营养,那棵树就枯死了。所以,冷杉和滇金丝猴是一种相互依存、依赖的关系,缺一不可。

6、7月,是白马雪山的雨季,空气中湿度很大。我92年上山,在山上一个多月都没见到。有几次觉得几乎要摸到猴子尾巴了,可还看不到猴子。93年5月,在山上三个月没找到,一直到我第三次上白马雪山,经过一个星期的寻找,差不多走遍了100多平方公里的范围。到最后,已经处于极度绝望的时候,猴子来找我们了。我看到猴子很新,很新的粪的时候,真好像看到了金子。不知从哪来的一股力量,一下子就从沟底上到观察点,700多米的海拔高差,很快就一下子穿过杜鹃林,就上去了,找到一个至高点,没有想别的,没用脚手架,就把机器一搁,把镜头焦距推到最大,开关打开,这是我第一次在野外拍到猴子,所以是很不容易,很不容易。

在中国很遗憾,人和动物之间是一种敌对的关系。动物一看到人,听到人就感到是它们的敌人来了,恐惧,第一个反应就是马上逃跑。为什么在中国拍野生动物最难?它们首先要保护自己,要有安全距离,超越了,它马上就跑。而且将要采伐的这片原始森林,它的植物种类,是从海拔2000米到4000米都有,非常丰富。有很多珍贵的树种,都是国家一、二级保护的植物。沟谷地带有很多红豆杉,是国家一级保护植物。无论从哪个角度,都应该留下这片森林。因为森林已经存在很久,很久了,毁坏了,冷杉的人工更新现在还不可能,天然更新要几百年以后才能长成现在要伐的那么大的树。(录音完)

方:在那天的会上,大家都认为,经济困难需要改善,但是不能以破坏环境为代价。会上,也有不少我国的环境保护工作者提出了一些自己的看法。中国科学院动物研究所张树义博士说:

张:(录音)我个人觉得,我们国家有森林保护法,还有一些野生动物保护法,抓一只猴子要罚多少款,判多少年的刑。可就没有法管对灵长类动物生存的环境森林破坏了应该怎么办。比如,有人抓了三只、五只滇金丝猴,判刑很重,如果把一片林子都破坏了,那对整个200多只金丝猴的影响多大,犯的罪应更大。但我们国家从法律讲,就没

seeking the footprints of wild man
—— Leading pacemaker of environmental protection of China

有一个很相应的条文。几种动物的保护很重要，但是最要的还是决策问题。它涉及到整个动物、植物的保护，比保护一、两个物种还关键。（录音完）

傅：北京野生动物保护中心主任郭耕，这几年来一直在研究灵长类动物。他说的几个数字，真是令人担忧。

郭：（录音）灵长类包括各种猴子、猩猩和咱们人类。我有一些数字，白掌长臂猿是马上就要绝种的一种灵长类动物。在云南南滚河，现在只有5群了。也有人说可能已经消失了。海南长臂猿，现在仅有15只左右。最突出的是白头叶猴和黑叶猴，因为它们是半岩栖动物，生长在岩石上。本来山岩周围是森林，是叶猴的采食地，岩石是它的栖息地。现在只有它休息的地方，没有采食的地方，没有容身之地了。（录音完）

现在，听听十年前广播节目中提的问题，还是问题。不同的是，奚志农拍到了更多的金丝猴的照片，更加深了自己对以研究黑猩猩而闻名的女科学家珍妮·古道尔这句话的理解。古道尔曾经为人与动物的接触立过一个最高的标准："如果你坐在它们的身边，它们都不理你，你就达到了人与黑猩猩之间的和谐境界了。"

因为奚志农，我还为滇金丝猴作过一个广播节目。那是1999年，昆明市举办世界园艺博览会，滇金丝猴被博览会定为吉祥物。作为第一个将滇金丝猴介绍给大众的摄影师，奚志农当然打心里高兴。世博会前，当地电视台要做一个节目。奚志农后来得知，为了清楚地拍摄到滇金丝猴的图像，摄像师竟然动员了一批村民去驱赶猴群。结果两只小金丝猴因此从母亲的怀里掉了出来。这时，拍电视的人不是立刻撤走，让猴妈妈来救自己的孩子，而是把小金丝猴带到了昆明，成了吉祥物。

然而，世博会还没有结束，身为吉祥物的小猴子就不行了，最后经动物专家抢救无效而死亡。我在昆明奚志农的家里见到他时，他告诉我更不可思议的是，人们完全忽略了他们给猴子带来的灾难，还在报道中大肆宣扬对那只被定为吉祥物金丝猴的拯救，并称之为"人与自然的和谐"。

"给这种行为曝光！"1999年我采访昆明世博会的时候，这是奚志农一再叮嘱我的。

2004年，奚志农在自己创办的中国第一个野生动物摄影训练营开营开课时，首先讲的就是："在野生动物的安全和你的照片之间，野生动物的安全永远是第一位的。"这应该是一个拍野生动物的摄影师的拍摄原则。

在野生动物训练营上，奚志农还给学员们讲过自己的这样一次经历：那是他和专家们一起在观察滇金丝猴的生活。为了看清猴子，专家们用的也是请农民帮忙把猴子赶近些的损招儿。那次奚志农请求农民们停止驱赶猴群，并试图说服研究者们走到地势更高一点的地方，而不是强行要求猴群来迁就，可他的这个要求也被拒绝了。

那次天气确实是太冷了，无论是那些被食物诱惑的猴群，还是那群等待观察猴子的研究者，都失去了运动的欲望。失去耐性的村民开始往猴群里扔东西，摇晃猴群端坐的树。不管奚志农怎么劝阻根本不起任何作用。在"尽职尽责"的村民用了两个多小时的威逼利诱后，猴子终于屈服了。目睹了这一切后，奚志农拒绝和别人交谈，并于第二天独自下山。

奚志农第一次接触摄影是1983年9月。当时中国的摄影师采取一种很原始的拍摄方式：有人专门负责抓鸟，抓到后用尼龙绳拴在树上再拍。一天，奚志农跟着的那个摄制组找到一只橙翅噪鹛的鸟巢，里面有几只雏鸟。他们马上用尼龙绳将小鸟拴在窝里，用这种办法他们拍到了大鸟喂食的画面。可是，他们离开时忘了解开绳子，第二天再去看时，一窝小鸟全都吊在窝的外面死了。那一刻的奚志农在生气和伤心中暗暗下决心：我要学会摄影，我要拍自由飞翔的鸟。奚志农认为，那样他就可以找到一种方式，不是用枪去表达对鸟类的"热爱"。当时奚志农还给自己定了一个很高的目标：要拍摄云南全部700多种鸟类。

奚志农这辈子拍野生动物的生涯是从在云南省设计院做画图工开始的。攒钱买照相机，利用假期自费回到家乡巍山进行候鸟迁徙的调查和研究，给100多只候鸟进行了环志。一次，为了能有一个月的假，他想出的办法是什么？献血。因为当时献血后是有休假的。

中国青年报的一位记者曾对着一张金丝猴的照片好奇。奚志农告诉她："这是只疯了的金丝猴。它在原来的族群里被另一只公猴打败后被赶了出来，又碰巧那一片森林被砍伐，金丝猴群迁走了。只剩下孤独的它，每天误以为轰隆隆响着的拖拉机就是自己的家，以致于被机器烫伤了嘴唇。对人也不太在意。"

奚志农说："正因为这样我才有机会这么近地拍摄到金丝猴。可这是不正常的呀，滇金丝猴本来在森林里与世无争地生活，却忽然被赶出了自己的家园。"

"金丝猴这样敏感又稀有的野生动物，因人类的干扰不得不四处流亡，寻觅新的家园。"奚志农每当说到这些时，脸上也会有不屑。而那不屑里，我知道是对人类在野生动物面前狂妄的轻蔑。

面对三堆藏羚羊的尸体

看过奚志农拍的照片的人，几乎都会产生这样一种感觉：照片中的动物仿佛具有某种智慧。而且,似乎正在准备和人们做某种交谈。

多次和奚志农一同赴野外拍摄的摄影师,陕西长青保护区的贺明锐对这个玄妙的问题有他自己的说法:"那就是动物本身的表情,要捕捉到这样的表情,关键是你不能惊扰它们,不要让它们看到你,或者即使看到了,也要让它们觉得你是无害的"。

有一次,贺明锐和奚志农一起拍摄羚牛。贺明锐说,那次他们经历了一次超近距离的接触。那天,一开始和羚牛的距离并不算近,所以他们放弃了隐蔽。没想到过了一会儿,一部分羚牛注意到了他们,并朝他们冲过来。贺明锐形容:"我看见镜头里的牛头越来越大,最后超出了取景框。一下子不知如何是好,如果扭身逃走,羚牛肯定会发动攻击。我学着奚志农的样子稳稳当当地站着继续拍摄。等羚牛对我们失去兴趣,大摇大摆走开后,我俩儿估算了一下距离:不到3米!像羚牛这样的大型动物,通常应该在100米左右。"

1997年,我曾接到奚志农从新疆阿尔金山打来的电话,电话中的他焦急地告诉我,那里有人在偷猎,地上躺的都是藏羚羊的妈妈,皮都被剥走了,小羊在妈妈的身边惨叫。那个电话让我忙乎了好几天,国家环保局、国家林业局、人大环资委,类似这样的呼救电话,我从没有问过奚志农,但我猜得出他肯定没少打过。

后来我知道,那年奚志农跟随"野牦牛队"进入45000平方公里的可可西里,开始了为期14天的冬季巡逻。当时的气温到了零下40度。在茫茫雪原上,雪后初霁的阳光下,他看到一队藏羚羊缓缓地走出了地平线。远处的雪峰在雾中时隐时现,藏羚羊宛如精灵,一只接一只地轻轻滑过奚志农的镜头。一只,两只,三只……一共九只母羊。最后,一对长角冒出了地平线——公羊出现了。当时正是藏羚羊交配的季节。这是一只得胜的公羊,争到了足够的母羊,那是它正带着自己的'嫔妃'们前往交配地。

突然,公羊停下来,向有人的方向张望。那只公羊交配季节特有的黑脸映入了奚志农镜头中的画面,好像是戴了一幅面具。奚志农形容那头公藏羚羊的样子是:有点调皮,有点可爱。也许是还处在得到了那么多母羊的兴奋当中,对"野牦牛队"的闯入,这只公羊只是好奇地张望了一下,就没再搭理,更没有逃走。

奚志农说,那天自己是一直目送着这队藏羚羊向雪原深处走去,直到它们完全从视野中消失。

至今让奚志农还在遗憾的是,这样安详、宁静的画面,在14天的巡逻中仅仅出现过一次。更多的时候都是在他还未来得及多看一眼时,藏羚羊就一阵风似地消失了。由于猎獗的偷猎,藏羚羊已成了惊"车"之"羊",往往在一两公里以外就开始四散奔逃。它们的奔跑速度极快,最高可达每小时100公里,汽车有时都追不上。在14天的巡逻中,奚志农他们看到的藏羚羊加起来不到200只,还不够被一个偷猎团伙屠杀的零头!

追寻"野人"的足迹
―――中国环保领跑者

从可可西里回来后,奚志农就一直找机会要再多拍一些藏羚羊的照片,再多观察一些藏羚羊的生态习性。凭着这种执著,1998年的夏季,奚志农有幸参加了由阿尔金山自然保护区和香港中国探险学会联合举行的对藏羚羊的繁殖地的考察,这也是有记载的人类第一次进入到藏羚羊的产羔地。

那次,他们的目的地是木孜塔格峰。刚刚进入无人区,奚志农就发现了车辙,车辙很新,密得像网。当时,奚志农第一个直觉就是:不妙!根据他们的经验,正常行进的车都是直来直去,没有必要漫无目的地乱绕。由此判断:是偷猎者!接着,他们就发现了秃鹫在高空盘旋。秃鹫是吃尸体的呀!顺着车辙和秃鹫下落的方向,奚志农他们很快就找到了一处藏羚羊的尸体堆。

罪行很可能就发生在头一天夜里。藏羚羊的尸体还是殷红的,眼睛却已被秃鹫啄烂。奚志农看到一只母羊的鲜血尚未凝结,还在一滴滴地滚落。母羊的身边躺着它们的孩子,从个头毛色判断,这些小羊来到世间才不过一两天,还未来得及挣眼好好看看这个世界,就饿死在母亲的尸体旁。有的小羊尚未出生,小小的身体是被秃鹫从母亲的体内拖出来的!

随行的阿尔金山自然保护区的工作人员也惊讶万分,他们原以为偷猎分子只在冬天藏羚羊绒最厚的时候猎杀,没想到夏天也来了,而且黑手已经伸到了鲜为人知的藏羚羊繁殖地!离开第一处藏羚羊的尸体堆,走了还不到200米,又看到了第二堆尸体……到当晚的扎营地,考察队一共发现了三堆藏羚羊的尸体。

通常来说,藏羚羊选择的繁殖地很偏远、很隐秘。他们发现三堆藏羚羊尸体的地方海拔都在五千米以上。而且那次考察中,他们没有发现其它任何一种有蹄类动物,像藏野驴、野牦牛、还有对藏羚羊有威胁的狼……这些动物在可可西里都是经常见能到的,都是和藏羚羊共生的动物,在这片繁殖地里一头也没见到。这在青藏高原真是太罕见了。藏羚羊选择这样的地方作为它们的繁殖地,显然是在用聪明才智保护自己。它们哪会想到,其它动物好防,人难防呀!用奚志农的语言:"这一切都被偷猎者破坏了……"

那晚考察队本来计划在一个山坡下扎营,但当他们架起望远镜时却发现山坡上满是一道道的羊肠小路,通过放大45倍的望远镜发现,极远处有三五成群的十几只藏羚羊在活动。这些羊肠小路就是藏羚羊踩出的道路。对藏羚羊的长期研究使他们立刻下了判断:如果这么近扎营肯定会影响到藏羚羊的活动。考察队马上决定——撤!

虽然时间已是黄昏,奚志农他们还是果断地往后撤了足足半公里,最终远离了有藏羚羊活动的山坡。高原上的风又急又猛,远离山坡野外安营扎寨,夜里有好几次奚志农都被风啸声从梦中搅醒。

第二天,离开营地的他们继续往山里进发,一路又是连续不断地发现藏羚羊的尸体堆。后来奚志农回忆:"那次考察我们一共见到了11堆藏羚羊的尸体,共84只,这还只是母羊的尸体数,不包括小羊。其中最大的一堆母羊有24只,刚出生就死掉的小羊15只。"

就在这样一个尸体堆，一个尸体堆数着时，出现了一幕让奚志农终生难忘的画面。当时他们在一个河滩上观察到一只母羊一直徘徊在考察队周围，离他们很近，跑也跑不了多远。

一路上考察队碰到的藏羚羊因为差不多都受到了人类的伤害，对人都怕得要死，这头为什么不跑走，肯定有原因。根据野外生活经验，他们左找右找，突然在河滩上发现了一个黄黄的毛茸茸的东西，仔细看来，是一只小藏羚羊！小羊一动不动地趴在鹅卵石上。奚志农多次对采访他的记者表示，那次对他们考察队来说，每个人都经受着极大的考验，他自己也进行了激烈的思想斗争。

情况是这样的，他们要是不走，母羊就无法靠近它的小宝宝。可小羊就在眼前呀，而且参加考察队的都是研究、观察藏羚羊很长时间的人。对他们中的很多人来说，那还是第一次看到活生生的小羊。后退？还是前进？

只几秒的犹豫后，他们不约而同地选择了放弃拍摄及研究，迅速撤离了现场。一心只想着快点离开，让母羊回来，连头都没有回的他们后来想，其实完全可以躲在一个母羊发现不了的地方等它回来，再继续我们的拍摄嘛。可当时所有在场的人心里的念头是一样的：别打扰人家母子了。

虽然那只是瞬间，可那只小羊趴在鹅卵石上的样子，就像是印在了奚志农的脑子里，至今还会时不时地跳在他的眼前，让他重温藏羚羊的母子情深。

那次考察，除了让奚志农更加痛恨偷猎者外，他对自己也有至今都没忘却的深深内疚。那是因为那天的路面不好，他们的车一下子冲到一个河滩边隐秘的小沟里。他们只觉得眼前倏地闪过一道褐黄色的光影，细细看来，那沟里趴着一只小羊。通常在这样的情况下，母羊会跑出去一会儿才会回来。他们就是立刻撤，也没有意义了。于是大家都互相催着：快拍，快拍。"

小羊趴在河滩的沙地上，浑身湿漉漉，是一种暗褐色。从毛色上，还有身上湿湿的样子，奚志农判断，它离开母体才几分钟。当时正是下午两三点钟，日照非常强烈，小羊显得很虚弱。它出生见到的第一个活物是它的妈妈，第二个就是这些冲它一阵猛拍的"怪物"了。小家伙好奇地看着他们，眼中没有惊恐，因为它还无从了解人类是怎么回事。它好像要在众人面前表现一把似的，开始试着把小腿立起来，立了前肢再立后肢，显然是努力地想站起来，结果前肢一软就跌了回去。不气馁的小羊又开始了新的努力。它的小腿那么细，显得那么的无助。在大家一通猛拍时，奚志农想把摄影机放在一边去帮帮它。不过理智马上告诉他：不可以！他知道如果小羊身上沾了人的气味，它的母亲说不定就不要它了。

拍了一会儿，奚志农想起在小羊的周围怎么没有看到胎盘。那说明在他们闯进沟里时，母羊肚子里的胎盘可能还没有下来。这种惊吓对母羊和小羊会有什么影响？如果不是因为车突然滑进沟里，那只母羊就不会受到惊吓，而它刚刚生下小羊呀……这些责怪,奚志农反反复复地在心里重复着。

那天,也许是惊魂未定,藏羚羊群一直远远地躲着他们的车队,连秃鹫也把他们当作偷猎团伙,一直盘旋在车的上空,准备随时随刻地冲下来。

1998年冬季,奚志农再一次随阿尔金山自然保护区和香港中国探险学会的联合考察队进行了对藏羚羊交配行为的考察。在阿尔金山空旷的营地,每天晚上奚志农都是在听着公羊们格斗时羊角激烈撞击的声音中入睡的。但凭着我们多年来打的交道,我能想象出奚志农那时的睡梦能有多香。

为了野生动物的家

当年让奚志农发出鸡毛信的迪庆州德钦县,为了解决那个万人小县1000多干部的开支问题,就决定在白马雪山自然保护区的南侧,砍伐100平方公里的原始森林。毁掉100平方公里的原始森林!那可是世界罕见的低纬度高海拔的针叶林,它的毁坏不仅对滇金丝猴,而且对整个滇西北的生态都是灭顶之灾。

当时有人劝奚志农不要妄动,在中国谁也阻止不了这种事情。倔强的奚志农的回答是:"我没有任何借口逃避保护它的责任!"后来奚志农到县、州、省四处奔走。可官员们的回答是:我们工资都发不出了,谁想制止,谁给钱。

谁也给不了钱,于是专修的公路就逼近了林区,刀斧手们磨刀霍霍,嗷嗷欲动。

那年除了发出信以外,奚志农找到了科普作家唐锡阳,两人一起给当时的科委主任宋健写信:"这片原始森林和林中的滇金丝猴已经生存千百万年了,千百万年没有毁掉,为什么一定要毁在我们的手里?吃完这片林子,就剩保护区了,是不是又要吃这个保护区?吃完这个保护区,还吃什么?难道我们的解决办法就是'吃祖宗饭,造子孙孽'?"

奚志农他们写的信很快得到了宋健的批示。他揣着宋健的批示尤如持着上方宝剑,带着中央电视台"新闻30分"记者,胆壮气足地赶往德钦。

伐木公路还在修,而且已经到了森林边。奚志农几乎要抢民工手中的工具。伐木总指挥、德钦林业公司经理张永明被记者截在木材公司的楼梯上,在电视镜头前

seeking the footprints of wild man
——— Leading pacemaker of environmental protection of China

这位林业公司的经理辩护道："为这次伐木我们已经贷了几百万元的款了，没法停下了。全县4个月的工资是由我们公司发的……"

中央电视台"新闻30分"这个节目播出后，进一步激起全国的关注。中央调查组下到德钦，这时云南省政府不得不出来说话，迫使当地政府让步，张永明等人只得罢斧。原始森林保住了。

停下来的修路，停下来的砍伐，德钦县并没有损失什么，他们"笑都笑不过来呢"，因为中央答应此后每年拨给这个小县1100万元，这是保护这100平方公里的经济代价。

不过，这次环保的胜利对奚志农个人来说是漂泊的开始，当地一位高官指示要对奚志农严肃查处。朋友劝奚志农快点离开，因为林业厅就要对他下手了。奚志农不得不离开云南，云游到北京，开始了中央电视台"东方时空"的摄像工作。

奚志农在中央电视台期间，1998年长江大水促使国家下令：全面停止砍伐天然林。后来奚志农从朋友那儿得知"德钦人拿着1100万元的国家补贴还在偷偷伐树，而且是在香格里拉最后一片森林……"

为了抓个"人赃俱获"，奚志农带着"焦点访谈"的两位记者以旅游者身份来到丽江潜下，然后让保护区一位小伙子以探母病为由溜出德钦，租了一辆吉普车到丽江来接他们，直接开到偷砍点，然后才亮出身份——中央电视台。

这个节目在"焦点访谈"播出后，当时的总理朱镕基看后，气得直拍桌子并给云南省长写了批示。省长让林业厅汇报，让全省林业厅干部停止工作，一起看"焦点访谈"录相。到了这个时候，以政府为单位的砍伐在迪庆州才彻底停止，中国的这片原始森林才算是保住了。

奚志农是云南人，可在云南一些人称他为："你是这片土地上的一个异数，当官的和老百姓都恨你。"奚志农没有为这句话所吓倒。1999年他和妻子史立红双双辞别了中央电视台和世界自然基金会的工作，一道返回云南，创办了"绿色高原"，致力于推动云南的环境保护事业，他们住到了德钦的一个小村子里。奚志农说：我拍金丝猴时总是经过那里。周围的森林还保持了原始形态。

他们住在村长鲁茸家时。奚志农说服鲁茸让他做试验。他想利用鲁茸影响老百姓。让他们知道，再这样砍树砍下去，别说发展，连生存都不可能，泥石流一来，什么都不存在了。

他还劝鲁茸，房不要盖那么大，既浪费木头又不舒服。在那高海拔地区，本来就冷，屋子那么大怎么烧温度也不会高。他曾在鲁茸家中测温度，11月的傍晚，火塘边的温度高达摄氏25度，而大屋子只有八九度。鲁茸家的正屋50多平方米，经常用的就是火塘边的几平方米。为了保温，只好24小时都烧着柴。当地老百姓一年一户要烧掉五六万斤上好的木头。

追寻"野人"的足迹
——中国环保领跑者

奚志农还曾把村民们引到一座正在盖着的、有着粗大木柱的藏式房屋前,那些木柱的粗细跟故宫里的大柱子差不多。奚志农对他们说,当地很多老百姓互相攀比,房子造得越来越大,柱子越来越粗,你用25根柱子,他就用30根。一座房子下来,要用三四百立方米木头。周围的树砍光了,就开着东方红拖拉机到森林里砍,近处砍完了砍远处。大树倒下,把许多小树也砸死一片,拖拉机拖木头又拖死一大片。直径一米的白松、云杉,还流着松汁……奚志农曾和一起去的人头碰头地趴在一起数一棵准备做柱子的大树年轮。整整450圈。"450年的大树,一锯子就完了。而且几百年的大树只用中间最好的一段,其他都扔在山上,连当柴禾都没资格,嫌不好烧。"

奚志农告诉当地的人:"国家古树保护条例说,上百年的就是古树,要受法律保护。可你们这里一座房子就要用八九棵三四百年的古松……"

1999年,我到德钦采访时,听说那里正在换届。我曾和正在那里挂职的一位昆明干部说,应该鼓动奚志农竞选。那一刻,本和我聊得很热闹的挂职干部的脸上也露出了不屑。随后的解释是:你太天真了。

天真的我虽然无法想象如果奚志农参加竞选的话会有多难,但我知道后来在香格里拉的日子里,奚志农选择了与神山结盟的做法。

"最重要的是让百姓的心灵恢复到过去某种状态。"这是奚志农在那时和保护滇西北的人们一起发现的思路。山民过去对大自然不是这样凶残的。"在他们的文化、宗教和生活方式中,必定有适应和保护自然的一面,否则那里的森林早就被破坏光了,滇金丝猴和其他野生动物也早就灭绝了。"

在梅里雪山脚下,一位藏族老人告诉奚志农:"半个世纪前,藏族没有打猎的,那时候马鹿、林麝即使常常二三十只一群闯到田里吃庄稼,还是受到藏民的保护。因为宗教教规明文规定不允许打猎,杀一头马鹿就要惹下抄家之祸。所以家家户户都知道要保护野生动物,并与之和睦相处。那时候人们也很少砍树,藏传佛教认为树砍多了,雨就少了,泉水也干涸了,同时乱砍树的人死后不能升天,还会给子孙后代带来厄运。"

2002年,奚志农和史立红再次选择了离开。这次他们是离开了云南,又回到了北京。夫妻二人建立了"野性中国工作室"(Wild China Film)。以拍摄记录中国的野生动物为主要工作。希望通过影像的拍摄和传播让更多人看到并了解中国的野生动物和它们生活的大自然,希望让它们所独有的动人心魄的魅力通过作品拨动观者的心弦,激起大家对自然的热爱而伸出手支持环保,抢救性地记录中国的濒危物种和自然环境的变迁,提高公众和政府的自然保护意识,推动中国自然历史题材影像的发展,"用影像保护自然。"

为此,奚志农捐出他代言佳能摄影产品的酬金,全部用于购买摄影装备,于2004年开设了"中国野生动物摄影训练营",向无力购置摄影装备和接受专业摄影训练的野生动物工作者、研究者和摄影师提供装备和专业指导。通过他们在中国推广野

seeking the footprints of wild man
——— Leading pacemaker of environmental protection of China

生动物摄影，藉此提高人们对野生动物保护的关注度。

2005年中秋节前，有人发现在平遥摄影大展所有的展厅中，有一个大门紧闭，门前铺着一方大布，布上触目惊心地印着数十张被人剥下的虎皮图案。门上那4个严肃的黑字"停止杀戮"，应该是对这一图案的无声诠释。这个展厅要从侧门进入，进去后要低头经过一面高悬着的绿旗。进到里面后人们会发现，原来这里别有洞天：地面满铺着野草；耳畔环绕着呦呦鹿鸣呖呖鸟声。接下来进入你眼帘的是多幅美得令人震撼的动物影像，让你立刻有一种恍如进入宁静的大森林的感觉。不过，墙上那标语及年代久远的安全奖状提醒着你，这里曾经是一间破败的柴油机厂的车间。

这是谁的展厅？为何如此布置？当每一个参观者走进这个门，还处在好奇中时，一个微笑中的男士就会笑着向你走来："你来到的是'野性中国工作室'的展厅。你刚才经过的那面旗是我们'野生动物摄影训练营'的营旗。从它底下经过就意味着一种宣誓，对野生动物的保护和热爱。打扫这水泥地面会有很多的扬尘，于是我们从院子里割来绿绿的野草铺在水泥地上。一来为了清洁，二来符合我们的宗旨：自然。再说，这里的水泥地上本来就有一些大大小小的坑，为了参观者的安全，我们在这些地方支起帐篷。旧车间里就成了我们喜欢的'野外'。"

展览中有人评价：位于柴油机厂内的2号展厅，让奚志农他们弄得观众可以在青草的芬芳中欣赏野生动物的照片，简直就是"疯狂的创意"。

如果从根上追究这"疯狂的创意"，不知是不是可以捯到奚志农的祖父。老人家是民国初年云南讲武堂第一期的学员，参加过蔡锷的"倒袁护国起义"。抗战期间，他担任云南寻甸县县长，当政期间这位县长就经常带领民众在荒山上植树。不过，当县太爷的爷爷，当年可能并一定能想象得到自己的孙子有一天会对拍鸟、拍猴、拍羊上了瘾，拍动物拍到还多次拿了国际大奖。

一位学者曾这样形容奚志农："对自然宁静的爱将一个人不可避免地改造成了一个愤怒忧伤的斗士，这似乎就是我们这个时代的行为方式。"

我认为：一个人以生命为代价的追求，是痴迷与境界的体现。

奚志农却这样评价自己：我是一个悲观主义者。这么多年来的经历，让我知道个人的力量有限。我常常感到孤独，但是时间紧迫和大量要做的工作又让我来不及孤独。我知道我今天所做的工作，很大一部分程度是抢救性的，也许今天我刚把那些美丽的野生动物拍摄下来，明天他们就永远消失了。时间不等人了。我们改变不了大的趋势，但每一个人都行动起来，就是一股巨大的力量。

十几年来，奚志农曾经在独龙江失手从溜索上坠入山涧；曾经在荒无人烟的长江源从飞驰的马背上摔下；曾经与大群奔跑的野牦牛擦肩而过；曾经与扎巴多杰在可可西里结冰的湖上追逐盗猎者……直到今天，他的身上仍有四根肋骨是断的。然而，一切都没有减弱他深入大自然的激情。拍摄。他坚信：只有不断地拍摄，才会让人类对于他们自身之外的东西有更多的爱与理解。

追寻"野人"的足迹
——中国环保领跑者

有记者问奚志农：你准备一生都做野生动物保护的摄影工作吗？

奚志农说当然了，因为我除了做野生动物保护摄影，我也做不了其他什么。

消息说，2007年3月16日闭幕的首届"亚洲野生动物与环境电影节"上，中国著名保护主义摄影师奚志农被授予对亚洲的自然保护做出特殊贡献的"马来熊奖"。这条消息在我的邮箱里来的次数一定不少于二十次。可见我们这群关注动物，关注自然，关注奚志农的人的兴奋。

"亚洲野生动物与环境电影节"是旨在鼓励亚洲的自然历史纪录片制作人、推动亚洲的野生动物与环境纪录片制作的一个国际性电影节。

对获得"马来熊奖"，奚志农表示"非常出乎意料"。"能获得这个奖，不仅是对我本人工作的一个肯定，也说明国际上对中国自然保护事业的重视和关注。"

一位新加坡华裔制作人非常兴奋地说："我非常高兴中国人得了这个奖。我真的非常自豪。"

在上台领奖时，奚志农谦虚地说："我是代表中国所有的自然保护人士上台领奖的。"看到奚志农说的这句话我的脸上也有了不屑。奖是谁的就是谁的，站在领奖台上的奚志农也没有被赋予替别人领奖的权利。万一我再向他请教摄影问题时，他的口气中再带有不屑，我就要问问他，你能代表所有的自然保护人士吗？

我们两个都是个性极强的人。希望我的这篇文章写出了奚志农的个性。

藏野驴

蝗虫亘古不变的"秘密"

——走近解密蝗虫的陈永林

蚂蚱与蝗虫

逮蚂蚱，可能是每一个人孩提时代都有过的经历，有的人甚至还会有美好的故事可供一生来回忆。但是随着这些经历越来越遥远，另外一个词进入了我们的视线：蝗虫。

2004年4月17日我在很多报纸上都看到了这样一条消息：澳大利亚"蝗军"嚣张。文章中说500万蝗虫逼迫墨尔本，人蝗大战进入关键时刻。4月15日，数百万蝗虫涌向澳大利亚第二大城市墨尔本，与此同时，另一支蝗虫军团逼近南部港口城市阿德莱德。这次"嚣张"的起源是自2月久旱初雨后，蝗虫开始在澳大利亚露头，最初是数十亿"蝗军"占领了从西南部的昆士兰州的新南威尔士中心达博市的直径约745公里的区域，覆盖的面积相当于整个英格兰的两倍。最近3个月来，澳大利亚展开了针对"蝗军"的歼灭战。如今随着"蝗军"向澳大利亚主要城市进军步伐在加快，"扫蝗"战线也在不断扩展。目前，"蝗军"将在新南威尔士进行修整并产卵，6个月后澳大利亚春天到来时，新一拨"蝗军"童子军又将出现，那时正是小麦成熟收割的季节。

我对这条消息之所以敏感，是因为2004年3月，我有机会和我国著名的蝗虫学家陈永林研究员坐在了一起。当时我想要解决的问题是，请他告诉我，蚂蚱和蝗虫是一回事吗？还有蝈蝈，大人孩子们都喜欢斗就不用说了，连颐和园这样的皇家公园里，世界驰名的长廊上，画的蝈蝈都有7种之多。这也都是可怕的蝗虫吗？

那天，陈先生的一番解释让我听明白了，不是我外行，而是在我们国家一般的字典或词典里，都把蝗虫与蚱蜢或蚂蚱当作同物异名了。其实，蚱、蜢、蝗并不是同物异名，而是直翅目蝗亚目昆虫中的三个不同的类群，它们分别类属于三个不同的总科，即蚱总科、蜢总科和蝗总科。说到这时，陈先生还给我做了一个类似的比喻：人类也有白种人、黑种人和黄种人吗。还有鸡、鸭、鱼也是不同的种。

对于普通人来说，知道蚂蚱不等于蝗虫可能也就够了。可对于科学家陈永林，对于把自己的一生和蝗虫连在了一起的陈永林来说，他要弄明白的就是蝗虫一生的秘密了。对于媒体来说，"蝗军"嚣张时，说说"扫蝗"，说说"人蝗大战"。"蝗军"不那么嚣张了，它们去了哪儿，什么时候再来，公众的兴奋点已转到它处，媒体自然也随之转移。陈永林不行，他要研究全世界一万多种蝗虫中，哪些有危害，哪些没有；

他要知道蝗虫生态适应的本领到底有多大；他要向有关部门上书科学家的建议：控制草原重大病虫害……

为此，76岁的陈永林，还在忙着给西藏飞蝗"平反"；为此，已经退休的陈永林还在忙着告诉人们蝗虫的变态，蝗虫的生长，蝗虫的生儿育女以及蝗虫的变型……

我不知道陈永林先生是不是也看到了我看到的那条消息：澳大利亚"蝗军"嚣张，但我知道，在他的那间只能放下一张书桌的斗室里，拿着放大镜的他一定还在揭着蝗虫身上的奥秘，写着有关蝗虫的书，翻译着有关蝗虫的文章呢。因为这是陈先生生活的全部。

一般人知道蝗虫后，特别是看到"蝗军"扑天盖地逼近这样的报道后，就很难再把自己从小就熟悉的蚂蚱和蝗虫放在一块想了。可是陈先生的研究告诉他，全世界蝗虫种类一万多种，对农林草业可造成危害的大约300种。我国已知的1000多种蝗虫中，有害的也就50多种。能够区分它们就是一种解密。

那天，陈永林在他的小屋里和我说起蝗虫时，我的视线很快就穿越了小屋。我知道了，全世界的蝗虫多样性显示着它们不同的分类隶属地位，也知道了这表明着它们各自的形态类同与差异。陈永林先生认为：有趣的是，不同的蝗虫由于它们栖居的环境差别很大，在长期生态适应的过程中，为了生存并繁衍后代，形成类同的形态或差异显著的外貌。

蝗虫类群的分化与对生境的适应常是同步的，因此，同一生境可以存在不同分类隶属的蝗虫，并且具有功能类同的器官。科学家们正是根据蝗虫的生活型把它们分为地栖型、荒漠型、沙栖型、高山型、半水栖型、树栖型，而光是树栖型又有5种之多，有树皮下栖藏，有栖息于树干与树枝上，有栖息于细树枝上的活跃攀登者，还有栖息于树叶和灌丛草间和前翅像树叶者、此外还有灌草型、草栖型、禾草栖型等等，等等。

复杂之极。如果再去揭示它们一生的秘密，就更复杂。而解密后的控制与生态学治理，对科学家来说，才是真正能从中寻得的乐趣。

关于这点，陈先生自己有诗为证：滕巢洪泽探踪迹，路口堤舍同牛栖。昔日草滩人烟稀，朝夕与螣不分离。日夜航行淤滩记，苇丛浅溪水过膝。蛭蚊袭击不足奇，勿见蝗群心安逸。良涧逆流锚断离，险些船覆船沉底。

陈永林对诗的爱好，跟蝗虫在殷代的龟甲兽骨上就刻有，不能不说有着某些联系。我国东亚飞蝗的最早记载过去只见于三千年前的《诗经•小雅》："去其螟螣。"根据陆玑注疏，"螣"就是蝗虫。从西安半坡村的遗存来看，我国禾本科作物栽植的年代已经有6000多年的历史了，那时人们也必然会注意到成群结队的蝗虫。

把自己的一生都和蝗虫连在一起的陈永林，能不从古纸堆里找老祖宗们是怎么看待蝗虫，是怎么对付蝗虫的吗？要和古人打交道的人，对诗有兴趣也就不必大惊小怪了。

追寻"野人"的足迹
——中国环保领跑者

世界上有关虫子的资料中,蝗虫是最多的,我国发生的蝗灾最早的记载可以追溯到殷代。沙漠蝗的记述可追溯到古埃及印制的书中和古墓的壁雕上。而人与"蝗军"的大战史,陈永林指给我看了,摆满了他屋里的书架。

在采访陈永林先生的过程中,他让我很快就明白了,他和一般人不同的是,一般人知道蚂蚱和蝗虫不是一回事就差不多够了。而在他的心目中:蝗虫,蝗这个字是虫中的大头,万虫之上的虫子。自己的一生难道不值得与此连在一起吗?

没有护照的国际"游客"

陈永林先生给蝗虫定的位是非常"平民化"。而我觉得那么飞来飞去,穿国过海畅通无阻,不就是一伙没有护照的游客吗?

不过对这群游客有人说了:"蝗虫,蝗虫,像条凶龙,凶龙一过,十家九穷"。在我们国人嘴里通常说的龙和这里说的凶龙显然不同。凡是知道蝗虫的人,一定也听说过蝗虫有惊人的飞翔能力,它可连续飞行1-3天。蝗虫飞过时,群蝗振翅的声音响得能像风暴的呼啸,扑天盖地时,能遮云蔽日。1958年,索马里共和国内一群大的沙漠蝗群经飞机测定达1000平方公里,约有400亿只,这些蝗虫一天就取食8万吨食物,相当于40万人一年的口粮。1988年,从非洲的塞内加尔到毛里塔尼亚,仅仅一群没有护照的"游客"就多达1000亿只以上。全球除南极洲和欧亚大陆北纬55度以北地区以外,都有"蝗军"地盘。全世界常年发生蝗灾的面积达4680万平方公里,全球有八分之一的人经常受到蝗灾的袭扰。美国西部17个州,每年因草原蝗虫所引起的草场损失为800万亿美元。

从春秋时代起到新中国成立的2600多年中,发生蝗灾约800多次,平均每2-3年有一次地区性大发生,间隔5-7年就发生一次大范围的严重危害。

蝗虫在中国的记录陈先生收集了这样一些第一:蝗虫在我国古代的名称最早为"螣"或"蚤",而"蝗"字不早于秦;"(鲁恒公五年即公元前707年)",这是《春秋》记载最早发生蝗灾的记录。"(鲁宣公十五年即公元前594年)秋蝝……冬(蝝)生",这是有关飞蝗发生年代的最早记载;秦,"十月庚寅,蝗虫从东方来,蔽天,天下疫(公元前243年)"。这是飞蝗迁飞和发生灾疫的最早记载;东

seeking the footprints of wild man
—— Leading pacemaker of environmental protection of China

汉，"夏五月，蝗，是岁饥，江淮间，民相食（公元197年）。"这是因蝗灾而饥荒以致人相食悲惨情景的最早记载；唐，"夏蝗，东自海，西尽河陇；蔽天旬日不息，所至草木叶及畜毛靡有孑遗，饿枕道，秋关辅大蝗，田稼食尽，百姓饥，捕蝗为食（公元785年）"这是因蝗灾严重，人民无粮可食以蝗充饥的最早记载。

看到这些触目的记录后我问陈先生，你知道的历史上最惨的蝗灾是哪次。陈先生问我，什么是最惨，父子兄弟夫妇相食算不算最惨？亲人相食如果算的话，那是明代的山东大蝗，饥人相食；开封大蝗，秋禾尽伤，人相食；汝宁蝗蝻生，人相食；洛阳蝗，草木兽皮虫蝇皆食。

《山东通志》、《河南通志》上的这些记述，深深地刻在陈永林的心上。让这位将揭示"蝗迷"为终身职业的科学家难以忘却的还有1929年。据当时的不完全记载，全国蝗灾受灾面积达3600万亩。仅粟、玉米、小麦、大麦、水稻、芦苇的损失就在1000万银元以上。同年，沪宁线上的下蜀镇，因蝗蝻数量甚大，掩盖了铁路，致使火车无法开动。

蝗虫挡住了火车轮子的现场陈永林没有见证，但1985年天津北大港蝗虫起飞后把10万多亩苇叶吃得精光，把几百亩玉米地里丰收在望的玉米吃得只剩下一根根"光杆司令"，他却是真真地看到了。1998年，1999年，2000年，山东、河南、河北、天津、山西、陕西、江苏、安徽等地蝗灾，蝗灾，蝗灾……陈永林和中国研究蝗虫的科学家，和受灾的老百姓们经历得太多，太多了。从2000年到2002年，内蒙古锡林郭勒盟累计蝗虫成灾面积达到2092.55万公顷，其中严重成灾面积1102.23万公顷。如果蝗灾得不到有效遏止，有专家预计，2至3年内，内蒙古将失去相当于两个江苏省面积的草原。

在我听着、看着蝗虫的这些罪恶行径时，陈永林先生话峰一转，向我又讲开了蝗虫的一分为二，讲起了面对可恶的蝗虫，他"吾将上下而索"。这对我一个刚刚过了对蚂蚱的好奇，正经历着视蝗虫为大敌的人来说，无疑又开始了新的好奇。

陈先生说，现在国家气象局的专家张德二正在写古代气候和古代蝗灾的关系。古代从蝗虫可以预测气候。如果研究中国的古气象学，蝗虫，那是功不可没。从诞生，成长到死亡，它们生命的每一个阶段都是特定气候的记录及象征。这在还没有天气预报的历史上，其意义即使不能让它将功补过，也绝不能忽略不记。看来，这群没有护照的"游客"，还真有它存在的意义。

还有，在食物链中，蝗虫也有其重要的作用。它吃的是植物，它可以把植物变成碎屑，变成断杆，变成粪便，分解成无机元素，加入到物质的循环之中。

蝗虫体内的蛋白质含量很高，达65%以上，有人体所需的多种氨基酸，营养价值超过一般肉类和鸡蛋。在我国，天津把蝗虫作为小吃食用有着悠久的历史，而泰国视蝗虫为飞虾。

一万多种蝗虫呢，有害的种类也能吃吗？我对此表示怀疑时，陈先生给卖了个关子:"这个呆会再说。蝗虫可以入药,这你是知道的吧。"我只好暂且把问题放一放。

像历数蝗虫的罪恶一样,科学家陈永林在说到蝗虫的功劳时,让我从刚刚的大骂其坏又有了想大书一笔的愿望:"蝗虫在快速飞行的时候,可以轻而易举地避开飞行中的其它昆虫和鸟类,即使在它们成群飞行时,也不会撞到一起。蝗虫的这一特性使得科学家在研究中发现,蝗虫的大脑里有一种起运动控制作用的神经细胞。

有科学家把电子传感器安在这些特殊的细胞上,然后,为了给蝗虫模拟出撞击的视觉效果,科学家们让蝗虫坐在用土豆雕成的椅子上,反复地看影片《星球大战》最后激战部分。结果发现,当帝国战士向蝗虫冲过来时,传感器中的电流就发生了变化,显示这些细胞发出了信号,指示蝗虫做出躲避的反应。根据蝗虫这一特殊功能,科学家们研制出了一种电路,并把它安装进了一个小型机器人中。结果,这个机器人也成功地躲开了运动物体。

说到这儿,陈先生朝着我先自问然后又自答:谁说"蝗军"只会制造触目惊心的蝗灾?它们还是一种值得开发的生物资源呢。"蝗军"对科学的贡献可能还远不止于此,只是我们还不知道。

每当我和科学家打交道的时候,最羡慕的就是他们把人家不知道的事给整明白了。那一刻快感之强烈,我认为只有享受过的人才知道。能看得出来,陈永林是过来人。

蝗虫的功过我略知一二后,就更想知道蝗虫怎么就能有那么大本事。在世界上的那么多昆虫中,怎么就数它们惹得麻烦大,害起人来没完没了。

没想到在我和陈先生把话题引到这时,我们俩发生了一点小小的争执。起因是南水北调。陈先生认为治蝗,水是关键,中国要搞的南水北调对治蝗有利,应快些上马。我则认为,南水北调现在还有一些问题没有解决,比如污染,比如流失,干旱,所以不能急于求成。

当然,作为记者和陈永林一块聊天,我要听的不是南水北调,是蝗虫,是蝗虫之猖獗的原因,是陈永林揭没揭开点蝗虫的秘密。

陈先生和别人一起写过一篇论文《试论蝗虫灾害学》。在这篇文章中有这样的论述:"蝗虫灾害是一种国际性的自然生物灾害。蝗虫灾害既是自然变异过程的产物,也是人类不合理的农、林、牧业活动所带来的次生性问题。从而形成了作用于人类社会经济系统的一种特殊的自然-经济现象过程。所以,单因子研究蝗虫灾害,或者把蝗灾问题仅看作是一个害虫问题或植物保护问题已远不适用。蝗虫灾害的发生与气候变化、土地利用形式的改变、人为活动影响都有直接关系。甚至与其它类型的自然灾害相伴相生,这就增加了分析问题和解决问题的复杂性。"

科学家不是哲学家,但是一个好的科学家在自己的研究中,与哲学家的思维方式会有交叉。陈永林用自己的一生揭示蝗虫一生之迷的时候，着重要揭示的就是蝗虫"闹事"的规律。坐在他那间小屋里时，我们的交谈没有任何外界的干扰。没有电话，没有电脑，没有人来。这辈子只研究蝗虫的他十分认真地对我说：研究蝗虫灾害发生、发展和成因的规律，是防灾、减灾的理论基础。

在我的心目中，对科学家的认识一般没有用是不是院士那种级别的衡量。我喜欢简单地把他们分为大科学家和小科学家。认认真真研究规律的人被我列为大科学家。

"蝗军"的规律，在陈永林的研究中是这样区别的：蝗虫发生时间、空间和数量变动规律及其环境因子的关系；蝗虫发生动态与人类生产建设活动的关系；异常气候及区域性气候变化对蝗虫发生动态及蝗区生态环境的影响；蝗虫地理分布规律及其区划；太阳黑子活动、厄尔尼诺、拉尼娜现象与蝗虫大发生及成灾规律。

揭示出蝗虫一生的规律，是在为人蝗"大战"提供有力的武器。陈先生告诉我。

地区性规律。陈先生发现，蝗灾主要发生在天然植被和自然环境受到破坏较严重的地区。在中国，蝗灾多发生在黄淮平原及北方草地及农牧交错地带。在农业区，单种的蝗虫如飞蝗、稻蝗即可成灾。在牧区或林区、甘蔗种植区则常常是以少数几个优势种为主，结合多种其它蝗虫同时成灾；所以，不同地区或农、牧、林区，蝗种的组成及发生特点都有明显的差异。

在陈先生的研究中，"蝗军"还有群发性规律。它们的"出兵"不是孤立的，而是与其它自然灾害的发生密切联系。近年来，非洲长期的干旱导致非洲飞蝗严重成灾，久旱逢雨又造成沙漠蝗的大发生。中国华北地区17世纪出现过近500年来最严重的低温、大旱、地震、洪水、蝗灾、瘟疫、饥荒等，这种灾害群发现象，都是有深刻的内在联系。

此外，周期性规律，在陈永林的研究中也非常明显。蝗灾的发生有模糊的周期性规律。沙漠蝗发生的周期性与太阳黑子变化周期有关。从菲律宾的飞蝗400年大发生的资料中可以看到，东亚飞蝗在菲律宾的大发生有11年为一个周期的特点。在中国，从东周末到1950年的2600多年之间，东亚飞蝗大约每间隔5－7年就发生一次大范围的猖獗危害。在我细细阅读陈先生写的文章中，有一点他是反复在写的：蝗灾的周期性与气象、天文事件及其它自然灾害周期性的关系。

在陈永林研究员的眼里，蝗虫是蝗虫，但又不仅仅是蝗虫，这不是哲学家的思维方式又是什么呢？和他聊天，我觉得自己也自觉不自觉地随着他辩证地思考着自然界里发生的事情。从蚂蚱不是蝗虫，到蝗虫不光是可怕还可爱，又到蝗虫和其它生灵，和人类社会的关系……

那天，小屋里的书，小屋的照片和小屋里的人，把我这个进去时还不知蚂蚱和蝗虫是不是一回事的人，一步一步地带进了蝗虫的世界。

生态、经济和社会性规律，可预测及可控制性规律，陈先生认为这都是想要揭示蝗虫一生的秘密不可或缺的内容。

"变态",是我向蝗虫世界迈进的又一个门坎。

轮回不止地"变态"完成整个生命过程。一成不变是一生,不断地变着也是一生。我想,可能对变化着的一生更有兴趣。陈先生要研究蝗虫,我要写陈永林。当然,我希望陈先生看到我写的这段时,不要怪我差不多就要在蝗虫和他之间划等号了。我在此郑重声明,我没有。我只是想,鉴于自己的科学功底,把深奥的科学问题说得通俗点,把一篇科学性如此之强的文章,写得可读点,幽默点,这是我的追求。

前面我说了,陈先生给蝗虫定了位,非常"平民化",种类万千,身影遍布全球。不过,尽管蝗虫形态万千,它们一生都要经历三次"脱胎换骨"的变化,才能顺利完成一生的"生命三部曲"这点是铁定的。这三部曲是:"卵－蝗蝻－成虫"三个阶段轮回不止的"变态"来完成整个生命过程,叫做一个世代。

蝗虫亘古不变的"秘密"

蝗虫的这个世代和我们人的世代有点不同。不同在哪儿呢?我们人要是说起世代,那差不多指人的一辈子,那得多少年呀。蝗虫的世代随着蝗虫种类、地理位置以及卵、蝻、成虫的发育天数等不同而有所变化。像东南亚飞蝗,一年可发生2－4代。

我的天呀,我听陈先生讲到这时,差不多就叫了起来,"蝗军"能不浩浩荡荡吗?当然,陈先生马上又解释到:许多草原蝗虫像意大利蝗、西伯利亚蝗等则一年发生一代。

陈先生说,蝗虫从卵到蝗蝻的变化过程曾经被神秘化了。有的古书上记载,蝗虫是鱼虾子变的。其实是蝗虫产卵需要在土壤含水量10%－20%的场所。为此,它们常在靠近水边的地方产卵。蝗卵在形态和生理上发育完成的胚胎,在适宜的土壤温度和湿度条件下,就可以孵化出土,变成幼蝻。因此,蝗虫不可能是鱼虾子变的,小蝗虫(蝗蝻)是由蝗卵从土壤中孵化出来的。

蝗虫的世代为什么那么快?进入蝗虫的世界后,我发现了可揭密的事真不少。

而对揭密过程的追随，我发现，自己也开始了走近享受快感的天地。

雌雄两性成虫在羽化后7－14天就可以交配。这么性急。听我这么说道陈先生笑了。将来在你的笔下可别把这条也算成人与蝗虫的区别啊。这样的类比我虽然没有想过，但雌虫在交配后7－10天就要选择适宜的场所产卵，在动物世界里，要说也是够高产了。不然"蝗军"怎么能一上战场就是多少多少亿。看我对蝗虫的产卵较起真来，陈先生马上说，不同蝗虫种类产卵数量是不等的。沙漠蝗雌性成虫一生平均产3块卵。

人家蝗虫产卵论块，太牛了。每块蝗卵是多少呢？17－157粒卵，一般约50－80粒。一个蝗虫妈妈，一生就是50到80个"蝗太子"。这还不算，在陈先生的计算中，每平方米蝗卵的最高密度可达到5000－6000块。东亚飞蝗雌性成虫一生平均产3－4块卵，每块蝗卵可有49－90粒卵，个别雌蝗产卵达12块，卵粒可超过1000粒。卵的孵化率一般可以达到95%－96%，雄雌性比例大概是1：1.1。

对于一个环保主义者来说，这些年我常常为一些濒危的野生动物着急，它们一年本来就生不了几个孩子，成活率还很低。看人家蝗虫……陈先生打住了我的想象：要不是我们人类的干扰，大自然中的平衡本来用不着我们人类操心。

换一个角度，和别的动物比，"蝗军"为什么如此强大？在陈永林先生的研究中我找到了这样的答案："蝗虫一生的秘密，生态适应的本领"。蝗虫亘古不变的"秘密"是自我调节适应生态。陈先生如是说。

在我们人类中，也有生存能力强与不强的差别，动物中当然也有。蝗虫的适应本领一是它们的生活型适应生态环境。在长期生态适应过程中，蝗虫为了生存并繁衍后代，形成类同的形态或差异显著的外貌。例如，分布在高山的蝗虫，其身体的形态发生了许多适应性的变化，像翅退化或完全缺翅；发音器官、听觉器官退化或完全消失；身体趋于小型化等。根据蝗虫的生活型可以把它们分为：地栖型、荒漠型、沙栖型、高型、树栖型、灌草型、半水栖型、草栖型等。

蝗虫的本事中还有这样一招：变型现象。陈先生说很多蝗虫都有变型现象。它们可以由于发生的数量的多少进行形态与色泽的变化。比如飞蝗，在发生数量很少时，身体一般是绿色和淡褐色，头部较狭，复眼较小，前胸背板呈弧状隆起，前翅较短，这叫做散居型；飞蝗发生数量很大时，它们的身体就成了橙黄色并有黄黑斑点，头部较宽，复眼较大，前胸背板呈马鞍状，并有丝绒状黑色纵条纹。

蝗虫自我调节的招中还有一个也挺绝：腹部伸缩。像东亚飞蝗，它们为了适应旱涝天气并增强蝗卵成活率，可以调控产卵的深浅。当土壤水分或湿度大时，产卵的深度较浅，反之则较深。秘密就在于蝗虫腹部第四、第五节到第六、第七节的3节节间膜均可延伸增长。第四、第五节间膜可伸长10厘米，第五、第六节间膜可伸长12厘米，第六七节可伸长10厘米，延抻后整个腹部的长度为正常腹部的3－8倍。这是蝗虫为了保护后代，将卵产在最适宜的土壤环境中，以利于蝗卵的发育及成活。

听陈永林先生给我讲这些时,我的脑子里一直在转的问题是,老天爷为什么就给了蝗虫这么多本事,而不给大熊猫,华南虎,金丝猴呢?有没有人在揭这个密。不管怎么说,我知道,老天爷是公平的,他和我们人类的见识不一样。我们不可以改造他,只能认识他,顺应他,而要想顺应,就要调整我们人类自己。随着我对陈先生的了解,我知道他的揭密过程也是寻找调整人类自己的过程。

蝗虫的本事还有高的!不交配照样繁殖。在陈先生的科学用语中这被称为:孤雌生殖。用我的通俗说法就是:没有爸也能生孩子。陈先生说,对于繁殖能力非常强大的动物,人们往往戏称为可单性繁殖。沙漠蝗和东亚飞蝗就真的具有孤雌生殖的本领。

它们怎么生呢?雌性成虫羽化后,不经过交配,也能发育,而孵化的蝗蝻均为雌性。这些雌性再羽化成虫后,雌性成虫不经交配,还可继续孤雌生殖,其后代都是雌性。它们的这一高招儿就是子子孙孙持续不断地孤雌生殖或交配生殖。

听陈先生讲到这儿我忍不住总结起来:这不就是飞蝗、沙漠蝗等种群数量自我调节增长的重要途径,是它们种群延续繁衍后代,"蝗军"如此强大的秘密吗。陈先生点头同意了我的说法。

蝗虫与气候变化

揭开了一个又一个蝗虫一生的秘密,又根据自己近年来对蝗虫发生动态与气候变化关系的分析,陈永林认为:让人们一筹莫展的蝗虫近年来再猖獗的原因主要归结为:其一,全球气候变暖。近一百多年来,全球气温上升趋势明显。近年来,春季常出现气温回暖早、夏季炎热、冬季暖冬、持续干旱,致使越冬蝗卵死亡率低,蝗蝻发生期早;其二:世界性的区域性气候异常、旱涝频繁、水利工程兴衰不当。由于太阳黑子活动频繁、厄尔尼诺与拉尼娜现象以及世界性与区域性气候异常,水热平衡季节性分配失调等所引起的旱涝频繁;其三:持续干旱,湖泊水库河流水位下降、滩地扩展。近年气候持续干旱,黄河、淮河、海河流量锐减、断流严重,有利于蝗虫的孳生蔓延再猖獗;其四:草原管理不善、过渡放牧、滥垦撩荒、严重破坏草场。除此之外还有就是对蝗情、水情、旱情、气候与蝗区变化及动态发展的侦察监测有所忽视、掌握不及时、甚至失误。

seeking the footprints of wild man
——— Leading pacemaker of environmental protection of China

陈永林很自信地告诉我：这些都有可能成为导致蝗灾的伴生、序生的诱因。

"文皇仰天吞一蝗"，这是白居易"捕蝗"诗中的一句。字面的意思我觉得既可看作是一种气魄，也可理解为一种无奈。区区一个蝗虫，还至于让文皇仰天？当然，这也说明蝗虫已经闹到了这个地步。蝗虫曾给中国乃至世界人民带来无数灾难，它和水灾、旱灾构成了中国漫长封建社会中的三大自然灾害。

前面我们说过我国有关蝗虫的记录，最早可追溯到刻在殷代兽骨上的龟甲文中。而古人对蝗虫的观察、了解和防治，在古代最伟大的文学作品之一《诗经》中就有了。"去其螟螣，及其蟊贼，毋害我田稚。田祖有神，秉畀炎火。"可见那时的人不仅认识虫灾为害的严重，而且也有了初步防治的方法。

孔子所著《春秋》记着"八月，蟊；冬，（蝝）生"。从这简短的记载里，我们了解的是古人对昆虫的生长发育，能区别出不同的发育期和出现的时期。到了徐光启的《农政全书》内更肯定地讲："闻之老农言，蝗初生如粟米……能跳跃群行，是名为蝻，又数日即群飞，是名为蝗……"

公元716年民间已经利用夜间设火诱杀蝗虫。还是在《农政全书》里，徐光启说："故详其（蝗）所自生，与其所自灭，可得殄绝之法矣。"这就是提倡要除掉蝗虫，一定要先了解、研究蝗虫的生活习性。

喜欢写诗的陈永林，古人做事的精髓早融在了他的骨子里。陈永林的治蝗要领是"要想除掉，先了解"，他的了解，了解到了什么程度呢？拼命，拼到阎王爷那儿都去了两趟，只是人家阎王爷都没要。

中国科学院昆虫研究所自1952年起，先后在洪泽湖、微山湖、黄海蝗区、黄河蝗区、河北大名蝗区等设立工作站，开展全面调查研究。1952年，24岁的小伙子陈永林刚刚进入科学院不久，便参与到由马世骏先生负责洪泽湖地区的治蝗工作站。

那时科研工作的条件和今天用天壤之别形容，我想不为过。而那时人的精神状态和今人的区别，恐怕也不用我细细道来。

那时对蝗虫的研究环境是，陈永林他们住在濉河河堤上的一个牛棚里，和水牛睡在一起。水牛占一半，两个行军床占一半。喝的水，从河里打上来把明矾扔进去呆一会就进嘴了。那年的夏天，陈永林和马世骏先生顶着瓢泼大雨从蚌埠赶往淮河治理委员会，了解淮河水系及洪泽湖的水位历史变化动态，并收集有关水文资料。

谁想到陈永林他们的工作还在紧张地进行之中，当时年纪轻轻的他突然就因高烧而昏迷不醒，县医院怎么也查不出他的毛病出在哪儿。一个治蝗站的工作人员，两个民工，下着雨，抬着凉床，床上躺着人事不知的陈永林，趟水步行了60华里。

路上，有那么一段时间陈永林醒了，而且是特别清醒。抬他的人更是吓坏了。他们认为，这一定是回光反照。慌忙中，他们赶紧给北京打了电报。陈永林被抬到了专区医院。床头挂了个红布条，以示病重。专区医院给出了病名：恶性疟疾。随后，马世骏买了当时仅能买到的营养品，两筐皮蛋也赶到了医院。了解病情后，立即下了命令：坐软卧回北京。当时被阎王爷赶出"山门"的陈永林，今天说到这段时，口气中竟还留有着那时的些许兴奋：那是我第一次坐软卧！

在我采访陈永林的时候，还有一件事让他说起来也带有兴奋与执着，不过这可是经历了半个世纪的与蝗虫打交道之后的感情流露，就是他和几个科学家2003年4月10日给国家副总理回良玉写信。写的什么呢？关于加强控制草原重大病虫害的建议。

建议中说：我国草原蝗虫、草原毛虫、草地螟等自1997年以来，连续6年在内蒙古、新疆、青海、甘肃等省区大面积暴发成灾；亚洲小车蝗曾大规模迁飞扩散进入北京等大城市；而哈萨克斯坦、俄罗斯、蒙古国的意大利蝗、亚洲飞蝗、亚洲小车蝗相继迁入新疆、内蒙古边境地区加重为害。严重成灾地区赤地千里，经济损失巨大，草原退化沙化加剧，生态系统结构性破坏，甚至多年建设成果毁于一旦。

究其原因，主要是草原病虫害防治体系不完善，基础设施十分薄弱，应急防治能力有限，难以有效控制危害。

遏制草原病虫害猖獗发生，控制为害，是保护草原生态与环境、实现农牧业可持续发展的重要措施。为此，我们建议：1，加大应急防治经费投入，遏制草原病虫害扩散蔓延的势头。2，加强基础设施和防治体系建设，建立监测预警系统，建设专业防治队伍，从根本上增强应急防治能力，实现标本兼治、持续控制草原重大病虫灾害的目标。

从公元2年中国最早遣使捕蝗，到陈永林他们上书国家领导人遏制草原病虫害，两千零一个年头过去了，人蝗大战还在互不退却地进行着。其中有多少人死于蝗虫，多少人为此奋斗终身，多少学科因此而建立，多少文字记录了这一场场战争，多少个轮回，人退蝗进，蝗退人进，陈永林算过吗？

在陈永林的那间小屋里和他聊时我深知，对蝗虫的习性研究了一辈子的他要的不仅仅是数字，而是和农业灾害划等号的蝗虫如何能化害为利。这才是陈永林一生的理想。

特别是近年来人们惊呼"蝗虫为何卷土重来"时，国内外均有蝗虫此起彼伏猖獗发生的严重情景时，陈永林越发地把自己的注意力放在了生态治蝗上。

陈永林深知，全世界一万多种蝗虫中，对农牧业有害的只有300种，绝大多数是无害的。只是由于那些对农林牧业造成了严重甚至是毁灭性的蝗虫的危害，才使蝗虫"恶名"远扬。如何化利为害，是摆在科学家面前的一道难题。陈永林在中科院动物所的花名册上是退休的，但在与蝗虫打交道的行列中，他依然在编。

在防治蝗虫仍以化学农药为主的今天，尽管用有机磷或除虫菊酯类农药替代了有机氯农药，但是仍然污染环境、破坏生态平衡、威胁人类健康。陈永林希望我写他的文章中，对此能有所提及。

seeking the footprints of wild man
—— Leading pacemaker of environmental protection of China

自然界很多动物都具有很强的毒性，有些能令动物乃至人类顷刻毙命。像粗皮蝾螈，它体内的毒素是河豚的17倍。不过，科学家又发现，这些毒素是车祸受害者的福音，它可能使因车祸残疾的人免除痛苦甚至重新站起来。科学家发现的是什么呢？

这就回到了前面陈永林先生给我卖的关子，有害的蝗虫能吃吗？陈先生说，能吃不能吃实际上并不重要，我们人类目前吃的东西还少吗？蝗虫的生物防治才是替代化学农药防治的重要途径。

生物防治一般包括生态环境的控制、引入天敌和人工大量饲养与释放天敌。在新疆沙孜牧场，一种被牧区居民称为"铁甲兵"的粉红椋鸟就是灭蝗高手。招引粉红椋鸟灭蝗，是1970年以后，人类发现的最佳生物治蝗的方法之一。根据对大自然的了解，其实我们已经知道：有毒蛇的地方，不出五步远，就有解毒的植物或动物。除了新疆有粉红椋鸟是蝗虫的克星以外，其它的地方一定也会有，只是我们还不知道它们是谁。

陈永林说，我国大部分东亚飞蝗的主要蝗区是伴随着黄河及其有关河道变迁而逐渐形成的。黄淮海平原的旱涝灾害与蝗害的发生具有极大的相关性。因此，在黄河断流日趋严重和长江流域特大洪水后，以及全球气候变化及异常气候影响下，警惕旱灾的发生和蝗灾的发生是不可忽视，不能掉以轻心的。在我国东部季风区应该特别应重视黄河的兴衰：扩展、漫延、泛滥或萎缩、断流等演化动态与飞蝗蝗区的形成、兴衰、演化等相关规律性应予监测研究。在我国西北干旱半干旱草原区，不仅应对河谷湖泊沿岸亚洲飞蝗的发生再猖獗，还应对广大牧区及农牧交错区的多种蝗虫的大发生动态给予高度的重视与防范。此外，对青藏高寒区的一些河谷与湖泊沿岸西藏飞蝗的再猖獗及不少牧区的一些蝗虫种类，也应该进行必要的监测与防范。

至于草原，陈永林的观点也很明确：一个国家草业的兴旺与否，是发达与不发达的重要指标。美国、加拿大和澳大利亚就是最好的说明。

就在我采访陈永林先生两天之后，在保护中国最后的生态江河《情系怒江》摄影展上，陈永林特意为我复印了白居易的"捕蝗"。我想在结束本文时，抄录如下：

捕蝗捕蝗谁家子，天然日长饥欲死。兴元兵后伤阴阳，和气盭盩化为蝗。始自两河及三辅，荐食如蚕飞似雨。雨飞蚕食千里间，不见青苗空赤土。河南长吏言忧农，课人昼夜捕蝗虫。是时粟斗钱三百，蝗虫之价与粟同。捕蝗捕蝗有何利，徒使饥人重劳费。一蝗虽死百蝗来，岂将人力定天灾？我闻古之良吏有善政，以政驱蝗蝗出境。又闻贞观之初道欲昌，文皇仰天吞一蝗。

在"捕蝗"的字里行间，我看到了陈永林先生的担忧，也看到了他的希望。我想，我写这位科学家揭密蝗虫一生的过程，也是想告诉更多的朋友，蝗虫亘古不变的"秘密"是什么：适应环境。

追寻"野人"的足迹
——中国环保领跑者

内蒙古荒原的落日

漫漫"驼生"
——袁国映

2005年11月7日,刚刚结束"中、英、蒙三国罗布泊野骆驼科学考察队"考察任务的考察组成员之一、新疆环境保护科学研究院研究员、新疆生态学会理事长袁国映告诉记者,素有野骆驼天堂之称的库木苏的生态环境正在遭受令人痛心的破坏。

野骆驼是国家一类保护动物,目前全球仅有七八百峰。10月中旬,由罗布泊野骆驼保护基金会组织的"中、英、蒙三国罗布泊野骆驼科学考察队"一行13位专家学者奔赴南疆野骆驼分布较广的地段进行为期半个月的考察。

考察组一行来到库木塔格沙漠与阿尔金山之间、素有野骆驼天堂之称的库木苏时,吃惊地发现昔日的人间净土、野骆驼的天堂早已变得伤痕累累。

在库木苏一个较大的水源地附近,考察人员发现地上横七竖八地散落着皮管子、塑料袋等杂物。更让考察人员震惊的是,附近竟然丢弃着70多个用来装剧毒化学物质氢化钠的铁桶,其中还有6桶是满的!原来这是个非法采金点。考察组成员之一、来自英国的简·海尔先生双手抱头连连摇头:"上帝,这是犯罪啊!"

袁国映说,许多野生动物都需要到这个水源地饮水,水源一旦被氢化钠污染,后果可想而知!而据当地牧民反映,2005年已先后有4000多只羊被赶往罗布泊野骆驼保护区进行放牧,野骆驼只好另觅生存的地方。

袁国映说,通过此次考察,专家们极为忧虑,尤其对在野骆驼保护区非法采矿和大肆放牧感到深恶痛绝,几位外国专家对此行为更是摇头叹息。近期,他们准备通过有关部门呼吁:保护野骆驼,维护大自然生态平衡。

野骆驼

野骆驼的母爱

2000年秋天，我和几个记者一起踏上了寻找野骆驼的路。我们都知道，野骆驼现在比大熊猫还少，看到它们并非易事。可大家还都心存侥幸。到了乌鲁木齐我们才知道，要想真正进阿尔金山找野骆驼，没有几十万，上百万的装备随行，看到它们几乎不可能。我们这次只能到新近刚刚建立的野骆驼保护站采访。这些地方虽也属阿尔金山的地盘，但都是进入腹地的进出口，保护站设在那里主要是防人。既然看不到它们，那就听听专家们说说他们见到的情景吧。原新疆环保研究所所长袁国映先生讲的他这辈子看到的一幕，让我们几个听的人可能会和他一样，记一辈子。

"那是1995年，我和英国专家简·海尔博士等人深入到阿尔金山地区考察。一天，我们发现500米以外有一个小黑点，职业的敏感使我们马上意识到，这可能是野骆驼。当时有些奇怪的是，这次野骆驼为什么不跑呢？野骆驼的嗅觉和视觉都特别发达，一般在二三十公里之外就能发现人，并且马上就会快速跑掉。看这个黑点没动静，既兴奋，又纳闷的我们偷偷地向那个黑点靠拢，200米、100米、50米，直到走的非常近了，才恍然大悟，原来在母骆驼身边，还依偎着一只走路还不稳当的小骆驼。看样子，小骆驼出生还不到一小时。为了保护自己的孩子，母骆驼才冒着被杀的危险，没有逃跑。小骆驼走两步，趴下歇一会儿，然后起来再走。当时母骆驼那镇静的目光，安详的步伐，让我们在场的几个人无不感到心灵的震撼。"

母爱的力量是无穷的，无论是人类，还是动物。袁国映先生在讲完他这次难忘的经历以后，还给我们看了他当时拍的照片，那是一个骆驼妈妈的怀里，依偎着的一头小骆驼。

通常野骆驼见到人时的惊魂落魄，袁国映先生也碰到过。还是在罗布泊地区，阿尔金山北部。那天晚上，天刚蒙蒙黑，考察队的无线电正在和外面取得联系。突然一只骆驼从山的沟口冲过来。无线电的绳子把冲过来的野骆驼绊了一个跟头，电线断了，骆驼跑了。第二天考察队离开那个地方往山谷里走，走了30多公里了才又看到那头野骆驼。野骆驼在受到惊吓后，一跑就是几十公里。

小骆驼一般到了3岁时，公骆驼就要把它们赶走了。野外看到的大的黑色野骆驼，大部分是孤独的公骆驼，母骆驼一般是和小骆驼在一起。遇到天敌，野骆驼没有藏身的本事，只能拼命地跑。如果说，前面那只不跑的野骆驼让袁先生看到的是野骆驼的生，那么下面这一幕，让他看到的却是野骆驼的死。

"在罗布泊，我们突然看到前面有三四只狼在追一只小骆驼。小骆驼被一只狼爪子抓到，随之摔倒在地，其它的狼蜂拥而上，扑在了小骆驼的身上。一只狼咬着小骆驼的脖子，一只狼咬着它的腿，还有一只咬着它的肛门。我们的车迅速靠近了这一现场,听到动静的狼丢下小骆驼跑了。下车后我们发现,这只差不多才三岁的小母骆驼已被咬死,头还在,身上大部分还在。从它身体里流出来的,冒着热气的血,慢慢地往干涸的荒漠里渗着,染红的印迹越来越大。

野骆驼和家驼的区别

中国科学院动物所周家镝先生,也是研究野骆驼的老专家。我从他的研究中得知:古生物学家根据地质化石年代,证明了现代骆驼是由原柔蹄类动物进化而来的。距今有4000万年。骆驼类的发展中心是在北美洲。上新世也就是约3000万年前进到亚洲和南美。在我国河套萨拉乌苏和山西、河北等地发现了双峰骆驼和巨骆驼。

现今世界上有六种骆驼,其中四种分布在南美,两种在亚洲和非洲。骆驼的分类是这样的:偶蹄目,骆驼科,分为无峰驼属和有峰驼属。无峰驼属分为:原驼、骆马、美洲驼和羊驼。有峰驼分为单峰驼、双峰驼和野双峰驼。

原驼和骆马至今仍处于野生状态,美洲驼和羊驼现在都是饲养种了。单峰驼为饲养种,产于非洲北部和亚洲西部。中国新疆也曾有过少量单峰驼,七十年代有两只单峰驼在南疆的民丰县境内被发现,这可能是古代丝绸之路上的非洲商队遗留下来,一二百年前引入北美、欧洲和澳洲。在美国和澳大利亚的单峰驼因为没有人管理已成为野化种。双峰驼产在亚洲中部。绝大部分的双峰驼是家畜,仅有一小部分还是处于野生状态。它们分布在中国新疆、甘肃和蒙古人民共和国境内。

周家镝先生说:以前,动物界认为双峰驼和单峰驼一样,世界上已没有野生种了,都已驯化为家畜。十九世纪末叶,俄国探险家普尔热瓦斯基第二次在我国新疆进行考察时,在罗布泊以东,阿尔金山以北地区发现了野生双峰骆驼,并于1883年首次作为科学纪录发表。自此,引起动物学界的重视。这以后,英国人利特尔和瑞典的期文·赫定等探险家相继在我国西北地区考察,均获得野骆驼标本,进一步证实了野骆驼的存在。1927年蒙古人民共和国科学委员会考察团在调查中也发现了野骆驼。

不过,目前关于野骆驼还有很多争议。有些人认为:有峰驼中,目前仅有双峰驼,有野生种和饲养种之分。而单峰驼在美国、澳大利亚都有野化种。对野生双峰驼的存疑的人认为:野骆驼是家骆驼的野化种。

目前,因为缺乏资料和系统调查研究,对"家驼野化种"问题没能完全解决。

周家镐先生的观点是有野生驼和家驼之分的。他认为：根据科学家考察中所获得的野骆驼标本可以看出，野骆驼的外形、习性和家骆驼的不同。野骆驼的外形要比家骆驼高些、瘦些，四枝细长，全身披着淡棕黄色的短毛，毛细而密，从未有像家驼那样的深褐、浅黄、灰白或白头花身等其它色型。它的双峰呈圆锥体状，小而尖。1981年在新疆与甘肃交界的地方曾解剖过一个雄性大野驼，秤了秤双峰内的脂肪才0.9公斤重，而家驼双峰有的贮存脂肪竟达40多公斤，驼峰量之比约为40：1。根据野骆驼个体特征的稳定性和科学家近年在我国野驼不同分布地区的调查，周家镐确认，在我国生存的野生双峰驼为原生的野生种，并非家驼的野化种。

周家镐先生说，虽然野驼和家养双峰驼在外形上有所不同，但是，由于家养双峰驼的驯化比其他家畜，像牛马猪羊狗要晚，在公元前3000年到4000年才开始。加上骆驼要在干旱地区生活，条件特定，所以家驼和野驼的变化异不如其他家畜那样悬殊、明显。

近年来，纽约动物园的科学家则从基因学的角度阐述了两者的差别：野骆驼的基因链比家骆驼多2—3个———人的基因链比黑猩猩也只多5个。

近年，我国科学家和联合国环境署专家在经过多次深入考察后得出这样一个结论：

目前全世界野双峰驼只分布在我国和蒙古国，总共不到1000只，数量比国宝大熊猫还少。

荒漠戈壁上的流浪汉

早在我国的《史记·匈奴传》、《汉书·匈奴传》上，就有了关于骆驼的记载。唐代著名诗人岑参的《玉门关盖将军歌》中有"金铛乱点野驼酥"。《酒泉太守席上醉后作》有"浑炙犁牛烹野驼"。明李时珍《本草纲目》卷50下，兽部中也分别提到野驼与家驼。清末，福庆到过新疆，著《竹枝词》一书，"吐鲁番以南的荒漠中野驼往往百十为群"。这些都说明，在十九世纪末，俄国普尔热瓦斯基发现野驼之前，我国历史就有记载，并和现今野驼分布地区大致相等。

现代我国对野骆驼的调查开始于1959年，中国科学院动物研究所和北京动物园联合在内蒙额吉纳旗获得一只活野驼仔，同年运到北京展出。1967这头野骆驼去世。1980年中国科学院新疆分院组织了罗布泊考察，考察中见到了许多野驼，并得到

seeking the footprints of wild man
——— Leading pacemaker of environmental protection of China

了标本。我们中国人都不会忘记的科学家彭加木，就是在那次考察中失踪的。

在我国为数不多的珍稀野生动物家族中，生命力最强的一族应该算是差不多被我们人类遗忘的、在大漠戈壁深处独来独往、靠喝盐水生存的野骆驼。100年前野骆驼还有一万多只。

野骆驼的生存环境大概是世界上最为恶劣的。阿尔金山北麓、罗布泊嘎顺戈壁滩、塔克拉玛干沙漠和中蒙边境的阿尔泰戈壁滩，是它们仅有的四大栖息地。这些地区是亚洲中部最干旱的地区，除阿尔泰戈壁年降水量可达到80－150毫米外，其余的地区年降雨量都在50毫米以下，是年蒸发量的几十分之一。这一地区最低气温是零下49摄氏度，最高气温为零上55摄氏度，地表温度最高在７０摄氏度以上。没有淡水，有的只是零星散布的又苦又咸的盐泉。大部分地区寸草不生，只在盐泉附近长着稀稀拉拉的盐生草，沙拐枣、骆驼刺……野骆驼在这样的环境中，食物是几乎没有叶子的植物，喝的是只有自己才能享受的盐水，以日月为友，与风沙为伴。

野骆驼多为几头或十几头，最多80余头，成群生活。每群由一健壮雄驼为头儿。冬末是它们交配的季节，这时雄驼的性情显得极为暴躁，一群之中只能有一头雄驼，其他雄驼全被赶跑。偶尔两个骆驼群相遇，双方的雄驼绝不相容，立刻冲出来张着大嘴，一边嘶叫，一边喷出胃里呕吐出来的渣物。接着，相互撕咬，四蹄乱踢，到对方遍体鳞伤、筋疲力尽、甘拜下风为止。带着余威的战胜者将会领着两群雌驼离去。

雌驼怀孕13个月生产，一般每胎一子。有人说，野骆驼就是贱骨头，只喜欢沙漠，喜欢喝那儿的咸水，喜欢在荒漠中跑。新疆原环保所所长袁国映先生可不这样认为。他说："野骆驼也喜欢吃好草，喜欢喝淡水。它们是被逼到荒漠上去的。很早以前，人们就把野骆驼作为狩猎对象。被逼无奈的它们，只好选择荒凉的戈壁为自己的家园。为了适应生存环境，野骆驼的生理上也有了很大的变化。"

蒙古的科学家们曾经搞过一次实验，把两盆水，一盆淡水，一盆咸水放在一块，让骆驼喝。它们走过去看一看，闻一闻，选择的并不是喝咸水。实验使科学家们得出结论，野骆驼并不是只爱喝咸水。

沙漠之舟——野骆驼，为什么能在不喝一滴水的情况下，在炎热的沙漠上持续行走２个星期。这时它的体重会下降到原来的四分之三。在有水的时候，它们又可在几分钟之内喝下多达200公斤的水，以神奇的速度使身体得到恢复。

中科院动物所周家谪先生说，对一般动物来说，这种体内水量的剧烈变化，通常是很危险的，因为它会引起血液浓度的迅速变化。动物体内维持血液浓度稳定的器官是肾脏，而骆驼肾脏的功能很特别。骆驼排出的尿液，在它们干渴时是又黑又浓的浆状。饮了大量水后，立刻会变得像水一样稀。相比之下，另外一些耐旱的动物，如阿拉伯的一种山羊和绵羊，尽管有较好的肾功能，但要使黑尿液变得稀而正常，还需要两天的时间。

以色列本·吉里安大学的两位生物学家对骆驼在大量饮水时发生的生理变化做了

深入研究。他们认为,一般哺乳类动物体内缺水时,垂体分泌的抗利尿激素(ADH)会增加,这可以促使尿中的水分经过肾脏的再吸收,进入到血液中。但在饮水后,由于血液被稀释,抗利尿激素的分泌就被反馈抑制,这样肾对水的再吸收就减弱。与此同时,另外一种激素也参与这一过程,使血液保护稳定的渗透压。但是,动物在短时间内饮大量的水,上述内分泌系统就无能为力了。一下喝进大量水,可使血液浓度变得过稀,低渗则会造成红血细胞吸水过多而胀破,引起溶血现象,这种症状在干旱地带的牲畜中是时有发生的。

骆驼则不同,它们在大量饮水后,马上让水进入血液,除了用激素调节肾功能以外,还通过在食物中获取更多的盐来维持渗透压。此外,由于骆驼的红血球耐低渗能力强,尽管可因吸水而变圆,但不会破裂导致溶血。

所以,正因为骆驼有一种能让身体快速补充水分的机能力,从而在沙漠的生存竞争中取得了主导地位。

野骆驼尽管具有在沙漠里生存的能力,但它目前的处境是十分令人担忧的。

据中国和蒙古科学多年调查,野骆驼目前只存七八百头左右。

野骆驼的家园

罗布泊、阿尔金、可可西里和藏北羌塘是中国地图上的四大无人区。而其中,罗布泊是这四地里最具神秘色彩的地方。每一个到罗布泊的人,都会折服于它的广袤和神秘。一望无垠的沙漠和戈壁,在日落的抚慰下,像一片静谧的大海,天空就像一个巨大的锅盖,严严实实地扣住罗布泊里的每一个生命。枯死的胡杨和红柳树,在一旁的沙丘边摆弄出诡异的造型。

阿尔金山自然保护区是1985年被国务院正式批准为国家级自然保护区的。总面积是4.5万平方千米,是我国建立的第一个高原类型的自然保护区,目前是除了长江源自然保护区之外,我国最大的自然保护区。大小相当于45个香港特别行政区的面积。

保护区位于阿尔金山南部、昆仑山东部的库木库里盆地。北起昆仑山支脉祁曼塔格山;南界是新疆、西藏两个自治区交界处的可可西里山山脊;东界为新疆与青海省省界;西以一系列5、6千米高峰到木孜塔格峰的弧形连线为界。

整个保护区位于高山环绕的既畅通又闭塞的巨形高位盆地中。四周山脉高度一

seeking the footprints of wild man
——— Leading pacemaker of environmental protection of China

般在5000到6000米，山体峥嵘，山顶冰川晶莹，白雪皑皑。盆底高程介于4000到4500米之间，海拔最低处是保护区东北部的阿牙库克湖。保护区中湖泊星罗棋布，有阿牙库克、阿奇库克和鲸鱼湖三个不冻大咸水湖。盆地东侧还有沙子湖、依协克帕提等面积不大的淡水源。保护区内自然景观层出不穷，这里分布有世界最高的高山沙漠——积沙滩，海拔高度达4800－5000米。此外还有海拔4300多米，面积广达5000平方千米的古喀斯特地貌。盆地涌泉千百成群，有沙山涌泉——沙子泉、河泉冰丘、热融碟状洼地等特殊水文地质景观。

保护区属大陆性高寒气候区，年平均气温低于摄氏零度。年平均降水量200毫米左右。海拔4200米以上分布有冻土带，5500米以上为终年积雪带。保护区主要有高山寒冷垫状植被——荒土带、高山寒带苔草、禾本科草甸——草甸土带、亚高山寒带温带针茅、棘豆草原——草原土带。

保护区内有植物27科96属280多种。有脊椎动物146种，其中两栖类1种、爬行类4种、鸟类92种；兽类49种。这个保护区人迹罕至。区内只有牧民300人左右，人为经济活动的影响很小，比较好地保持了高原原始的生态环境。

阿尔金山自然保护区是野生动物的乐园，高地型动物种类之多，密度之大可以说是举世罕见。野牦牛、藏野驴、藏羚、雪豹、盘羊、岩羊、北山羊、原羚、棕熊、猞猁、兔狲、石貂、黑颈鹤、藏雪鸡、棕头鸥、金雕、秃鹫、兀鹫等都是受国家保护的珍稀动物。其中高原有蹄类数量巨大，野牦牛、藏野驴、藏羚总数可达１４万头之多。

野牦牛可以称为是阿尔金山的"霸王"。头顶上有一对70－80厘米的大弯角，力大无比，发起"牛脾气"来，能将越野车挑翻。藏野驴很像马，常被误认为野马。它们多结成20－30只的小群，自由奔跑觅食在平坦宽广的草原上，最多时可以集成600多只的大群，奔跑起来卷起漫天尘土。藏野驴好奇心特强，遇有车辆经过，总要看个究竟，然后就和汽车平行赛跑，超过汽车后，则从车前横冲而过，昂首挺立，摆出一幅得胜者的姿态。

藏羚很漂亮，它们也喜欢和汽车赛跑。原羚比藏羚更为玲珑小巧，喜欢在人前蹦跳撒欢。

阿牙库克湖和阿奇库克湖是鸟类的天堂，它们的面积是535平方千米和306平方千米；高程是3867米和4250米。在那里，可以看见在蓝幽幽的湖面上嬉欢、游动，飞翔着成千上万只棕头鸥、斑头雁、红脚鹬、赤麻鸭，有时还有苍鹭、丹顶鹤、黑颈鹤。两湖夏季水鸟总数可达几十万只，完全可以和青海湖的鸟岛媲美。

阿尔金山自然保护区南部，有一个面积为267平方千米的鲸鱼湖，湖因形状像鲸鱼而得名。湖中有一天然砂砾堤将湖分隔成东西两部分，鲸鱼之尾——东湖，因有大量冰融水汇入，湖水偏淡，浮游生物丰富，吸引了无数水禽来此觅食、繁衍。鲸头——西湖，几乎没有淡水汇入，强烈的蒸发，使湖水含盐量趋于饱和，湖中没有任何生命，成了名副其实的死湖。一死一活，同处一湖，也可谓是世界奇观，所以人们又

追寻"野人"的足迹
——中国环保领跑者

把鲸鱼湖称作"阴阳湖"。

保护区中最富旅游观赏价值的自然景观,是沙山涌泉——沙泉。泉口海拔3920米,共有三个泉眼。泉水分成千百股从沙山中汩汩流出,水冲沙子发出"沙、沙"的响声,三股泉水汇于一条河床宽度达800米的小子河,向依协克帕提沼泽流去。沙泉背依金黄色的金字塔沙丘,远接雪山蓝天,泉口绿草如茵,河中沙丘垒垒,河畔草地上漫步的是成群野生动物。

阿尔金山自然保护区里和沙子泉媲美的另一景观,为位于阿尔金山西北部到阿其克湖古喀斯特地貌。海拔高度在4200－5000米之间。那里的地貌千奇百怪。有的似睡狮,有的像奔马,有的如卧驼,有的又像雄鹰,还有的和野兔子,白鸽差不多。

喀斯特地貌分上、中、下三层。上层的石墙、峰丛、峰林、溶丘地貌发育最为典型。它们形成了大齿状的山峰或山脊。有科学家说,那里应是古代热带、亚热带喀斯特的遗存。中下层发育相对差些。以小型溶洞、穿洞、天生桥、溶洞、石芽和漏斗为主。这是冰缘气候条件下发育的轻微喀斯特地貌。这片高原喀斯特地貌,从分布的海拔高度来看,举世罕见,有巨大的科学研究和旅游观光价值。

袁国映在《追踪野骆驼/探险与发现丛书》中有这样的介绍:

今天收获不小,这是继去年在夏顺戈壁15天考察以来看到的第一峰活生生的野驼!我们在十几天以后返回鄯善途中,在此地东部又见到一峰,总共两峰。说明了夏顺戈壁野驼数目之少。

新疆的孩子

199

seeking the footprints of wild man
——— Leading pacemaker of environmental protection of China

2000年新闻部门组织的春季"大海道"摄制组在鄯善以南用飞行器拍到了总数近百只的"野驼",我一开始就不信,大家可能没注意到那里面有白骆驼和棕色很深的骆驼,这足以说明那是家驼群,可能是1998年以后被什么人赶到那一带放牧的。

进入龙城孔道,因已到傍晚,我们真像进入了一个古老的城市,长长的城墙,城墙上的豁口,座座建筑物,还有那千奇百怪的"雕塑",使人浮想联翩!有的像马、像骆驼、像羊、卧虎等野生动物,有些地方则像一艘艘的战舰,在大海中迎风破浪前进。小袁看到了"猪八戒背媳妇",还有个像西天取经的唐僧,仔细一看,还真像。小车在这里出了毛病,我们在这里顺便考察了半个小时。

这儿在几百万年前还是罗布泊的一部分,以后在地壳运动中这些湖泊沉积物出露,在干燥环境下大风吹蚀而成今天的壮观!龙城在古丝绸之路上早已闻名于世。

救救野骆驼

很多人都认为骆驼是沙漠动物,实际上在4000万年前,北美叫作骆驼的动物只有兔子那么大,后来才演变得像今天这么大。根据考古学家斐文中先生考证,它们是从小到大,再从大到小,逐渐走向没落。

做为一个物种,我们总不希望它过早地消失。1878年俄国探险家普尔热瓦斯基在阿尔金山发现野骆驼,并以此定为野骆驼的模式标本,如今这一标本还保存在俄罗斯列宁格勒博物馆。从那以后,一直有不少专家在研究生活在中国的野骆驼,到了30年代,也就是中国的抗日战争时期,研究停止了,直到1958年,才又在新疆成立了野骆驼考察队。

如今,对野骆驼的最大威胁,是人。

1995年袁国映他们考察时,在库木塔格沙漠里,就遇到了一群手持刀械的劫匪。让我们来听听袁国映对那次遭遇的诉说:"当时科考队员已经荷枪实弹准备反击了,不过还好,我们还是冲了过去,那时他们的刀不断砸向我们车身。"罗布泊里有不少私人挖金矿的,也有狩猎的猎人,还有挖掘发菜的农民,有时候他们迷路了,或者受困,见到有补给的人绝对不会留情的。

"罗布泊里杀人没人知道。"说这话是的袁国映的儿子袁磊,他现在是父亲探寻、研究、保护野骆驼的追随者。这些闯入者同时也是野骆驼的天敌，罗布泊附近村落的农民就有猎杀野骆驼的习惯，这种情况一直到1997年全国大范围收缴猎枪后才有好转。

我们人对野骆驼的伤害还有：沙漠公路把野骆驼的生存环境切断了。当地居民过去一直有捕食野骆驼的习惯。一公斤野骆驼的肉，曾经十几块钱就可以买到。一只野骆驼有三、四百公斤的肉，一只就能卖三、四千块钱。直到有了野生动物保护法，这些人才放下手中的猎枪。可非法采矿人，又成了野骆驼的主要敌人。在中蒙边境和嘎顺戈壁，他们不仅破坏了野骆驼生活的家园，还残杀野骆驼当充饥的食物。另外，放牧范围的无限制扩张，也使野骆驼的栖息地越来越小。

生态环境恶化引发的植被退化，也使得野骆驼寻找食物越来越困难。阿尔金山戈壁中的野狼，也威胁着野骆驼的安全。人祸天灾使野骆驼迅速减少。100年前还有10000多只，到80年代剩下两三千只，目前已经不到1000只了。

目前，国家环保局和新疆环保局利用全球环境资金，在英国野骆驼保护基金会简•海尔的支持下，建立了5个野骆驼检查站。主要是切断非法进入阿尔金山腹地的路，建立无线电通讯联系，观察当地生态环境变化，提高公众的环境意识。

新疆环保局副局长谢志强认为：现在，我们既要保护世界上稀少的动植物，也要保护我们目前还不认识的东西。我们老祖宗不认识的很多东西，现在成了我们的资源，进入了保护的行列。保护我们不认识的，可以为后代提供一个选择的机会。

让谢副局长遗憾的是，在阿尔金山离人居住近的地方，现在还有打猎的。如今打猎的人并不是为了生存，而是一些有权有枪的人，打猎对他们来说，是图个乐。

现在阿尔金山自然保护区能得到外国基金会的钱用于研究和保护。大家当然都希望通过资助保护野骆驼更好，可是以后我们得不到外国基金会的钱了，还怎么保护野骆驼呢？

2000年新疆之行我没有见到野骆驼，但生出一些感慨：大自然馈赠我们这么宝贵的物种，而我们对它的了解又有多少呢？到目前为止，还没有一部有关野骆驼的电视片，拍到的照片也少得可怜。1993年，我国发行了第一套野骆驼的邮票，研究野骆驼的专家们说，明年还将发行第二套野骆驼的邮票。

让袁国映担心的却是：希望我们的子孙后代，不至于只能从邮票上遥想野骆驼。

黑颈鹤的守护神
——孙德辉

黑颈鹤，我是1993年的夏天在青藏高原上认识的。那次我看到的黑颈鹤正处于育雏期，靠近是不可能的，可以拿着望远镜远远地看清楚它们在干什么。不过那次也幸运地看到了它们从我们头顶上匆匆飞过时那修长的身体。

2008年7月我再次到青藏高原时，隆宝滩自然保护区的工作人员告诉我，再过一个月，鹤妈妈就要带着小鹤在空中练习飞翔了，那是为黑颈

雪挂

鹤10月份以后将要飞到越冬地做准备的。黑颈鹤每年夏天在青藏高原繁育，冬天就要到云贵高原过冬了。

我第二次看到黑颈鹤，是1996年在美国威斯康星的国际鹤类基金会。在那里我被告之，全世界现在仅有的15种鹤中，国际鹤类基金会最后得到的一种鹤是黑颈鹤。它很珍贵，在国际鸟类红皮书上，榜上有名，为全球急需挽救的珍惜物种。黑颈鹤是中国特有种。

作为一个广播记者，那次在美国我很想绝是一个一下能录到全世界15种鹤类的鸣叫的好机会。可美国科学家告诉我，黑颈鹤最不爱叫，能不能录到，要看你的运气。说来也好玩，在国际鹤类基金会，最不爱叫的黑颈鹤的叫声，是我最先录到的。那里的科学家开玩笑地对我说：它们一定是知道家乡来人了，想和你诉诉乡情。

在美国国际鹤类基金会，我不知道黑颈鹤住在那儿想不想家，但可以看得出来，它们生活得很舒适。

再次看到黑颈鹤是1997年，在中国贵州的草海。草海自然保护区黑颈鹤几乎就和人生活在一起。在我拍到的照片中，有农民在前面锄地，黑颈鹤就跟在后面吃食的画面。有晨曦中，鹤在湖中飞舞，在天上列队飞翔，越过田野，越过村庄。

那次，我感受到的是大自然中，人与鹤和谐相处的惬意。

2001年1月，在云南昭通大山包乡，黑颈鹤，是我看到的最多的一次。可心情，却没有前几次那么轻松。

大山包黑颈鹤自然保护区，位于昭通市大山包乡，距市区79公里。保护区面积28.8平方公里，核心区8万亩。保护区内最低海拔在2900米，最高处3364米，相对高差400多米。气候冬寒夏凉，年平均气温为6.2摄氏度，1月份平均气温在摄氏1度，7月份平均气温摄氏12.7度。一年无霜期最低是85天，最高为125天。当地人种的高山松，长了7、8年才到我的大腿。在滇西北，我知道这些树起码会长到十几米高了。

大山包乡粮食作物主要以洋芋（土豆）、荞子、燕麦、兰花籽为主，一年一熟。由于海拔高，气温低，气候寒冷，土壤条件差，水土流失严重，冷涝自然灾害常年发生。现在人均每年的粮食仅有156公斤，人均收入仅为200元。最好的人家，一年也就9个月能吃上土豆、荞麦，差点的每年要缺7、8个月的口粮。

2000年，朱总理到过这里，他问当地的老百姓早上吃什么？回答：洋芋。中午吃什么？回答：洋芋。晚上吃什么？回答：洋芋。总理的眼睛湿润了。

seeking the footprints of wild man
——— Leading pacemaker of environmental protection of China

鹤类起源于距今四、五千万年前的第三纪始新世。现在全球一共有15种鹤，我国有8种。黑颈鹤是所有鹤类中最后被发现的一种，它是1870年由俄国博物学家普尔杰瓦斯基在我国青海湖发现的。黑颈鹤是唯一一种只生活在海拔2000米到5000米的高原鹤类。在我国，夏天它们在青藏高原繁殖，冬天则在云贵高原过冬。由于高原生活环境严酷，幼鹤成活率低，加之每年长途迁徙，目前种群数量很少，在我国是一级保护动物，《濒危野生动植物种国际贸易公约》定它为全救急需挽救的珍惜物种。

昭通市大山包乡每年有500－900只黑颈鹤在那儿越冬，总数量占全世界七分之一，中国的六分之一。

在大山包海拔3364米的山上，我等着拍夕阳的时候，碰到一位刚从山下背柴回来的农民。我问他早上几点出来的？他说6点多。到家要几点？他说，要到天全黑了才能走得拢。

从聊天中我得知，这位农民翻两座大山背的这一百多斤柴，也就够他家烧个两三天。只是做做饭，实在渴了才烧点水喝喝，通常是舍不得用柴烧水的。以前他们在家门口挖海子里的海垡烧（草木炭），后来被告之，这样会破坏黑颈鹤的觅食地，他们就不再挖了。

随背柴人到了他们住的几栋用茅草和泥土做成的房子旁，我走进一位64岁的老妈妈家，屋里没有电，打着手电我看到，几枝干树棍上支着一口锅，里正煮着的是苦荞稀饭，这是一家5口人的晚餐。

从我们一进这位老妈妈家的门，她就告诉我们：我是党员，我活一天，黑颈鹤也要活一天。出她家门时，我给了她三个孙女中最大的14岁的孙女100块钱，希望小姑娘下个学期能走进学校，坐进教室。当我们摸着黑离开村庄时，从后面传来小姑娘亮亮的声音："我可以上学了，我可以上学了"。她在向小伙伴们炫耀……

上学，对孩子们来说应该是多么普通一件事，可是在大山包，还要炫耀。

从1994年起，大山包黑颈鹤自然保护区为了缓解黑颈鹤和百姓争吃地里的粮食土豆的问题，开始给黑颈鹤投食。1998年，昭通市以黑颈鹤摄影爱好者孙德辉为首，发起成立了黑颈鹤保护志愿者协会，每年每人30元会费，也开始为黑颈鹤投食。家住大山包乡大海子的农民刘朝海开始当上了投食员。为黑颈鹤投食，

那天，我和协会的孙德辉、王昭荣一起坐在了老刘家地上挖出来的一个火堂前，一边用树枝、枯草烤着火，一边听老刘给我们讲着他眼睛里的黑颈鹤。"我每天喂鹤一次，看鹤三次。投食是按照固定的地点，它喜欢在哪儿吃，我就投在哪儿。早上8点多我要去看一次鹤，要数一数今天来了多少。中午投食，也要数一数，看看有没有伤鹤、病鹤。它们都是从很远的青藏高原来的。刚来时喝我们这儿的水，吃我们这儿的粮食，和人一样也要换肚子，拉稀。去年10月23日，初来我们这儿的有三只

追寻"野人"的足迹
——中国环保领跑者

鹤。有个六七天的时候,这三只鹤都是在一起。可是后来变成两只了,那一只哪儿去了。为了找那只鹤,我跑了好多梁子,多高的梁子都去找了,就是找不到,我想它一定是病了。后来,就像今天这么个大雾天,下着雪,我拣着了那只鹤,它已经死了。我看这只鹤屁股底下是湿的,一定是拉肚子了。我还是把它抱到了保护站。"

刘朝海家一年的粮食土豆,荞子够吃9个月的。可大雪覆盖时,林业站一时没送来给黑颈鹤投食的粮食,他怕鹤等着吃,就把自家的土豆也喂了鹤。他的妻子有心肺病,病在床上,老刘侍候她时,妻子也会催着他去看雁鹅,惦记着今天雁鹅歇在哪儿,这么冷的天,站在水里睡,不冷吗?当地人管黑颈鹤叫雁鹅。

老刘说,农村人有句老话,干啥稀罕啥。

那天天很冷,我穿了两件毛衣外加羽绒服,还冻得什么似的。而老刘,穿的只是一件有袖子的的卡小褂,和一件没袖子的坎肩。带我们看鹤时,我看得出,他浑身都在打颤。我到这来看鹤只是一天,老刘却是一个冬天,接着一个冬天,一天不落。

从大海子回来的路上,我看到一堵土墙上写着这样一个通知:各农户:乡林业局派出所、黑颈鹤保护区昨天开会决定,各农户从今天起牛马羊猪,不准放入沼泽地。沼泽地内,特别是猪的管理,一定要加强。第一,破坏沼泽地。第二,与黑颈鹤争食者,由保护区、黑颈鹤保护协会投食员记下姓名报乡林业局派出所、黑颈鹤保护区,处理措施由上决定。

2000年11月22日。

孙德辉告诉我,村上有30多户人家,老刘说自己不是领导,不便召集开会。作为黑颈鹤志愿者协会会员得到这个决定后,他就挨家挨户把这个决定内容讲给乡亲们。可还是不放心,就把通知的内容又写在了土墙上。

黑颈鹤在大山包呆的时间每年要在5个月以上,作为黑颈鹤的投食员,刘朝海从投食到数数,像是对待自家人一样。得到的报酬是什么?一个月10块钱。他说自己很喜欢孙德辉给他派的这个活儿。

孙德辉的正式工作是昭通市防疫站管宣传的干部。十年前,自从迷上拍摄黑颈鹤后,便开始了他漫漫的护鹤人生。和他一起走在大山包,随时都能听到大山包人亲热地和他打招呼:孙老师。

我们在村子里的那天,树上布满了晶莹的树挂,连我的长发和羽绒服帽子的毛边上,都像树桂似的结满了白色的冰凌。可大山包一个小男孩子却还光着脚。孙德辉从口袋里拿出20块钱给了孩子的父亲,说是给孩子买双鞋吧。一个小姑娘跟着我们跑,嘴里叫着孙大爷,孙大爷。孙德辉又从口袋里拿出10块钱,说是快过年了,买糖吃吧。

seeking the footprints of wild man
——— Leading pacemaker of environmental protection of China

不久前，保护区该给黑颈鹤投食的土豆没有及时送到，刘朝海把自己家的口粮土豆，喂了鹤。山下的孙德辉知道后，坐上长途车就上了山，送来了苞米、土豆和萝卜。从去年10月黑颈鹤来大山包过冬，到这年1月，这已是孙德辉第三次为黑颈鹤送粮了。

自从爱上黑颈鹤后，孙德辉为它们花了多少钱，操了多少心，谁也没算过。可为了动员更多的人保护黑颈鹤，帮助住在黑颈鹤自然保护区里的乡亲们，老孙在昭通仅一个企业就跑了十三次，他自己记得清清楚楚。用他的话说，人家要是一口回绝了，他可能也就不再去要了。可人家每次都说，这是好事，我们再研究，研究。13趟了，这个研究还没拿出结果。老孙说我还会接着去找，直到有了结果那一天。

54岁的老孙，老家就在昭通，亲戚朋友，凡是能求到的，都被他求遍了。为了让大山包的人都和他一样爱鹤，他把自己多年来拍的照片做成展板，扛到大山包的村子里，告诉农民，把沼泽地里的草木炭都挖了当柴烧，就是毁了黑颈鹤的家。农民们没看过电视，他说服单位领导，搞一次卫生宣传，动员了全科室的人，带上发电机、电视机、录相机，把从省里借来录相带放给大山包的孩子们看。看之前，他问学生们，你们知道黑颈鹤在咱们国家是几级保护动物吗？回答的不是九级就是十级。孩子们以为，数字越大，级别越高。看完了，学生们知道，黑颈鹤是国家一级保护动物，是我们人类的朋友，我们同住在一个地球村里，是邻居。如今黑颈鹤之所以缺少食物，是因为我们人类占了它们的地盘，越来越多的湿地成了农田，成了水库。再这样下去，黑颈鹤可就真的要无家可归了。

1998年11月，昭通市黑颈鹤保护志愿者协会筹备成立。协会里有地区领导，也有平民百姓。老孙会摄影，会员中会写诗的，会做画的，出口成章的人想办份黑颈鹤报，报名"黑颈鹤"那几个字由台湾摄影金马奖获得者吴绍同老先生找人给提了。印1000份报纸要550元。可印刷厂老板看完第一期的内容后发话了，协会成员我也算一个，印第一期报纸的钱我出了，以后，只收成本费。

1998年12月4日早上，为了当天黑颈鹤保护志愿者协会的成立，秘书长王昭荣心里不踏实，6点钟就到了孙德辉住的地方，敲开门发现，老孙早就穿戴好了，坐在床边等着呢。再一打听，老孙的腰本来就不好，加上几天来的累，那天夜里翻身都困难，怕早上起来动作慢，他三点种就起来了，花了两个小时才穿好衣服，然后就坐等。那天，作为协会主席的孙德辉是被人扶上台的。

为了黑颈鹤，孙德辉的妻子已经不让他再进他们原来的家了。2001年1月12日我到昭通的时间是下午2点。老孙告诉我，上午他是办完离婚手续到机场接的我。坐在他那间又是办公室、又是洗印照片的车间、又是卧室的小屋里，孙德辉和我说，能做到今天是因为有两件事对他的触动太大了。

第一次是1994年，他在大山包拍照时，一个农民抱着一只黑颈鹤来找他，这是一只生了病的鹤。没有经验的他们，觉得只要给鹤喂点水，给点苞谷吃，就能救了它。可是根本没用。没办法，他们又把病鹤抱到了乡兽医站，又是点滴，又是注射抗菌素，结果也没留住这只鹤的命。后来老孙问了国际鹤类基金会的专家，对于这只鹤死于什么他们也说不清，但是今后不要再给黑颈鹤打针了，是专家的忠告。

第二次是1997年，大雪封山了40天。接下来的两天里，陆陆续续有29只黑颈鹤被农民们抱到了黑颈鹤保护区管理站。这些平日里整天扬着脖子的黑颈鹤一个个都是低头哈腰站不起来。不知所措的人们接受上次的教训，没有给它们打针，而是用注射器往黑颈鹤的嘴里灌药。可接二连三的就有15只黑颈鹤命归黄泉。剩下的14只，老乡们也不治了，急着忙着又抱回了跳墩河。哪想到，黑颈鹤回到了湿地，一下子就钻到了水里，通常它们是只站在水里低头喝水的，这次却把整个身体都埋在了水里。这14只鹤来年春天，一个个都重返蓝天，回到了它们的繁殖地。后来人们分析，可能是屋里太热了，黑颈鹤不适应。我们太不了解我们人类的朋友了，这样我们又怎能和它们和谐相处呢？孙德辉由此得出了结论。

去大山包之前，我就听说了那儿的穷，听说了那儿的人爱鹤。我还带去了在昆明开会时，参加会议的14个北京、河北、四川、香港、台湾及美国的女士加入黑颈鹤协会并缴纳的会费。可是我怎么也没想到当地老乡们生活得那么困难，更没想到老乡们在如此困难的处境中，还那么爱鹤。

这次，一个生活在昭通市的12岁小姑娘，随在林业局当森林公安的爸爸一块和我们第一次到了大山包。那天晚上，我们从那位64岁的老妈妈家里出来后，是她第一个听到比她大两岁的小姑娘说的话：我终于可以上学了。在从大山包回昭通的吉普车上，小姑娘自己对我说，我是我们家的守财奴，爸爸妈妈给我的钱，休想再拿回去。明天，我想用我这学期得到的100元奖学金也资助一个孩子上学。我问她，你还会再来大山包吗？

她说，这辈子再也不来了。

孙德辉从1992年11月开始自费考察黑颈鹤，背上行李，带上两箱方便面和摄影器材，就到了最高海拔达3364米的昭通大山包。白天，他带着望远镜观察黑颈鹤的生活习性；晚上，顶着零下7℃的严寒了解黑颈鹤的夜宿生活。他走遍了这里所有的村寨和农户，第一个精确地统计出在大山包越冬的黑颈鹤共有550只，也第一次确定了当年这里黑颈鹤的始见日、终见日和越冬日数。与此同时，他还进一步发现了大山包"人鹤争地争食"的矛盾。

什么叫人鹤争食呢？每年农历九月初九，黑颈鹤就从遥远的青藏高原飞到云南的大山包，然后到第二年的三月三左右飞走，半年多的越冬期。大山包因为老百姓比较贫困，本身粮食是广种薄收，黑颈鹤因为是野生动物，就要在老百姓的农地里啄食老百姓的粮食，这就造成了矛盾。为了解决这个问题孙德辉就要向外界寻求资金，用这份资金把土豆和玉米买来了每天定时投放于黑颈鹤的越冬栖息地，让黑颈鹤吃。

黑颈鹤毕竟是野生动物，人类不能过分地干扰它的生存。孙德辉他们请教过中国鸟类学学会，听取了一些专家的意见后，把人工投食分成三个时段进行。第一时段，黑颈鹤刚从北方迁徙到大山包的时候，因为经过了长期的迁徙这个时候体力透支比较大，一到大山包就要投放食物。第二个时段，就是下雪的时段，这个时候黑颈鹤就找不到吃的了，这时要把雪地扫开，把玉米投放在土地上，黑颈鹤就可以吃了。第三个时段是黑颈鹤即将要迁飞的时候，这时农历已是三月三左右了，老百姓已经开始春播。常常是你在前面播种黑颈鹤就在后面啄食，而且你播种下去的种子虽然是被土盖着的，但是黑颈鹤有能力一啄一个准，黑颈鹤啄食的时候，小的一口就吃了，大一点的就是吃一半、丢一半。种子被吃了，必然要影响老百姓来年的收成。所以这个时候就要在固定的栖息地进行人工投食，让它多吃投放的食物，少去破坏老百姓的农作物。为此，孙德辉还写出了近万字的考察报告，寄给国际鹤类基金会主席阿基伯先生，以寻求保护大山包黑颈鹤的有效途径。

1994年，孙德辉用了近半年时间考察了昭通11个县市的鹤类分布情况，了解到昭通有8个黑颈鹤栖息地，来这里越冬的黑颈鹤超过千只。1996年底，孙德辉行程5000多公里，在四川西部进行考察，终于发现一条黑颈鹤的迁徙路线。同时了解到在这条迁徙路线上，偷猎现象十分严重。有的人甚至把黑颈鹤的翅膀挂在墙上作为炫耀。调查中，孙德辉还了解到更触目惊心的残害黑颈鹤的事。一个乡领导曾用军用步枪打死过100多只黑颈鹤，并用其羽毛做了一床被子；上世纪60年代，在会泽大桥有人用炸药炸死过数十只黑颈鹤，实在拿不走，最后找来手推车才拉走……

孙德辉说，对于候鸟来说，仅仅建立几个保护区是远远不够的，应加强在它们迁徙路线上的保护措施的建立。从此，孙德辉开始为此奔走呼吁。

孙德辉把报告送到美国国际鹤类基金会(IVF)，基金会主席阿基伯给他回了信，并派出国际基金会的专家到滇东北考察黑颈鹤。孙德辉将近两个小时的报告深深吸引了考察团的专家们，他从地理、气候、生境和食物、保护措施等方面，全面介绍了大山包黑颈鹤的越冬情况。专家们为之倾倒了，竟然没有人提出一个疑问。后来，孙德辉收到了基金会寄来的专门用于投食黑颈鹤的专款。

2005年5月，孙德辉又到了新疆阿尔金山无人区考察黑颈鹤的繁殖状况，观察到黑颈鹤在依协克帕提的蛋、巢和亲鸟的占地行为等等。他还看到白色污染正在一步步向高海拔地区推进，沙漠侵蚀着高原湖泊，黑颈鹤的生存环境面临着更大的威胁。孙德辉边考察边拍照，掌握了翔实的第一手材料，观察到很多目前没被人发现的黑颈鹤的生活习性。他还不满足，又继续进行文字研究和写作。他把资料进一步分析、归纳和整理，不知熬过多少个通宵，他的双眼经常布满血丝……终于，他的报告出来了，洋洋洒洒上万字。

2006，孙德辉的继承人王昭荣荣获了"中国青年丰田环境保护奖"。在北京大学和大学生见面时，有人问王昭荣现在大山包的广大农民朋友已经能接受黑颈鹤了吗？王昭荣说：不仅接受黑颈鹤了，而且把黑颈鹤当作了自己的朋友，生活的伴侣。

我知道说到鹤，如今大山包的农民都能一套一套地说：从鹤文化来说，鹤就是吉祥、长寿、对爱情忠贞不渝的象征。老百姓越来越认同黑颈鹤从遥远地方来了，是

追寻"野人"的足迹
——中国环保领跑者

给我们带来幸福和吉祥的。再有黑颈鹤吃了他们的种子，淳朴的百姓也会说它吃了就吃了吧，我们自己再补种。大山包正是因为有了黑颈鹤，才有了外界那么多朋友会把关注的目光投向大山包。他们很得意地说，实际上在我们昭通，和大山包一样穷的乡镇、一样贫苦的地方还有很多，但是那些乡镇外界就不知道，现在大山包这三个字比我们昭通市、比我们昭阳区这两个地名还要响亮，就是因为我们有了黑颈鹤。

2006年在北大，王昭荣非常高兴地告诉在座的各位朋友、各位来宾：今年1月19日，由国际鹤类基金会和云南省林业厅，共同在大山包进行的黑颈鹤数量同步观测结果表明，在大山包黑颈鹤国家级自然保护区越冬的黑颈鹤数量是1185只，大山包已经成为了我们全球黑颈鹤东部越冬种群密度最大、数量最多的地方。

2006年昭通黑颈鹤保护志愿者协会名誉主席、著名环保人士、生态摄影家孙德辉荣获中华环境奖之绿色东方生态保护奖，这是昭通黑颈鹤保护志愿者协会成立七年来集体和个人受国家级表彰的第七次殊荣。

得奖了，可孙德辉说，同黑颈鹤的不解之缘，就连他自己也无法一下子说清楚。从他将镜头对准黑颈鹤的那刻起，他的心就再没离开过黑颈鹤。他说："人生的路应当怎样走，常常不是由自己事先决定的。有时，一个偶然的机会，就会改变你的一生。"

得奖了，当别人赞扬着孙德辉的时候，他讲的却是自己第一次看到了黑颈鹤："当你听到空旷的沼泽上空传来的那洪亮而悠远的叫声，当你看到它们像绅士一样昂然踱步，当你看到黑颈鹤踩着厚厚的积雪到处觅食……那种圣洁、高雅，那种为生存而不屈的抗争，真的有一种摄人魂魄的力量。"

有人为孙德辉算过，从他踏上了考察保护黑颈鹤的艰难之路算起，十几年来，月工资只有三四百元的他，为保护黑颈鹤花去了近9万元；他考察的地方大多在贫困地区，因为家庭出身没能走进大学的孙德辉先后资助12名儿童走进学校的大门。

孙德辉曾经在云南昭通的大山包看到一只被冻在冰棱里的黑颈鹤，他一直守候在这只鹤的身边，在摄氏零度以下的气温里和那只鹤呆了一个晚上，直到这只鹤脱离了危险。一位曾和孙德辉一起追鹤的朋友这样形容过他："为了黑颈鹤，孙德辉也成了一个奇特的迁徙者，鹤到哪儿，他就也到哪儿，以至于在无休止的漂泊中丢掉了家。有一天晚上，我象一个女儿一样，牵着这个老人走了很久。因为那天是他女儿的生日，这位父亲很早就给她发了一条祝贺的短信，一直没有得到回音。我发现，这个白天在草地上健步如飞、精神奕奕的男子突然之间变得苍老了。他祈求着女儿对自己的原谅，然而却查无音信。那天晚上，这个疲惫的父亲絮絮叨叨地给我讲他的女儿，讲他对她的思念。他对鹤的那种痴爱。"

孙德辉的这位朋友说："一个研究和保护鹤的男子汉，在空旷的草地上，显得刚毅和智慧。而在这个夜晚，他变成了一个衰老的男人和伤心的父亲。面对女儿的不予理睬，突然的苍老立刻袭击了这个白天追鹤时坚毅的男人。我不知道他们父女之间

seeking the footprints of wild man
——— Leading pacemaker of environmental protection of China

到底发生了什么,但是,同样的作为一个女儿,我可以深深地体会到老孙对自己女儿的那种强烈的父爱,还有比这个更温暖的事情吗?一个在千里之外的父亲把女儿的生日刻在了心上,也许他曾经忽略过,但是他从来没有忽略过对女儿的牵挂。他可能在流浪中缺失了父亲对女儿的正常关照,但是女儿在他心中却从未缺失过,他总是小心的把她放在最温暖的地方。这个瞬间苍老的父亲打动了我。"

1994年10月9日,中美两国联合发行一套两枚的鹤类邮票,其中一枚就是黑颈鹤。中国邮票公司印制的明信片上的那只黑颈鹤是孙德辉的摄影作品;2003年国家邮政局发行的一套16张个性化邮票《大山包黑颈鹤国家级自然保护区》全部是孙德辉的作品。

我在采访台湾拍到过全世界15种鹤类的摄影家吴绍同的时候,吴老拿出自己拍的一本精美的摄影集给我看。我让他把自己认为最满意的一张照片指给我看看。吴绍同指的是他在大山包拍的一张。他同时告诉我,那里老乡过的日子还很苦。2007年2月,《黑颈鹤——孙德辉黑颈鹤生态摄影》正式出版。这本中英文对照的黑颈鹤大型画册,是孙德辉18年拍摄的黑颈鹤图片中精品。书中图片绝大部分在大山包拍摄,同时也介绍了新疆、四川、贵州和云南的黑颈鹤。近400幅图片,中文4万字,英文6万字。打开后,读者会随着孙德辉走进黑颈鹤的世界。

从1998年以来,昭通黑颈鹤保护志愿者协会发展至今已有500多名会员;主办的《黑颈鹤》报有58期,发表了160多万字的文章,图片上千幅;建立了"黑颈鹤保护网";冬天为黑颈鹤投饲料7万多斤;救治伤鹤9只。

中央电视台从1999年到2005年先后七次播放过孙德辉保护黑颈鹤的七个专题节目,《人民日报》海外版、《人民中国》日文版、《中国日报》英文版、美国《旧金山编年史》等著名媒体还对孙德辉保护黑颈鹤的事迹作了专题介绍。孙德辉的摄影作品曾参加巴塞罗那第七届双年展、西班牙第20届国际沙龙展、新加坡《云南少数民族风情摄影展》的展出。

2007年,昭通黑颈鹤保护志愿者协会成立9周年大会上,孙德辉动情地说了下面这番话:

很感慨! 当初一个人在大山包漫游的时候,没有想到今天有这么一个结果;当初一个人想从事黑颈鹤保护的时候,没有想到全国各地有成千上万的人热爱黑颈鹤,我以为只有我一个人;当我到北京领奖的时候,才认得全国有那么多的环境保护民间组织。其实,这些都顺应了时代的潮流,我们的社会在发展,科学在发展,我们的环境保护也在一步一步发展。从我们忽略环境保护到关注环境保护,到我们直接参与环境保护,这一个过程非常艰辛。所以,昨天我就从巧家马树、会泽大桥赶来参加这个年会。虽然我离开黑颈鹤保护志愿者协会主席的位置已经三年了,但是我一天也没有离开黑颈鹤。夏天了,我为它写文章,联系爱鹤人士互相交流;到冬天,我就去看望黑颈鹤,前几天我顺便又把两位爱心志愿者的2000元钱送到巧家马树。在对黑颈鹤的考察拍摄中,我认识了很多朋友,这些朋友对我和我们协会的所作所为很感慨,因此他们自愿拿出钱来,由我们安排给贫困的学生。黑颈鹤越冬栖息地周围土地的洋芋被鹤啄食，由大家决定，把钱发放给损失最多的村民。

我不是一个搞艺术摄影的人，所以我最近由云南美术出版社出版的画册就叫《黑颈鹤——孙德辉黑颈鹤生态摄影集》。你们需要查阅黑颈鹤的有关知识，在这本画册中都有。这不是专家级别的，而是科普类的，希望大家今后在这本画册的帮助下更加关爱黑颈鹤。

一个民间组织的成长非常艰难，特别在我们贫困地区。我2001年邀约了英国驻华大使馆的环境事务一等秘书温妮女士和云南生态网络在昭通地区卫生防疫站召开了"贫困山区发展与黑颈鹤保护研讨会"。一个协会从诞生到成长到发展，这一个过程非常艰辛。俗话说："创业难，守成更难"，今天看到我们协会九年来发展到现在规模很大，我的心里非常高兴。

今天昭通滇北大山包酿造食品厂首批捐赠"黑颈鹤保护事业金"3000元，这说明我们的行为已经感染了企业，这是令人可喜的现象。今天已经有一个企业正式介入到我们保护黑颈鹤的事业中来，我非常高兴，也非常感谢王总。今后在我们的合作中会互相影响，互相感染。我们的环保理念将会影响到你们的营销策略，你们的经验教训也会影响到协会的管理与发展。这是一个非常好的起点，企业与民间环保组织联姻将是中国今后的一大趋势。

最早支持我搞环境保护、搞野生动物保护的是地区环保办，我一直不敢忘记政府部门对我的关心和支持。得到省环保局领导的认可、理解和支持，我们协会今后就应该更上一层楼。只有发展壮大，只有越来越强，才会有前途。

我采访孙德辉已经是好多年前的事了，但我一直记着孙德辉告诉我的，他们协会每次到大山包之前会在市电视台花50元点一支歌，然后把消息告诉大家。每次点的歌都是《一个真实的故事》。那首歌唱的是一个爱鹤的姑娘为了救一只受伤的大天鹅，掉进了沼泽地而永远离开了人间的故事，很好听。

大山包人，爱鹤的故事也是真实的，黑颈鹤保护志愿者们的故事也很感人。不知道已经是黑颈鹤保护协会名誉会长的孙德辉现在再去大山包之前还会在电视台点《一个真实的故事》这首歌吗？

"候鸟"的我歌我泣——周海翔

也不知是从哪一年开始,在世界,在中国,当人们表示胜利时,就要举起食指和中指,做出V字状,这是英文victory胜利的第一个字母。一个V字,里面容纳了多少动人的故事我想是数不过来的,可就是这个V字,竟给鱼和鸟带来了大祸,导致了它们的生死存亡。

眼泪,是人类表达感情的一种方式,也有人见到过老牛伤心地落泪,见到过小狗泪眼中的悲伤。可大天鹅,流下一滴眼泪后溘然长逝的样子,见过的人我知道的只有一个,周海翔。我还知道,从那以后,柴科夫斯基《如歌的行板》那如诉如泣的旋律,就常常伴随着他度过思念天鹅的时光。

2004年春节,山东荣城天鹅湖畔一个小村子里的一户人家,住进了42位摄影爱好者。拍鸟,如今已是摄影者的一种时尚。可是,被这些拍鸟者手中的相机扼杀的鸟类,也在一年比一年大幅度地增加着。"一些爱拍鸟的人的心态,和真正爱鸟的人不一样。有人是越拍鸟,越不顾一切疯狂地拍,有人是越拍鸟越深情地爱鸟。"说鸟的人叫周海翔。

"疯狂地拍",和"深情地爱"对鸟的态度,显然不同。

为黑脸琵鹭设的帐号

鸟，随着季节的变化在大千世界中南来北往的，人们管这些鸟叫候鸟。如果把亲眼看着天鹅流泪后"走了"的周海翔"拟鸟"化，周海翔就是一个"候人"。或者说，就是一只"候鸟"。一个沈阳人，8年的时间，跑过20多趟山东荣城的天鹅湖。天鹅在那儿的几个月里，他一去就是四趟、五趟。辽宁的海边，周海翔说了：黑脸琵鹭还没到呢，我就候那儿了。

上个世纪九十年代中，我在香港的一份畅销报纸上看到头版头条大篇幅地报道在一片湿地发现了黑脸琵鹭，介绍黑脸琵鹭生存的环境和习性。当时我还想，一种鸟，如此隆重地推出，可见鸟的珍贵和人的重视。后来香港朋友告诉我，在香港，黑脸琵鹭的知名度很高，也受到极高的待遇。随后朋友问我：在大陆，知道黑脸琵鹭的人除了专家以外，还有吗？那次我没有答案给朋友。

没想到，才几年的时间，从摄影爱好者到护鸟使者的周海翔就让我知道了：在大陆，有人为黑脸琵鹭能着那么大的急。那是两年前在我们绿家园志愿者的周三课堂上。那天，周海翔告诉听课的人，黑脸琵鹭，不光是在中国，在全世界就只剩下这两对繁殖的可以研究了，可它们的觅食地还不知道到底在哪儿，如果在还没发现之前就被人不经意地破坏了，对黑脸琵鹭来说，就是灭顶之灾。为此，周海翔希望能有志愿者在自己已经找到的十三个可能是黑脸琵鹭觅食的地方分头"候"着，为世界上仅存的这种鸟类在"娶妻生子"时吃得饱、吃得好做点努力。

全世界可供研究繁殖的黑脸琵鹭是不是就只有这两对了，这是不是经过系统的科学考察后下的结论，恐怕是科学家们的事。发动志愿者接力寻找黑脸琵鹭的觅食地，进而达到保护这种珍贵的鸟儿的目的，到是周海翔时时在告诫自己、警示公众、提醒领导的事儿。

黑脸琵鹭在《中国鸟类野外手册》上这样记录着：体略大的白色琵鹭，长长的嘴灰黑色而形似一琵琶，脸部裸露皮肤黑且少扩展。分布范围：中国东北可能有繁殖地尚未被发现。分布状况：全球性易危，种群数量越来越少。迁徙时见于中国东北，于近辽东半岛东侧小岛上近期有繁殖记录。世界上仅有600余只，多数在台湾及香港越冬。

记得那次在课堂上，周海翔为苦于找不到志愿者发愁。因为当时知道的黑脸琵鹭生儿育女的地方，就是在辽宁常海县石城岛旁一个只有0.03平方公里、从空中看是人字形的无名坨子上。之所以叫坨子，是它太小，够不上称它为岛。

在大学工作的周海翔工作不用坐班，所以才能成为"候鸟"跟着鸟南来北往地跑。可志愿者，显然是业余的爱鸟人，既然是业余，就有自己的本职工作，哪有时间像周海翔似的成为"候鸟"呢？2002年的志愿者计划没能实现。2003年，非典又再次使本来即将开始的"拉网"调查泡了汤。

seeking the footprints of wild man
——— Leading pacemaker of environmental protection of China

黑脸琵鹭的巢虽然在一个小砣子上，可鸟靠翅膀移动，和人跨越距离的速度显然是不可同日而语的。就在周海翔还在为有多少志愿者能参与到他的寻找觅食地计划中，这一计划如何能变成行动着急时，2003年3月，本荒无人烟，黑脸琵鹭的"产房"砣子上来了四个养海参的人。他们要在这个小砣子上看着他们养在海里的海参。有了人就要用电，于是山顶上又竖起了一个风力发电塔架，还修了一条直通山顶的路。这条路的一端离黑脸琵鹭的巢只有15米。

我看过的周海翔拍黑脸琵鹭的相片中，最喜欢的两张，一张是两只黑脸琵鹭，用自己像琵琶一样的嘴在悬崖边上衔草建筑着自己小小的家；一张是被夕阳染红的天空与岩石垒就的悬崖间，一只黑脸琵鹭亲鸟，伸展着翅膀，嘴里衔着一条小鱼正向它毛绒绒的孩子的小嘴里送。周海翔告诉我，黑脸琵鹭目前只在中国发现了繁殖地，只在人形砣子上，以前是三对，1999年后，就剩下两对了。所以，目前形人砣子上，是提供给全世界研究繁殖的黑脸琵鹭的唯一地方。黑脸琵鹭的巢都筑在悬崖边上，人即使不是故意破坏，稍不留神，带给这种鸟类的也会是不可挽回的灾难。

这两对黑脸琵鹭，每年最多的时候六枚卵全都能孵化出来，但因为各种种因素，通常是只能带走四个小鸟。多少年了，寒来暑往，每年黑脸琵鹭回来时，大家庭的成员一直都是七到九只。走的时候，最多的一次，也只是十三只一起离去。

对黑脸琵鹭来说生死攸关的一个小砣子上住了人，周海翔急了。看海参完全可以在旁边的大岛上，没必要住到这个小砣子上。带着辽宁电视台的记者他找到了乡长，要请人家吃饭。乡长说下午要学车，不能喝酒，那就晚上摆一桌吧。

在和乡长吃饭的饭桌上，周海翔对乡长说：鸟类筑巢的前提就是没有人，没人住，有灌木，有一点植被当它们的巢材，就是它们生儿育女的家。现在住了人，修了路，发开了电，鸟怎么办？风力发电的架子正好建在黄嘴白鹭旁边，前年黄嘴白鹭是170巢，岛上住了人后，170巢一下减到130巢，这就是影响。

乡长说：我不知道，知道的话，无论如何也不能让他在这儿，你放心，我一定把他们请下来。电视台的人说我们的镜头可什么都拍上了，回去先不播，你赶快让人从砣子上下来。可这以后，电话左一遍右一遍地催着，砣子上的人该在那住着，还在那住着。接着赶上的非典，岛封了，沈阳的身份证不允许进。四月份，黑脸琵鹭肯定已经回到砣上来等着预产了。周海翔形容当时自己的状态是：干瞪眼。

时光与季节的更替到了六月，从六月一号开始，人形砣子所属的石城岛由原来的常海县改归为庄河市管。庄河市主管环保的副市长和周海翔打过交道，他请省林业厅野保处处长查到：法律规定那个地方是禁猎区，禁猎区没有规定不能在岛上生活。这样，从法律上讲就没有权利叫人下来。

在中国，权大于法的原因常常是以权谋私。周海翔的本事是让副市长以权谋了鸟一次。那天，各方人马，各个职能部门的头头开着船，围着砣子又是转，又是开会。最后，船在砣子旁边抛锚，副市长当场决定：无条件把人请下来，风力发电架子拆掉，因为鸟在繁殖期，房子过了这段时间以后再拆。找一个学兽医的小伙子负责看岛。给他三万块钱做经费，这个钱不经过任何政府部门直接给他。没有帐户马上办一个，一周内落到实处。今后谁也不许随意在砣子上生活。

上个世纪末那位问我"在大陆知道黑脸琵鹭的人除了专家以外，还有其他人吗"的香港朋友，我再见到他时，一定要把为黑脸琵鹭设帐号的故事给他讲讲。

V字不仅仅代表着胜利

现在能找到黑脸琵鹭，已成了周海翔的人生目标。他真的担心，早晚有一天，黑脸琵鹭绝于V字之下。

这个V字，代表的不是英文单词胜利的第一个字母，而是一种捕渔的网，它是V字形的。这种网初申张的部位网眼还算大，大鱼小鱼都能在里面自由的戏水与觅食，随着鱼儿们忘情地吃着，网眼就越来越小。大鱼发现有网就会躲，可它越躲就越进到了网眼小的部位，就像是退到了葫芦里，等到潮再退下去后，大鱼小鱼连小虾都一条条地进到了V字"收口"的部位。所以人们又把这种V形网叫做"绝户网"。被我们用手的食指和中指比划出的V形成了网后，喻意着的就不再是人的胜利而是鱼的死亡。

我在周海翔拍的一张照片上，看到阳光下的海边上捕着一片V字网。我问，那段海岸线绝户网占了多长的距离？周海翔说他沿着那段海岸线跑了六七十公里，这张网和那张网一个空都不落，全都拦上了。

"严防死守"，是我听了周海翔说他拍这张照片的经过后，一下子就从嘴里蹦出来的一个词。人类有足够的聪明才智不让一条鱼漏网，人类在满足了求生的需求后，跟着而来的欲望还有很多，那鱼呢？

人形砣子对于黑脸琵鹭来说，只具备一个条件，就是繁殖。黑脸琵鹭在那儿繁殖还有一个必要的条件：食物。但是人形砣子周围水比较深，黑脸琵鹭属于涉禽，很小很小的半蹼。至于它们的蹼为什么只有一半，那么小，鸟类学家见到它们都那么不容易，就更别提研究了。涉禽，没有浅水就没有它们觅食的条件，它们就要飞到浅海滩去觅食。

每天起飞两次的黑脸琵鹭，跟着潮汐走，退潮一两个小时后起飞。弄明白了这些的周海翔，再找黑脸琵鹭觅食地时，用GPS以人形坨子上能看到巢的位置，坨子的背面，坨子和海岸线之间，一个一个地定位，一共做了十三个点。周海翔找志愿者，就是想让他们跟踪，看看起飞后的黑脸琵鹭到底在哪儿找食"开饭"。

黑脸琵鹭是用嘴在水里划拉，靠感觉找鱼吃的。它划拉一次回转的角度在150－180度，因而渔民叫它海划拉。这样的吃相，如果鱼虾少了，它就很难觅到食物。

周海翔根据自己多年的考察发现，春暖花开，小鱼小虾都喜欢停留。不过被认为最有可能是黑脸琵鹭觅食地的那段海岸线，如今海洋资源的破坏十分严重。周海翔认为，作为一级保护的黑脸琵鹭，级别在那儿，如果找到了觅食地，小范围的保护还是有可能的。找不到，或者被破坏了，黑脸琵鹭找不到食物就会改变繁殖地。新的繁殖地，它们能喜欢，能适应吗？

在我喜欢的周海翔的照片里，还有一张是满天的红云中，母亲正在喂张着大嘴等着吃饭的小鸟。黑脸琵鹭要吃饭，人也要吃饭。在这点上，地球上的一切生灵都是平等的。如果我们的面前是一群张着嘴嗷嗷待哺的我们的孩子，我们却没有吃的喂他们，又会是什么心情呢？

周海翔自己指着他拍的一张照片给我看："在这片海域，你从近海的山头，往高处，再往远处看，你也看不到真正的海面，你看到的全是小黑点，什么？海带筏。海带筏现在是在整个海岸线平铺开的。我特意跟船出了趟海，从岸边往深海走了50分钟，大船走多远，海带筏就跟多远。沿着海岸线，现在只能看到一些老房子的屋顶上盖着海草。铺有海草的屋顶，比瓦铺就的既暖和还防水。但是在中国，现在几乎所有的海岸线都快找不到海草了。"

如今的海边不光没有了海草，大面积的养殖连海浪都给压没了。一片片的网，一根根的粗绳子，把海浪变成曲线。浮漂的玻璃球和两三米粗绳子之间串起来的小细绳上，拴满的是海带苗和扇贝。再大的大海，满满地承载了这么多后，还掀能起大浪吗？

那潮汐还有吗？我问周海翔。他说：海浪被压住了，到了六月份以后，太阳照射下的水温慢慢升高，没有了浪涌，海水上下层间的交换就难以实现，水面的温度就会越来越高。近年来不断出现的赤潮，和这有没有关系？我问道。

周海翔说，目前近海的养虾业，已经濒临破产，扇贝的养殖也越来越艰难。没有花开，就没有植物的果实，没有了浪花，再无私的大海也难以奉献。海中养殖本可解决人们的生计，可再无私的大海，连气都不让人家喘，拿什么奉献。每年的禁渔期已经有了强有力的执行手段。同样是对大海的索取，海产品的养殖，就能漫无边际，无穷无尽吗？到头来，没有鱼吃的不仅仅是黑脸琵鹭和它的同类，还有我们人类自己。

周海翔的人生目标是和志愿者们一起找到黑脸琵鹭的觅食地。他坚信，一定会找到。可面对V形网，面对不再无风三尺浪的大海，周海翔告诉我他听到的是大海在失去了浪花后的泣语：她刚刚离去，刚刚离去。

镜头下的阳光与罪恶

在中国的环保志愿者中，杨欣，因拍摄藏羚羊，成了藏羚羊的忠诚朋友；奚志农因拍摄滇金丝猴，成了金丝猴的护卫者；孙德辉因拍摄黑颈鹤，成了黑颈鹤的守护神。周海翔爱鸟的人生旅途中，有这样一个故事：

那是他在山东荣城的天鹅湖拍摄日出时的天鹅。一个又一个清晨，周海翔的镜头中，定格着太阳、天鹅和湖水呈现的三点一线。一天早上，天本来很阴，下着小雨，可就在太阳即将出来时，地平线上出现了一条红线。几个拍天鹅的人兴奋地跑动，惊动了天鹅，满湖的天鹅起飞了。

当这群天鹅越飞越远时周海翔发现，湖中还留下了一只，另外又有一只在附近的天空中盘旋了几圈后，飞了回来，落在了离那只天鹅不远的水面上，然后一点点的靠近，再靠近，最后两只天鹅靠在了一起。几个小时过去了，周海翔镜头中的画面上，还是两只天鹅依偎在一起。

湖区没有天鹅的食物，其中的一只又飞不了啦，周海翔给当地的志愿者老袁打了电话，他们决定抱起来看看像是有病的那只天鹅。看了后，他们喂豆奶，喂药，一些正常的救护都做了。天鹅，还是在流下一滴眼泪后，闭上了它的眼睛。这是周海翔第一次看到天鹅的眼泪，也是第一次看着天鹅在他的眼前咽气。周海翔哭了，是大声地哭的。

除了自己哭，周海翔把别人说哭了的时候也有一次。也是天鹅之死。

拍多了鸟，爱上了鸟，周海翔也很喜欢听它们的鸣叫声。坐在湖边听鸟声，对周海翔来说真是听也听不够。那次，周海翔带了三四个人坐在天鹅湖边和他一起听。如果远处有了动静，天鹅叫得声音就会大一点，其它时候都是窃窃私语。听着听着，周海翔听到了一只和其它天鹅叫得不太一样的声音，他让和他一起来的人细听一只。可没有他的道性的人哪听得出来呀，大家一致认为：别发神经了，你这纯属走火入魔。

那个奇怪的叫声在周海翔的耳边萦绕了一夜后，第二天早晨他早早地就出了门，拍完了日出的天鹅湖后，天大亮了。周海翔发现了那只死在湖边的大天鹅。他骂自己，如果坚定自己的判断，如果找到这只生病的天鹅，如果……如果……它也许就不会……

后来周海翔的一个哥们儿写了篇《男人有泪不轻弹》，可稿子最终不知为什么被枪毙了。在自己的生活中再也离不开鸟的周海翔告诉我，一次他陪一个美国人到人形砣子拍黑脸琵鹭，当时正是鸟们育雏的季节。费了很多周折，花了很多钱，专程从

seeking the footprints of wild man
——— Leading pacemaker of environmental protection of China

美国到中国拍黑脸琵鹭的这位老外，因为怕惊扰鸟儿，硬是没有上岛，只是围着砣子转了几圈，用长长的镜头调着拍摄。被深深感动了的周海翔说，从那以后他更知道了什么是爱鸟。

2004年春节后，正在接受新闻学培训的周海翔为了应付考试，也为了对新闻有更深的理解，选择了这样一道答题准备应试：新闻报道不能片面，不能只看到现象，要看本质请举例说明。

周海翔的例子自然离不开他心爱的鸟："大连电视台消息：我们大连的环境改善了，所以天鹅来到了我们这儿。在看这条消息时，我的心里在流泪。那么美，那么高傲的白天鹅为什么来到大连，一来是因为它们的家被人为地改变了；二是大连的什么地方招来了天鹅？是沿海最不好的一段臭水沟。因为那里有城市排放的污水和垃圾。那里的残汤剩菜成了天鹅充饥的食物。什么是这条新闻的现象，什么是这条新闻的本质，周海翔用心里流出的眼泪作答，我想打动的不应该仅仅是教师。

正在接受新闻学培训的周海翔，还很希望通过这次与新闻界的人面对面打交道的机会说说心里话。目前对黑脸琵鹭的严重伤害，很主要的是来自媒体，来自新闻记者和摄影爱好者。因为职业的需要，他需要报道。还有获奖的机会，他们更是要拍得好一点，再好一点。可是有些记者在拍摄中，就只想到了自己的作品，忘了鸟本身的尊严。

周海翔说，自己一辈子都不会忘记的事包括这样一次，一个记者和一位环保局的人，在鸟们繁育的时候非要上人形砣子拍照。看砣子的人阻止时，拿着上方宝剑的记者又当即给上面的人打了手机并再次得到准许。这次上砣的后果是，21只黄嘴白鹭幼鸟因巢被踩翻而暴毙。

周海翔至今都很后悔把自己遥控拍摄鸟的技术在摄影杂志上传授。尽管用这种十分成熟的摇控技术把相机藏在巢下或饮水区拍黑脸琵鹭，一定会拍到精彩的画面。但周海翔从来没有用过。繁殖的黑脸琵鹭，仅有两巢了，都是建在悬崖之上，且幼鸟刚破壳的时候不知道怕人，更容易受到伤害。所以多成功的技术也不能用，周海翔是真爱鸟。

当然我知道，目前黑脸琵鹭的照片很多都是用周海翔发明的摇控技术拍到的。我问他，你得过的最高的摄影奖是什么？回答是：1986年我就得过全国报刊评比新闻图片类的一等奖，国际奖也得过。真的爱上鸟后，我对得奖就没有了兴趣，对鸟有更多的了解，是现在的我觉得最重要的。

说着，周海翔指着自己拍的两张照片给我看："这张是两年前拍的黑脸琵鹭的巢，那时还有很完整的灌木枝；再看去年拍的这张，巢都快散架了。三月下旬黑脸琵鹭上砣子之前，我们要帮它们把家修好，也许会从大陆选几个喜鹊的巢移到这个巢的北面，北面还有几个灌木丛，看它们能不能接受"。

2005年，周海翔收到北师大一位学生的来信。信中说到：

追寻"野人"的足迹
——中国环保领跑者

尊敬的周老师您好！

我是北京师范大学环境学院的一名本科生。我是听了您在周三课堂上有关大天鹅的讲座后才开始了解您的。听了您的讲座我不知道应该如何形容我的感受，也许正如赵老师所说的，那是一部流血的诗、流泪的歌。真的真的太感动了，也真的真的太震撼了。也就是在讲座的某个瞬间，我突然间有一点喜欢我现在所学的专业了，因为我学环境的话还会有机会去保护大天鹅这种圣洁的动物，让这种来自天堂的生物生活得更好。说实话，以前从未对所学专业有什么好感，但是听您讲的大海停止了呼吸后，才发觉对所学的专业有一点入门了。

其实一直很喜欢《鸟的迁徙》那部电影，初看时也是很震撼。但是听同学说导演为了拍那部电影使用了一些"手法"，可以说为了拍那部片子牺牲了影片的大部分可爱的鸟儿。但是您的讲座不同，您完全采取了不同的角度，您是以一个保护者的视角，完全不会打扰大天鹅们的正常生活，只是用手里的相机记录大天鹅最最真实的一面。呈现在我们的眼前的是完全不经加工天然的大天鹅，它们是那样的纯洁，那样的优雅，那样的神圣不容侵犯，所以看到被污染的红头天鹅的时候心里真得很不是滋味，看到在垃圾堆附近的白天鹅更是心酸，它们本该是有点不食人间烟火的，但是却不得不向人类破坏后的现实低头，是我们人类不停的破坏她们的栖息地使它们无处安身，还是我们人类将它们逼上绝路。听到您为了一只大天鹅而肆意地流泪，眼泪更是唰地下来了。而那只流泪的天鹅的照片更是深深地印在脑子里挥之不去，久久不能忘怀。听您写的诗，听您放的背景音乐，听您的吐露心声的讲座，最大的收获就是灵魂又重新受了洗礼，您所讲的您所做的显然与这个为了急功近利的社会格格不入。在讲座的过程中眼泪不止一次地夺眶而出，因为您不仅仅说出了大天鹅的现状，还勇敢地指出了我们人自己的缺憾。真的很少有您这种风格的讲座，能让我们思考，让我们直视自己，让我们反省，让我们自责。

周海翔这些年来，花了很多精力开办讲座。2008年，有记者这样形容周海翔的讲课内容：有大量亲身环境实践的实际事例、亲自拍摄的艺术照片，集多媒体投影、配以音乐、诗歌及生动的旁白为一体，从而达到非同一般的视听效果，具有艺术性、感染力和说服力。

而周海翔的自我介绍却是这样的："我是一名摄影爱好者，二十几年拍摄野生鸟类、自然风光，积累了大量摄影图片，也纪录了环境变化给鸟类带来的威胁和对自然的破坏。二十几年伴鸟飞翔的拍摄经历，让每一只鸟都成为了我的朋友，我为鸟歌，也为鸟泣。最初是在我的摄影讲座中谈一些环保问题，而太多的经历——"天鹅之死"、"垃圾鹅"、"濒危的黑脸琵鹭"、"无法呼吸的大海"等等，让我深切的认识到是人类无节制的、非理性的发展给野生动物、自然环境和人类自己带来了极大的危害。当你生活在一个高速发展的现代化都市，城市的周围已没有了树，水里没有了鱼，天上没有了鸟，这就是在告诉你大自然已没有了维持这个城市运转的资本了。

我感到认识和改变现状的方法之一就是宣传，把环保思想播种到人们的心里。从1998年起，我的摄影创作不再是单纯的艺术摄影，而是把环境和生态包含其中，把摄影讲座变成一种环保宣传的形式。也是从那时起，我更主动自觉的参与环保工作，如濒危鸟类黑脸琵鹭繁殖地的保护、黑脸琵鹭繁殖期觅食地的寻找和保护、浑善达克沙地科考等；二十几年中我去了山东荣城天鹅湖多少次已记不清楚，我真实记录了天鹅生存状态和天鹅湖环境的破坏。2003年至2004年底，我自驾车到山东荣成一次，两次去内蒙乌梁素海，两次去黑龙江五大连池，二十多次去大连庄河沿海，所有这些摄影和环保工作的经历，使我的讲座不断有新的内容，新的事例，也使我的讲座受到欢迎，给听众带来的感动、震撼和对环保认识的提高，给我很大的信心和鼓励。也激励我要更多的进行环保实践，有更多的图片和故事，以更生动丰富的内容把生态环境教育做下去。"

2004年，周海翔得到世界自然基金会小额基金四万元人民币，支持他"寻找黑脸琵鹭觅食地"项目。然而为了这一寻找，周海翔自己花的钱已经有二十万元。

野生动物摄影是一项艰苦的活动，2003年以前每次外出拍片，周海翔基本上是背上几十斤重的摄影器材，乘火车、公共汽车、轮船到拍摄地，自费旅行要尽量节省，气候允许的话，他和朋友们常常住自带的帐篷。每天早上，总是他第一个早起叫同伴们起床。后来朋友们称他为"周扒皮"。

在野外拍片时，周海翔可以一天不吃不喝，朋友们又喊他"骆驼"。2003年，周海翔购置了一台"千里马"家用轿车，仅一年就行程五万公里。五大连池火山岩台地，内蒙的沙地、盐碱地，沿海乡村的泥地，有路的走，没路的也走，爆胎、震坏车窗玻璃就在所难免。朋友们说他的车程五万相当于在城市行程十五万，他的车应该叫"野马"。

现在每当出差住旅馆，我总要提醒同行人的一件事是出门要把贵重的物品背着，哪怕去吃饭。因为我知道2003年8月周海翔在昆明商业宾馆被盗，丢了价值十万的摄影器材和笔记本电脑等。那次他就是去吃了一顿早饭，把包放在了旅馆的房间里。后来在家人和朋友的支持下，又重新投入。

二十几年来，周海翔的摄影和义务环保，让他支出了家庭的大部分收入。

我采访周海翔以后，他送给我了一张光盘，从光盘的封面上我抄下了周海翔写的诗，就作为本文的结束语吧：

有一种生命在后退。

在你的视线之外,远离道路、村庄、人群。

你真的难以想象,

在大海的边缘,在人形坨子的巨石上有一种鸟,黑脸琵鹭,

在艰难地生存。

在人类与时俱进的今天,

人进一尺,鸟退一丈。

仅有两巢,离永远的消失很近。

生命的宽厚,从来都是以另一种形式滋养我们。

比如鸟的歌唱,比如飞翔的渴望,

比如大河的流淌,比如树木的成长。

我不知道,人们要走多远才可以回头,

人们要走多高才可以落下。

生命的宽厚中,谁已长眠。

在人与鸟之间,在蔚蓝的大海与城市的灰烟之间,

我在想,谁去谁留。

他们关爱的是自然

从未得过奖的环保官员
——牟广丰

朋友都叫他老牟。如今管当官的不叫官职,直呼老什么,已经不多了。牟广丰是这不多中的一个。还有一个原因就是他的老朋友多。这应该也是衡量一个人的人品、人缘的一个标准,我认为。

如果用官儿的标准衡量老牟,他还有一个特色,也是每次他参加绿家园志愿者的活动时,我总是要向人们介绍的:上个世纪九十年代,老牟到美国访问时带着绿家园刚刚印的折页,他是想要告诉美国人,中国也有民间环保组织。可是在美国,每当他把折页递给人家时总会被问到:你到底是官员还是NGO。老牟的回答也是这辈子我走到哪儿,也都会鹦鹉学舌地说上一遍的:八小时以内我是环保官员,八小时以外我是环保志愿者。

老牟的儿子老虎上小学时参加过我们的种树、观鸟活动。一次活动后他写了一篇作文。结果就是这篇作文,先在班里当范文念,又在年级念,最后念到了全校。可见这位环保官员的儿子对参加环保活动的认识之独具特色和打动人。

追寻"野人"的足迹
————中国环保领跑者

给民间环保组织以合法身分

  我第一次见到老牟是哪年，我俩儿后来回忆了几次，但年份还是记不准确了。成为好朋友我记得是1997年他到贵州六盘水挂职时，我和光明日报的记者葛宗渔被他诱惑去了他挂职的地方采访。

  老牟挂职在贵州时，只要一回北京，不但四处跑着为六盘水找资金，找项目，我还和他一起跑过保姆市场。那是他想为当地劳务输出做些尝试。我们到六盘水采访时，老牟刚从北京回去。我亲眼看到，当他把这些消息告诉当地的官员和老百姓时，那一张张脸上的疑惑，和希望。

  六盘水的地太少了，到处是大山，大山都是喀斯特地貌。当地人形容一个农夫在山上开荒。晚上收工前想看看一天的劳动成果自己开出的三块地。可是说什么也找不着第三块。拿起草帽准备下山的农夫发现，原来草帽底下是他开出的第三块地。可见喀斯特大山上土地的贫瘠。挖煤、炼锌，在六盘水是当地人生活中新的出路。

  为了保护环境减少污染，我们国家九十年代出台了关停并转"十五小"的规定。作为环保局政策法规司的官员，这一规定的红头文件是老牟起草的。可在六盘水挂职期间，老牟虽着急于那遍地的小煤窑和炼锌的滚滚烟污染着河流，污染着空气，但也听到当地人告诉他的，六盘水已经有40万人靠此为生。如果关了这些"小"，他们就要重返已经在恢复绿色的大山，就要砍树、就要开荒。

  年轻人的出路在哪里？老牟觉得既来挂职，就有责任为他们去寻找。在六盘水的那一年，老牟为当地找的钱，找的项目加起来，是人家多少年也没见到过的数字。小伙子、大姑娘也楞是一批一批地让他带进了北京，带去了广东、带到了深圳。

  我和老牟环保局的一些同事打交道也有好多年了。他们说起自己的领导，最喜欢说的一句话是：他不像领导，没有架子。不像领导，写起来就是一句话，但是能给人这样的印象，里面包括着一个官与他的部下相处时的性格，人品，及做事态度的浓缩。

  认识老牟十多年来，我知道他一直有个情结，就是干得力不从心。换句话说，就是环境保护，光政府做，力不从心。从地方行政长官一直到老百姓，你说你的，他干他的。你着急他不着急！不少人是从家乡的小河变黑了，身体出了问题后才知道，环境保护光是环保部门一家吆喝不灵，得跟老百姓的利益起挂钩来，先得让老百姓知道环保对自己是有益的，然后才能让官员们知道这是一项公益事业。保护我们赖以生存的环境，是百年大计，千年大计，也是为了子孙后代。

seeking the footprints of wild man
——— Leading pacemaker of environmental protection of China

1993年，老牟陪当时的国家环保局长解振华到韩国访问。那次他印象特别深的是，韩国的外交部长讲到一个环保项目时，一再地提到社区的意见、提到老百姓的公众参与和社区的环境工团，也就是民间组织，NGO的声音。

在韩国参观一个垃圾场时，中国代表团的人得知这个垃圾场当初建时选址十分周折，选了几个地方都不行。原因都是社区环境工团不同意，所以项目就不能上。

牟广丰说："那时在中国还没有听说过民间环保组织。那次访问让他知道了，原来力不从心的症结是：保持环境，光环保局一家怎么灵啊，要依靠公众，依靠老百姓。"困惑已久，韩国的经验一下就扎在了老牟的心里。

1996年，牟广丰在国家环保局的政策法规司当头儿。第四次全国环境保护会议的文件由他组织起草，其中包括国务委员宋健的工作报告。那时，老牟已经认识了中国第一家民间环保组织自然之友的会长梁从诫。撰写的国务院决定和环保政府工作报告中，牟广丰特别写提出要建立环境保护的公共参与机制，充分发挥民间社团的作用，并举例写上三句话，对像自然之友这样的社团应大力扶持、积极引导，鼓励其健康发展。

政府工作报告成稿要经几审。第一轮下来，这三句话被保留着，二轮，三轮，直到最后这三句话终于从宋健副总理的嘴里念出来。梁先生高兴地对自然之友的会员们说：我们这个民间组织得到了政府的认可。我当时也是自然之友的会员，那时大家一致认为：被老牟写进国务院工作报告中的这三句话，对中国的民间环保组织来说，有着划时代的意义。是政府第一次承认了民间环保组织的合法身份。

以此说来，老牟对中国民间组织做出的贡献，功不可没。

为此有人说，牟广丰是中国环保民间组织之父。老牟在接受搜狐网访谈时反驳道：纯属瞎说。我除了是我儿子的父亲之外，谁的父亲都不是。只是在工作实践中认识到：环境保护是一项社会性的事业。其特点是具有广泛的社会性和公益性，只有依靠全社会的力量才能做好。这一观点在第四次全国环境保护会议上得到领导的高度认同。

老牟认为，环境是公众的生存基础，它具有广泛的公益性和社会性。因为人人都在一定的环境中生存，环境质量的好坏，对每个人的身体健康有着直接的利害关系。所以说公众关心环境，参与环保，是他本身权益不可分割的组成部分，是与生俱来的权利。因为谁都不能脱离自然环境来生存，谁天天都得要喝水，都得喘气。喝上洁净的水，呼吸新鲜的空气，吃上放心的食品，是每个人的共同愿望。

牟广丰认为，从这方面来讲，公众参与环境保护理所当然。再说社团，老牟认为社团参与环保，是公众参与环保的一个必要的、有机的组成部分。它应该在整个公众参与的范畴里来考虑。所以他觉得从公众参与的大视角来谈社团就更好一些。因为社团是志愿者和一些知识分子组成的。他们这些人受到一些高等教育，从职业构成来讲，机关干部、新闻从业人员、老师等知识分子相对多一些。老牟认为他们确实在公众参与这方面能力比较强，而且有一种社会的正义感。中国文化理念很重要的一条

追寻"野人"的足迹
——中国环保领跑者

叫做"天下兴亡,匹夫有责"。面对一些局部地区"重经济、轻环保"导致"国在山河破,城春草木枯"、有河皆污、有水皆枯的严峻局面,大家岂能麻木不仁,无动于衷?所以中国的知识分子和社团积极参与环境保护的意识非常高。在保护环境上大家的根本利益是一致的。

曾有记者还这样问过牟广丰:您觉得民间社团是一个影响公共政策的第三部门,还是一个就像公共普及环境科学常识的宣传部门?您更倾向于哪种定位?老牟的回答是:我觉得这两者应该都有,民间环保组织既能够提升全社会公众的环境公德,也能够给政府提供一些监督,提供一些很好的意见和建议。我觉得这两者不矛盾。

这位老兄接着问:如果民间环保组织是用来监督的话,是不是应该再专业化一点?老牟说了:在初级阶段,就是在环境保护的"老三样":种树、观鸟、捡垃圾的阶段,环保NGO对提高社会公众的环境意识,树立环境的意识公德的作用可能会更强一些。但他们是在逐步地往高级阶段发展的。随着公众参与的质量和水平不断提高,就可能会涉及到一些大的问题。民间环保组织就会发表一些好的意见,提供一些好的建议。

如今,在民间环保界有一点可能是大家的共识:搞什么活动要找官员,就去找牟广丰。关于这点,在接受记者的采访时老牟也有过说明:"其他的部门怎么想我不太清楚。人们说这是一个完美的结合,我觉得这是后人总结出来的。一总结就上升了,提高了。其实我的直观感觉就是在法律程序上有缺陷,应该做规划环评。社团的参与确实支持了政府的工作,对我们推动规划环评和对推动项目环评都起到了积极的作用。我还是认为我们从根本利益和理念上是高度一致的。也就是说必须保护好我们生存的最基本的环境。在这个大前提下我们的合作是成功的。"

牟广丰对民间环保组织的认同社会上也有另一种说法:目前环保局跟民间环保组织很密切的关系,是靠你们官员和民间环保人士的个人关系在维系的?对这种说法老牟回应是这样的:这只是一个方面,我们有些是非常好的朋友。但基点是源于对环保事业深深的热爱,对中国环境的现状深深的忧虑。我们都希望我们的生存环境更加快的好转起来,我觉得这是最根本的一条纽带。至于如何才能把这个长久化、制度化,大家的理想、信念是一致的,只不过是从不同的角度,不同的层面来从事共同的一项事业。我认为我们之间是一个互补的关系。1996年在起草国务院决定的时候有这样一句话,就是环保社团对树立社会的环境公德,提高公民环境的意识,发挥了很好的作用。希望各级政府对这类的环境社团,要大力支持、积极引导、鼓励其健康发展。这个是写到当时国务院领导同志的报告里面的。去年新发的国务院关于落实科学发展观,进一步加强环保工作的决定,对上述内容又进行了进一步的阐述。我觉得这一句话到现在来讲,仍然能够指导我们的工作。在潘岳副局长直接指挥下,环保局又发布了公众参与的暂行办法,使公众参与更具科学性、有效性,这将大大推进和改善政府的环境管理工作。所以,我觉得不管怎么样,政府作为一个管理部门,它有法律赋予它的责任。政府的作用是一个主导作用,这毫无疑问,是不能取代的。但是政府由于受职能和编制的限制,又难以做到面面俱到,这就给民间环保组织留下了可以拾

225

遗补缺的空间。当然，绝对不局限于此，重大的事情他们也应该充分地发表自己的意见，我想这种渠道应该是畅通的。

老牟在接受媒体采访时多次强调："我不但不能认同有人说的，目前环保局和社团在某种程度上是一种互相利用的关系。这种提法太功利。"而且对环保组织动机不纯的非议老牟也有着自己的看法：我觉得任何平等讨论问题都应该有一个基本平台，我特别赞赏一个经济学家的话，如果你要跟人沟通，第一你不要怀疑对方的动机，第二你也不要怀疑对方的智力。你要觉得对方的动机不纯，智力不高，那你还跟他对什么话！所以我觉得应该相信环保组织的动机是好的，如果说作为对话双方，就应该互相信任。如果你连这两个基本点都不相信，那只是谩骂和攻击，对话毫无意义。现在有一些民间组织没有活动经费，需要多方面筹集，包括国际、国内，这是它维持发展的一个方式。我们政府可以大量的利用外资发展国家的事业，他们为什么就不可以呢？一说用人家的钱就是什么动机不纯，这同样是怀疑人家的动机了。这样的话，就没法平等地讨论问题。我们的开放应该是全方位的改革开放，这并不是说我们就不需要提高警惕，但是我们要看主流，主流是他们对推动中国的环保事业起了一定的作用。

也有记者担心，民间环保组织和国家环保总局这种合作会不会影响到民间组织的独立性？老牟认为不会。因为双方在保护环境理念上是高度一致的。在这里面互补的性质和互补的程度可能会更大一些。

我敢断言，在中国的司局级官员中，牟广丰是和民间组织有着最密切关系的一位。所以在我写他时，不是把他在政府官员位置上做的事放在前面，而是把他与NGO的关系及阐述放在了首位。

向影视明星们鞠躬

虽然和老牟是多年的朋友，但真要写他，我还是需要他多给我讲点自己力不从心和力可从心的故事。那天去老牟在国家环保总局六楼办公室的时候，他正忙着召开"绿色影视倡议"座谈会。从打印出来的名单看，第二天的会请了不少"腕级"的演员。只是最后盖上国徽章的有国家环保总局、文化部、建设部、文物局，少了广电部，让他不免有些遗憾。

追寻"野人"的足迹
——中国环保领跑者

出口就是诗,对中国传统文化,自然风情有着深厚底蕴和关爱的牟广丰,2007年3月22日,在《关于加强环境敏感区影视拍摄和大型实景演艺活动管理的通知》座谈会上第一个发言。他说:大家知道去年《无极》剧组对香格里拉自然保护区的破坏事件,这可以说是这个文件出台的一个最初始的原因。总的来讲,这几年我们国家影视事业发展是相当迅速的,为丰富人民群众的文化生活,做出了重要的贡献。但与此同时,也不能否认,有一些剧组追求大投入、大制作、大场面,不惜以过度消耗资源和破坏生态环境为代价,换取高票房的收入,这种风气有逐渐蔓延之势。很多影视剧选择"坐落深山人未识"的自然景区作为拍摄的外景地。对自然生态产生破坏的现象屡有发生。在这里我要特别重申一下,我们这个标题上是环境敏感区,实际上它的内涵,无非是自然保护区、风景名胜区和国家重点文物保护单位。

这些环境敏感区,有的栖息生长着国家级保护的动植物,有的具有丰富的自然文化遗产,与一般的自然资源相比,这些环境敏感区,更具有独特性、奇缺性、脆弱性,以及不可再生性。而影视外景拍摄,具有在短时间内对环境造成高强度影响的特点。在影视拍摄的过程中,产生的生活垃圾,以及人员的流动,车辆的运输,搭建的布景,设备的运作,灯光、焰火、照明等等活动,如果处置不当就会在短时期内对环境产生高强度的影响,甚至会造成难以逆转的破坏和损失。

牟广丰说,在一个成熟的文明社会,公共知识分子,应该代表社会的良知和正义,那么在比较浮躁的转型社会,有些明星、大腕,以他的感召力和媒体的聚焦放大效应,就会引导着社会的行为。一些女明星的穿戴,可能就引领着时装的潮流,时装的市场。以我个人的观点,我真诚地呼吁艺术界、演艺圈的明星大腕,能够以身作则,关爱环境,引导绿色影视。在这里,我真诚地希望在座的各位能向陈凯歌、张艺谋这些明星大腕,捎个话要引领绿色影视,我拜托了。说到这儿老牟起身,向在坐的明星们鞠了一躬。

那天,在明星云集的会上老牟建议,对资源的节约,对环境的影响,应该作为影视评奖的一项基本条件。他说,这是社会价值观的一种真正的体现。

昆明湖

那天，下面这段话老牟说得同样很动情：2007年我国报送的一部所谓大片，与奥斯卡金像奖无缘，也从一个角度证明了国际主流文明，对某种奢华之风的不认可和不支持。我相信通过政府部门、影视界和全社会方方面面的共同努力，影视拍摄与大型实景演出中，那种脱离国情、追求奢靡、破坏生态环境的倾向和风气，会得到有效的制止和纠正，天人合一、尊重自然的博大精深的中华文明，会得到传承和发扬。

请留下最后的生态江河

2003年闹"非典"时，正巧老牟在中央党校学习，被"隔离"了三个多月。这期党校学员全部圈在校园内不得外出，因此杯觥交错的应酬没有了，游山玩水的考察没有了，只有潜下心来面壁学习。

这三个月，老牟专心地看了一些阐述人与自然关系的精典著述。他突发奇想地认为，传统的所谓生产力定义是人类破坏生态、污染环境在认识论上的源头。因为它把社会生产力定义为人类征服自然、改造自然的能力。这样就把人与自然割裂开来，对立起来，使自然界沦为人类的奴仆。同人与自然界和谐统筹的方针背道而驰。为此他洋洋洒洒写下了数万字的论文，旁征博引、拨乱反正、正本清源，主张树立新的自然观：尊重自然、敬畏自然，与自然和谐相处，共同发展。这篇论文获得当年中央党校优秀论文奖，并编入优秀论文集中。

从党校学成归来，第一件事就是面临怒江水电工程开发规划。8月13日，有关部门在北京召开了有120多人参加的论证会。与会的有高官、院士和众多水电学家，而生态环境方面的专家只有2人。与会者几乎形成了一面倒的势态，同意怒江13级水电开发计划。

身为环保官员的老牟，代表国家环保总局参加了这次会议。以他对怒江流域的了解，那是生物多样性高度富集的地区，是生态极为敏感和脆弱的地区，是中国除雅鲁藏布江外唯一一条没有大型水工的自然江河。话说得俗一点，就是"养在深闺人未识"的处女江河。从科学研究需有参照物的角度似应保留这条基本上属于原生态的自然江河。更何况这条江河没有做过规划环评。那一刻，"三江并流"、高黎贡山、碧罗雪山等一系列自然景象在老牟脑海里闪现。面临会议一边倒的势态，如何表态，这对在官场为官的老牟是个考验。

老牟毕竟是老牟，深思熟虑之后，他把忧虑和担心以及自己的观点报告了总局分管领导。分管领导同意了老牟的观点。有了领导的支持，老牟上阵了。舌战群儒、横扫六合。不管是位高权重的官员，还是名利双收的"泰斗"，老牟认准了死理，就是不同意怒江13级水利开发规划，不签字，不画押，还非要在纪要里写上环保局的不同意见不可。老牟坚持要依法进行规划环评，没有规划环评所得的结论不完整，不可信。

那一刻，会议处于胶着状态，氛围紧张。有大员说：必须统一思想，叫你来开会就是统一思想的。老牟反唇相击："统一不了怎么办？真理往往在少数人手里。"文革"期间，那些人一会儿一致举手开除刘少奇党籍，一会儿还是那些人举手一致恢复刘少奇党籍，这种'一致'、这种'统一'正常吗？"有人劝，老牟，你是官场上混的人，别太较真。否则你就进步不了了。然而，还是那句，话老牟就是老牟。

这话不幸而被言中。但老牟不改血气方刚：我在司局这级岗位已十多年了，也不求上进了。但怒江这事必须做规划环评。会议无奈，终于将环保局的意见写进纪要中。这也许是国家环保总局在大型规划和工程项目的决策中，第一次行使了否决权。正如后来的中国青年报所言："怒江大坝遭遇环保阻击"。

在这里我想纠正一下，2004年5月20日《经济》周刊上说的最先反对开发怒江、呼吁"为子孙保留一条生态江"的专家应该是牟广丰。因为我认为老牟绝对称得上是一个专家型的官员。也许这一说法有人会认为带有个人色彩，但不妨听我说说其中的道理。由于我对怒江的态度一贯明确而坚决，如今一说怒江就有人要来采访我。其实，怒江从要建坝的消息被传出，一直到我写这篇文章的2007年5月，"扛了"快四年了，坝还没建，这其中老牟所起的作用和受到的压力，历史一定会有记载。

还有一点也是我一直心有不安的。2004年，我得到美国著名旅游杂志Conde Nast Traveler评的"世界环境人物"奖时，老牟却因怒江的事，正在坐冷板凳。

我想，当我们的后人能够全面审视我们这代人在保护环境中，官方与民间的互动，发生在怒江的故事，会成为一个能说明我们这代人是怎么保护江河的例子。

"屁股"决定观点，这在中国环保史上并不希奇。要写怒江环保史，这也是有意思的"一景"。而描绘这"一景"，也不能不提先行者老牟。

2003年10月14-19日，时任国家环境保护总局监督管理司巡视员的牟广丰，带领有关专家对怒江流域拟建水电项目主要坝址、高黎贡山国家级自然保护区、保山市和腾冲县部分环境敏感区域进行了实地考察，并于20-21日在昆明市主持召开了"怒江流域水电开发与生态保护问题专家座谈会"，参加会议的有云南省人民政府、环境保护局、计委、农业厅、水利厅、林业厅、国土资源厅、政策研究室、"三江并流"保护办、怒江州委、州政府、州环境保护局、北京勘测设计院、华东勘测设计院、昆明勘测设计院、华电云南公司和国家环保总局环境工程评估中心等单位的代表和专家。

会议邀请了24名专家出席会议。

seeking the footprints of wild man
—— Leading pacemaker of environmental protection of China

座谈会由牟广丰主持，云南省人民政府李新华副省长对座谈会的召开表示欢迎并希望专家对怒江开发多提宝贵意见；中共怒江州委解毅书记做了关于怒江开发与环境保护问题的介绍；与会专家和代表观看了题为《来自大峡谷的报告》的录像，听取了国电公司北京勘测设计院关于《怒江中下游流域水电开发与环境保护》的汇报和昆明水电院关于《六库水电站工程可行性研究》的情况介绍。

在为期两天的座谈中，由金鉴明院士和李恒研究员分别担任组长、副组长的专家组，针对会议提供的有关报告、相关会议纪要等资料，就怒江流域水电开发与生态保护问题分别提出了各自的意见和看法，进行了认真、热烈地讨论。

在这里，我想以一个关注环境问题二十年余的记者、参与民间环保行动十多年的环保志愿者、老牟十多年的朋友下个判断：正是因为有了牟广丰的带领与主持，2003年有关怒江的考察及"怒江流域水电开发与生态保护问题专家座谈会"，才有了在中国环保史上将会占有一席之地的"怒江保卫战"。

人民大学博士生导师康晓光参加了这次座谈会。最后的表决"以户口所在地"划分，是康晓光所言。云南籍的官员、学者是不是都赞成怒江建坝，也许有一天会真相大白。到2007年春夏之交时，还难以明说。

第四个年头了，有关部门是如何落实会议纪要中所提的一条条建议的，信息并没有公开。而且，2003年9月，中国的环境影响评价法已正式实施，法律中给予利益相关群体的知情权，到2007年春节前，怒江小沙坝村移民搬迁时，并没能保障怒江沿岸利益受害群体得到应得到的信息。2005年8月，专家、学者及民间环保组织呼吁的"提请依法公示怒江水电环评报告"更是石沉大海。关于怒江建坝的各种信息，要么是被媒体"封杀"，要么是环境影响评价报告不予公示，是因某些学者认为涉及"保密"条例。

2005年10月，"十一五"规划颁布时，老牟很兴奋地对我说："十五"规划提的还是大力发展水电，到"十一五"规划中就成了"在保护生态环境的基础上，有序开发水电"。这就是咱们这些人奋斗了四五年，在国家宏观规划中的体现。很欣慰，咱们没有白干。

有序开发水电，牟广丰认为，中央决定说得非常到位。原来水电部门的一个重要观点：水电是清洁能源，不污染环境。火电脏，污染环境。

日子往前推20年，老牟说他也是这个观点。然而通过多年来对河流现状的观察，他的认识改变了。开始认识到这是两个根本不同的问题。火电排放二氧化硫、排放烟尘，对环境确实有污染。水电的问题不是污染，是对生态环境产生影响。老牟用了这样一个比喻：拿象棋和围棋比，能说哪个好，哪个不好吗？

只看到水电不污染环境的一面，就说它是清洁能源，不对。水电对生态的影响，是水文情态，包括流速、水温、自净能力、流量、水利、方向都发生了变化，让江河失去了自然与自由。

说到水电对江河的影响,关注怒江命运的牟广丰,和他的领导及同事们这些年来终于将规划环评最后的审查权争取到了国家环保总局的手中。这样,工程项目在规划环评没有通过的情况下,急于上马建设是违法的。老牟说,先进行规划环评,然后才受理项目环评,这应该是从根本上改变了江河开发的无序状态。

对水研究多了,专家型的官员牟广丰对水资源的功能总结出了八条,并在大大小小的场合不停地向人们讲着:饮用、灌溉、养殖、航运、生态、景观、工业和发电。在这八项功能中,老牟认为首先要保证的是喝。水资源的这八项功能有同一性,也有排斥性、矛盾性。比如,工业排出污水,就影响了饮用功能;养殖多了富营养化,也影响饮用功能;发电水位变了,水温变了,特别是低温水,就会影响养殖功能;不分层取水、脱水,影响的是水生生态;建水坝发电,回游的鱼上不去了;建了水坝。船过不去了,修建船闸就要增加成本。

老牟认为,解决这些排斥性、矛盾性的办法,就是规划环评,就是统筹管理,就是把水资源八项功能的排斥性降低,最大限度地综合发挥这八项功能的作用。

每当听老牟讲这些水的功能时,我都会感慨:中国的官员能有这样水平的人要是多点儿该有多好啊!可惜现在太少,太少了。无论从职业水准,还是从为人人品。而要保住我们中国江河的自然、自由,没有这样的官,光有媒体与NGO是不行的。这样的人才是真正的专家,不是吗?

环保最能体现"三个代表"

朋友圈里都把老牟当成"稀有动物",一致认为要好好保护。他身居要职,但解释起"三个代表"可以说是别具特色。曾有记者采访牟广丰,说国家环总局、民间环保组织是两个较弱势的群体走在一起,共同建立了一支同盟军,共同把这个环保事情做大了,您是不是认可这种说法?

牟广丰的回答是:我觉得这是时代进步的要求。应该说,现在毕竟不是一个封闭时代,是全球化的时代。西方发达国家在工业化过程中走了一些弯路,给我们提供了一些直观的教训。在环境管理过程中,怎么能够更广泛地使老百姓的权益得到保障;使资源、能源消耗降低,让资源能够永续利用,这是一个非常重要的问题。

seeking the footprints of wild man
—— Leading pacemaker of environmental protection of China

如此说来，老牟认为环保最能体现"三个代表"。资源、能源消耗低的技术、工艺，代表了先进生产力；让群众喝上洁净的水、呼吸上新鲜的空气、吃上放心的食品，代表的是最广大人民群众最根本的利益。另外先进的文化，应是体现了新的价值观和自然观，这就是人与自然的和谐。

老牟说，你住的是高楼大厦，可是满街都是汽车尾气，人们的呼吸受到影响。你的房子很宽敞，但装修散发着熏人的甲醛味。现在中央提出了科学的发展观。以人为本，全面协调的发展，这里面很重要的一点就是人和自然的协调，也就是人和环境、生态要协调。人类的发展要在生态资源可以支撑的能力下发展。

现在的问题是，西方发达国家已经走过的冤枉路，我们还在走。发展工业有很多途径，一定要牺牲什么才能实现，那是没有充分调动我们的聪明才智。特别是已经有了西方发达国家的经验教训，我们完全可以避免再走冤枉路。老牟说，真的不是站着说话不腰疼，现在一些地方领导就是目光短浅，只注重在任时的政绩，忽视了子孙万代的生活空间。这虽然是还需要再吃些恶果才能汲取的教训，但他相信不会太长久了，因为人类毕竟越来越知道我们应该生活在什么样的空间，什么叫舒适、什么叫快乐。钱并不能买来一切。

钱不能买来一切，在我看来老牟这话说得有点悲壮。

这些年来老牟在朋友们的眼里常常像是当代的黄继光。而且他给自己的定位就是：从事的工作是在大规模的工程建设中，发现和提出对生态可能造成的影响，并提出尽量消除和减轻这种影响的措施。曾有一段时间他的工作分管负责环评公司资质的审批。在别人看来这可是肥差，而在他，当坚决要求调离这一领导岗位成功时，他说自己有一种别提多痛快的解脱感。其实，这就是朋友们心中的老牟。

2001年春天，北京几家环保组织对北京京密引水渠硬衬没有经过环评就开工，发起对话会。老牟在众多记者面前，当面向北京市领导提出质疑。后来他的这一举动被告状告到了时任环保局局长解振华那儿；解振华当然了解自己的部下为什么会提出质疑。

都江堰世界文化遗产旁边修了紫坪埔电站还要再修杨柳湖水库，一位平时什么都敢说的教授，在中央电视台的直播节目里都是绕着弯地说自己的观点，生怕失去以后再去做节目的话语权，而牟广丰却直接大声疾呼：叫停。

长白山等名山要修索道，当地人一趟一趟堵在老牟办公室门口又是要请吃请喝，又是送礼。而老牟就认准了，修索道要砍树，砍树会破坏生态，破坏生态的事就别想从我手底下放过。对泰山修建那么多索道破坏了自然和人文景观，老牟一直耿耿于怀。在一次登泰山后，老牟写下了他的感受：登临岱顶群峰小，万山绵延无穷了。索道穿梭压树木，天街杂踏无花草。旅馆似林千商闹，游客如织万众吵。可叹五岳独宗处，市井喧嚣招人恼！

深圳福田修滨海路时，要砍掉一片红树林，没有获得批准以后，又要建大桥。老牟说红树林需要阳光，红树林是生物的栖息地，被大桥盖住，红树林就活不成

追寻"野人"的足迹
------中国环保领跑者

了,而且鸟要再进红树林就要像钻山洞似的,这不符合它们的生态属性。后来的方案是滨海路后移,保住了这片红树林。如今,深圳的这片红树林成了都市里的公园。楼群中的红树林里还有一个了望塔,成了深圳的一个亮点。现在老牟再去深圳,陪他的领导总要说,当年大家都骂你,为了你要保住红树林我们追加了多少个亿。现在一看,远见卓识,远见卓识呀!我们自己想也没想到,这个决策给今天带来这么好的经济效益和社会效益。

北戴河海滨湿地要建国际会议中心,北京郊区杨镇湿地一度也要建高尔夫球场,老牟听到这个消息后,立即打电话给地方有关部门坚决要求保护好湿地,取消建设计划。北戴河湿地现在每年都在举办大型国际观鸟比赛,杨镇也成了在建中的湿地公园。

厦门的东通道,从厦门岛到大陆原来要在海上架桥,可那里是中华白海豚的栖息地。为这,又是老牟和他的同事们坚持着让他们将海面上架桥改为海底隧道。老牟说怎么光想着人方便,不想想白海豚也要活得舒服呢。为此中国第一条海底隧道即将出世;上海地铁四号线,本是有相当一部分要高架出来,是老牟他们把它又按回到了地底下。为什么?噪声啊,还有环境景观。

老牟的一位同事记得的事还有这样一件,那是世界银行在某市的一个项目。世行的人在考察时发现那是一个"打捆"的项目,其中搭车要修的一条路会穿过一片湿地。世行的人拿不准这块湿地是不是重要湿地,找到了环保局。老牟刻不容缓地找到了国家林业局的湿地办。然而,就在老牟他们还在调查的时候,施工部门已经在那片湿地上堆了土,他们是要造成既成事实。经了解这块湿地确实是有一种珍惜的鸟类在保护。知道调查的结果后,狡猾的商人提出要把修路的项目从世行的项目中剥离出去。老牟当然看出来了,他们是想偷偷地干他们要干的事。当然,他们的企图最终没能得逞。

修铁路占农田,修高速路破坏湿地,很多时候,老牟和他的同事们是孤军奋战。以经济建设为中心,老牟认为这句话没有错,但他认为一定要充分认识这句话提出时的背景和当时的语境是什么。当初提时的背景是,解放后长期以阶级斗争为纲,包括十年"文化大革命"。那时候,经济发展受到了极大的影响,国民经济濒临崩溃的边缘。粉碎"四人帮",党的十一届三中全会才提出,"一定要以经济建设为中心",不要再以阶级斗争为纲了。这才是"以经济建设为中心"提出时的大背景。它和保护环境并不矛盾,以经济建设为中心更不应该以污染和破坏环境为代价。问题是现在一些人不清楚当时提出时的语境。

老牟说他很欣赏现任国家环保总局周生贤局长讲的一句话:我国的环境保护史就是一部经济发展与环境保护的关系史。什么时候环境保护与经济发展协调了、融入了,环境保护就逐步地由弱到强了。

从理论上讲,自然生态环境的保护,环保部门应该是一个权威部门,可现在还远没有做到。老牟认为环保不是一个行业,环保是一个全民的、综合性的事业。环保部门已开始从弱势走向强势,可以说是时代的进步。这得益于党中央、国务院对环境保护工作的高度重视;得益于人民群众对改善环境质量的热切期盼;也得益于环境保护部门自强不息,顽强拼搏。

说起老牟为保护环境做的事,很能用得上一句我们中国的老话:几天几夜也说不完。现在民间环保人士动不动就能得一个什么环保奖,国内的、国际的,要名有名,要钱有钱。可身为官员的老牟,这些年来付出的那么多,而他自己得到了什么呢?恐怕得到的只有我们这些朋友的敬佩,再就是弱势百姓的利益和大自然的安慰。

与诗为伴的环保官员

前两年曾和老牟一起出差,面包车上有一个学者是大家公认的能背诗的人。老牟背诗的本事,当然也是车上尽人皆知的,于是有人提议让他俩比试比试。比了一阵子后,那位学者心服口服,老牟的功夫超过他。因为老牟背的都是《秦妇吟》、《长恨歌》、《满江红》、《琵琶行》、《诗经》、《胡笳十八拍》这样的长诗、长词、长赋,而不仅仅是绝句、律诗。

2007年老牟刚完成了件大事,就是把他父亲的诗精装出书。这本取名为《锥心集》的诗作,记录了这位受到过极不公正待遇的革命老人一生的壮志、悲愤与激情。这里我想摘录几首。

写于1942年抗日战争最艰苦年代的《反扫荡》:

鏖战终天日黄昏,宿营收队入荒村。

几家房屋罹兵燹,到处墙垣留弹痕。

誓拼顽躯歼敌寇,欲凭赤手正乾坤。

今番又是何人死,愧我归来暂且存。

写于1958年被错划成右派投诉无门那苦闷年代的《任凭风雨》:

如何戚戚带愁颜。浊酒一杯聊自宽。

世事纷纭多变幻，人情翻覆似波澜。

九秋枫叶经霜艳，腊月松枝带雪寒。

心怀高洁谁与信，雨骤风疾若等闲！

写于"文革"流放北大荒劳改那黑暗时期的《重阳》：

时光荏苒物华休，今又重阳亦悲秋。

生活困顿无肴肉，稼穑艰辛有忧愁。

"五谷丰登"人犹饿，九月衣寒布未酬。

形势依然称"大好"，回天乏力泪长流！

写于临终之际的《示儿》：

从来忧道不忧贫，德操无价胜过银。

肩挑承先启后业，才涌惊天动地文。

一腔热血弥珍重，两袖清风亦率真。

要居庙堂勤为政，退隐江湖善其身。

  父亲这些诗作对老牟的一生无疑起着至关重要的作用。前些年有一天晚上我接到老牟从黄河边上打来的电话，他说自己刚刚在黄河边上放声大哭了一场。一个官员，站在黄河边上大哭，是一种什么样的无奈。在看到社会上很多不公时，想鸣不平，每个人采取的方式是不一样的。

  每个人鸣不平采取的方式不一样，表达内心情感的方式每个人也不尽相同。除了背诗，老牟出门包里有一样东西一定少不了，口琴。不管你唱什么歌，他都跟着就能伴奏。所以不管是朋友们一起出游，还是出差采访，晚上闲下来，坐在海边，河边，山上或茶馆里，老牟的口琴声，给同事和朋友们带来了少快乐、抒发了各自的多少感情，不知谁能数得清。

  能背诗的素质与记性，让老牟的肚子里的段子也是出口就来。2007年4月演艺、环保等各界人士发出绿色影视倡议时，老牟是会议的主持人，张嘴就来了个新"四害"：大火烧过、大水冲过、蝗虫飞过、剧组来过。

  像这样的段子起到的作用是什么呢？我理解，其作用不会亚于一个官员发表演

seeking the footprints of wild man
——— Leading pacemaker of environmental protection of China

说：资源的节约对环境的影响应该作为评奖的一项基本条件。这是社会价值的一种真正的体现。对于以破坏、牺牲环境为代价所拍的作品原则上不应该予以评奖提名的。当然，在官场上这样的段子没点个性的人，是不敢用随随便便就用的。

有一次我和老牟一起到新华网接受采访，人家问可不可称我们俩都为环保大侠。他不但没有反对，还说很高兴得此称谓，并说一定不辜负这个封号。在老牟看来环保无处不在，眼前、身边可做的事比比皆是。比如，出去吃饭，自带一个勺子或一双筷子，就少用了一双一次性筷子，出去购物、买菜，带一个布袋，就省了几个塑料袋。不过老牟也承认：我自己在这方面也要加强努力。

中国环境保护事业开创已有30多年。刚刚开创的时候，老牟还在东北乡下劳动。他是在报纸上看到，中国参加了国际上举办的第一次环发大会。第二年，中国成立了国务院环境保护领导小组办公室，召开了全国环境保护会议。当时提出的环境保护32方针，至今老牟能一字不差的背下来："全面规划，合理布局，综合利用，化害为利，发动群众、大家动手，保护环境，造福人类。"

老牟说，发动群众，大家动手，用今天的说法实际上就是公众参与。让群众参与进来，让大家动手来保护环境。经过多年的努力，最近这几年，公众参与的力度大了，我觉得得益于几个方面，一是：经过这么多年的宣传，公众的环境的意识有了很大的提高；二是：大家的生活水平也提高了。如今的提高生活质量，包括提高环境质量在内的需求。

这些年老牟又多了一个爱好，爬山。在北京，爬香山鬼见愁40分钟就登顶了。华山、千山、长白山，能爬的他都爬上去了。这一功夫当然也得益于他每天3.5公里的距离走着上下班。

老牟和朋友们一起爬山还有一个他的特色，就是拿着塑料袋，像长白山、千山他和他的朋友们是一路捡着垃圾上去的。用老牟的话说是凡是有人的地方都捡，一直捡到国外，捡到了澳大利亚，捡到了巴西的旅游区。我问他澳大利亚、巴西的旅游区也有垃圾吗？他说旅游时随地扔垃圾的大部分都是中国人。而在国外和老牟一起捡垃圾的，多是随行的地方官员、学者或技术人员。

"无诗安能言吾志，有功岂必书之碑"。老牟父亲这句诗同样能用在老牟身上。工作充满激情，生活充满热情，朋友充满友情，但处事为官却很低调。

和NGO是好朋友的老牟、给明星们鞠躬的老牟、第一个站出为保护中国最后自由流淌的江河的老牟、认为环保最体现"三个代表"的老牟和与诗为伴的老牟……

这就是我认识的老牟。也是我唯一的一位当官的好朋友。

追寻"野人"的足迹
------中国环保领跑者

竹林中

怒江的生态

神山石壁大黄

相信大自然永远是正确的——沈孝辉

认识沈孝辉很多年了,但是一直没有太多的交往。直到2004年我们一起去了怒江,回来一起操办《情系怒江》摄影展,才有了他的精典之语:跟着汪永晨干活,不给吃,不给喝,下回又来了。

那次,我们一共有8万块人民币,从怒江采访回来的时间是2月25日。3月14日我们就在网上建起了怒江网。除了搜集到从2003年人们关注怒江以来,国内外媒体写的有关怒江建坝之争的文章,

也推出了有160多幅照片的《情系怒江》摄影展,这些照片都选自与我们同行的十多位第一次到怒江的记者的几千张照片中。接着是3月21日隆重开幕,为期十天,在亚洲最大的邮局北京东单邮局举办的《情系怒江》摄影展。那100多幅大照片表现的是世界自然遗产三江并流中的怒江的风土人情。后来这个摄影展又在北京12所高校和上海、广州巡展。

沈孝辉当时在国家林业局任职。记得当时他和我说,这个展览要是由政府部门办,没有几十万,没有半年的时间拿不下来,而我们十几个去怒江的环保志愿者办,用了不到一个月。

自那以后,我和沈孝辉的交往多起来。领教了他的学识,也领教了他的执着、耿直和单纯。不过,为了写他,我选择了先和他的女儿聊聊,那是我们一起去新疆生态游的路上。女儿王倩现在外交部工作。那天,在乌鲁木齐开往喀什的火车上,望着窗外,说到爸爸沈孝辉,王倩的眼睛里充满眼泪时,我也把含泪的眼神转向了窗外的戈壁滩。

下面是我们对话的片断。

女儿眼睛里的爸爸

我觉得我爸是一个理想主义者。我爸爸除了是理想主义者以外，虽然年纪不小了，但是还是不太懂得人情世故，总是特别相信别人，所以也会被别人欺骗和利用。他的工作我不太了解，但他常常是早上高高兴兴，热情饱满地去上班，晚上回来就眉头紧锁。我知道，一定是在外面发生了一些让他不愉快的事情。可是没过几天他又热情饱满地出去了，他确实是把满腔热情都投入到了他的环保事业上。

我爸爸在日常生活中不拘小节，但特别节约水。我们家的洗衣机特别破了，用了20多年了，每次都轰隆轰隆地响，但是他用得非常起劲，每次洗衣服的水要用来洗墩布，洗完墩布的水再用来刷马桶。

家里的书非常多，他有剪报的习惯，所以他出国的时候我把他的报纸都留着，等他回来慢慢剪报，贴在本上。结果是他经常把我们家客厅变成他的书房，搞得特别乱，我妈以前就讽刺过他，说你连家里的环境都搞不好，你还搞什么环保？可这就是我爸爸。

常常是我跟他说一件事情，当时他像是在听着，过一会儿就忘了。其实他只想自己工作的事，而且完全没有上下班的分别，出去是跑环保，回家以后也在那儿看、写环保。有时累了，说是看个大片吧，基本上五分钟后就睡着了，他年纪也不小了，太辛苦了。

不过，我爸爸虽然工作很忙，但还是用余下的精力关心我。非典时，我们学校关禁闭，他每周登着自行车来给我送吃的，大包小包的，还给我带衣服来，有时候带错了我还呵斥他，说我要的是那个你给我带错了。现在想想，他那么忙，真是把除了工作以外的精力都给了我。有时候他白天出去有活动，都会把我的晚饭安排好，无论我在不在家吃都会给我安排好，或者他在外面吃后带一点给我，总惦记着我。他也经常给我买一些书回来，觉得哪些书好，我应该看哪些书。

汪：他从小就带着你到处跑？

王：长白山，我小学就去过，第一次看到大自然的美。我爸爸说我们都是城市生态系统的，他就是想把我放在自然生态系统里培养。

汪：他给你带来最快乐的事情是什么？

王：他总是带我去一些别人进不到的地方，可能跟他工作有关系吧，我们去长白山可以进到核心区，而且他特别爱讲故事，其实他是一个很有意思的人，他带我去新疆去了好几个古城，沿着以前的丝绸之路考察生态变迁。听克里雅人的故事，那次我们还在克里雅人的村庄住了一晚。有一阵我说要学考古,他说太苦了,你受不了。

我的同学都巨羡慕我。只要他出现,他们就觉得你爸真帅,也很羡慕我可以到处去玩。

我爸爸是一个很执著的人,他认为对的他就去做。我一般会说你注意一下身体,可说什么都没用。他毛病挺多的,腰不好,牙也快掉光了,我只能对他说,爱惜生命,才能为自己喜欢的工作多投入一些精力。我妈也是让他注意身体,但说了也没用。我妈有时候也觉得我爸挺傻的。

跟这种人在一起生活,你能看到很多真善美的东西。现在外面的世界还是有很多污浊的地方,但是跟他在一起,你心里总是能保持一方净土。

汪:你选择男朋友会选择你爸爸这样的吗?

王:不会,我觉得我爸爸需要别人保护,虽然他挺高大的,但是还是很脆弱,现在这样的人太稀少了,我可能不会找这样的。

我有时候也跟我爸发生冲突,是我觉得他又看错了人,他又被骗了。他总把每个人看得都特别善良,完全不懂人情世故。我就特别怕他在外面吃亏。还有,就是像您是他的好朋友,希望您能保护他。

被一个女儿委托保护她的爸爸,这对我来说,肯定是第一次。那天就是在那一刻,我把眼神转向了广袤的,车窗外的原野……

长白山自然保护区"人祸"二十年祭

从大学毕业到长白山工作至1985年,沈孝辉觉得是自己人生最快乐的时光,在他已经把自己当成一个长白山人并立志献身长白山自然保护事业的时候,因为妻子在北京病重,只好离开长白山,回到北京的林业系统工作。他回忆说,最初回到北京的时候,内心很压抑,时常会有一种无法排解的失落感。早已把环保当成是自己今生使命的沈孝辉已经将自己从属于自然生态系统,因此认为在都市的这种高度人工生态系统中恐怕要无所作为。当时他的住宿条件很差,是一间上世纪50年代盖林业部机关时用过的工棚,"只有在夏日的黄昏,才能从对面的窗户折射进来一线阳光。"沈孝辉

追寻"野人"的足迹
——中国环保领跑者

在这间陋室中一住6年,亲身体验使他开始关注城市生态问题,写了一部著作《混凝土森林》。

就在这时发生了一件对沈孝辉有深远影响的事件:长白山自然保护区核心区的原始森林大面积风倒。沈孝辉坚决反对在核心区中使用高强度机械化作业进行风倒木生产和更新人工林,从而触犯了某些森工企业的眼前利益也触犯了支持这种做法的上级林业主管部门的权威。

那是1986年的一个夜晚,用沈孝辉的语言:那是一个伸手不见五指的黑夜,长白山森林万籁俱寂,杳无声息,就连夜间出来觅食的小动物也都不知躲藏到哪里去了。而这正是暴风雨来临之前的寂静。

缺乏第六感的人类还在酣睡中做着美梦,首先被突如其来的飓风撼醒的是驻扎在长白山西坡海拔1700米边防哨所的战士。营房外,狂风在天地之间尽情呼啸肆虐,战士们死死抱住柱子和横梁以增加营房的重量,唯恐屋顶像断线的风筝一样被刮上天。

大自然突发其威,使边防战士经历了生平最恐怖的一个黎明。然而距边防哨所不过10公里的森警战士这一夜却睡得格外香甜。风暴擦着他们营房的边缘掠过,而对营房秋毫无犯。当清晨森警战士们走出营房,被眼前的景象惊得目瞪口呆:遮天蔽日的大森林一夜之间"尸横遍野",惨不忍睹!

这一天是1986年8月28日,是长白山自然保护区有划时代意义的重要日子。此前的长白山大森林是静谧的,安详的,是一片野生动植物的领地;而此后车水马龙,人声鼎沸,马达轰鸣,再无宁日……

据调查显示,那天晚上,长白山自然保护区的南坡和西坡遭遇15号台风的自然干扰,导致近一万公顷的原始森林的活立木发生大面积倒伏,跨越了长白山的阔叶红松林、针叶混交林和岳桦林三个森林垂直分布景观带。其中约98%的风倒木分布在保护区的核心区。

沈孝辉在和我说下面这段话时,虽然已经事隔二十年,而他脸上写着的表情我想和他当年用的词一样"震惊"。长白山发生了这么大面积的风干扰以后,吉林省林业厅做出决定,把那儿的风倒木都捡出来。

沈孝辉听到这个决定后感到的确就是:"非常震惊,我感到他们的做法完全违背生态学原理,主观蛮干,毫无科学性。"为什么这么说,沈孝辉讲了一个"一面坡"的故事。"有一次我在长白山西坡,也就是后来发生大量风倒木的地方,发现一个叫一面坡的地方,他的周围都是森林,林中有一块空草地,我觉得很纳闷。我想,根据地理条件这个地方应该是森林而不是草甸,怎么变成草甸了?我就问了老巡护员,他说过去这个地方确实是森林。但是建保护区之前从山东跑到林区开荒的那些人,在这儿把林子砍了以后种地。建了保护区后就让他们离开了。可是这个地方就再也没能恢复成森林,长出来的只是草。"

seeking the footprints of wild man
—— Leading pacemaker of environmental protection of China

沈孝辉说，这片草地对他触动太大了。为什么呢？1100年前，长白山曾经有过一次火山爆发。那场自然干扰的规模之大，把以天池为圆心，五十公里为半径的所有的原始森林和原生植被全部摧毁，埋在深厚的火山灰下。可是现在。火山灰上森林重新得以恢复，仍然像过去一样郁郁葱葱。并且从碳化木的鉴定可以知道，过去森林的树种成分和现在的仍然一样，由此可见大自然有能力修复自己的创伤。也就是说，自然干扰不是破坏生物多样性，而是一种建设力。可是，为什么大自然对小小的人为干扰，才几公顷的一小块林地就拒绝修复呢？可见，自然干扰和人为干扰有着本质的区别。

为此，沈孝辉得出了一个很有创意的结论：对于自然生态系统而言，自然干扰看似破坏，其实是一种建设的力量；而人为干扰看似建设，其实如果不是刻意模拟自然干扰的话，就很可能是一种破坏力。根据自己的这个论断，沈孝辉认为，台风把树刮倒了是自然干扰，按照森林的原生演替几十年以后它还可以恢复，但是现在拖拉机、推土机全进去了，又修路，呼啦啦的几千个伐木工人进去了，对土壤结构、幼树幼苗，对整个自然生态造成破坏，自然保护区核心区的生态还能恢复吗？是否将向一面坡一样退化为高山草甸？一想到此，沈孝辉感到不寒而栗。

不过，当时让沈孝辉更忧虑的是，管辖长白山的林业厅搞了一个长白山风倒木拣集和更新的规划。而且，规划里面所有的观点都是极力主张要机械化作业，要把木头全部捡出来，要不会着火。当时正是因1987年大兴安岭的一场大火撤销了林业部副部长的时候。100多万立方米的木材，在风倒区你不捡它要着火，着火谁负责？要捡风倒木的人用这个理由吓唬林业部，可以想象是什么结果。

沈孝辉根据自己在长白山森林长期工作的观察，认为风倒木捡了才容易着火，不捡不容易着火。因为树倒了和地面接触后，每个倒木就是一个小水泡，起着隔离火的作用；而一旦倒木拣光，地表水份蒸发作用加强，长出茅草，那么着火的危险性不知要提高多少倍！为了取得第一手材料，在其后的3年中，沈孝辉每年都利用假期，自费回到长白山保护区进行考察。他发现风倒区仍有大量活立木，他还看到了马鹿、榛鸡和许多野生动物在活动，说明风倒区仍然存在生物多样性。

沈孝辉说：这里森林环境并没有被破坏，下面的幼树、幼苗有1500到2000株，如果没有人为干扰，这些幼树幼苗很快就能在打开的天窗上成长。这片森林几十年以后就会恢复原貌。

然而，沈孝辉一个人所面对的不仅仅是已经浩浩荡荡开进了长白山核心区的采伐大军，而且是在风倒木拣集规划的"专家论证会"上29名签字同意拣集的"专家"，更有省林业厅和林业部有关司局为之撑腰的领导干部。沈孝辉一下子将自己置于所有这些人的对立面，实属"自不量力"，但是为了保护长白山的生态他没有别的选择。

沈孝辉说，上个世纪八十年代可不像现在，有NGO，有对环境问题那么关注的媒体，还有环境影响评价法，公众参与，一呼百应。当时找谁啊？而且，当时因为妻子生重病刚回到北京的他，脚跟还没站稳。不过，即使这样沈孝辉还是认为自己没

追寻"野人"的足迹
——中国环保领跑者

有别的选择,也没有别的考虑,"我只能站出来,我也不管后果如何。"他已经将长白山自然保护区视为自己的第一生命。当他向当时林业部的主管部门报告自己大调查的结果和提出对策建议被打入冷宫,便不得不触犯官场的"潜规则",毅然决定将之公布于众。沈孝辉说:"如果我没有能力制止破坏,那么我也要立此存照,给后代一个交代,长白山保护区究竟发生了什么事情,才变成了今天这种样子。我不能让后代人指责我们这一代人说,这么一件严重的环境事件,你们那一代知识分子都干什么去了,为什么竟没有一个人站起来坚持真理!"

中国环境报,他一个记者也不认识,主编更不认识。去了之后,沈孝辉拿出了自己调查整理的材料,并配有图片。中国环境报的编辑认为材料可信,反映的问题严重,很快用头版头条刊登了沈孝辉的文章《天灾掩盖下的人祸》,这篇文章一石激起千层浪,被批评的单位当即进行反调查,并来到北京找报社和沈孝辉上法院打官司,声称文章损害了他们"社会主义企业"和"工人阶级"的伟大形象,要求登报"深刻检查"和"赔偿损失"云云。

对于这种无理取闹,沈孝辉自然未予理睬。后来这些人折腾了一阵子,大概也自知理亏,再闹下去难免捅出更多的内幕,便不了了之,哪来的回哪儿去了。

不过,这件事对沈孝辉仕途却产生了很大影响。上世纪90年代初,当他调林业部时,既遭到当初主张拣风倒木的一个司局级干部的阻挠,未能去成他热衷的自然保护区主管部门。不能在相关政府部门工作就不干环保了?当然不能。于是沈孝辉参加了梁从诫发起的环保社团"自然之友",参加了唐锡阳发起的"绿色营",参加了汪永晨发起的"怒江保卫战"等等一系列环保活动;还参加了中科院、社科院组织的中国保护地、中国环境与发展等重大研究课题,重新找到了环保战线上自己的位置和一片更广阔的天空。当然,这已是后话了。

2006年的十一前,我和沈孝辉坐在一起,回忆起那段往事,我看到的他脸上的表情,一定又是和当年的他一样的,是对那些无良心、无良知的官僚与"专家"的蔑视。

那天,我们坐在一起聊时,沈孝辉刚刚完成了他的"长白山自然保护区人祸二十年祭",我拷在了我的电脑里。文中有这样一段,我抄录在这里:

"长白山自然保护区行政主管部门将1986年8月的这场本属于森林系统正常生态过程的风干扰,定义为'风灾',发生地定义为'风灾区'。因为按照一般政府的工作惯例,哪里'闹灾'了,才好名正言顺地组织人马赶往那里'抢险救灾'。尽管按照法律法规,进入自然保护区从事木材生产活动纯属违法行为,但是以'救灾'名义去'拯救风倒木'就具有了合乎情理的'道义'之举,是借以'绕过政策障碍','乘风打劫'的绝好托词……

包括当时一些学者、专家提出不同意见,均被置若罔闻,当权者一意孤行,终于酿成了核心区无法挽回却又至今无人承担的责任大祸。

为时7年的风倒木生产,将风倒区的风倒木连同活立木席卷一空,就连当时林业部要求保留用于科学研究的仅2%的风倒木,亦未能劫后余存。就在这一场重度人为干扰刚刚结束不久,又有人谎称保护区内又发现大量倒木,紧锣密鼓地要求继续批准捡集。此次要求生产风倒木的区域,正是长白山北坡生物多样性最丰富的原始阔叶红松林的最大分布区。"

那时,长白山保护局换了一位"伐木者"出身的领导,他觉得从1993年就停止捡风倒木后,没事儿干了,又想再捡一捡。就谎称,长白山又发生大量风倒木,不捡要着火,要赶快捡。幻想故伎重演。"当时把我气坏了,我想你们在核心区破坏了7年,个人也捞了不少,怎么还不知道适可而止?真是欲壑难填!"于是沈孝辉奋笔疾书,写了一篇《长白山:一夜台风刮来十年人祸》的文章。这次他没有找《中国环境报》,直接登在了《中国林业报》上。这篇文章终于影响了林业部的高层决策,做出了今后不再批准在长白山自然保护区拣集风倒木的决定。

能揭露出这些事的人,能写出这些文字的人,正是沈孝辉。从他的爱憎上,应该不难想象,这件事会怎么影响他的一生。更不难想象,为什么还要女儿为他担心。而沈孝辉要揭示,要操心的类似的事,在中国还少吗?

人参、神山与江河

人参、神山与江河,应该说是不搭界的,可是要写沈孝辉我要把它们放在一起。因为沈孝辉给我讲的人参的故事,充满了他对大自然的一往情深;他给我讲的梅里雪山神山的故事,充满着他的理智;而他给我讲的对江河利用的划分,充满的则是他的智慧。

人参的故事:

"那是我在长白山保护区工作的年代,有一天我到头道保护管理站检查工作,站长于长荣告诉我说,他们在林子里巡护时,发现了一片'野参园'——在一片两三千平方米面积的原始红松阔叶混交林中,生长着数十棵大小不等、五世同堂的野人参。

我们平时在药铺里所见的多是人工种植的家参。在长白山区,有一阵子种家参就像种萝卜一样,漫山遍野,比比皆是。所以,家参的价格都降到几块钱一斤了,也还是卖不出去,老百姓只好把它腌成咸菜吃。

野人参则不同,它已经濒临灭绝。

追寻"野人"的足迹
中国环保领跑者

'物以稀为贵',在香港市场上,一棵野人参可卖几万至几十万港币。那么这几十棵野人参组成的参园,其价值就是一个天文数字了!

可是,当时谁也没有去估计它的经济价值,我们想到的只是如何保住这片稀世珍宝。请想一想,这是一块多么难得的人参基因库和科研基地呀!即便是从旅游角度考虑,其观赏价值也是不可估量的。因为它毕竟是举世无双的,是我们这颗日益人工化的星球上,大自然仅存的最后瑰宝之一!

当年头道站的巡护员们都十分忠于职守,尽管家里都穷得叮当响,但在前后七八年的时间里,没有一个人去动一下野人参,一直完好无损地保存着。

到了80年代后期,在我调回北京的三四年后再回去打听时,什么都不存在了!保护区的老同事告诉我:甭说'野参园'了,就连保护区里的大树都被人明目张胆地砍伐,黑熊、马鹿也都在光天化日之下被猎杀!

大自然的净土守不住了,当然是有着深刻的社会因素。可是,在另一方面,也是因为守护者们自己失却了心灵的净土!

日本哲学家梅原猛认为现代化有两大问题:一是对自然的破坏,引出资源、环境等问题;二是导致了人的内心崩溃,这更可怕,因为它使人变成了'欲望之躯'。"

这是沈孝辉给我讲的人参的故事。

神山的故事:

1997年3月我在北戴河参加了东北亚鸟类学研讨会。那时,我刚刚在中国民间发起了观鸟活动。对鸟有着极大的兴趣,所以这么专业的会也要去参加。沈孝辉当时陪着一位副部级干部,也去了北戴河。会议期间,我觉得他是个有学问的人,就跑到他的屋里和他聊天。记者嘛,时刻都在找自己感兴趣的事和感兴趣的人。沈孝辉,当时被我这个中央人民广播电台的记者列为了感兴趣的人。

记得那天我是第一次被人问到:我们人类难道就非要把每一座大山都攀登了,就不能留下几座处女峰,尊重少数民族对神山不能践踏的传统吗?

长期以来,主流社会的人们对征服大山,特别是登上人类从来没登上的高峰有着当英雄般的渴望。不过,那天沈孝辉给我讲的有关梅里雪山的故事,两年后我自己去那采访时,也从当地人的嘴里听到了。有意思的是,我把这个故事写在我的《绿镜头——大自然的昨天与今天》一书里后,被一位"打假"人士列为了"伪环保人士"的重大罪状。且走到哪儿说到哪儿。我告诉沈孝辉后,他只用了两个字:卑鄙!

神山的故事是这样的:

梅里雪山在当地被称为神山。藏民对有人一而再、再而三地前来践踏他们的神山,欲征服而后快的行为十分反感。1991年中日登山队登山之前,附近几十里的上万名僧众都赶到梅里雪山旁的飞来寺,跪成一片,祈祷神山不要让人登顶。最后的结局

seeking the footprints of wild man
—— Leading pacemaker of environmental protection of China

人们事先并没有想到，17名中日登山运动员葬生雪山。

1991年4月底5月初，日本登山队11名遇难队员的家属，曾在与梅里雪山相对的澜沧江东岸的飞来寺跪拜了三天，祈求见一见他们亲人捐躯的地方。但是神山却一直躲在云海里不肯露面。后来德钦县县长出面，请飞来寺的喇嘛帮忙念经。梅里雪山真的就在祈祷中显露了五分钟。让日本登山队员的家人们见到了亲人留下不归的雪山是什么模样。

几年后，为登梅里雪山，当地人传说着国家体委和国家民委的冲突。最后因为日本人提供了丰厚的资金，中日登山队再次向梅里雪山的顶峰发起冲击。

这一次，日本人显然心有余悸，底气不足，特请红坡寺的活佛帮忙，祈祷日本登山队员安全归来。佛教以慈悲为怀，活佛答应了。接着，德钦县的藏民，也找到了红坡寺的活佛，请他祈祷不要让日本人登顶。神山不可亵渎，活佛也答应了。结果，在登山队员们既将登到顶时，全球的几个气象卫星同时发布气象预报第二天将有大的暴风雪。队员们得到消息后，中日两国队员的意见有了明显分歧；中方认为撤回到二号营地，这样暴风雪过后，还有可能登顶。但上次山难17个队员中有11个是日本队员，他们心有余悸。日本队认为，1991年就是因为没有及时撤回到大本营才酿成大祸，这次一定要吸取教训。最后，日方意见占了上风。可是让谁也没有想到的是，第二天，撤回大本营的队员们举头看到的是，晴空万里。原来是一股来自青藏高原的寒流将来自印度洋的暖湿气流顶了回去，预报中的暴风雪没有下成。而红坡寺活佛祷告也一一灵验：无人伤亡，亦无人登顶，哪儿来的回哪儿去。

梅里雪山有十三座山峰，被称作十三太子峰。我在梅里雪山时，两位从香港来的游人已经租车五次前往梅里雪山，希望一睹雪山的风采，可雪山一次也没给他们面子。就是大晴天雪山也在云雾缭绕之中。我见到他们时，他们是第六次上山，车又坏在了路上。后来我们的车捎上了他们。

梅里雪山没让我失望，在云雾缭绕中为我们露出了那神秘的，尖尖的峰顶。在我拍的照片中，神山的山顶和高山杜鹃是交相辉映的。

在藏族的宗教教规之中，凡封为神山者不准伐木，不准狩猎，在山上挖一点土也不行，当然更不允许人们登顶。

这种对山的膜拜，其实是一种古朴的自然保护行动，反映了藏族人民与自然和谐相处的优秀传统文化。每年秋末冬初，千里迢迢来自西藏、四川、青海和甘肃的一批批香客，围着梅里雪山绕匝礼拜，当地称之为"转经"。在宗教信仰者的眼中，梅里雪山是极乐世界的宫殿，是至高无上的神灵；在地质学家的眼中，梅里雪山是印度洋板块撞击欧亚板块的杰作；在生物家的眼中，梅里雪山是生物多样性的王国；而在登山探险家的眼中，梅里雪山则是他们大显身手的用武之地。不过，梅里雪山不愧为神山禁地，它屡屡挫败人类企图爬到它的头顶蹦蹦跳跳的尝试，包括卡格博、缅茨姆在内的诸多雪山，至今仍是万众瞩目，无人染指的处女峰。

追寻"野人"的足迹
——中国环保领跑者

登山，读山，善待大山。大山之所以具有无穷的魅力，无疑是因为它能够满足人类多样化的追求和需要。画家与摄影家酷爱高耸山脊的优美线条，云蒸霞蔚的深谷光影莫测的变幻，以及四季更替所展示的迷人色彩；生物学家和生态学家迷恋大山所孕育的纷纭繁茂的生命世界，一座大山就是一个完整的"物种博览会"其生物多样性无与伦比，同时它又是清洁的淡水和土壤养分的仓库；旅行家和旅游者则从山中体验人类久违了的荒郊野趣，享受远离尘世浮华喧嚣、返璞归真、沐浴自然的闲情逸致。

登山常被作为"征服自然的壮举"，加以渲染炫耀。沈孝辉则认为：登山是完全必要的，而且推崇健康的洁净的登山活动；但是，他对于必须登上一切地球之巅有什么意义和必要提出异议：我们为什么不能留下几座从未践踏出人类脚印和留下人类垃圾的处女峰，维护住大山的尊严、大山的隐私和大山的神秘，同时也给宗教和子孙后代留下一块圣洁的净土呢？

沈孝辉多次写文说：须知放纵自己的征服欲，以证明自己无所不能，不如克制自己的征服欲，以证明自己有所不能，更为明智。因为它有助于摆正人类在自然界中的位置，不致忘乎所以，乐极生悲。

我和沈孝辉在这方面的观点一致：敬畏自然是一种更高的智慧。

江河的故事：

2004年2月我和沈孝辉还有中国十几家媒体的记者一起，第一次走进了怒江。我们都被那儿的美震惊着。

没想到的是，在怒江的一个河湾，那翡翠般碧绿的江水与洁白的沙滩形成强烈视觉冲击，使沈孝辉产生的摄影冲动，竟没有看到脚下的大石头，从车上一下来，就被拌倒，几层裤子都摔破了，可想而知膝盖被磕成什么样子。事后沈孝辉却说，那块石头也被他磕破了一个角，可见他的骨头还是很硬的。

不管是石头硬还是沈孝辉的骨头硬，这一磕导致的结果是，当我们一行人去爬高黎贡山，去寻找大树杜鹃时，沈孝辉被留在了腾冲的旅馆里。我们兴奋地从大树杜鹃旁回来时，沈孝辉冷静地把他三天的劳动成果拿出来让我们分享。是什么呢？《关于分类规划江河流域，协调生态保护与经济开发的提案》。

这个提案由自然之友的会长梁从诫先生带到了2004年3月在北京召开的两会上。

沈孝辉要为江河分类的提法一提出，就在社会上引起很大的争论。不同意他的观点的人中有说，难道你就把有些江河放弃了吗？一个如此关注环境的人，为什么被人质疑要放弃一些江河？我们还是一起来看看沈孝辉自己是怎么阐述这一观点的吧：

"不久前，自我国电力体制改革的"厂网分离"刚刚完成，五大发电集团便纷纷进军集中全国水能资源"可开发量"五分之三的大西南。短短时间，即将各主要江河，不论干流还是支流均进行了水电梯级开发的规划，大渡河、岷江、雅砻江、金沙江、澜沧江、嘉陵江、怒江、乌江、南北盘江（珠江上游支流）、盘龙河（红河支流），沅江（洞庭湖上游支流）等各大江河流域的水能资源，被基本瓜分完毕。每一条江河水系都规划了十几乃至几十级的梯级开发方案。在几大流域"圈外"的水能资源，也相继被西南各省的投资集团和地方电力公司纳入自己开发的版图。全国水电开发呈一哄而上，遍地开花之势。

这种只从局部利益、近期利益出发，跑马圈水，片面重视筑坝发电工程建设，不仅导致水资源的过度开发，低效利用，而且造成了对世界遗产、自然保护区和风景名名胜区的侵吞破坏，令人痛心疾首！如果按照这种滚动式的梯级水电开发的规划，用不了一代人的时间，中国大西南的所有江河流域，将全部变成一级级由高坝大库垒起的"台阶"，更令人不寒而栗！难道我国江河的全部作用，仅仅是用来建大坝，修水库，进行水电开发的吗？难道以牺牲江河的所有生态、社会和经济功能来最大限度地满足发电功能，是符合我国'全面、协调和可持续发展'的战略的吗？

水与空气、阳光一样，一直是人类和地球上一切生命共享的公共资源。但是就人类社会而言，这种公共资源的使用并非是无价的，而是以社会成本的累计而存在的。然而我们看到，在水电大坝的建设中，作为公共资源的水，却往往作为无偿投入而不被计入水电项目的成本。水电大坝的投资者和开发商，通过无偿地占用公共资源并转嫁社会成本于社会公众，从而获取了很大部分不该由他们占有的经济收益。可以说，只由于水电大坝在生态、社会和经济诸方面的负面影响和高昂成本，被人们无意忽略了或者有意掩盖了，水电才被罩上了'廉价'、'清洁'、'绿色'的能源的美丽光环。

对于水坝在社会、生态与经济方面的负面影响，最理想是使之量化，以便与其在发电、防洪、灌溉、供水等方面的正面作用相比较，权衡利弊，做出正确抉择。但是，经济方面的负面影响容易量化，而生态与社会的负面影响则很难。因此不少社会的、精神文化的、生物多样性的和自然景观的损失只好低估乃至忽略不计，从而大大降低了建坝的社会成本和生态成本，也就相对夸大了大坝的经济效益。这就是多少本不该建的水电大坝工程得以顺利通过评估与论证，仓促上马的重要原因。

当前，西南各大小江河的全流域'梯级滚动'式水电开发正如火如荼，不仅使我国江河生态面临空前危机，也将涉及数以百万计移民的命运。因此，我们认为，在未找到普遍认可的生态与社会影响的量化标准的情况下，研究制订全国江河流域的环境保护与综合开发的总体规划，以指导水电建设，可使问题简单化。

根据可持续发展的原则，我们提议，对全国的江河流域按以下五种类型建立科学的分类系统，可作为江河环境保护与水电开发的依据：

1. 一类江河或江段：包括世界遗产地，国家风景名胜区，国家级自然保护区与国家森林公园（原始森林类型）；少数民族的神山圣湖；地质条件脆弱区和地震高发区；受建坝影响的社区与原住民强烈反对建坝的流域和原始生态系统保持完整或相对完整的自然生态江河与河段以红色标志表示加强保护禁止开发。

2. 二类江河与江段：建坝的弊大于利，如珍贵濒危的野生生物栖息地和分布区；经济鱼类集中繁殖地和洄流区；各级文物与考古遗迹保护地；一般自然保护区和风景名胜区；滑坡、塌方与泥石流等山地灾害多发区；国际河流；涉及大量移民和诸多社会问题的地区等等。在上述问题未获得妥善解决之前，不作大型水电开发，不建大坝以橙色标志表示搁置开发，让后人去解决。

　　3．三类河河或江段：建坝的利弊参半，经济效益高而社会与生态的代价亦大。这种流域的不同支流与干流的不同江段应视具体情况区别对待，或以保护为主或以开发为主或保护和开发并重，以黄色标志表示慎重开发和进行保护性的开发。

　　4．四类江河或江段：虽已进行了水利水电开发，但仍未完全丧失生态价值或景观价值，移民问题不严重，发电效益高，经独立机构的经济评估，环境评估与社会评估，确认利大于弊可以蓝色标志表示可进行适度开发。

　　5．五类江河或江段：主要是已进行高强度水力水电开发，人工化、水库化和渠道化的河道；丧失了生态保护价值并难以恢复或不可恢复；后续建坝的移民人数少，社会影响抵，而经济效益高以绿色标志表示开绿灯，鼓励集中开发。"

　　沈孝辉说：任何一项工程，当它带来经济之利的同时，不可避免要产生或大或小的生态之弊。正确的态度应当是，开诚布公，求真务实，做出对得起时间推敲和实践检验的规划与环境、社会、经济影响评价。而不是为工程的顺利上马，只谈利不谈弊，对经济之利夸大其辞，对社会生态之弊轻描淡写，甚至竭力掩饰；对持有不同见解的专家学者进行排斥压制。这是一种于国于民于事业都极不负责任的态度，必然要招致自然的惩罚和留下社会问题的后遗症。

长白山瀑布

生态文化与生态文明

"生态文明要求人们回归自然，心灵也要返璞归真，摈弃虚伪、贪婪、欺骗这些人性中的阴暗面。真善美首要的是真——真实、纯真、真诚，进而追求真理。只有真才有善，才有美。"

沈孝辉的上述论点，我听到过很多次，每次说时他脸上都是表情十足：真。沈孝辉说，和其他工作一样，环境保护也可以成为沽名钓誉、捞取个人名利和政治资本的阶梯，特别是当环保这个字眼越来越时髦，越来越吃香的时候。

沈孝辉是个追求完美的人。买相机，他就是砸锅卖铁也要买最好的，自行车他都丢了五六辆了，再买标准还是加快轴，锰钢材料制成。这些，对他来说那同样是追求完美，是为了更好的记录大自然和节约时间，干更多的事。

在环保圈，沈孝辉有这样的本事，是"自然之友"、"地球村"、"新疆保育基金会"等多家环保社团的理事或常务理事，如今的办公室设在北京地球村。参加绿家园记者沙龙自我介绍时，不改口地非说是汪永晨的志愿者。人们都说环保不分国界，在沈孝辉那儿，环保也不分组织。只要他认为有意义并且时间允许，他就会去参与，去做事。

沈孝辉认为，江河被人类开发要分类，这是很多媒体都报道过的。其实他把关注环保的人也分了几类。他说：人是形形色色的，关注环保的人也有很多种。有的人热爱和保护自然，发自肺腑，出自内心，心甘情愿，无怨无悔地为之做出奉献与牺牲，他们视环境保护事业为自己生命的价值所在！还有一种名利型的环保，如某企业家，忽然一日心血来潮，或是采纳了他的"高参"的策划，就轰轰烈烈地搞"放熊归山"，以示他的环保情节。其实，人工饲养的熊根本没有野外生存的经验，这样的"放熊归山"等于让熊自取灭亡。与其说是"环保"不如说做企业广告，是利益的驱动。

在沈孝辉的分类中还有一种贵族型的环保，他们多见于发达国家的政府环保机构和社会团体中的少数上层人士。他们口唱保护地球的高调，却比谁都更多地消耗着地球上的自然资源。坐的是奔驰、宝马，住的是四星级五星级的饭店，吃的山珍海味，穿的是名牌时装……当然，有钱维持高消费本无可非议。只是，沈孝辉认为：自我标榜为地球的拯救者的人也这样做，那么他的行为与他的生态理想就未免离谱了，成了绝妙的讽刺！

沈孝辉认为，保护自然，需要勇气；但光有勇气还不算有本事，能够影响政府的决策，变成政府行为的才叫真正的本事。他认为恰恰是后一点，自己做得很不够，还需要学习。

追寻"野人"的足迹
—— 中国环保领跑者

我在一篇写沈孝辉的文章中还看到这样一段：环保事业是利他（它）主义的，环保主义者的道德应当是崇高的，超乎人类的一般道德标准之上，甚至高于最广义的人道主义。因为他把爱从人类自身推向一草一木、一鸟一兽，扩展到大自然的万事万物！这是一种达到极致的地球道德或曰宇宙道德。

在不熟悉人的眼里，沈孝辉是一个沉默的人，他只是逢到知己才打开话匣。1996年7月，沈孝辉参加了"大学生绿色营白马雪山之行"。一路上，他经常是沉默的，大多时间是在用相机和笔记录自己的见闻和思索，偶尔只在几次讨论会上，谈到对滇西北这片原始森林的保护时，他变得慷慨激昂，措辞激烈。一个人的性格先天占有很大成份，但后天的经历，不能不在人的性格中打上烙印。

那次回到北京后，沈孝辉开始写一本关于此行的书：《雪山寻梦》。书写好后，有几家出版社争这本书的出版权。左思右想后，沈孝辉将这本书稿寄给了云南的一家出版社，希望能通过在云南发行这本书，促动当地政府。然而，大概是书中披露了滇西北森林砍伐造成长江洪水的事实，就在《雪山寻梦》的书稿送厂印刷时，云南省有关部门却下令停出此书。后来，这本书被一个独具慧眼的编辑拿到沈阳出版社出版，并获得了中国新闻出版总署颁发的全国优秀青年读物一等奖。沈孝辉并不在乎别人怎样看他和他的作品，"最重要的是，要经得起时间的检验，要对得起历史"。

在自然面前，沈孝辉也有被别人指教的时候。那是在巴西的潘塔那尔大沼泽，一位叫牛顿的司机。那天，他们一行人停车观看路边的鸵鸟，沈孝辉见鸵鸟慢吞吞地觅食，便想让它跑起来，拍一张具有动感的照片。他请牛顿按汽车的喇叭去惊动鸵鸟，没想到被牛顿断然拒绝。牛顿说："只能观看，不能打扰。"

"只能观看，不能打扰。"沈孝辉告诉我当时他的感觉是为自己汗颜。什么是环境素质？这就是环境素质！环境素质与人的收入、职务和受教育的程度并无直接关系，更多地取决于其文化背景。牛顿作为司机，收入很低，但他用自己坚定的信念维护了自己的尊严，维护了大沼泽的尊严。从他的身上，沈孝辉说看到了潘塔那尔人与这片沼泽的水乳交融。

有人这样形容沈孝辉：面色黝黑，身材魁梧，神情中总带有一种成熟男人所特有的凝重气质。在内心深处，他一直把深爱的大自然看作是自己永恒的母亲，为了保护母亲的健康和美丽，他倾尽自己所有的努力，以一个心中有爱的"自然之子"的名义。

写到这我想起来，我们在怒江考察的时候，沈孝辉对怒江边的"澡塘会"很感兴趣。怒江边的地质结构十分特殊，不管是江边，还是田间地头都会有小股的温泉涌出。平时村民干完农活后，就会在附近的温泉里洗个澡后再回家。早年间，当地人的澡塘会早是每年春节人们聚集在一起洗天浴，就是不分男女老幼全都赤身裸体地在温泉里沐浴。在怒江边时，沈孝辉把这称为：人类童年时代遗留下的某种活着的纯洁记忆。他还说，如果单纯以所谓发达的工业时代标准去衡量那里的人们，无疑他们的生活是贫苦的。但站在另外的角度来看，他们却正在享受着工业时代人们早已丧失殆尽的人类童年时代的美好和祥和。

　　沈孝辉主张旅游开发应当维护原住民的权益，他说：原住民才是旅游开发的主体。旅游开发应当以保护当地生物多样性与文化多样性为宗旨，才是可持续的。

　　有两点我和沈孝辉从来没有一起讨论过，但却都在自己的文章中表述过：一是有关土路。我在内蒙古的森林里采访时曾驱车行驶在土路上，当时真觉得要是柏油路就没有走在森林里的感觉了。沈孝辉在写巴西潘塔那尔自然保护区时有这样一段描写：土路给我的感觉好极了。我相信，当整个世界都在大造硬质化的路面和高速公路化的时代，残存的土路将会越发受到热爱自然和生态旅游的人们的青睐。特别是那种"一条小路曲曲弯弯细又长"，把人们带入恬适宁静的乡间荒野的超然意境，更是妙不可言。

寻找长白山神秘花园

　　2007年9月我和几个朋友一起随沈孝辉去寻找长白山神秘花园。

　　寻找神秘花园是一个悬念，也是一种向望。今天的长白山还有神秘的地方吗？今天长白山的神秘还能引起人们的想象吗？

　　长白山有很多花园，在它的西坡，海拔1400米左右，是温带山地气候类型。由于那里向阳和背风，冬季寒冷，夏季温和，年平均气温3摄氏度以上，年降水量900毫米，土壤为山地暗棕色森林土土。由于受特殊气候和土壤等综合因素的影响，形成了十几公顷范围内没有高大树木，只是一些多年生草本植物。每年的六、七月份长白山里是山花争艳。我们去在秋季，花的色彩让位于了叶子。这是一年中叶子最得意的时候，它们让岩石都穿上了盛装。

　　神秘花园的来由是2002年沈孝辉和几个热爱大自然的人一起走进长白山，在有人问沈孝辉在长白山工作了18年，最难忘的是什么时，他说是这片像花园一样圣洁的地方。后来《国家地理》在写到长白山时，为这片圣洁的地方起的名字"沈老师神秘花园"。

　　长白山的神秘花园是我们在走过了长白山的小天池后，在岳桦林里的穿行中找到的。它在海拔1700米左右的岳桦林带。最先映入我们眼帘的是一株树叶像把燃烧起

追寻"野人"的足迹
——中国环保领跑者

的火炬的树。一行人站在树下隆重地像是举行着入园仪式。

长白山的岳桦林生长在海拔1800米至2000米，是针叶林带和高山苔原带之间的过度林带，占据火山锥体的下部。这一林带气温低，降水多，湿度大，风力强，土壤为山地生草灰化土，并混有火山砾。这里惟有最耐寒的岳桦能适应高山严寒的气候和瘠薄的土壤，矮曲多枝，形成半丛生状态。其下限常伴有云杉、冷杉、落叶松、东北赤杨等。灌木主要有牛皮杜鹃、高山笃斯越橘等。因此，岳桦林构成了长白山垂直分布结构系列的森林上部界限，过去每年7-8月，马鹿、黑熊、野猪、狍子等在那里躲避暑纳凉。如今，那里静得连一头动物也看不到了。沈孝辉称为：寂静的长白山。

沈孝辉告诉我们，神秘花园曾因要修栈道，险遭破坏，是在他和一些保护区的科研人员的强烈呼吁下才躲过一劫。可当我们一起站在神秘花园时，他一定要我为他拍一张背影的照片，说是一种告别。

在神秘花园里，同行者的同感是，在那里呆的时间越长，越觉得大自然在大自然里表现地随心所欲。有时宁静，有时奔放，有时暧昧，有时直白，让你的各种心情都能在那里找到依存、寄托、畅想。

我们最后到了本是沈孝辉认为最漂亮的神秘花园中的月亮湾，本来浅浅的水湾像一轮弯弯的月亮。可是我们站在那里时，那轮半圆的月亮里已看不到水，只有高高低低的茅草把月亮湾挤满。让我们难以想象它的昨天。

告别神秘花园后，我们到了长白山的地下森林。前些年去的人说那里很难走。可我们这次去，栈道已经把难走的路铺得平坦。森林里没有栈道，是自然。有了栈道是好走，我们选择什么？

长白山让我们震撼，长白山也让我们思考。沈孝辉用18年的时间在感悟。我和他寻找秘密花园后的感触是：长白山，一头野生动物也没看到。今天的长白山，是寂静的长白山。

"无论结果成与败，作为现时代知识分子，我们都应该本着最起码的良心和良知发出我们应有的呼声。千万不能等到若干年之后，被错误决策所损害的后代子孙在寻访历史的时候，发现我们这一代知识分子竟然都在沉默。"

在这点上，我和沈孝辉都不会沉沦于寂静。我相信。

"感谢"沙尘暴
——刘书润

感谢沙尘暴是刘书润在我们"绿家园志愿者"一月一次的环境记者沙龙上说的。同时被他感谢的还有污染。当时,是我不知趣地向大家解释,刘先生说的感谢是带引号的。其实人家刘先生并不需要我的解释。

生态学与人情味

和刘书润相识是在中科院办的《人与生物圈》杂志2000年12月在深圳召开的一次会上。那天，当我知道坐的一车人不是来国家级自然保护区的领导，就是植物学家、生态学家时，就把自己在制作广播节目中遇到的一个不懂的问题拿出来向各位专家们请教。我问的是，什么是维管束植物。一车的人都在解释，但谁也没能让我真正明白。这时坐在我前面的一个，如不是在我们车上，会被我误认为是老农的人，慢慢悠悠地说开了：

"维管束植物包括橛类和种子植物，这些植物比较高大，需要一个专门器官运输水份和养料，有这种器官的植物，就叫维管束植物。为什么单独划分出维管束植物，就因为它比较高大，生态作用比较显著，生物量比较大。是在地球上作用比较大的一类植物。"

这个差点让我看走眼了的人，就是刘书润。

那天，这一板一眼的解释，使我在一车人中就记住了他。不过，解释什么是维管束植物，刘先生虽然让我知道了老科学家治学态度的认真，但后来他有关生态旅游的讲演，却又让我知道了他讲课时的死板。当时我想，这死板，可能和他的认真分不开。

也就是这份死板，让我在一段时间里，无论如何也不理解认识他的人对他的评价：刘书润，讲起他生活在草原上这么多年的故事来，生动极了。

就是这个初识，让我觉得是位老农的生态学家，让我后来认识他的过程，一直处在了"进行时"的状态。

我又一次修正对刘书润的认识，是2002年4月在我们的记者沙龙上。老先生上来就说：目前人人都关注生态环境，生态学成了无所不包的东西，所以我要感谢污染，感谢沙尘暴。

他老先生还说，60年代他学生态学的时候，要想查查什么是生态学，非得到大图书馆才能查到。现在呢：生态总统，生态国家，生态省，生态县，生态村，甚至化妆品也是生态美。生态被炒得如此之热，能不感谢沙尘暴，不感谢污染吗？而从另一个意义上看，他老人家又说了，这似乎又不得不让人觉得，生态学本身是不是也受到了污染？

是呀，刘先生的感谢不是没有道理。不是污染，让天空不像天空，河流不像河流，

seeking the footprints of wild man
—— Leading pacemaker of environmental protection of China

生态怎能炒得这么热？不是沙尘暴，刮起来昏天暗地，谁整天把它挂在嘴边上？

可就是这一挂，生态学本身无形中也掺进了沙子。一夜之间丑小鸭变成了大明星。用刘书润的话：太快了，它自己还没有准备好。

闹了半天，刘先生的感谢，不仅仅是带引号的，而且很有几分讽刺、挖苦的意味。学者就是学者，在不论什么都冠以"生态"的年代，刘书润以一个知识分子的良知，没有加入这一高声齐唱的行列。

刘书润认为生态学的概念是：它研究生物与环境之间的相互关系，是一门关系学。生态在环境中不是独个存在的，是一个复杂的系统。生态学原来本是比较深奥的实验科学，可它又有接近大众的一面，这使得它又成了有人情味儿、充满爱心的东西。

那天，在我们的记者沙龙上，我注意到，当听到他把生态学比喻成有人情味儿、充满爱心的东西时，记者们都有点犯傻。

在刘先生的学问里，生态学被分成两大部分，一个是哲学生态。其中包括生物多样性和种群间的关系，这中间充满了变化。所以刘先生认为，生态治理跟一般的治理不一样，要考虑到中间复杂的关系，就跟中医似的，不是头痛医头，脚痛治脚，需要辩证治疗；

另一部分是文化生态，这是生态学里的情感部分。这一部分被刘先生形容成：讲究和谐、宽容、爱心。

刘先生说到生态学提倡和谐时，记者们没有提出疑义。可他接下来说的，却有不少人不敢苟同。他说：一般的生态学家不太讲可持续发展，因为这里没有可持续的事儿。可持续这本身就违反哲学，人这个物种也会毁灭。什么事物都有产生，发展，高潮，最后灭亡，这是规律，持续不是规律，太过分的强调持续发展必然会带来环境问题。现在都讲生态效益、社会效益、经济效益，而人们往往忽视了文化效益。

看到记者们还是没明白自己的意思，刘书润举了个例子。比如北京四合院，人们把它拆了盖大楼，社会效益、经济效益都有了，但文化效益出了问题，特别是人与人之间的沟通，楼房就不如四合院。所以搞生态学的，要考虑得全面，要强调人情味的东西。

生态学，还要讲人情味，要不是和草原打了几十年的交道，刘先生说自己也是总结不出这一条的。文化革命时，人人都在大闹革命，老先生可好，背着个破书包不辞而别，走进了牧民们的蒙古包。因为整天拿着个指南针，他曾被人当成特务给逮着了。

刘书润说，自己对草原真谛的认识，始于中国还处于靠票证供应，要早请示、晚汇报的年代。那时，没钱不如没粮票让人着急。而他，什么也没有，并且是在没有经过别人允许的情况下，就自己在牧区转开了。按牧区人的习惯，要是有人骑没鞍的马，或是步行，都有可能是坏人。

一次，刘先生步行走在达里若尔湖畔考察。当时下着雨，一位路过的司机看到

追寻"野人"的足迹
——中国环保领跑者

有人在走着,马上提高了警惕。他让刘书润上了车,目的不是让他搭个脚,而是要好好盘问盘问,最后还是出于保卫草原安全的考虑,把他送到了军马场保护科。好在那里的人,早就认识了这个背着个破书包,可谓独行侠的科学家,才把他给放了,并赏了好酒、好饭、好菜,填满了这个一贯背着破书包,在草原上走的科学家早就饿扁了的饥肠。

在草原上搞研究,采标本是必不可少的。采标本,又很难得走正道。这不走正道,就有了误闯军事要地的风险。有那么一次就是一不留神,刘书润又被人家抓了个正着。个头不高,穿得破破烂烂。最要命的是,破书包里的词典上有洋文,外加上地图、尺子、指南针等等。

抓着他的小战士乐坏了,起码也能立个二等功吧。接着的细细盘问更是让小战士喜形于色:呼市的市长是谁?整天和草打交道的刘书润,哪知道市长是谁,市长也不管他,离得太远。不知道市长,那呼和浩特的百货商店在哪儿?百货商店和刘先生也没什么关系呀,他一天到晚在牧民家蹭吃蹭喝,衣服就那么两件,还不知要穿它多少个秋夏冬春呢。那现在城里在流行什么歌曲?刘书润爱的是草原,爱听的是草原上的歌,城里人唱什么歌,可就不知道了。听到这些,尽管刘书润当时带着自己的户口簿,带着学校开的证明,急于要立功的小战士还是认为自己这回可是十拿九稳地有了把握。

那一次,直到连长重新过了堂,再次研究了刘书润带的各种手续,又聊到了共同认识的老阿吉,生物学家刘书润才算是逃出了小战士的手心。

如果说刘书润讲课是一板一眼,那他说到自己的这些经历,就可谓有滋有味了:牧民的家,是草原上的人共有的。走到哪里就吃到哪里,睡在哪里。在那些日子里,刘书润成了牧民们最好的朋友,对游牧文化也有了深刻的认识。

在刘书润看来,生态学的人情味,在草原上的体现,除了草原人为了适应游牧,制定了很多村规民约以外,就是编了很多歌儿。

要想了解一个民族,要从民歌开始。刘书润对此坚信不移。刘先生会不会唱歌,我没听到过不敢说,但在草原生活的日日夜夜,让他对草原上的歌儿,有了和草原人一样的感受。他说自己如今是:一听到蒙古歌,特别是长调歌曲,"蓝蓝的天空上飘着白云,白云的下面盖着雪白的羊群",草原就展现在了眼前。

刘书润说,草原上的歌是游动的白云,是无边的绿草,是奔腾的马群,是滔滔的江河。

草原上的四季歌唱的是:春天到了,草儿青青发了芽,本想留在春营地,故乡荒芜,路途遥远,我们还是走吧;夏天到了,百花齐放,本想留在夏营地,故乡荒芜,路途遥远,我们还是走吧。秋天到了……

刘先生说,这是生活在草原上的人,劝牧民不要眷恋,不要偷懒,该走的时候就要走时说的话。

草原上人与雁的对歌是：

人：吉祥欢乐的夏天，你们大雁自由飞翔，为何来到塞外草原？

雁：冬去春来四季循环，南方的炎热催我们归还。

人：正值金秋美好时节，为何却要奋飞向南？

雁：为了躲避北方的严寒。

刘书润说，这些歌都唱出了人与自然的关系，唱的不是以人为中心、人凌驾于自然之上。唱的是，人类是在自然的怀抱中繁衍生息。

可是让刘先生遗憾的是，蒙古族的祖先就懂得，我们草原地区生态比较脆弱，只能轻度放牧。而我们所谓的现代文明，现在却非把游牧当成愚昧，当成落后，以农耕文化给予了代替。

从刘书润对游放文化和农耕文化的认识中，我开始懂得他所说的生态学里有人情味是个什么意思。当然，这份懂得也还是在"进行时"中。

游牧文明过时了吗？

游牧文明就是生态文明。关于草原，刘书润确实有很多别人没有想过的话题。

2007年12月6日，在《中国国家地理》大讲堂上刘书润问大家：游牧文明过时了吗？他自己不这样认为。关于游牧文明，刘书润的高论是：

中华、印度、埃及、两河流域，伟大、古老具有深厚积累的农耕文明，由于长期封闭，缺乏活力，亚洲中部干旱区的游牧文明异军突起，虽较少积累，但具有强大的冲击力。它较多地继承了原始先民的品质，充分发挥人的本能，勇往直前，把一个个封闭的古老文明激活，并串联起来，推动其前进。假如没有游牧民族的冲击，世界将永远各自封闭，陷入没完没了的重复当中。古代人类最大的冲击波，来自打开了东西方通道的蒙古人，因为他们实行了最大规模、最完善的游牧。

古代欧洲，农耕文明和游牧文明都不如亚洲强大，够不上进行洲际冲击。农耕文明受到来自亚洲游牧民族的碰撞，始终喘不过气来。游牧文明在欧洲总是呈现强大的势头，

追寻"野人"的足迹
------中国环保领跑者

并得到进一步发展和升华。由马换成了船,过渡到同样具有移动性和冒险性的商业文明,推动了体现自由、民主,冲破束缚的文艺复兴,导致了资本主义革命,进而发展成商业、工业和近代城市文明,促进了社会的快速发展。但是它过分贪婪、自负,脱离了自然和大众,走向了歧途。为了空间资源、通商和交流的需要,游牧民族进行了第一次能量大释放,而资本主义为了市场和资源进行了第二次大冲击。这次冲击虽然也起到了对各封闭文明体的激活作用,但是更多的是摧毁了各自的文化,包括自己的母体文化,使世界向一体化、单纯化发展。近年,人类发展带来的负作用,越来越危及人类的生存,开始回心转意,重新温习昔日大地母亲的教导,又想回归到大自然的怀抱。

在亚洲,特别是黄河中下游的中原地带,农耕文明和游牧文明长期强烈对抗和交流,各自得到发展,尤其中原农耕文明在交流中不断壮大,不仅修建了长城,还产生了孔孟之道,成了世界上最稳固、最发达、具同化力的农耕文明的代表。游牧民族在中国常取得战争的胜利,但在文化上,则逐渐被同化,在最大限度释放能量后,如今面临农耕文明和世界一体化的双重夹击,其作用越来越弱,不可能象在欧洲那样得到发展和升华。而农耕文化根深蒂固,始终占统治地位。这就是东西方近代出现重大差异的原因。也就是先进了几千年的东方,近代落后的根本所在。东方根深叶茂,西方开花结果。中国是输出文明的国家,是西方的老师,但总是被学生欺负和超越,只是因为学生比老师更懂得知识和文明的价值。更懂得什么叫人的本性,更懂得什么叫民主自由,总之,更多地接受了游牧文明。

刘书润认为:没有游牧民族的冲击,世界将永远各自封闭,陷入没完没了的重复当中。这样的推断,我不知道当今还有没有第二人。

刘书润的另一观点如果拿到当今很红的凤凰台电视节目"一虎一席谈"上辨辨,一定也会很有分歧。那就是刘书润认为:近年来,每到春天北京的沙尘暴,让人们一个劲地从生态遭到了破坏上找根源,其实,草原破坏,最根本的是文化问题。为什么?蒙古族人过去也是种田的,后来为什么不种,改放牧的了?原来他们放牧也是圈养,后来怎么改游牧了?这是多少代蒙古族人最终选择的生活方式。

游牧可使草原修养生息。住在草原上的人和牲畜都很少生病,因为搬一次家,细菌就留在了原处。新的草原,新的空气,新的河流,万物都有了新的生机。

环境记者沙龙上,刘先生说到这儿,很多记者又表示疑惑。草原上人和牲畜真的很少生病,是因为空气好?

刘书润又像当初给我解释什么是维管束植物似的慢慢道来:牧民们差不多都是七天搬家,往新地方换。很多寄生虫在七八天内还没有繁殖后代呢,人们就搬家走人了,没给寄生虫留下繁衍生息的功夫。即使繁殖了,人到了新地方,细菌也没有了原来生存的环境。

刘书润还认为:家畜是草原生态系统的重要成员,没有家畜和野生有蹄类的草原,同样生产力降低。当然太多也不行,应维持一定的草畜平衡,游牧、轻牧比完全围封更有利于草场恢复。生态在那里得以平衡发展。

seeking the footprints of wild man
——— Leading pacemaker of environmental protection of China

山羊没有罪。这是刘书润又一个和别人说法不一样的结论。

近年来,人们把草原退化、沙尘暴的原因,归罪于牲畜,特别是山羊。说山羊不仅吃草,还吃树,连草根都刨着吃,是破坏草原的头号罪犯。从关注环境,关注自然以来,我也从自己拒绝穿羊绒衫到劝亲朋好友别穿羊绒衫。理由就是科学家说了,羊绒是山羊的,山羊吃草连草根一起吃。而生态学家刘书润告诉人们:

山羊吃树枝是真的,刨着吃草根不是事实。山羊和绵羊不同,喜食粗草、硬草、灌木,适于山地放牧。牧区通常三分之一山羊,三分之二绵羊组成羊群。山羊喜行走,出牧归牧走在前头,怕冷不怕热。有山羊的羊群夏天不扎窝子。山羊活泼好动,对外界动静反应敏感。当狼进入羊群时,特别当咬到山羊时,会大声惊叫。而绵羊不出声,任其逐个咬死。绵羊粪湿、山羊粪干,合在一起,正好踩成粪块。蒙古族有个山羊和绵羊的民间故事,说绵羊嫌山羊轻浮、好动,总是咩咩地叫。而山羊嫌绵羊太笨。有一天它们分家了。不多久绵羊每天走不远,附近的草都吃光了,越来越瘦,听不到叫声,常走散。山羊走得快,也常走散,后来双方又达成协议,再合群放牧。山羊聪明,容易和人建立感情。曾经有个小羊羔,从小被小女孩养大,小女孩上学后,小山羊每天钻进蒙古包准时叫醒小女孩,并送上一程。山羊被蒙古族定为五畜之一,与绵羊并列,成为蒙古高原最古老的畜种。

多年草原研究的经验让今天的刘书润着急的还有:春季禁牧绝对是坏主意。刘书润说:

在四季游牧的情况下,春季禁牧不成问题,因为春天除春草场外,其他草场都不放牧。春季禁牧的制定者,过分地夸大了春季采食对牧草的副作用。实际上羊春季在草场上主要吃的小白蒿和枯干的细草,如糙隐子草,而夏天不吃小白蒿。另外春季采食对某些植物的抑制作用,并非都是坏事。牲畜一年四季在不同草场,天冷天热,风大风小,甚至早晚、饮水前后都吃不同的草。野生植物不象农作物那样都同样春季发芽、夏秋开花结实。它们各有不同的生育期。即使同种植物,依天气变化,生育期常不固定。从3月中旬的顶冰花、星毛委陵菜,直到秋后白露的肋柱花,中间都有鲜花陆续开放。还有的植物不是年年开花结实,个别还有假死现象。要说牧草苗期对采食敏感,还有不少草原植物夏秋出苗。那么牲畜采食对开花结实期的作用又如何呢?牲畜吃草并非一扫光,是挑着吃,随走随吃,有时为了防治羊羔痢,春季也常移场。只要不过牧,没那么严重,有时适当采食对草场还有利。

春季,尤其接羔期,完全舍饲、禁牧,对牲畜是十分不利的。消毒、清圈给本来最缺劳力的春季更增加了麻烦。另外母羊和羊羔完全脱离了户外活动,吃不到一点青草,会提高春亡的比例。每到春天,当羊吃到了返青最早的小白蒿,叫的声音、走的姿势、粪的形状都变了,奶也下来了。牧民总算盼到了这一天。牧区从草记年,新的一年开始了。春季是草原畜牧业的关键,也是人与牲畜磨合、展示牧民技能的季节。草原本来青草期就很短,还要缩短牲畜吃青草的时间,对牲畜太残酷了。每年当牲畜闻到青草味时,就不再吃干草,也圈不住,有的羊把角都撞破了,由于长期不走路,山羊的蹄越长越长。由于无法管理,牧民只能夜间偷偷放牧。以往马夜牧、三伏天太热或秋季抓膘,有时牛羊晚归。还没听说牛羊春季夜牧的。春季禁牧绝对是坏主意。我不知道这些从未放过羊的所谓草原专家是否征求过牧民的意见,遗憾的是,此等荒唐之事,竟发生在有优良传统的畜牧业大省。我看世界上除了疯牛病、禽流感、还会发生羊流感。

每块草原最好在若干年内都经过从原始到退化的演替过程,形成良性的动态平衡。保持多样性,使牧草、牲畜、野生动物和人类都成为统一的生态系统的一员。这对刘书润来说是近年来致力研究的课题。他认为。草原植被是动态的,随着放牧强度的增加,植被呈梯度变化。越是植物种类丰富的草原,如草甸草原,梯度变化越明显,层次越分明,阶梯越多。而荒漠草原,荒漠梯度变化层次少,且不明显。一个地区的草原,不可能也没必要都处于一两个梯度变化,使大面积草原处于中等,有一定面积的打草场,或是做冬营地的轻牧草原,还要有一定面积的退化草场,如冷蒿草原,用于春季接羔。轻牧草场能经受必要的火烧演替。退化草场有更多的牲畜和动物粪便和尸体补充。

刘书润还认为:

做为草原,没有牲畜或牲畜过多,从未经过火烧或退化阶段,都是利用强度一致的草原都不正常。不要给草场施加强压,应平衡发展。猛干强干并不出活。草原的载畜能力差异很大,取决于产草量,但更多的要看再生性、耐牧、耐践踏程度。一般草甸比草原,草原比荒漠,丘陵比平原载畜量高,还分土壤厚度、质地、结构、地形、牲畜品种,经营水平,放牧技术等都有关系。

草原监测要点面结合,考虑代表范围、地带类型,利用方式,各种因素等,监测不仅评出好坏优劣,要看各类型比例是否合理,不仅要评出当前,还要推断以前,予告未来的趋势,评出整体的多样性,和谐和健康。

什么是草原的现代化?

刘书润对此的观点就更有其独到之处了。他说:

说实在的,对于发展畜牧业,草原的产出量比较低,内蒙古畜产品的产值与治理费相抵消,以后将可能成为负值,产值仅为山东的七分之一。由于生态条件比较严酷,同样的产品必须付出更多的努力和代价。所以发展了畜牧业,仅仅解决了牧民的食物来源,而发展耕种和其他事业,条件更不具备。另外草原畜牧业也比较窄,只能维持大范围游牧,由于草原畜牧业产品单纯,就必须加强商业交流和信息勾通,随着社会的发展,草原对其他地区的依靠,与世界的交流会更加强烈。交流是双方的,草原拿出什么?靠有限的畜产品,靠武力冲击,已成过去。今后靠什么?一靠天然草原,二靠民族文化。所以说草原畜牧业的价值不在于畜产品本身,而主要体现它是文化的载体,草原现代化不是体现在城市化、工业化、不是体现在"耗尽了最可贵的,最后一洼水,换来的所谓集约化经营",而是体现游牧、体现诚信、友爱,人与自然和谐的民族文化，体现载体的作用。

一个官顶一万只羊。这也是刘书润敢说的话。

刘书润说：如今草原羊多了耕地多了，房子多了，但增加最多的是官。古代草原几千人养一个官，现在有的一户多养一个官，甚至比解放前的喇嘛都多。减地减畜先减人，减人必须先减官。以草定畜还要以草定官，确定载畜量的同时，应先确定载官量。草原上自古就不缺官，蒙古人从小就当羊倌、马倌、牛倌。这里不需要官员外派，官和狼一样，位于食物链金字塔顶端，草原大规模退化，生产力下降，载畜量减少，载官量也应相应下调。草原负担最重的不是羊多，而是官多，一个官顶一万只羊吃草。

和刘书润聊天，惊世骇俗的话真是随时可以听到。他认为，这都是在大自然中的感悟。其实，在这点上我和他同感，我们绿家园志愿者的宗旨就是：走进自然，认识自然，和自然交朋友。我和刘书润在大自然中同样感悟到的还有：再造山川秀美？西部贵在天然；天然不可再造。

地球是五颜六色的

沙漠并不可怕，多样孕育美好，丰富带来多彩，上天造就了干旱区，它就产生了灿烂的游牧文化。上天运用沙尘暴，就推动了祖国大地从戈壁、草原、沙漠到黄土高原的土地格局。黄土高原是我国中原农耕文化的永久之地；戈壁、沙漠也都是大地母亲身上的肉。蒙古人多习惯用赛汗（美好）、白音（富饶）等蒙古语言来命名地名。沙漠和沙地是干旱区的地下水库和油库，它埋藏着大地的血液，是众多河流湖泊的源头，是推动当今世界经济发展的动力。沙漠和沙地具有复杂的地形，具有时空多变的地貌，它是干旱区生物多样性表现最充分之地；沙地和沙漠是牧民、牲畜、野生动、植物冬季最温暖的家；它也同样是人类文明的摇篮，是游牧文化的避难所，它还是世界几大宗教文化的发源地。

沙地一般不需要治理，干旱区有一定面积的沙地和沙漠，沙地有一定面积的裸沙，并不一定是坏事情。大面积正在流动的沙地的存在，是有一定的生物学意义的。由于植物种子被风吹走后，不能够落地，一般就需要人为帮忙。如设沙障、插黄柳等，需要因地制宜，循序渐进。当地的沙生先锋植物，如沙米、虫实等一年生植物应是首选。不可一步到位，直接种树的做法是不可取的。沙地时空多变，沙丘阴坡、阳坡、沙脊、风蚀穴、落沙坡等，生态环境差异很大，不能够都采取统一的做法，种植林带的做法更不可取。

上面这些话，是我从认识刘书润以后，多次听他讲课、聊天中提及的。他坚决反对在沙漠里种树。一次我请他给北京八中少儿班的学生们讲讲他眼中的沙漠。面对那些问题极多的孩子们，他张嘴就来：满族人说：上天呀，您为什么不给我们沙漠？如果您赐予我们浩瀚的沙漠，我们不会没落。蒙古人感谢上天，感谢沙漠，沙漠和沙地一次次拯救了蒙古人。

2002年6月12日，我来到了刘书润如此赞恋的内蒙古大草原，登上了他留下很多足迹的罕山，结识了他的学生和与他交上朋友的当地人。

张书理，学生时代就整天听刘书润讲草原，写毕业论文时，刘先生本不是他的指导老师，出于崇拜，他的论文写完后，第一个拿给看的是刘老师。虽然跟着刘老师搞调查，走路时要走"歪门邪道"，坐车要"左顾右盼"，认识草原时要"交头结耳"。爬了一天山了，看到一棵大树还要停下来做样方，不让歇着。张书理还是说，自己今生还是会想尽办法争取一切机会和刘老师一块走草原。老师传授的治学态度，已刻在了他的骨子里。

刻在张书理骨子里的植物调查怎么做呢？只有走"歪门邪道"才可以看到更多的新东西；认识草原，就不能忽视任何机会。坐在车上瞎聊天，那是浪费时间，必须左顾右盼地去看，去找，去发现；弄懂生态系统，就要讨论，要切磋，这一切磋，被刘老师给形容成了交头结耳。

张书理说，形象，受用。

赛罕乌拉，让我第一次领教了内蒙古罕山的美。也时刻领会着刘书润说的：地球本应是五颜六色的。从赤峰我们驱车开往罕山时，沿途看到了八百里旱海，景色不可不谓壮观。但是，那是苍凉的美。路两旁，一排排，一片片的人工林，不可不谓让人钦佩，但是，那种色调的单一，也会令人看得疲惫。

大自然的景致本是丰富多彩的。天然系统，是大自然多少万年磨合而成的，里面存有很多信息。在我们人类还做不到模仿自然的生态系统时，东施效颦似的种树，带给草原的不能说是另一场牺牲。这是我与刘书润以"进行时"相知相识的过程中，产生于自身的体会。

而在张书理的记忆里，有这样一件事又是让他受用一辈子的。

那是他和刘先生一块在赛罕乌拉做样方，也就是以一块草原为单位，记录下这块草地上有多少种植物乃至物种。比如，一般的草原，一平方米大概有四五十种植物，而在湿地生态系统中，植物种类就可多达六七十种。当时张书理问刘先生大（叶）针茅、贝加尔针茅和克氏针茅的区别。刘先生给他的回答是三个字：查表去。那次出野外张书理没带表。

过了两天，趁刘先生高兴时，张书理又问了一遍，刘先生给的还是那三个字：查表去。当样方做到非得区分这三种植物时了，没带表的张书理咬着牙又问了一次刘先生，得到的依然是三个字：查表去。

做为学生，张书理在以后的考察中，再也不敢把该带的东西不带全，再也不敢在调查中偷懒，自己不认真调查考证，依赖别人。同时被他永远记住的还有，大（叶）针茅的叶宽是超过11毫米，贝加尔针茅的叶宽是11毫米，克氏针茅的叶宽为小于11毫米。

治学的严谨，本是科学家的基本素质，可在目前我们保护环境的一些口号中，却明显的有着不够严谨之处。

刘书润认为，目前的西部建设中，由于缺乏对西部的理解，提出的一些建设方式难免草率。做为一名生态学家，刘书润除了不同意什么都挂上生态，除了不同意以农耕文化取代游牧文化以外，他还提出，什么是西部？西部是：江河源，水土源，民族源，文化源。中华文化的底蕴有不少都在西部，中华民族的母亲在西部。我们的母亲虽然苍老一些不太秀美，但是，母亲就是母亲。

西部大开发，刘书润认为，不仅要看到它的矿产资源，土地资源，最主要的应该是开发西部的文化底蕴。西部在文化方面的资源，要比矿产资源的根源更深。所以在开发西部时，除了要增加科技含量外，还应该增加文化含量，增加情感含量。

刘书润那天在记者沙龙上谈到此时，脸上露出了颇多的遗憾：现在提到西部人，似乎感觉就是傻乎乎，落后，原始，野蛮。开发西部，应该是到了人们改变对西部认识的时刻了。我搞生态学，更希望强调文化生态，更强调生态的色彩。

在我的赛罕乌拉之行中，我两次探访1000多年前辽王祭祀的神山。站在神山前，望着地上拱起的土堆、古老宫殿的回廊，望着躺在地上无言的大理石石柱，望着撒落于四处的残砖断瓦，默默的我感受到的是，辽代的先人向我们今人传递的文明信息。宫殿无声，只四面陡峭的石壁，大山做证；石柱无言，地上长满的串串大黄花，芍药在雨中轻语；砖瓦无奈，却在风中相互碰撞时，发出叮当作响的回声。

文化不会单一，总是丰富多采的。在神山前寻古思今时，我寻找着刘先生文化生态说的真谛。

刘书润告诉我，中华民族是龙的传人，龙最早的玉雕，出于内蒙古。中华民族裸体的圣母像，存于西部的文化中。长城是中华民族的象征，最长的长城，最古老的长城，延续朝代最长的长城，都在内蒙古。京戏的主要乐器是胡琴，胡是哪儿来的？唱京戏穿的靴子马靴，马靴是什么，就是蒙古靴。就连北京的胡同，胡同一词也是蒙语。

如今，内蒙古大学珍藏的植物标本中，有一大半采于刘书润之手，同时被刘书润采到的，还有蒙族文化、中华文化的精髓：生态文化。

巴特尔，现就职于赛罕乌拉国家级自然保护区。那天中午，坐在保护区平房里

追寻"野人"的足迹
——中国环保领跑者

的火炕上,他上来就和我说,当年他们盼着草原生态专家刘书润来时大家就猜,这大专家会是什么样呢?来了后怎么看,怎么像我们这儿的羊倌?就连他认草、认树也像。拿起来在嘴里嚼嚼,在鼻子前闻闻,在脸上蹭蹭,就知道是什么。有一种植物叫辣蓼,他让我尝过,好家伙,我一尝,真比辣椒还辣。草原上那么多种植物,刘老师就是这么一种一种认的。

巴特说,一次刘书润坐长途车外出考察。车上碰上了车匪路霸。这伙人对别人是挨着个的要钱,对刘书润,人家只是说了声,嘿,起来,起来,让我坐会儿。刘书润从破书包里拿出工作证对那小子说,我需要休息,我有工作。那位看了工作上写着教授后,肃然起敬,连自己的位子也让了出来,让刘书润能躺着休息。

丰富和辩证总是紧密相连。而我们现在从事生态研究时,违反辩证法的事例太多了。

刘书润举过这样一个例子:18世纪发生了一件事情,德国种黑麦,当时黑麦是整个国家的命系所在。可一度黑麦遭到一种虫子的咬食。本来那里有一种鸟,专门吃虫子。而这种鸟又被一种老鹰所制约。缺乏生态常识的德国人,当时很难了解自然界里的这些奥秘,为了让黑麦大丰收,把老鹰消灭了。结果食虫鸟因没有了天敌而过剩。食虫鸟多了,虫子没了,可维持了几年的大丰收没能持续。因为虫子都没了,食虫鸟也无法生存而几乎绝迹,致使生态系统乱了。最后怎么办?还得把老鹰请出来,老鹰出来以后,才又维持了食虫鸟的正常种群。人们开始提出疑问,老鹰,是食虫鸟的天敌还是天友呢?

依辩证的观点来看,刘书润对现在令很多人大为伤脑筋的草原鼠,也有自己的看法。他说,在草原上,都说老鼠是一害,我调研的结果,老鼠在草原上是非常必要的,它可以翻动土壤,加速草原生长速度。狼一度也被人们认为是有害的,要消灭掉。狼在草原上是干什么的?它的走动,能够提高牲畜的警惕性,有利于牲畜的健康成长。假如没有狼,黄羊都成了大胖子,走都走不动。所以蒙古人知道,狼可不能消灭,这是草原人对生态系统、生态网络最朴素的理解。天敌和天友不能截然分开。大家都是地球村里的普通成员,也都是生态环境中必要的成员。

地球是丰富多采的。这句话,是刘书润的口头禅,也是他文化生态的精髓所在。

为了更好地认识赛罕乌拉,我去的那次自然保护区请了两位地质学家到那里考察。那天,我们的车跑在一望无际的草原上时,突然看到草原上孤独地立着一块十多米高、十多米宽的大石头。我们下了车,大家都急着问中国地质科学院的韩同林教授这是怎么回事,是第四纪冰川留下的漂砾吗?韩同林教授和中国地质博物馆的郭克毅教授并没有忙着回答我们的问题,而是在四周转悠开了⋯⋯

后来在我的话筒前韩同林教授说,要想解释一个地质现象,光从这块石头本身并不能判断,而要根据它周围的环境来分析。周围的石头还有没有和它类型、结构一样的;周围的地型和这块石头有什么关系、关连,都要考虑在内。

seeking the footprints of wild man
——— Leading pacemaker of environmental protection of China

外行看热闹，内行看门道，刘书润不敢苟同现在一味地赞扬绿色，看来是和两位地质学家的观点不谋而合，只看一块石头不行，还要认识这块石头生存的环境及生态系统。

地球上：有海洋，有湖泊，有河滩；地球上：有大山，有沙漠，有戈壁。就像人的脸一样，有白牙齿，红嘴唇，黑眼珠，黄皮肤。写到这儿，刘书润将地球拟人化的比喻，不知为什么一下子让我想到张书理和我说的：刘老师吃豆角不让摘筋，刘老师吃土豆不让削皮，要保留着它们成份中的粗纤维。

害虫和益虫，我们人类以自我为中心，所下的这一定义，让我们自己，走了多少歧途，绕了多大的误圈。刘书润和我说这句话时，可以说是感慨万千。

刘书润关于地球是彩色的理念，让今天对自然仍缺乏了解的人，甚至让眼光并不那么长远的人认识起来，当然也需要时间。不过，我想如果说得夸张一点，时代不同了，今天的刘书润，不会是昨天的哥白尼。

那天，在我们的记者沙龙上，刘先生观点的标新立异，还包括他的着火说。他说，自己分明记得，50年代一个月大兴安岭要着很多次火。现在闹一次就说是火灾了。依他的观点：火，在整个北方地区，跟阳光、水份同样重要。因为北方天气冷，冬天那么漫长，枯枝落叶很难回归大自然。

刘书润一再地向记者们强调，火是整个生态系统运转的催化剂，推动力。把推动力防了生态怎么转？森林里全是枯枝落叶，一旦着起大火，石头都烧焦了，整个系统更完了。防火，防火，将酿成不可收拾的大火。我们拿出那么多钱防火，还不如拿出少一点的钱放火。美国60年代以前，也是像我们一样一天到晚的防火，后来他们变了。认识到了火是管理森林系统的一个武器。现在，我们应该从生态学上研究火生态。

火生态，自认为是环保发烧友的我，虽然早几年就在美国黄石国家公园里，看到了那儿被火烧过的森林里，正萌发着的勃勃生机。但是做为一种学说，这还是第一次听到。

没有对生态系统深刻的认识和全面的了解，谁敢如此大胆地建立这一学说。

刘书润敢。那是因为他读懂了草原，读懂了草原的生态系统。

色彩和生命息息相关，黄石公园里的颜色是丰富的，黄石公园里的动物也是你追我跑的。而今天的内蒙古大草原，今天的赛罕乌拉，连狼，都是稀罕物。

刘书润说，他看过一个内蒙古小孩子写的获奖文章。孩子写的是他做梦都想把自己的家乡建设得和江南那么漂亮。为什么，只有江南漂亮？刘书润很想当面问问这个小孩。

在刘书润看来：内蒙是干旱区也不是什么坏事。在他的自然辩证法中，没有西北的干旱就没有东南的湿润。正是西北的干旱，形成了一个气压差，才使得中国的亚热带生成的那么好。没有西北的沙尘暴，就没有我们中华民族中原地带深厚的黄

追寻"野人"的足迹
——中国环保领跑者

土。搞生态的人,不要说内蒙古生态恶劣,要说脆弱。生态治理不等于绿化。生态治理更不等于种树,树不是万能的,我们不应背上绿色包袱。

人为地制造绿色沙漠,是我们人类在没有读懂大自然的天书时,犯下的又一错误。刘书润坚决地下了这个判断。

要读懂大自然的天书,这豪迈的志向。

我们真的不能再让唯一的绿色遮住双眼。在与刘书润相识的"进行时"中,这也许是我最大的收获。

在赛罕乌拉时,我走进了两户牧民的家。两户牧民家的男主人都告诉我,他们小时候的赛罕乌拉不是这样。草长得有多高,花开得有多大。游牧时的生活,至今仍让他们眷恋。

我离开赛罕乌拉时,正赶上2002年的端午节,那里家家门口都挂起了一串柳枝,柳枝上挂着个葫芦,当地人告诉我,是为了避邪、平安。这浓浓的风土民情,已被很多城里人忘却了的时候,在罕山,在内蒙古,却没有被人们遗忘。

生态文化是有人情味的,游牧文明就是生态文明,地球是五颜六色的,如今远离乡土的人们,要想热爱大自然,莫非真的只能"感谢"沙尘暴吗?

在这点上我想和刘书润先生唱个反调。依我看,走进自然吧,在大自然里我们会懂得应该感谢谁。

沙地龙树

克什克腾沙地

我的记者同行

思考总理正在思考的问题——苏京平

和苏京平认识,要追溯到上世纪80年代初,近30年的交情,在朋友圈里我俩儿是大家公认最有造劲的。我俩一块出差,可以不喝、不吃、不睡。别人都觉得不可思义,我俩儿都能行。2005年我们一起到吴哥开会,会完了有一天的时间逛吴哥窟,我是第二次去了,苏京平是第一次。那天我们从早上看日出,到晚上追日落,给我们开小蹦蹦车的当地司机说吴哥有了旅游他就开蹦蹦车,没见过我们这样奔的。虽然包一天车我们去的地方比他平时要多很多,但这位司机说不和加钱。因为他很高兴有人这么想多看看吴哥。

我和苏京平一起去过毛乌素沙漠,在沙漠里迷了路,后来被人带到一座沙漠中的古城里;我们一起爬上了怒江边的高黎贡山的密林深处,看到了世界上那棵最大的大树杜鹃,我们一起和专业记者用专业相机,也只能拍下大树上五枝盛开着大树杜鹃花的其中的一枝拍了照。那天晚上,在大树杜鹃旁,我俩录了一夜当地老乡在篝火边唱的山歌;我们一起走进过额尔古纳湿地,我的电脑中留有原始森林里,苏京平在花丛中摆出各种姿势照的像。苏京平当记者得到过真传,我虽然没像他似的被人这样指点过。可这些东西竟然也是我骨子里就有的。难怪我们干起活来有那么多的相似。

苏京平的真传是新闻界的前辈艾丰,在北京人民广播电台当头儿时他对苏京平说:可以不去处理总理正在处理的事情,但是一定要思考总理正在思考的问题,这是记者;有可能去享总统才能享到的福,但前提是必须吃要饭的吃的苦。一个没有经历过要饭苦的记者永远不会享受到总统的福气,这是记者;采访时,当别人把你从门推出去,你一定要从窗户爬进来,这是记者。

追寻"野人"的足迹
——中国环保领跑者

无颜面对完达山

　　苏京平自己最初对记者的理解：记者首先是行者。必须得走，如果没有到外面去，不辞辛苦地走，没有这种阅历，没有这种见识，没有这种资本，永远不会成为一个好记者。

　　苏京平说了，你看人家斯诺，写的书都叫《西行漫记》。到楼高、山高的地方采访，如果二者不可兼得，首选应该到山高的地方去。苏京平至今执着地认为：山高的地方更出新闻。更基层、更底层、更边缘、更贫困的地方，可能会有更多的新闻。

　　除了行者，苏京平认为记者还应该是一个智者、是一个创造者。能人所不能、追求与众不同。想到的、做到的，是那些大家还没有做的事，是那些大家还没有关注甚至还不知道的事情。内心深处常常要涌动着兴奋。

　　最初到电台工作让苏京平心中涌动着的兴奋有三点：喜欢、能出差、直播。

　　1977年还在东北兵团时，苏京平就在广播站工作了；出差，走出去，是苏京平人生的追求之一；直播，苏京平说自己是个站在话筒前就能兴奋的人。

　　有一点苏京平当初没有想到，后来却也成了他近四十年乐此不疲的爱好：骑车。当时能到北京电台工作，对刚刚从东北兵团回到北京的苏京平来说还满足了一个心愿，就是听说北京电台要从复兴门搬到建国门，这样他骑车上班十几分钟就到了，可以照顾已经年迈的父母。哪想到搬家，一等就是12年。12年，每天来回各骑一个小时的自行车。苏京平算了，等于这12年里，有一年365天，每天24小时他是在一刻也不停地骑车，才骑到了北京人民广播电台搬到建国门。

　　那12年，苏京平还是小伙子。如今五十有六的苏京平每天仍然骑车上班，单程时间是55分钟。

　　苏京平说：早年间我骑车上班并不是为了环保、节约能源。那时就觉得在大城市骑车就像在草原骑马，而且越骑越莫名其妙地和自行车有很好的亲缘、亲和力。骑上自行车可以随时观察，还不耽误你想事儿、接触社会。北京这个古城特别适合骑车，那么多胡同、街道，自行车可以随便窜。在你眼前出现的永远是一个没有边际的彩色宽银幕。

　　苏京平的骑车癖，曾被北京电台的很多人笑话。现在，很多人开始放弃了汽车，回归骑自行车了。因为他们觉得开车把自己变得特别懒，把自己的身体弄得特别糟，如此这般各方面都不上算，而且耽误时间。从苏京平家到北京电台每天上下班都

seeking the footprints of wild man
—— Leading pacemaker of environmental protection of China

有班车，坐班车的人发现有时他比班车快。于是，苏京平的骑车又开始被人们赞扬。

苏京平是个快乐的人，不光快乐着自己，还影响着周围的人。朋友们甚至说，有些地方听苏京平说景比看景过瘾。十几年前苏京平曾带着我们中央人民广播电台午间半小时的记者到北京一个大山里玩。路上他就给大家侃起了那里的特色，听得我们个个都恨不是插翅赶快去那山里一饱眼福。可那次回来的路上有人说，以后这样的地方不用去了，听苏京平讲就行了。

苏京平这些年在节目中没少讲环保，我在他主持的节目中不止一次地还听到过他的忏悔。他有好几次机会重返北大荒，有机会去当年生活的地方。但是，他一直没有勇气去面对曾经"扎根"的完达山，面对曾经参与疯狂伐木的那片原始森林。忏悔中的苏京平说：当年我可是怀着战天斗地的豪情，在那儿拼命的把参天的大树砍了，然后冲着山林大声地喊着：顺山倒。看着那么高大的一棵树呼啸着哗啦啦摔到在地上，森林中的大树就这样成片成片地倒在我们的脚下。当时觉得那是自己的青春热血得到了宣泄。

讲故事，是广播记者的擅长。苏京平的这点本事更是已经炼得炉火纯青。我们一起来听听他的忏悔之一：

在大山里砍树的那些年，有一天我靠着一棵枯树坐在雪地上休息。就听到树里面有呼噜呼噜的声音。老职工来劲了：熊瞎子，肯定是熊瞎子。所有的人一下子都紧张起来。

冬天，熊瞎子应该是睡眠状态，可能被我们惊扰了。老职工说，你们赶紧去捡枯树枝点着了塞进树洞烧。有了烟就把熊瞎子熏出来。树枝点着后，在老职工的指挥下我们一人拿一把斧子在树洞外面等着，老职工拿着树枝往里面熏。熊只要一出来，等在外面的我们就乱斧砍去。有经验的老职工说，乱斧砍后熊可能会躲进去，不过烟熏得它还会晕头晕脑再出来，出来之后我们就再砍，几个回合以后熊瞎子肯定就不行了。

手拿斧子围着那个树洞的知青个个是即害怕又兴奋，心跳得怦怦的。往里扔的树枝越多，浓烟也越多。当时，我们认为熊可能会先探个脑袋或者扒个爪子什么的出来。哪想到，那熊就跟长了翅膀一样，蹭的一下整体就飞出来了，一道黑光从眼前嗖地一闪，简直就是四个脚都没有着地窜出来就飞没了。以前我可是想也没想过熊还能有这么敏捷和迅速的身手。所有的人全懵了。等再明白过来的时候，大熊瞎子就剩一个黑点了。再一看原本堵在洞口的人跑得都没了影儿不说，树洞旁边空剩扔了一地的斧子。

大家静下来后听到树洞里面咕噜咕噜还在响，这说明里面还有熊。这回大家说了谁也不准退却。后来的结果非常悲惨。树洞里是一只小熊瞎子，它被烟呛得出来一点吓回去了，又出来一点又被吓回去了，最终它没能躲过我们的乱斧，懵懵懂懂地就在我们的乱斧之下给砍死了。被拖出来后，老职工把小熊的四个熊掌割下来，说是可以送人。熊皮挂在那儿，内脏喂了狗，剁出的一小脸盆肉煮了半天。我一生中第一次吃熊肉，就觉得特别硬，并不好吃。

这头被砍死的小熊，至今都是苏京平不敢面对完达山的重要原因之一。

当年的完达山用苏京平的话说：树与树之间不断窜着飞龙，飞龙是一种鸟。进山的路上，经常碰到马鹿，它们那树杈似的大犄角，伸展在空中特别漂亮。因为犄角太长了，所以它们根本跑不动。通常，马鹿的姿势是仰着头，把犄角铺在自己的背后。森林里的它们昂首挺胸地就在我们面前这么走着，而且是成群结队！

那天苏京平讲到这时我疑惑地问了一句：野生的马鹿吗？他非常坚定地说：当然是野生的。苏京平说的另一个数字也让我听得呆在那儿：当年我是住在一个猎户家，这个人他自己一辈子打死的老虎就有25只，他们家到处挂的都是虎皮。从完达山一直打到俄罗斯。他家挂的虎皮里有一些为斑斓状，就是在动物园里看到的非常漂亮的东北虎。挂着的虎皮中用他们的话说还有一种叫漕虎，像豹子似的，当地也叫虎。我们只看到皮，所以也不太清楚是什么。

当年苏京平他们住的附近有一块特别大的石头，大家都认为那块石头太像一只老虎了因此得名老虎石。结果有一天他们下工回去，突然有人大喊：大老虎！所有的人都看到了那块石头上正在睡觉的一只大老虎。所有看到的人都呆在那了。相安无事，他们走他们的，大石头上的老虎没有任何动静继续睡它的觉，醒来后对看着他的人完全没有兴趣，从石头上跳着跑远了。苏京平说那是他一辈子在野生环境中唯一的一次看到这么大型的动物。那情景，连同完达山，至今历历在目。

在完达山的麦茬地里，还有一次让苏京平记一辈子的经历。干活时，几个知青以为是谁的皮帽子扔在了地里。过去一捡才发现是四只小狼崽。觉得好玩，他们连锅端回了家。结果，晚上狼就来到了营区。第一次那么近距离地听着狼叫，所有的人都给吓趴下了。这还了得，狼跑到家门口来了。整个营区没有人敢出去，狼闻着味一栋房子挨着一栋房子地找。第二天老职工可不干了，说你们干什么了，怎么就把狼引来了？听说是捡回一个"帽子"，老职工发话了：赶紧送回去。

苏京平说后来他看《狼图腾》时，耳边竟会出现当年狼的嚎叫声，可能是印象太深了。

那时候完达山的动物真的很多，苏京平说。没想到这个地球上有那么漂亮的鸟。现在知道它们有的叫鹳，有的叫鹤，还有的叫雁。长嘴的、长腿的、大翅膀的、各种色彩的。特别是大雁，动辄是多少万只，呼啦啦的，像云彩一样。

当年，东北还有一种动物叫狍子。棒打狍子瓢舀鱼，野鸡飞到饭锅里。很多人是从小学的课文里认识过去的东北三江平原，而苏京平是亲眼所见，亲身经历。不过当时老乡叫它们傻狍子，因为这种动物没有任何反抗能力，就一个本事，逃跑。而且傻到什么程度？只要一有什么动静，它就动也不动，任凭你抓它、捕它。东北的天气容易让人得老寒腿，狍子的皮隔潮。结果，大肆捕捉狍子就成了家常便饭。当时有

54万人在那儿开发北大荒。苏京平说如果一个人来一张,想想狍子还能剩下吗?不光狍子,还有各种什么羊等其他野生的动物。有一种黄鱼,当时多得一下子就能捞上来600斤、800斤。那种鱼还有猪肉那么厚的膘、皮。鱼从江里拖上来,切成大块儿,大块的肉,跟炖红烧肉一样,都炖着吃了。

当时并没有意识到这是犯罪的行为,还觉得是在为国家伐木,打猎是好玩,是改善生活。此外还有一种战天斗地的豪迈。现在想想,真的没有脸再去面对完达山了。如今只要说起环保,这是苏京平走到哪儿说到哪儿的忏悔。

来自360度全景的震撼

要说景观,苏京平也是走到哪儿都要说到哪儿的,首推大草原。

用苏京平的话:我第一次进入锡林郭勒草原是1979年,当时我就傻了,我就没有想到在这个地球上还有这么壮观的大自然的景色,完全是360度的感觉。就是在360度的任何一个角度上,都能够看到地平线。除了草原别的地方能成吗?总有一座山,一棵树什么的挡着。在全景大草原,你可以看到天上巨大的云彩投影到地面上。云的形状随着风在不断变换,在草原上漫行。水蒸气在草上晃动着蒸腾。蒸腾中,可以看到它们在不高处凝聚成最初的絮状云,云被风吹到了这边,云又被风吹到了那边。絮状云变成积云,变成浓积云,由白,到青,到黑,到了你的身后。你突然发现,它们成了一个巨大的雨柱在草原上行走,让天、地相连。

什么叫广阔,那一刻大草原表现得淋漓尽致。除了广阔,你还可以看到一条河在草丛中生成。弯弯曲曲、弯弯曲曲,整个弯弯曲曲的河在草地图上画了出来,直到又流出了地图。一条河,起点、终点完整的,一览无遗地呈现,这就是草原。

在苏京平的讲述中,草原的晚上,画出的是另一幅画面。

如果是躺在草原上,向苍穹望去,天上的星星像无数的钻石,一撒一把,密密麻麻铺天盖地。看着看着,就恨不得跳起来抓一把,再抓一把。如果是走在草原上,月亮当空,看着满天密密麻麻的星星,就有一种脚步轻盈了,要飞起来了,走在太空上的感觉。

苏京平说,自那以后一直到现在,他不只一次做梦,梦中的自己飞起来,腾空

追寻"野人"的足迹
——中国环保领跑者

在草原上走过。

在草原,总是睡在蒙古包里。蒙古包里度过的那一个个夜晚,苏京平听到了真正鸣虫的大合唱。他说,别提多热闹了!独唱、二重唱、三重唱、大合唱。作为一个广播记者,听到这样的音乐会别提多过瘾了。那真是在夜幕中,一个集体-昆虫的交响乐;那是草原上无数的虫子纵情地在宣泄、在狂欢;那是一个现成的音乐作品。

苏京平说了,除了在大草原上,还有什么地方能有这种听到鸣虫大合唱的感觉。

苏京平能把草原上的自然景观说成这样,我们再来听听他是怎么形容草原上的民情的:八十年代初,我去锡林郭勒草原时特别奇怪,开始看到草原上只有三五成群的人。可没过一两天,就像是从地下长出来一个城市,出现了成百上千的蒙古包,原来那儿要开那达慕了。所有的人都拖家带口,赶着牛羊汇集到草原上。简直就是临时建成了一个草原城堡。

在草原城堡里,人们尽情地串门、易物、摔跤、射箭,像是一个嘉年华。

一进门,每个人又都拿起一把筷子,在身上敲打,这就是草原上的安带舞。一边打一边跳,你打我,我打你,越跳越快,人越来越多。从十几个人跳,变成几十个人,大圈拉起来就有了几百个人。圈越拉越大。从下午一直跳到晚上,燃起了篝火,旁边放着一桶桶的马奶酒,渴了就喝酒,饿了就吃肉,困了躺倒就睡,醒了以后继续跳,筷子不够了就一人拿一根地跳,绸布没有了把自己身上的衣服扯了继续甩着跳。两三千人拉起的大圈,七八堆篝火在中间。即使下起了雨,在雨里人们也跳。

苏京平管那叫:激情广场

要说草原,骑马也不能不说。让马撒开了奔驰会是什么样?苏京平形容:跑得马尾巴甩直了。人根本不是骑在马上,是站在马上,是身子扑在马上,与马背平行,与马融为一体。马为什么能这么拼命地跑,苏京平听牧民们说后才知道。空中的云彩投在地上有云影,马在云的影子里跑,和我们人躲在阴凉地里是一个意思,怕晒。阴凉地会移动,但不会跑。云彩流动的速度可是飞快的。彩云追月,马追彩云,无尽的大草原上,马追着云彩跑的气势,不在草原上,永远感觉不到那种飞翔。

草原让苏京平惊讶的还包括:两个人在草原上,从看到的那一刻起就开始扯着脖子喊,扯着脖子唱,一直扯到看清了两个人的眉目,扯到分别后直到人影隐没在天际。这喊,这唱,与空中的飞鹰与地上的牛羊,绝妙地涂抹着草原原生态、纯自然的图景。

就是草原人打招呼的这种方式,让苏京平知道了何为长调,知道了草原人为什么那么能歌善舞。明白了他们对生命的热爱、对草原的热爱。明白了为什么就那么几

seeking the footprints of wild man
—— Leading pacemaker of environmental protection of China

个简单动作的舞，竟然整整跳了三天三夜。明白了，那舞蹈语汇中体现的是一个民族的同舟共济，是人和草原融为一体，是人和人因草原而结合在了一起，是草原对人意味着什么。

苏京平说：对大自然，我是因草原而开窍，那一年是1979年。有一段时间每年不去一次草原，就有活不下去的感觉。可后来我再去草原，却再也看不到当年那样壮观的场面了。

苏京平在给我讲到他的这种感受时，我觉得我们很有同感。就是在城市里呆上一段时间后，如果我不去呼吸呼吸大自然的空气，去原野里呆一呆，就受不了了。可是他说的找一片麦地，躺在麦地里感受麦苗散发的气息的感觉我没有试过，找一天一定要躺在麦田里闻闻麦苗的气息。

九十年代初，内蒙东胜人民广播电台请我帮他们做一个有关治理沙漠的节目，我拉上了苏京平。

那是他去了锡林郭勒草原以后很多年了。东胜，在鄂尔多斯高原。我们那次采访要穿过毛乌素沙漠。至今在我的记忆里，鄂尔多斯高原上有着一条长深深地沟壑，美得那么苍凉。苏京平说他的印象中，那里到处裸露，除了沙丘还是沙丘。我俩儿印象都很深的是在沙漠里我们迷了路。

因为这些年整天都在外面采访，碰到迷路之类的插曲太多了，那次鄂尔多斯迷路的情形我有点记不清了。而苏京平却说，现在想起来都是一个梦。

苏京平说我们那次是莫名其妙地就迷了路。车开到一个大沙包前我们下了车，希望爬上这个沙包顶上看看有没有路，没有的话再找。结果翻过沙包，居然就看到一座小庙。苏京平说，幸好他当时在那个小庙里拍照了，要不然还真就说不清楚了。因为等我们走了没多远，回来想再找那个小庙时，就什么也没有了。苏京平说他在小庙里拍到的神龛，回来找专家签定，认为是元代的小庙。

苏京平说，当时我们顺着小庙里一个喇嘛指的方向真的找到了一条路，可很快就再次迷路。正不知往哪走时过来了一个羊倌。这个羊倌把我们带到了一个叫大石良的唐代古城。这个古城我记得。那里满地都是一些破碎的砖头、残缺的瓦当和铜钱。而这个牧羊人张口闭口就是贾兰坡，就是周口店猿人，就是猛玛象。

在这个羊倌的家里，我们看到他的小儿子手里拿着一个木头盒子在玩。我朝那盒子里看看了，有铜钱，有石斧。在我们看来，都是国家博物馆里的东西，沙漠里这户人家中却成了孩子的玩具。

离开这户人家后的采访到是我这辈子都会记着的，就是几个老乡拉着我们很诚恳地问能不能给王震捎封信。说都是因当年三五九旅在那儿开荒，使得那儿的地后来全都荒漠化、沙漠化了。他们要告诉王震当年的开荒，影响了他们今天生活，怎么办？

在我们的脑子里，当年，三五九旅开荒种田，自给自足，解决了官兵的生计。

《南泥湾》唱的花篮里花儿香,唱得不就是那时候的幸福生活吗。没想到,当时人们因对自然的无知,给今天的百姓带来的灾难。

170盘录音带

可可西里的藏羚羊是2008年奥运福娃中的一个。苏京平当年去可可西里的时候,正是野牦牛队最困难的时候。和苏京平一伙去的人想的都很简单,就是过节了,要给在可可西里反盗猎的野牦牛队队员包顿饺子。从北京出发的他们,扛着面,拎着大白菜,背着菜板,拿着酱油、醋、葱姜蒜。结果除夕、初一没赶上,赶了个破五。

苏京平说,在可可西里他感受了另一个奇观。就是认识了野牦牛队的每一个队员。队员们每个人每个月只有100多块钱的薪水,可是在这支队伍中,每一个队员都那么乐观、那么坚强,连春节期间都一直在巡山。有时候一连好几天没有东西吃,为了鼓舞士气就集体唱歌。他们每个人都有自己的故事,酸甜苦辣什么滋味的都有。有一对夫妻,他们的老家在甘肃,夫妻俩儿出来儿子留在了家乡。一场洪水把儿子冲走了,从此下落不明。丈夫回家料理完,回来骗妻子说找到了。怕妻子想儿子,丈夫强忍着伤心,和妻子一块儿巡山时边走边给妻子唱着家乡的山歌。

在海拔4000多米的可可西里煮饺子可不是一件容易的事。那个地方的水65度就开了。这样的温度放进去是饺子,煮出来就是片儿汤。冻得有时连包也包不成个个。

春节期间到可可西里的北京人,没有高原反应还想家呢,加上反应头疼得就只有哭了。去时说的是去慰问人家反盗猎勇士,结果在那儿一个个又是输氧,又是哭,氧气还不够。苏京平和我说起时依然不落忍地说:还不够人家照顾我们的呢。

野牦牛队员坚守的索南达杰保护站里,有一间屋子黑乎乎的,里面堆满了血淋淋的藏羚羊皮,每一个羊皮上都有两三个弹孔。野牦牛队员一边向北京人讲述着藏羚羊被屠杀现场的情景,一边说他们连巡山的汽油钱都没有了,羊皮能不能卖了用于保护藏羚羊。苏京平说他听了这些后是一个什么感觉呢,就好像看到了一支现代农民起义军。

当时正是野牦牛队这支自发的队伍，其中很多是索南达杰的部下，索南达杰的老乡，为了要继承索南达杰未竟的事业，拉起杆子的志愿者们面临着要被当地政府整顿收编。

我在写杨欣，写梁从诫先生时，都写到了野牦牛队，写到了他们为保护藏羚羊付出的代价。轮到写苏京平说他们时，我想还是用他的原话：结果太悲壮了。就是这样一批人，几乎很长一段时间里，他们的样子在我的脑海中历历在目。

苏京平去哪儿就一定会把那里的情景描绘给他的听众，可可西里也不例外。他们那次可可西里行带了卫星电话，有电话就能天天现场直播。直播野牦牛队员们讲的故事、直播野牦牛队员们深情地唱的歌；直播北京人在高原的见闻、在高原的感受、在高原的哭。

反差太强烈了，这是苏京平的听众听了他在可可西里做的直播节目后的感受。新春佳节，家人共同举杯的时候，远在可可西里还有这样一群人，为了保护高原上的野生动物，那么艰难地过着日子。

有这样一句话，苏京平和我说了好多次：今天，当藏羚羊变成福娃的时候，请不要忘记曾经为此付出艰辛、付出牺牲、参与过战斗的所有的人们。这一记忆，将变成一种思想、变成一种精神、变成一种文化。

苏京平说，当我们说不能解决总理解决的问题，但要想总理思考的事的时候，这里面表达的另一层意思是，我们的所作所为是在唤醒民众，是使一种符号不断地流传下去。这种符号记录着的就是人与自然的关系。

中国有两条大河都被人们称为母亲河：长江、黄河。我去过长江的源头，苏京平去了黄河的源头。他那次是从源头一直走到入海口。说来有点不信，为此把苏京平称为神人也不为过。去黄河源头之前的一个月，苏京平不慎将自己的四根肋骨弄断。其中一条肋骨的断茬还碰伤了肺部。神的是，靠吸管进食的他，经人介绍让一位包姓大夫治了一次，就神奇地从床上起来，就下了地，就走着把大夫送出家门。一个月后更是就背上行囊走进了黄河源，和黄河打了44天的交道。

走黄河，我让苏京平形容一下他最想不到的是什么。他说是干旱。在定西，在甘肃，缺水到了什么程度，闺女上学出门的时候，妈妈往孩子脸上吐两口唾沫，用手抹抹算是洗了脸。家里的男孩子可是连这样的待遇也享受不到呀。

水但凡多一点也不会这样。每当部队帮当地老乡拉车水送到村子时，人们就会奔走相告，拿着盆、拎着桶往车那儿跑。

可是，还没等放水出来，闻到水味的天上的鸟也开始追车了。苏京平亲眼见到水刚刚出来那一刻的人鸟大战。鸟不顾一切地从空中俯冲下来抢水喝。人是顾不上轰鸟了，只忙着护着自己的桶，有的桶有盖，有的没盖，说什么也不能让鸟往桶里面钻呀。

追寻"野人"的足迹
—— 中国环保领跑者

水奇缺到了那样的程度，没见过那抢水情形的人，无论如何是想象不出来的。

走黄河时，有一天他们那个报道组在一户人家吃饭。电视台的摄像扛摄像机特别累，端上来一碗面，大家就让他先吃了。过了一会儿人家又端上来几个饼子。就有人问面条呢？人家说什么面条，就一碗，那是大伙儿的菜，什么菜呀，根本没有菜，就是面条里面放了一点盐就当菜了。大家都傻了，摄像当场就哭出了声。说他一辈子都没有想到还有穷成这样的地方。

那个村里90%的年轻人都是娃娃亲，走不出去的大山，吃不完的苦。娃娃亲要多少钱？当地人说60多块钱就定下了。苏京平说，这竟然是20世纪末发生在中国的事情。

在黄河源头时，很多人高原反应很厉害，在海拔4800米时苏京平也靠输液抢救了一回。那是在曲麻莱，因为要赶路，大部队说走得走。液还没有输完怎么办？苏京平有办法，把针拔了来，把剩下的一点药水咕嘟咕嘟就给喝了，跟着车接着走。

前面的路车能不能开进去谁也不知道。这样大队伍就不能再冒险前行。去黄河源头，只能组成一个小分队，其他的人到低海拔处待命。

最后确定到黄河源头的8个记者中没有苏京平。黄河源头在青海省玉树州，曲麻莱县玛多乡巴彦克拉山北麓的永古松列旗和卡尔旗算真正的源头。站在总指挥面前苏京平就说了一句话：这里面没有广播电台的记者，你们会永远失去把黄河最初来到这个世界的声音录下来。

头让高原缺氧弄得都快炸了，前面有没有路，车能不能进去，要不要骑马，带多少干粮，没有带路人，这一切让组织者快疯了，还管什么录不录得到黄河最初来到这个世界的声音。一时间该上车的上车，该走人的走人。

突然带队的问道：你怎么还不动啊？苏京平说：我只要一个座位。当时决定要去黄河源的人，要带大衣，要分食物。人家都在那儿分吃的了，当然这些东西里没有苏京平的份儿。所以他说：我只要一个座位。

最后一批撤下去的车发动了，他们知道苏京平已经不准备走，就赖在那儿了。一个叫陈强的说你坐我的车吧。就在这时，有一辆车上突然掉下来一个玻璃瓶水果罐头。玻璃碎了，里面是枣。苏京平赶紧捡了一兜，在后来的三天里，那些枣就是他唯一的食物。

就这样千辛万苦，苏京平终于看到了黄河的源头。黄河的源头和长江不一样，不是冰川。最初的黄河，就跟老鼠洞似的，一个窟窿里冒出一点水来，一点声儿都没有。

去黄河时，苏京平用的录音机还是盒式录音带那种。这种录音机走起来能听到录音带刷刷的声音。录出来的水声加上走机器声儿的搅合，就分不出什么声是什么声了。而这两种声加起来，连电屏表也没能摆起来显示音量。不死心的苏京平顺着水一点一点地往下走。他想总不能老一点声都没有吧。终于水流过了一个陡坡,用苏京平的话说,应该算是黄河发出婴儿般啼哭的声音吧。

走黄河,苏京平做了一个五分四十六秒四的黄河水声的节目。从源头到入海口,把每个段落中最精彩的音响连在一起。还做了一个黄河水声的微缩景观。播出这个水声儿时,北京电台的领导说,咱们的节目里从来没有放水声,放那么长时间的。

在节目中苏京平问听众,你听到了什么?听到黄河水声后你想到了什么?从江源的无声,到壶口瀑布的汹涌澎湃,一泻千里。后来有听众来信说:不听这个节目,谁能想到黄河就是那么清清白白、无声无息地来到这个世界。而这无声无息和汹涌澎湃,都能让人想到李白的诗句:"黄河之水天上来"。

记者是高风险职业。苏京平这样整天要上山下海的记者,采访中有什么惊险吗?这是写苏京平我很希望有的部分。他给我讲的正是这次黄河行:

长江有一个虎跳峡,黄河有一个狐跳峡,在孟达。狐跳峡就像大地裂了一条缝,缝底为万丈深渊。从上面往缝底看,可隐隐地看到水在里面的惊涛骇浪。

狐跳峡,文字记者写时把它的多深,多高用数字表述出来就行了。广播记者为了表现水的深度,是要从录出来的声音中体现的。可拿着话筒站在高处录深处的水声,录到的更多的是呼呼的风声。

怎么办?苏京平拿着话筒沿着那个缝开始找,在一个被雨水冲出斜坡的地方,苏京平觉得那里至少离水近一点。不就是录点声音吗,往水边走时,路边有石头、有树根,苏京平试了试草根挺牢。于是他就一点点蹭着往下走。还不错,七下八下他就下去了。在后来制作的五分四十六秒四的节目里,狐跳峡的水声层次非常好。

声音是录到了,可是当苏京平隐隐听到有人喊该走了时,可能因为挪了几次位置,下来的路找不到了。也不知道是错觉还是什么,站在上面往下面看时的确有坡,而站下面往上看,天哪,整个一个绝壁!可给苏京平吓着了。

只听上面有人在喊,在叫。苏京平说人到了这个时候有求生的本能,不会攀岩也得攀了。他就死命地贴在岩壁上,使劲地抓、敲,觉得没事就手倒手地往上爬。边爬边听到霹雳啪啦地往下掉东西。也不管那么多了,只要抓得住,掉不下去了,就拼命往上攀。

在这一步一步地攀岩中,录音机是捆在苏京平的身上的,而且居然没有关。结果是,一声一声的大叫和石头掉进水里的声音全都录下来了。

接着走的路上,苏京平陶醉在自己冒险录到了那么珍贵的声音。车快到青铜峡了,车上的人都听到汽车后面有动静。下车后发现汽车的后盖开了。再细看,苏京平的箱子没有了。一定是车太颠,后盖颠开了,箱子从车背箱里甩出去了。那个被甩出去的箱子里装着苏京平从黄河源头到狐跳峡录满的170多盘带子。

不光是苏京平，车上的记者都急了，对一个记者来说，这170盘带子是什么？没得说，回去找吧。可这条路上，一天要过2000多辆车，上哪儿找去？居然就在一个路口，居然就有一个人说：是你们的车上掉下了一个箱子？有一辆汽车把你们的箱子拉走了。赶紧问是什么车？那人说是一个邮局的车。附近有邮局吗？拐进去就有一个邮局。

苏京平坐的车进了邮局了，邮局里有一位中年妇女，不紧不慢地让他们别急，并说，开车的是她丈夫。再问你丈夫呢？出去了。车呢？苏京平急得心都在嗓子眼里了。那位妇女说车在家。但还是一个劲地边让坐，边倒茶，边说，邮局就他丈夫开车。车呢？苏京平差不多是喊起来了。车在后院呢。没等人家话落下，苏京平和他们车上的几个记者一块撒腿就往后院跑。结果箱子就在那儿静静地搁着呢。

苏京平对我说：那是他有生之年第一次情不自禁地哭出了声来。简直是不可思议，就这样奇迹般的找回来了。也是那次黄河行，有一天，走在很陡的山路上时，他们又听到车有动静了。车上的人问司机：这车是什么在响？司机小王说没事。可车咣当就停了。大家下车一看，车上的四个轱辘就剩三个了。三个轱辘的车居然还在大山里开了一段。在大山里没别的办法，只有满山找轱辘吧。后来这个轱辘是在老远的一个山坡下找到的，大家一起喊着号子才把它从山下轱辘到路上。

不过苏京平觉得，要说后怕，还要数如果丢了装着170盘磁带的箱子。

不是我比别人更聪明，只因为我比别人离炮火更近

《人生热线》是苏京平作为记者与社会交往的一个大舞台，他在这个舞台上辛勤地工作了13年，从诞生，到结束。在这个舞台上，有我在北极和他的对话；有我们一起走进怒江，在高黎贡山的大树杜鹃下夜伴歌声的采访；有绿家园志愿者无论走到哪儿，无论是种树、观鸟还是生态游，外地与北京，电波让自然、生态的信息将两地相连；而每当我走到哪儿采访，发现了当地的问题，《人生热线》更是信息传递、舆论监督、法律评判的渠道，伸张正义的前线。

13年来，《人生热线》关注的是人生最基本的四大问题：生与死、苦与乐、爱与恨、贫与富。苏京平认为，所有的社会问题都是从这四个问题衍生出来的，是非

seeking the footprints of wild man
—— Leading pacemaker of environmental protection of China

曲直、利弊得失、恩怨成败。《人生热线》2006年停止了播出，我能想象苏京平会有多难过，但从他自己的嘴里我却从没听到过。只是不少老听众的惋惜在节目不播已经好久了，还不时地传到我的耳中。这些人包括社会不同的人群、不同的阶层、不同的年龄。

关于节目，我从苏京平的嘴里听到的遗憾有过，那是他曾经做过的另一个节目《自然社会人》。那是一个关注环境问题的节目，做了将近两年，因电台节目改革被改革没了。本来我们俩策划了好多节目，因没有了平台也都未能实现，所以那份遗憾不仅仅是他。

在苏京平制作的节目中，弱势群体、艾滋病人、吸毒人群、打工族、流动人口、农民工常常是主角儿，慈善、捐献、希望小学、抗震救灾、社会善举也是他经常要谈论的话题。

1998年长江大水，松花江、嫩江大水，我去了长江源头，走进江源时，通过《人生热线》向听众朋友描绘了母亲河源头的风貌。那个夏天，苏京平重返北大荒时，亲眼看到的是洪水冲进了当年生活的地方。回到哈尔滨时他给台里打电话，说当时哈尔滨的水位已经超过了松花江大堤，就要淹到斯大林大道，大堤上全是沙袋。哈尔滨已危在旦夕。

当时的哈尔滨，人们担心第一个被淹掉的可能就是太阳岛。台里最终同意了苏京平前往太阳岛采访的请求。抗洪指挥部已经要求太阳岛上的人全部撤出，虎园里的老虎也都运了出来。苏京平却要进去。

通过各种努力，苏京平得到一位兵团战友的援助。这位战友认识黑龙江省的一位副省长，通过省领导，很快就得到了一个特别通行证，并弄到了一艘特别的船，开进太阳岛。那时的太阳岛已经没有记者了，苏京平成了太阳岛上唯一的一位记者。

不过，这时的太阳岛上还有人，谁呢？那位兵团战友的父亲。老人家就住在太阳岛上，说什么也不走。他说自己历史上看到过三次类似的情景，而三次他都扛过去了，所以他不信这次就扛不过去。

有人，就有新闻。随后苏京平发现，岛上还有正在从洪水中抢救生命与财产的战士。这些人也说了：不到最后，不会撤退。

那时的太阳岛，连电线杆子都被淹了。一根根电线杆子跟鱼漂似的在水里漂着。一些大树也都只剩下了尖，树尖上尽是老鼠。绝望的老鼠们在树尖上发出尖尖的叫声。

水还在一个劲地往上涨。

战友的家在二楼，苏京平把电话线扯到二楼的屋顶上开始了他《人生热线》的现场直播。他给听众讲着那一刻的太阳岛是什么情景。他给听众描述着岛上的战士正在做着什么。他告诉听众，即使太阳岛沉默了，也还得有人证实，而自己就将有幸成为证实者中的一个。

追寻"野人"的足迹
——中国环保领跑者

太阳岛告急的那天，北京正在举行大型赈灾义演。北京人民广播电台转播完义演的节目后，电话接通了太阳岛。苏京平站在太阳岛上一座居民楼的二层上，向北京的听众传去了这样的好消息：水定在目前的位置不再升了！

当时，那位战友的父亲本已做好了一个筏子，说再不行就要坐到筏子上了。然而，老人终于再一次扛住了。这次，和他一起扛住的还有苏京平。

作为一名记者，苏京平很喜欢一位普利策新闻奖获得者说过的一句话：不是我比别人更聪明，只因为我比别人离炮火更近。

那天，说完这句话后苏京平对我说，这样的例子咱俩儿应该都不少，很多精彩的，有价值的采访，就是来自这样的机会。要是放弃了，就会和大家一样，远远的拿着望远镜，站在哈尔滨的高楼上遥望太阳岛，向听众描绘远方。没有放弃，就是身临其境，就是近距离接触洪水带来的所有的景象，就是接触生活在那里的老人的镇定自若，就是和在那里抢险的勇士们站在一起。

我和苏京平能相交20多年，并一直是要好的同行朋友，不言放弃应是我俩的共识。

因为不言放弃，我和苏京平的人生，在记者行列中，都应该算是丰富多彩的。我有一个习惯，走到哪儿就要当地的邮局盖个邮戳，回来在地图上所去的地方点个黑点。我没问过苏京平是怎么记录他的采访路线的，但如果在地图上圈圈点点，凭我和他的交往，我知道楼兰、罗布泊，一定是苏京平的得意之行。他在节目中曾这样向听众说过：塔克拉玛干沙漠给我的震撼，实在是让我挥之不去：

我第一次在沙漠里看到了渴死者的白骨。那是当我就要冲到一个大沙包的顶上，离塔中公路只有70米的地方。这个人要是能再走70米，要是能从沙包上看到公路，没准就会活着走出沙漠。但是，没有看到路的他，以为前面只有无穷无尽的沙漠，绝望让他走向了死亡。

塔克拉玛干是浩瀚的沙海。沙海和通常意义上的大海不同的是，那里有那么多古城的遗址，那里有人们曾经走过的街道，那里有人们曾经朝拜的佛塔、有曾经修建的城池。那一个接着一个的古城池，等待着今日寻古者的探访。当年的水草丰美、当年的歌舞升平、当年人与自然交融的痕迹，沙海茫茫，却没能把它们都变成过往尘烟，仍点缀着今天的沙海桑田。

那次在楼兰，苏京平还拣了个大便宜。央视本想在楼兰做一个现场直播电视节目，可种种技术原因直播的设想没能实现。天赐良机，那么好的设备，电视用不上，广播何不一试？赶紧和台里联络，在楼兰做一次广播节目的现场直播。

结果，真的就让苏京平在楼兰用那套现代化的设备，开创了楼兰－北京广播节目的现场直播。同去的专家、学者通过亚2卫星，向北京的听众讲着楼兰的文化、楼兰的生态及塔克拉玛干沙漠的形成。现场音响把考察队员怎么从沙漠中的河里把鱼捞

seeking the footprints of wild man
—— Leading pacemaker of environmental protection of China

起来，在地上插成一圈，中间生起篝火，吃着烤鱼片。把羊肉切成小块儿，放在杀了的羊肚子里，扎上口后用沙坑的热焖熟，再把焖熟了的羊肉夹在囊里大嚼，一一传递到了北京听众的耳边。

在塔克拉玛干沙漠里还有一幅画面，苏京平说只要一想起来，就会浮现在眼前。我们听听他的描绘：新疆沙漠里的舞蹈和草原的截然不同。在一个叫麦卡提的地方，一些七老八十的、豁牙露齿、满手老茧、满身尘土、穿着土布制的维吾尔族衣服的男男女女，手里拿着特别古朴的琴、鼓及各式各样的乐器，因为探险者的到来凑到一块儿，敲鼓、奏乐、狂歌。

在这大沙漠里的狂歌中，所有的人都闭着眼睛，是自娱，也是放纵。家住沙漠的百姓一个接一个地寻声而来，三五成群跳的人越来越多。乐队从几个人到十几个人到几十个人，直到上百人。每个人拿着自己手中的乐器，带着毡子，拿着毯子，来一个坐一个，坐下就开始唱。一个调接着一个调，一段接着一段，唱啊弹，弹啊唱。那沧桑、高吭的歌喉，那么整齐、那么悠扬而富有韵律。

苏京平说乡亲们跳的那种舞叫刀郎舞。这种舞的灵感来自一种叫刀郎的羊，刀郎羊来自阿富汗，一只刀郎羊的种羊要30万块。

在苏京平的记者生涯中，海外采访让他感慨的首推以色列。用他的话说：太神奇了！那么一个常年干旱、一直缺水，周边所有的国家地下都有石油，他们却没有的地方，竟成了鲜花出口国。

采访中，苏京平了解到：以色列农业用高科技手段实现了对环境的利用和保护。所用的滴灌，像打针似的，做得太细致了。我们走访了一些农民家，看到他们坐上车下地，地头是办公室，办公室里摆着电脑，电脑发号指令。水、肥配置好后，就全由细细的管子在地里滴灌了。在以色列，你想成为农民吗？那一定要是农业方面的专家。政府官员考察时，农民要负责咨询，答不上来，就有取消你农民资格的可能，也就是不许再当农民了。在以色列，农民可不是你想当就能当的。农民有着很高的身份。为此苏京平感叹，不知我们中国的农民什么时候只有专家才能当。

就要结束对苏京平的采访时，我让他说一件采访中让他遗憾的事。他说中国记者林。

中国记者林是由中国各大媒体种的，号称有55万棵树。种了两年后苏京平再去回访时看到，只有刻着"中国记者林"的碑还在那儿。

种中国记者林时我也去了。让我没有想到的是，我问当地的老乡过去那里是什么样子时，得到的回答是：大草原。我说那为什么要种树呢？老乡告诉我：种树有钱。

2006年，应三联书店之邀我主编并撰写了《中国环境记者调查报告》。讨论选题时苏京平说他要写写"绿色泡沫"，就是发绿色财。想写这个调查报告，是因为他

追寻"野人"的足迹
—— 中国环保领跑者

看到了有些人试图打着环保的旗号发财。比如速生林，说是通过林木造纸建立所谓的绿色银行。看起来绿色银行挺时髦的，其实在很大程度是对生态更大程度的破坏。现在有的企业就是想花钱买一个好名声，至于效果怎样就不管了。苏京平认为，环保需要理智，特别是作为媒体，要有慎重的口径，要说话算数，不能盲目引导。可是后来因为老父亲病中，自己的眼睛突然被查出青光眼，这个调查报告到2006年苏京平没有写成。

北京人民广播电台的《人生热线》节目没有了以后，苏京平做了一档理财的节目。他说，这虽然是一个金融方面的节目，但仍可以看到很多人对自然环境的热情，哪怕是股票投资，也是要找环境意识比较强的股去投。这让苏京平很感动。除了理财，2007年开始苏京平在北京人民广播电台又主持了一档《快乐周末》。这是一个话题为旅游的节目。这让苏京平又有了关爱大自然、关注生态环境的机会。凭20多年来我对他的了解，我知道关爱大自然已经成了苏京平的情结，成了苏京平作为记者要用一生说的话题。

2007年6月18日我在中国传媒大学讲"广播特写制作"，讲完后来自地方电台的一个记者对我说：你讲的和苏京平有一拼，他讲时我哭了三次。

中国国家级有关主持人的大奖有三个，这三个大奖苏京平悉数囊括。

大自然在变迁中

我，不能沉默
——熊志宏

熊志宏已经接受了我的采访，那天采访完，她开着车送我去机场时，我还又挖出了一个有关她的细节：中国杜邦环境新闻奖的创始人。没想到我给她看了我写的张可佳后，让她再给我发几篇她写的文章时，她反悔了，说什么也不让我写她了。理由是：你能不能把我和你有作为的那些朋友分开，我属于你狐朋狗友类的人！

为这，我俩通过短信较了半天劲。没经她的同意，把我们俩儿的短信公开，要是别人我可能得先问问人家：行吗？熊志宏，我就先斩后奏了，谁让她说我们是狐朋狗友呢。我和别人介绍她时，说的是闺中"蜜友"

下面是那天我俩儿短信的内容：

熊：我今天较晚才回家，真抱歉。但我想跟你说的是，我真没什么好写的，你饶了我吧。我的生活和工作都那么平淡无奇，我喜欢这样，结果也就是这样。

汪：我已经写了三千字了，你这么害我呀！是让我写得更丰富点，还是缺米下锅，你看呢？

熊：你将我？！可我的故事就这些，不平凡的人有时就是理解不了平凡的人生。

汪：就要你两三篇文章就行了，想看看我的本事吗？

熊：不不，我要想想，明天给你打电话。今晚你就跟祖哥（编者注：作者先生）多腻味会儿吗。

汪：正写你呢，今天的计划完成要到夜里三点左右。我从自然之友的书里在找你过去写的文章。苦啊！

熊：你千万再别写了，还要干到凌晨，超人的精力啊，今天就歇了吧，我要让你失望了。

汪：现在你不给我文章已不那么重要了。关键是你已经接受了我的采访。给我，我就省点劲儿，你要不心疼我，我就费点劲儿，如此而已，我接着干活了。

熊：别别别，你千万别，我明天一定再挖挖自己闪光点，但愿不让你失望。

汪：看你的这封信，我的脑瓜里闪出两句话。其一：随你的便（气话）其二：谢谢（想哭）。

熊：别哭哦，我的天！

写记者，用她的文章说话，算是我对笔下闺中"蜜友"文如其人的另种解读吧。

追寻"野人"的足迹
——中国环保领跑者

她笔下的中国环保历程

熊志宏是1985年考入中国环境报社的。这22年的记者生涯，让她见证了中国环境保护历程的艰难与发展。从江河生态的破坏，到野生动物的命运多舛；从护绿人的血，到自然保护区的维系；从企业的名誉到环保产业的兴起；从民间环保组织，到全民的环境教育。说得大一点，把这些文章编成一本书，就是20余年中国生态问题及人与自然关系的历史写照。用熊志宏自己的话说，自己的平凡人生，就是以大自然为背景，把一个个人，一件件事讲出来。

熊志宏的这本书何时出，依我了解她的性格，一定是暂时还没功夫，或还不肯花这个力气。而这也正是为什么这本书里我一定要写她的缘由。在环境问题越来越成为问题的今天，在人与自然的关系已经被人们认识到需要修正的今天，在环境保护公众参与已被国家有关部门开始提到议事日程的今天，把熊志宏讲过的这些故事，再次展现给读者，让我们了解的不仅仅是中国环保史上的艰难历程，也是自然常识的普及与环境意识的有效提高。

我摘录的大多是她文章的开头，新闻学上叫导语。

洞庭湖，何以安天下？

在中国的版图上，在长江岸边，有一颗璀璨的明珠，那是中国诗人曾讴歌不尽的洞庭湖。而今，洞庭人已不再把她看作是取之不尽、用之不竭的万物之灵，修安全堤，建保命楼，正成为湖区人民的当务之急。

洞庭湖不再让湖南人骄傲，洞庭湖区已成为一块险地。

素以衔山吞江、浩浩荡荡而著称的洞庭湖，位于湖南北部，长江中游南岸，她接纳湘、资、沅、澧四水和长江松滋、太平、藕池三口分流，然后经岳阳市城陵矶一个口子吐入长江，径流量为长江平均年径流量的1/3以上，是长江中下游最重要的过水性调蓄湖泊。

洞庭湖只是中国大江河的一个缩影。

一起不该发生的案件
——湖南环保执法人员被非法拘留一案终有说法

6月上旬，中华环保世纪行记者们一踏上湘江大地，就被一个令人心寒、气愤而又

seeking the footprints of wild man
—— Leading pacemaker of environmental protection of China

让人感慨万千的案件所牵绕，湖南郴州地区环保局副局长谢鼎煌等人因执行环保公务，曾被蓝山县法院非法拘留。

为这，我们来到了郴州。郴州地区环保局的同志们纷纷向我们介绍了案件发生的始末，并发出了环保法太软，请给环保执法人撑腰的呼声。

事情原是这样的：1992年8月28日，郴州地区环保局接到一个举报电话，说303队驻郴办事处里放有许多砒灰（又名砒霜），希望地区环保局派人查处。

随后，郴州地区环保局、郴州市环保局以及郴州市工商局经济检查队3个单位组成了一个9人调查组，当日前去查处。

在303队办事处，他们了解到，这批砒灰一共800包计40吨，是零陵地区蓝山县法院为某单位打官司而扣押的物品。在现场，调查组看到，堆放砒灰的地方是一个简易车库，砒灰用无内袋的编织袋装着，撒漏和烂包现象十分严重，院内和车库地面上已撒得满地都是。

调查组统一了意见，一致认为：第一，运输和贮存这批砒灰违反了环保法和国务院关于化学危险物品安全管理条例；第二，砒灰是剧毒物质，容易污染水体，该处位于居民区又距北湖自来水厂取水口百余米，此时天又要下雨，一旦砒灰污染北湖水体，将对郴州市数万居民的生命安全造成巨大威胁。他们当即决定采取紧急措施，将砒灰存放到专用仓库，以消除事故隐患。

于是，他们用电话向蓝山县法院谈了上述意见，并说明郴州现正电闪雷鸣，有可能下大雨，先将砒灰暂时运到专用仓库，保证一包不少，他们可以随时提取。然后，由检查组3家在场领导分别签字写好临时收据交给303办事处，将砒灰运到了乡镇企业局专用仓库，大家一直忙到晚上9点多才干完。

一天忙下来，谢鼎煌副局长和他的同志们为自己忠于人民、对本职工作尽职尽责而感到欣慰，可他们怎么也不曾料想，次日，他们几乎成了阶下囚。

前国家环保局局长解振华曾说过这样一句话：在保护环境中，"牺牲"了我们多少局长呀！解振华说的牺牲，是被免职，被调离。

人对野生动物的态度，从怕，到赖以为生，到一种权力和富裕的象征，到娱乐，到和谐相处，一步步地走来。记者的笔下，这个过程由一个个悲欢离合的故事所组成。

冬装的皇后能持续多久？

今年又是一个"暖冬"。"热浪"来自全球反裘皮运动。

近年来，各国的裘皮商正面对一个残酷的现实：裘皮市场冷落萧条。

追寻"野人"的足迹
——中国环保领跑者

3年前的1987年,国际皮毛市场的形势还然是喜人。各报刊登载的消息是——

世界裘皮市场继续看好。

北欧水貂皮竞购激烈。

香港裘皮服装出口旺盛。

第四届中国裘皮拍卖会再获成功。

但是,到了1988年,裘皮行情便急转直下——

国际裘皮市场不容乐观。

去年,市场情况继续令人沮丧。

国际裘皮市场不会好转。

进入今年,得到的消息更为严峻——

世界裘皮产量已被迫剧减。

目前,在德国,裘皮服装的零售情况已很不景气,光顾裘皮大衣的顾客越来越少,一些裘皮服装商已将其经营的80~90%商品转向经营羊剪绒制品,并且大约有80%的裘皮商及厂家完全放弃了这个市场,干上了其它行当。

在美国,每年的10月、11月是裘皮服装销售的黄金时节,而时下所有卖裘皮服装的地方都在削价。美国一位裘皮业人士说,现在的售价无疑是20年来最便宜的。

我国也不例外。北京有名的建华裘皮商店里,裘皮服装被请进了深宫后院,大批棉、毛、麻、丝等商品充斥着店前柜台。

什么时候,中国吃野生动物的市场也能像裘皮大衣似的成了有行无市?这不但是政府的希望,记者也企盼着。

我们初到德国时,即去了"朽木自然保护区"。保护区的专家在领我们参观时,带我们做了一次有趣的游戏。那天,他将我们团员李浩的眼睛蒙上,把她领到一棵大树前,让她拥抱着大树仔细地去闻,去摸,还要用整个身心去感受这棵大树。约摸五、六分钟后,他把李浩领出树群,摘下蒙布,并让她重新回到树林中去,寻找那棵她曾拥抱过的树。

"这怎么可能再找到呢?"大家都为李浩担心。依我们看,要在这么多树中准确地认出"她的树",那是不可思议的事。后来我们只见她用手摸着,找着,调动着她全部的感官,"哇",她真的不很费力地找到了!大家热烈地为她鼓掌。我忙不迭地跑过去问她的感受,她很认真地说:自己亲身体验过的树,感觉就是不一样。

我们参加了他们的4项教学游戏:

seeking the footprints of wild man
——— Leading pacemaker of environmental protection of China

  第一个游戏：感受大自然。老师让我们大家把眼睛蒙上，二、三十人牵着一条长绳排成一队，在老师带领下慢慢走进树林丛。此时，虽说眼睛看不见，但人们会更敏锐地调动其它感官去感觉外部环境，比如从空旷的地方步入树丛中时，人们会感受到周围的温度不同，气息不同，脚下的感觉也不同，那是落满树叶松软的土地。这个活动使大家体验到：有树木草地的地方更舒畅。

  第二个游戏：小松鼠过冬。老师给我们每人发6粒豆子，让我们当一回"小松鼠"，并自己找个隐蔽地将豆豆藏起来。随后，老师又让大家分3次、每次找回两粒以上的豆豆交给老师，这是小松鼠11月、12月和次年1月份的过冬口粮。老师说大家不仅可以找出自己的，也可去"偷"别人的，3次都能找到豆豆的小松鼠可以过冬，找不全的就会饿死。游戏的结果是，那些活蹦乱跳的小机灵鬼们大都顺利过冬，而我们的老师有一半被"饿死"在冬日。

  第3个游戏：小松鼠如何发现危险。这个游戏是要求大家都趴在地上，将耳朵贴在一根枯树干上，听老师发出叩木声。这个活动是要提高学生的判断力，观察力。

  第4个游戏：寻找过冬的小昆虫。大家拿着老师分发的透明小盒去找小虫，我们的老师们这回又落伍了。象我们的团长、"自然之友"会长梁从诫先生，一只小虫都没找到，其实就数他最认真、最努力。顽皮的孩子们可会找啦，刨树坑、找死角，朽木树干下也被他们翻了个底朝天……最后大家把小虫汇集在一起，老师打开一盒讲解一盒，就连小潮虫有几条腿的知识，老师都不放过。

  这一堂课上了近两个小时，生动有趣。临走时，我们看见老师把那些小虫放回自然中去，并且没有一个同学上前把那些小虫随意踩死，就连成群的潮虫也是那么幸运。行为教育是情感教育的体现，城里的孩子对土地没有感情，让他们学习种粮、种菜、种树，可以让他们真正了解植物的生长过程，比如一粒种子如何通过阳光、雨露，生长、发芽，由此让学生懂得土壤与人类息息相关，并通过劳动培养起他们对大地的情感，确立人生健康的人格。除此之外，学生们在学校里还学习许多生活中其他事情：开设有木工课、电工课和金工课等，我们看到学生所有的用具都是手工操作，如手钻、铁锤、木锯等。令人想不到的是，这些小小年纪的男孩、女孩，几经操练制作出的椅子、烛台、煤具等，都颇具使用价值和艺术欣赏价值。

  德国教育家们认为，开设这类课程不是要培养未来的工人、农民，这种教育最大的好处是培养了学生一种意识，如果他们将来长大了去做经济学家、去当管理者，他们将会因受过这些教育而懂得生活，懂得社会，懂得保护环境与人类的持续发展息息相关。这样的环境教育，通过媒体的作用，可以放大，可以让更多的孩子认识自然和自然交朋友。也让他们学会做人。

一个生命决定了她的人生

1982年走进北京工业大学工业水处理专业的熊志宏对环境问题并没有什么概念。四大力学：水力学，建筑力学，结构力学，材料力学让她学得还挺枯燥。毕业后，她被分配到北京玻璃总厂下面的一个环境监测站。那以后熊志宏才知道了什么叫污染，才知道了污染后人们生活的状态。而这一认识，是以生命为代价换来的。

在工厂干了三年的熊志宏怀孕了。人家怀胎十月生子，她子宫里的那个小生命却只存在了5个月就宣告终结。协和医院的诊断是：小孩严重畸形，很多器官都长在了体外。第一次当上准妈妈的熊志宏很想看看这个小胎儿，但遭到大夫的劝阻："看了后你心理会有障碍"。

大夫为生命惋惜，熊志宏为孩子伤感。大夫询问了熊志宏的职业后明白了，环境监测站的工作要采样。采什么：大气，冒着黑烟；水，打开井盖一股恶臭；进入一个硫酸车间，出来时在衣服上一搓，就全是洞了。

你体内的毒素太多了！这是大夫的结论。

体内的毒素怎么能不多呢？在工厂的那些年，高涨的工作热情，认真的工作态度，使得熊志宏年年当模范，年年被评为先进工作者。

大夫给出结果后，家中的独子，几代的单传，让熊志宏的丈夫下了最后通牒：不许再干这个工作，一个家庭不能接受没有后代的压力。

对环境问题有了情结的熊志宏找到了刚刚创办不久的《中国环境报》，可人家的回答是报社不要人。没办法，熊志宏只好又参加了《中国建设报》的招聘。十个名额，招来了600~700人的报考。最终，熊志宏拿到了录取通知书。还不死心的她又想出招儿，拿着录取通知，再次找到中国环境报社向社长自荐。自荐的内容不仅有所学专业、干了几年的工作，还有那个让自己刻骨铭心的未能出生的生命。

熊志宏终于走进了中国环境报社，成为一名专业报纸的记者。

今天，人们说起环境问题来，都是一套一套的：家里装修建材超标了，楼底下有一个餐馆噪声超标了，今天天气怎么这么阴霾啊？八十年代中期，人们的环境意识可不是这样。那时，每当熊志宏告诉人家自己是环境报的，人家马上就会说，哦环卫报，就是搞环境卫生的吧。接着就会说：我们那儿的垃圾箱摆在我们的小平房窗后面，老有苍蝇飞进屋里，你得给呼呼呼呼。

seeking the footprints of wild man
—— Leading pacemaker of environmental protection of China

90年代初的一次采访，恐怕在熊志宏的记者生涯中会被永远记着。东北发现一张老虎皮，经过追踪，虎皮运到深圳贩卖时被抓获了。采访了案件后，熊志宏决定到看守所去看成了犯罪嫌疑人的一位女列车员。

这位列车员是铁路系统的模范，更是年年的先进工作者。怎么进的看守所呢？在火车上，犯罪分子怕被查，把虎皮打成了一个包，把包交给了这位列车员。罪犯给她包的理由是：我这儿有张虎皮，挺贵重的，怕搁架子上丢了，你帮我保存一下。

一贯把乘客的事当自己的事列车员心想，既是贵重的东西，就帮着放到属于列车员自己的箱子里吧。

结果火车一到广东，这位模范列车员还没下车就被给铐上了。涉嫌的自然是窝藏罪，参与了贩卖。熊志宏去监狱看女列车员时她一直在哭。说不知道那人是在贩虎皮，只知道这个东西挺珍贵的，怎么就会了犯法。

熊志宏采访这个案子时还没有判。那时的法律是要按虎皮售出的价格判刑。那张虎皮的价格当时能卖到三万块钱，一万块就是一年。就是说，女列车员很可能在监狱里度过悔恨的三年。

就是因为没有环保意识，涉嫌犯罪还觉得是在帮助乘客，是在做好事。

这件事已经过去了十几年了，可熊志宏还常常会翻出来讲给人们听。用她的话说：印象特别深刻。

让熊志宏印象深刻的还有一次是因白洋淀的水污染了去采访。去前得到的信息是当地老百姓守着白洋淀没水喝。进了村子后，熊志宏看到的是家家一缸一缸的水全搁着明矾。人家说：记者你喝喝，都沉淀过了，说着就从缸里抓出水来。熊志宏感到的是一股恶臭一下子就扑了过来。

那一大缸一大缸的臭水，让熊志宏想起自己当年小心翼翼地怀孕，怀的孩子都是畸形儿。这些农民呢？他们伸出的手上长着癣，张开嘴牙齿已经掉得没几颗、脸上、皮肤上就没有光溜的地方。可当地政府官员却无动于衷。

"上一个造纸厂，几万、十几万就可以赚钱了。再上水污染处理设备，哪有多少钱啊，污水往河里排这很正常呀，别人不也是这么做的吗。老百姓怎么喝水我们就不管了。"

政府包庇企业，企业给政府好处，老百姓受苦。每每对这类事采访后，"我不能停下来！"这句话就会从熊志宏的心里冒了来，也都会成为激励，让熊志宏更加坚定和热心地投入环保。

是哪年已经记不住了，但事情是这样的，我所在的中央人民广播电台午间半小时的一个听众打来电话，说北京西山有一片树被砍了。我给熊志宏打电话，说咱们去看看。行。二话没说熊志宏开着车就到了中央电台门口接上我去了。

追寻"野人"的足迹
——中国环保领跑者

那次的事真的挺气人。一个老外用非常便宜的钱通过乡长就把农民的地给买下了,要在上面盖别墅。农田里的树里有果树,也有农民们留着要盖房当房梁的大树。地卖了,地里的树农民们以为还是他们的,可也让这个老外都给砍了。

我们在采访中得知,这个老外根本不是开发商,拿的是旅游签证。因为县里、乡里、村里的领导都"过问"了这件事,所以除了农民们抗议,老外一路绿灯。而农民的抗议声音又有谁在乎呢?尽管这件事违反了持旅游身份的老外不能在中国经商的法规;违反了农田不能占为它用、砍树要经过有关部门批准等多项法规,人家老外是地也拿到了,树也砍了,房子正在建设当中。

我和熊志宏都记得,那次我们的采访受到很多抵制,包括我们所供职的媒体领导。因为有人打了招呼。"新闻记者的报道,有时特别无助。"好多年了,熊志宏还记着这件事,还在为此深深地遗憾。

关注弱势群体是我和熊志宏的共同点。在我们一起去怒江之前,怒江的生态、自然是我们最关注的。可是从怒江回来以后,我俩儿更希望帮助的是当地的原住民,因为他们的生命,没有掌握在他们自己的手中。我们都担心,本来并不充裕的他们口袋里的钱,正被一些有钱人惦记着想往他们自己的兜里装。

帮助弱势群体,这样的例子熊志宏一口气能讲很多。就连我也被她扶贫过!那是我俩儿一起主编出版了第一本《绿色记者沙龙》后,她和我都没拿编辑费,为了帮我义卖书给怒江小学建阅览室,她反而拿出1500块钱买了这本书。书,她让我送人用。钱,作为给怒江小学阅览室的捐赠。

在报社,有次河南来的一位老农民把熊志宏缠得够呛。当时正好在开党代会,这位农民可是好不容易进的京,为的是他的家被污染了。他向当地有关部门反映,没有人管。看他到处告,县里竟还派人看着他。

在中国干新闻的人,差不多都有过这样的经历。你刚要报道,地方上就来了人,跟社领导协调,跟环保总局协调,说上一大堆他们要怎么改怎么改的话。然后就是上面发话了:此事不要见报。河南的这个农民来报社很多次,可迫于上面的压力,他说的家被污染的事还是不能报。

这位农民每次到报社,熊志宏能做的就是请他在报社食堂吃顿饭,临走再给些钱。后来这位农民从外地给她打电话,说自己被收容所关起来了,到哪儿去劳动,半年后又被送回当地。这位农民家住的那个村,年轻力壮的都南下打工了。他是因为家里上有老母亲,下有孩子,不可能出外谋生。他一个劲儿地往外跑,告的是:村里可都是孩子!后来那位农民没再来报社,熊志宏试着和他联系过也没联系上。但他的事,他的家人和他们村的孩子,熊志宏至今惦念着。她说有时候真想办公室推门进来的是他,我好问问他们村怎么样了。

还有一次是发生在武夷山的一个案子。当地人在靠砍树发财。一位林业公安去阻止的时候发生了冲突。因当时这位公安带着枪,双方推推搡搡,有人抢枪时碰到了枪栓，枪走了火，一个人被打死。砍树的人们开始示威游行，把尸体抬到武夷山市政府门前，非要把这位公安干警也枪毙了。

熊志宏闻讯到武夷山采访时，一位老人敲门找到了她。老人是那位林业公安的父亲。儿子本来是在保护国家的森林财产，却被一些掌权的人认为：树算什么，都死人了。就这样把他儿子抓了起来，并扬言要判死刑。

就是这位森林公安年过花甲的父亲，让熊志宏说了："我，不能沉默。"回到北京，林业局、林业公安、公安部、媒体，能找的熊志宏都找到了。她就是要问个清楚，这样的人是不是应该毙掉？他是罪犯，还是英雄？

调查结果证实：这个森林公安干警不存在伤人问题，他被无罪释放了。

这件事让熊志宏感叹，发生这样的事，不光是森林公安被抓了，在相当一段时间里武夷山的森林砍伐，是愈演愈烈，大树已经很少了。

我去武夷山采访比熊志宏晚几年，那时的武夷山已经是世界双遗产了。保护区的人对生态的保护被国际社会认为堪称典范。采访时，保护区副主任邹新球是这样说的：1970年我一参加工作就开始在山上砍树，恢复高考后考到福建林学院，学的是采伐运输专业。毕业后在采伐运输方面得过省级的科技进步奖。1999年5月调到了保护区。

说到这些年自己干的事，邹新球非常感慨："我从当工人那天起，就住在山上砍树，那时是一个人砍；后来当了班长是指挥一个班砍；再后来，当了工区主任指挥一个工区砍；然后当了林业局局长，成了指挥全局2、3000人一起砍。在我的组织下，从1984年到1998年15年间，一年平均采伐十几万方。在我手上，包括我自己砍的，我组织人砍的，起码在150万方以上。

我是慢慢才发现，森林被我们砍得越来越少，森林的环境越来越恶化了。1992年'74洪灾'是武夷山有史以来最大的一次。这次洪水百年未遇不说，还超过历史最高水位20多米。接着1993年又来了一次。1998年洪水又来了……"

邹新球说："现在回过头来看，仅算直接的，我们遭到的损失比我创造的效益要高出好多倍。1992年一次洪灾损失就是几个亿。而我们上交的税利，一年才1000多万，经我的手上砍了150万方的木材，上交的税利1.5个亿左右。可一次洪灾造成的损失，都超过了这个。对我个人来说，到保护区来，为的就是：赎罪。"

我去武夷山时，保护区的领导是这样说的，那么住在保护区里的山民们又是怎么说的呢？

一位70多岁的老奶奶这样说道："就好像一块饼一样，不能一下子全吃了，要留着慢慢地吃。年年富，年年有，子孙后代都有。保护区不来，我们一起烧光了，就没有了。苦的苦死了，好的好死了。"

追寻"野人"的足迹
——中国环保领跑者

另一位山民说得更直接:"保护动物好呀,不然我们和子孙讲从前这里有老虎,有熊。他们要么会说:你太夸张,没有的。要么会说,你们怎么不留下一些让我们也能看到呀。"

熊志宏说,这些年,为了某些官员的政绩,记者文章已经写好了,有的甚至都上版了,却得到通知,有关部门打了招呼,就别上了。

中国环境报社名记者、名编辑不多。熊志宏认为这是一个时代的局限性。好多时候他们自己认为写了一篇很好的文章,可恰恰就是这样的文章难得发出去。

每当这时,熊志宏会问自己:这辈子选择当一名从事环境问题报道的记者,选对了吗?

可也就是那一刻,那个没能出生的胎儿马上又出现在她的心里。

促成开设杜邦环境新闻奖

早就知道,中国第一个民间环保组织自然之友成立的消息,是熊志宏在《中国环境报》首先发出来的。熊志宏至今还耿耿于怀,她给文章的题目本是《绿色的旗帜飘起来》。可为了更加谨慎,梁从诫先生看了后改成了"中国第一家民间NGO成立"。

如今,环保NGO需要媒体摇旗呐喊时,和中国环境报社联系,熊志宏不是首选,也是大家都不会落下的记者。NGO对她来说,显然了是有情结的。早些年,绿家园志愿者到山上领养树,到沙漠里种树,她要是来就一定不是一个人,而是一帮,孩子大人的跟着她欢喜极了。这些年当了编辑部主任的她即使没时间参加我们走进自然的活动,但发布个什么事,媒体的配合,她做得是一丝不苟。要不然NGO的人怎么都爱找她呢。这不是我夸我的"蜜友",是有目共睹。

除了记者,熊志宏的另一个身份是自然之友的理事。她至今保留着梁先生当年邀请她加入的这一身份,是因为熊志宏说了:NGO做的事在社会上还不能得到肯定,老有人觉得它是非法的、不正规的,汪永晨在有些人眼里就是一个很激进的人。我在报纸上向人们介绍NGO到底都做了些什么,这对环境保护公众参与既是肯定也是推动。也正是在这个过程中,我和NGO中的很多人成了朋友,友谊越来越深

seeking the footprints of wild man
——— Leading pacemaker of environmental protection of China

厚。现在在专业报纸中，在报导中国民间组织最多的肯定是《中国环境报》。这里有我们报社的编辑、记者对大环境的认识，也离不开每个人在NGO的圈子里那些铁杆朋友。他们也是我们保护环境最好的合作伙伴。

NGO的一些理念被带到了报社，报社的领导和编辑、记者们更理解了NGO，再携起手来，推动NGO在保护环境中的作用，提高公众的环境意识。像公众的知情权就是目前我们一起最用力推动的事。当人们的环境意识提高到一定程度时，知情权是保护环境的必要保证。

那天，听熊志宏说了一大通后，我做了个判断：真心和NGO打交道的人，都是爱管"闲事"的人。谁想到就这句话勾出了杜邦环境新闻奖的来历。

这个奖诞生有十年以上了，得大大小小奖的记者无数，有谁知道这个环境新闻奖的来历吗？

依我们中国的国情，《中国环境报》是国家环保总局的一个机关报，是机关报在报道上难免就有局限性，影响面和力度也有限。为了找到报纸的影响点到底在哪儿，熊志宏在中国环境报的各个部门差不多都有过工作经历，连广告部也干了两三年。

在环境记协干的时候，熊志宏很希望有更多的人能成为环境记者，或是有更多的记者从事环境问题的报道。想来想去她找到了杜邦公司，请人家这个大公司支持和鼓励一下中国记者的环境报道。

熊志宏记得当时杜邦公司公关部经理叫任亚芬，后来任亚芬做到了杜邦公司副总裁的位置上，现在任亚芬是BT中国区副总裁。那天，熊志宏说时，说得自己热泪盈眶，也把听的任亚芳听得盈眶热泪。环境记者的见闻，环保的微弱声音，中国环境污染的状况，还有做环境记者的辛苦。做财经报道的记者，时不时会拿到一个小红包；跑教育的记者，小孩能上个好学校；医疗口的记者看病走个后门。跑环境新闻的记者有什么优待呢？辛苦、污染和来自社会各方面的压力。在传媒行当里，环境记者为苦差事，是同行们的共识。

任亚芬流着热泪听完后，谈话进入主题：我们现在没有钱了，我只能上报高层能不能设立一个中国环境新闻奖，专门用于鼓励中国环境记者。我们试试吧。

第一次接触，让熊志宏挺失望。没钱是指他们每年的财政预算刚过不久。分手后没过多久，任亚芬拨通了熊志宏的电话，电话里的声音透着兴奋：杜邦高层特别重视这个奖，认为很有意义。同意在中国设立一个中国环境新闻奖，鼓励中国的记者报道环境新闻。

从此，中国媒体从业人员，机会均等，自己的报道向最高奖冲刺。虽然第一届参加的人并不多，随着中国环境问题的突出与获奖人数的增加，如今这个奖已成为中国记者锁定的目标之一。在为自己争得荣誉的同时，也把中国人的视线拉向环境保护。杜邦环境新闻奖现在出了书,还新设了杜邦新闻人物奖。其成效绝对不可低估。

后来由国家环保局和香港地球之友发起的"地球奖",虽说是很多人一起发起的,但在我采访前几届的组织者时,熊志宏的身影绝对是站在活跃的最前列中。

同事眼里的熊志宏

"熊老师特别喜欢小动物,过年的时候,她还经常在她家院子里放上大鱼大肉,让猫咪们也过年。有的时候为了等猫咪们光临,她还会把家里的灯都关上,坐在窗边等着小可爱们!"

"自从我们几个新人来了以后,熊老师几乎每天陪着我们加班、写稿子、改稿子、编辑版面都是手把手地教。我们经常能从她的话语中听出她作为一名环境记者的自豪。她总说,你们还年轻,今后你们一定都会很出色,因为人们越来越重视身边的环境,作为报道环境新闻的你们也会越来越得到人们的尊重与关注。"

我不满意熊志宏得意的一位部下写来的这段话。我回信说,记者都会讲故事,你们倒是也给我讲点你们熊老师的故事呀。

故事来了。这位叫李维的记者看了我已经写了一半的有关熊志宏的稿件后说:我们熊老师做了这么多事我们怎么都不知道。以前只觉得是个好领导。好在哪儿? 2007年3月环保总局召开减排工作形势报告会,邀请了人民日报、中国青年报等多家媒体记者,熊老师带着部门两个年轻的记者参加了会议。去之前,熊老师就打电话给我们,说她买了个录音笔,因为会上会有很多专家发言,这种专业性很强的会一点差错都不能有,万一她的录音笔坏了,所以她让我们也带上一个录音笔。这次会议其实就是今年减排任务没有完成,总局非常诚恳地邀请专家分析原因,因此,所有专家的发言将对总局今后开展减排工作具有重要的指导作用。会上熊老师一直伏案做着笔记,三个小时会议下来,她密密麻麻地写满了好几页纸。回来以后我们就要整理大会学者、专家的发言。由于到报社来的时间有限,我们对环保工作尤其是专家提到的一些数字、专业术语等还有些陌生,因此我们改过的发言稿不是意思不清楚就是删减了不该删减的地方。熊老师把我们叫到旁边,拿出原稿,逐字逐句地教给我们,连速记出现的差错她都能从自己记的笔记里找出对的来。"减排没完成任务,跟过分追求GDP的增长有很大关系!"这是专家们说的最多的一句话,熊老师当时就认为这种

seeking the footprints of wild man
——— Leading pacemaker of environmental protection of China

说法有点片面，缺乏理论依据，容易造成舆论导向的倾斜，因此就让我们删掉，结果不出她所料总局新闻处的领导也打来电话，要求把有类似意思的语句删除。

在李维讲的故事里还有：每天早上熊老师一来，还背着书包就直着走到我们桌子旁说我想起你的一个头条；我早上一醒来想起你下期可以上什么内容。让你感觉她老是在工作，但是也看不出来。显然她特别会工作。她的这种工作方式给我们刚刚步入记者这个行业的人起了一个很好的表率作用。

其实我们老师还特别懂时尚，也特别愿意让我们接受时尚的东西。这样，我们有什么有意思的东西就发到她邮箱里。她呢，常介绍爱人给她买一个什么牌子的手机，她看到什么新款的车……如果我们能对这些新东西说点什么，她就会用特别羡慕的眼神看着我们。

熊老师对时尚的追求可不光这些，还有她经手编排的版面。排版里，她每一次都让我们尝试一些新颜色。有的颜色照排车间的人说：报纸上没有使用过这个颜色。我们熊老师就说，这是今年的流行色。当然不是每次都好看，但很多时候她追求的新鲜事物，效果真的挺好的。

说来也奇了，每次我交稿前担心的地方，她一眼就能给挑出来。不管是内容，还是文字，她都能做到这样。我们年轻人都特别佩服熊老师的经验。

我们写的稿子有时要被她打回来四、五遍。可她说了，当年她的领导比她还严呢。严归严，她真是站在那一段一句一字地讲给我们听，改给我们看。有时候她还会翻出自己搜集的文章。她说这是自己刚当记者时想出的一个笨办法，把各种文体的文章存起来，没事就看看人家有关会议的文章是怎么写的；发布会又是怎么写。她要是看我们也在翻自己搜集的文章样版，就特别、特别地高兴。

一位刚大学毕业就分到我们版的女孩，回家有时候跟父母就讲起熊老师帮助她提高业务水平的事。她的爸爸、妈妈稍回来的话不光是对熊老师的感激，还说把孩子放她这儿特别放心。

熊志宏，作为一名专业媒体的记者，保护环境要走的路仍然很长。"我，不能沉默"，将还是她一生的努力。不管是作为"蜜友"还是同行，我愿与她同行。

追寻"野人"的足迹
------中国环保领跑者

张可佳和她的绿岛

我常常被人们问到,你是一个记者,怎么就又成了环保志愿者。当我把这个问题换了个说法问张可佳是什么让你与环境保护有了不解之缘时,她给我讲的是自己既苦恼又有成就感的一种感觉。

张可佳说,报社里常常有一些非常优秀、笔杆子非常过硬、写稿子写得很漂亮的记者,却和她发生过多次面对面的争论,且非常激烈。吵来吵去人家会说:可佳,你这个人是一个非常好的人,非常正派、热情,充满理想主义。但是你不了解中国经济要怎么才能发展起来。你不懂经济,你光谈理想不现实。环境保护先污染后治理,说起来不好听。但要想发展,路非这么走不可,我们不可能走一条捷径。

说这些话的人中,有不少在张可佳的鼓动下走近污染,走进自然,走近污染被害者后,改变了原来的看法。是污染对当地人的威胁,对大自然的威胁,震撼了他们。现在,他们中好多人已经从理论上、思想意识上,都有了比较成熟的环保理念。

张可佳和我说这些时,我的的确确是从她的身上感觉出了她的特有素质。

张可佳在南非采访时介绍中国青年报

我俩儿

在我的记者生涯中，和一位同行打交道这么密切，且没头没尾，可能就要数张可佳了。我们一起做了很多事。从一起主办绿色记者沙龙，一起为动物园创建志愿者导游，一起从川西的木格措、仁宗海、都江堰到云南怒江、虎跳峡，采访建水电站对当地生态和原住民的影响，一起找全国政协委员，找地方人大代表……我们一起做事的前前后后什么都不用多说，因为对我俩儿来说，要干的事已心照不宣。

我和张可佳两人的父亲都是学新闻出身，我俩儿在关注环境问题上又如此一致，但我们的新闻观却有所不同。每次遇到什么重大新闻事件，我总是希望广而告之，让更多的人和我们一起呼吁和监督。她却非常在意独家报道。我俩儿都从不隐讳各自的观点。这一不同，也从没影响下次有了什么事儿，又肩并肩地站在了做事的最前沿。

在国内外引起不小反响的都江堰保卫战，我们一起采访回来后，我忙着在绿色记者沙龙上，在记者朋友的圈子里发动大家一起上。可佳却拿出了后来被很多媒体称为"媒体打响反对建坝第一炮"的报道。"今年7月9日，《中国青年报》以很大篇幅发表了记者张可佳采写的文章《世界遗产都江堰将建新坝原貌遭破坏联合国关注》，杨柳湖工程开始进入公众的视野。张可佳的文章发表之后，我每天最忙的就是接待记者，包括北京来的、广州来的、上海来的，央视一套、央视二套都来了两次，焦点访谈来了一次。我们统计了一下，国内外大概有180多家媒体先后报道了这个事情。"说这段话的是当时都江堰世界文化遗产办公室的邓崇祝先生。

民间环保资深人士梁晓燕则说："反对在都江堰建坝一事到了2003年8月初，中央媒体形成了报道的高潮。央视一套的新闻30分、焦点访谈，央视二套的经济半小时、《南方周末》等媒体纷纷前往都江堰调查采访。尽管焦点访谈和央视二套第二次采访的节目因种种原因最终没能播出，但此时杨柳湖工程已经在全国讨论得沸沸扬扬了。"

我认为，这件事情能够成功，绿色记者沙龙起了重要作用。沙龙成立三年多了，每个月一次。它是一个底座、一个载体，虽然没有一个明确的组织形式，但是，这样一种非正式的民间形式特别好。它有几个功能：

一是，在处理突发事件上能体现它的功效。如这次都江堰事件，长期以来这些记者共同的相处，持续关注重大环保问题以及中间的关键点是什么。这对一个记者的环保理念和环保知识都是积累，会越来越充实。而绿色记者沙龙就是这样一个潜移默化的过程，是积累过程。

二是，大量专家的介入。记者对专家资源的共享、技能的交流及如何发出传媒自己声音、关注环境问题的人如何达成共识，都会在这种有机的、长期的交往中形成。虽然中国新闻媒体现在还不够独立，但今天传媒在重大环境问题上发出的声音，记者这些报道中互相分享信息和友爱，不能不说来源于长期的合作、共同的关注。如今，发出来的声音是一个媒体团体的声音，且这种声音是有指向的，有共识的。

三是，媒体团体之间的互相介入，形成一种群体行为，这对某个事情的成功起着非常重要的作用。因为，每个声音虽然是一个一个媒体发出的，但背后有一个群体的机制在支持，形成了群体行为。这种职能，不可能让政府部门来做。这样的工作是由NGO来承担的，并且能发挥很好的作用。今天，从绿色记者沙龙的角度，我们隐隐约约看到了这种力量，非常宝贵。所以我看这件事情，不在于这一件事情是否成功，而是看其后面的因素。"

这就是我和张可佳的合作。

其实，合作多了，很多事情随着时间的推移也就淡忘了。但有三次我可能会记一辈子。一次是我们一起走江河，不知是因吃的问题，还是别的原因，可佳闹开了肚子。可她却一再地嘱咐我：千万别告诉别人，要不然下次他们再邀请出来采访时该嫌我事多不让我来了。还有一次是我们一起在动物园策划志愿者导游的创立。事完了后她比我先走了一会儿，等我坐上出租车时，发现她正一个人背个大书包往公共汽车站走呢。那是七月酷暑的日子，我在出租车上扯着嗓门叫她搭我的车，她也没听见，还一个劲地往前走。因为叫不上她，司机又催着走，我的眼泪都出来了。再一次是在他们报社，她刚从美国留学回来的女儿也在她的办公室。到了中午，她手上的活儿没干完，让女儿自己去买饭。女儿拖着长声儿和她撒娇说：我不想吃……

通常我是为自己没有孩子拖累而得意，而可佳女儿那拖着长声的撒娇，却让我为这辈子没机会享受女儿和你撒娇而有些遗憾了。

当然，张可佳身上的很多东西，是我们这代人的特色，有病了自己忍着，有钱不花自己省着。不过，我想她比别人做得更加的突出。

2007年春节前，在人民大会堂开会，休息时我把张可佳拉到外面，我们都是忙人，在时间的利用上只能见缝插针。那天我俩儿聊时，很多事儿可佳说起来都显得有些无奈，但"太累了，不干了，"这样的话，却没从张可佳的嘴里说出过。

其实，我认识可佳快20年了，感觉就是她一直都做得很辛苦，很艰难。不过，事再难做，我知道对于她来说，只有这事真的不能做了，不然，多难，多苦，只要能做，她就要做下去。

2002年，我们绿家园的记者沙龙结束了以往打"游击"的方式，在中青报扎了根。从此每月一次的环境记者沙龙用人家的会议室，却没付过一分钱。这背后可佳要做多少工作，她从没谈起过。

追寻"野人"的足迹
———中国环保领跑者

　　1996年，我访问美国回来，一直想让北京动物园里也像人家美国动物园里似的有志愿者导游。直到2004年，我们一起才真正把社会上关注动物、关爱自然、有奉献精神的人"收集"到北京动物园，让志愿者"占领"了北京动物园的各个部门。连最初办公室用的电脑都是张可佳从中青报更新换代的电脑中挑来的。

　　我是1998年走进长江源后开始了关注中国江河的艰难历程。2003年6月，张可佳拉着我和她一起采访四川康定的木格措、仁宗海和都江堰。从此，开始了我们共同的与江河同呼吸共命运的生活。

　　有意思的是，我们一起关注环境已经有些年头了，聊起家常来才知道，可佳的父亲和我爸爸竟是燕京大学新闻系的同学。几十年来，老人们常常在一起聚会谈论国家大事，特别是在他们的老年生活中，他俩儿都是校友会活动的积极分子。可知道我俩儿之间还有上辈人的这层关系时，我的父亲已经是生命的最后时刻。然而，老人们骨子里的爱国，爱自然，爱人，不怕吃苦，干什么就一脑门子干到黑的习性，显然是都注入到了他们的后代——我们的血液中。

媒体里的NGO

　　"我们快没有立足之地了。"张可佳叹了一口气。在中国青年报社宽敞的会议室里，这个声音显得有些微弱。这是2004年《南方周末人物周刊》记者曾繁旭采访张可佳后写的一句话。

　　张可佳做事的悲壮色彩时时体现。我分析过，我们的不同之处还有一点是，我碰到困难常常是绕着走，而张可佳则持之以恒。她的环保NGO——"绿岛"仅仅创办了四年，但因依托了中国青年报的"环保版"，往往是一个活动一推出，应者云集，每年的几次活动总是让她做得很成功。但融资改制后的中青报决定，在2004年5月底撤销环保版面。从1999年创办这个版，可佳一直是版面负责人。她不止一次向领导交涉，未果。

　　张可佳很清楚，这对于"绿岛"意味着什么："我们以往的活动都是以绿岛和中青报的名义共同举办，没有这个版面，不仅活动的影响力下降，而且直接决定绿岛能否获得资金，得到支持。就好像老虎没有了栖息地，怎么生存？"

　　有记者问她，是否可以找到解决的方法。记者后来在文章中写道：长时间的

seeking the footprints of wild man
——— Leading pacemaker of environmental protection of China

停顿，语速更慢了："我一直在想，愿望总是应该有，希望不该就此破灭掉，但很难。不好说，真的不好说。"说完这句话，她长长舒了一口气，好像意识到什么，问我，"是不是说了太多的困难？"这是曾繁旭写可佳文章中的又一段。

在张可佳不懈地努力下，中国青年报曾经有一个"绿版"，有一个绿网，还有挂在报社的一个NGO"绿岛"。《中国青年报》辉煌时有100多万读者，张可佳充分利用了这一载体传播环境意识和环保理念。

《中国青年报》绿版，开始是一个星期一期，后来两个星期一期，后来被停了。绿网，开始每天有环境新闻的更新，还开辟了一些专栏，一个论坛，很是活跃。随着张可佳2006年底的退休，"中青在线"的老板说：可佳我们合作多年，我完全是友情支持你，一分钱不要你的，这个服务器如果不赚钱，没有更好的赢利前景，又没有能干的人做，就停下来吧。

报社内部的NGO绿岛，随着张可佳的退休，也不再组织活动了。不过，一个月一次和我们绿家园合办的"环境记者沙龙"还在中青报三楼那间能坐6、70人的会议室里照办。每次沙龙前，张可佳也还会把"绿岛"两个字挂在会议室的前面。

张可佳说，在大型的媒体里面成立一个NGO，这也是一种怪胎，是很莫名其妙的事情，但是绿岛也存在了六年。

说到绿岛的诞生，张可佳说，中国青年报科技部早先就有一个传统，就是开展公众教育活动。当然不全是环保教育，是科学普及的活动，科学普及在中国也是很困难的事情。不少科学家不愿意写科普文章，老百姓对报纸上的新技术表示不出什么多大的热情，觉得离他们比较远。在这种情况下，中青报科技部就常常举办一些公众教育活动，以现代的科学意识、科学思想影响公众。搞了一些活动，有了一些经验，对于环境问题越来越感兴趣以后，张可佳就想利用报纸的影响力搞活动。搞活动就要筹集活动经费，国内的经费非常困难，就得从国际组织和基金会筹款，这样就必须有一个NGO才能发出申请。跟报社领导请示，表示支持和理解，同意他们成立一个环保NGO。2000年的一天，张可佳约了报社的几个人一起吃了顿饭。饭桌上一说，大家都赞成，"绿岛"就这样创办了。

每当说到"绿岛"，张可佳总会立刻沉浸在回忆中：我们每年都做很多事情，也有很得意、很辉煌的事情。自创办至今只有七个工作人员，都是中青报的职工。一旦有什么事，七个人就在报社的办公室碰头，开个小会。我们一直不愿意扩大规模，因为"不好管理"。

六年里，"绿岛"组织过湿地考察、冬季生态考察和大学生环保知识竞赛等活动。每年还要搞全国性的公众环境教育活动，里面出了很多很优秀的人才。他们现在都成了各个领域的环境骨干。有一个我特别喜欢的男孩子，现在在中国石油总公司的环境教育网络工作，叫郭旺，他两次参加我们组织的全国大学生公众环境教育活动。其中一次叫"把知识送回家乡"。

追寻"野人"的足迹
——中国环保领跑者

开始我并没有注意到他,也不记得这个大学生是什么人。他第二次获奖后,参加到我们的云南考察中。考察时他告诉我自己参加过一次活动了,受到了很大的震动和影响,他已决定一辈子都要为环境保护做出奉献。

张可佳还记得,那次参加他们云南考察的十个大学生后来都在自己所在的圈子里、所在的工作领域中为环保做了事。有意思的是,一个大学生云南活动结束后跑到甘肃他叔叔那儿,因为他叔叔是当地的县长。这个大学生楞是让当县长的叔叔帮着办了期培训班,培训班上,他把自己在云南考察中见到的、学到的猛来了一通讲演。"一时间,在县里制造了很大影响。"张可佳学着那个大学生的腔调说这句话时,是我看到的她脸上露出来的最灿烂的笑容。

在带着大学生到野外感受自然的日子里,一个北师大外语系的女孩儿,在梅里雪山山腰一个当地老百姓办的生态旅馆里过了她19岁的生日。在关爱她的年轻学子们为她办的生日会上,这位女大学生说,相信那一刻是她人生中最重要的转折点。她热泪盈眶地向大家表示:今后一生都要为环境保护做贡献。

像这样由"绿岛"带出来的,要以一生为期,走上关爱自然之路的大学生到底有多少,张可佳说她没有统计过。但如今,每当一有这些学生的消息,都会让张可佳不仅脸上一展笑容,生命的发条也要再次上弦。

"绿岛"每年都举办的大学生环保活动中,有一年搞的是"大学生环保电影月"。那次活动一发布,一天之内就有十几万学生在网上报名。后来全国113所大学在"大学生环保电影月"里放映了25部国内外有关环保的纪录片。我参加了那次活动在北京师范大学搞的首发式,目睹了大学生们对此的热情。

电影月里,在大学生们的努力下,这一活动不但争取到了各校党委书记和校长的全力支持,有的还得到了学校拨给的经费。每个学校平均放映都是30场次以上,也就是说每天都要放映。有的学校还把刻成的光盘送到当地的中学、小学、社区,让更多的人能看到精典的环保影片。

张可佳说,很多事都是我们自己开了头,然后大家一起做起来了,觉得还是挺受鼓舞的。环境意识的培养就是这样一件事情、一个活动、一个项目,一点一点的积累起来,再一直做下去,会有用。

"地球日"的负责人丹尼斯·海斯有一次到中国来,我和张可佳一块采访了他,当可佳向丹尼斯说起她是怎么领着大学生一起开展环境保护活动时,丹尼斯兴奋得跳起来说:"我第一次到中国的时候,呼吸道都受到污浊空气的感染。"丹尼斯的言外之意不用说,我和张可佳也明白,中国的环境问题已经越来越引起世界的关注。那天,我和张可佳也都感受到,在丹尼斯的眼里:中国环保NGO正改变着中国。

绿岛译丛

《绿岛译丛》就像是张可佳的孩子,出了三本了。要是听张可佳说,每本出版前的阵痛都闹得不轻。出这套书的起因是丹尼斯·海斯送给张可佳一本他的书。可佳看了后产生了这样的念头:把这本书翻译出来,就可以让我们起步比较晚的中国人知道在美国是如何开展公众环境教育的,在"地球日"那一天,世界上都开展了哪些活动,借这本书的力把国外最新、最重要的环保理念告诉公众,一定有意义。

和美国岛屿出版社,也是世界最大的一家环境出版社联系上后,张可佳正好有一个去华盛顿的机会,于是她就找上门去。双方一谈别提多投机了。人家又给她推荐了很多书,并送了一大堆,张可佳没客气地就全都背回了国。

出书的启动,是先有了一个策划群,都是有兴趣关注这个事,英语也不错的年轻人。大家一起浏览了一遍这些书适不适合中国读者,挑出了哪些可以先翻。接下来最关键的事是跟美国的出版社和出版商联系沟通。联系沟通,就四个字,做起来可难了。

在中国出美国出版的书,先要发信给出版社购买版权。信发出去3个月了,那边还说没接到。接着又是那边说寄出来了,三个月后这边却连信的影子也没有见着呀。只好再从头联系。好不容易又接上头了,接下来的又是杳无音信。可佳怎么也想不通,都什么时代了。国际交往怎么还这么不通畅。

2006年9月份终于出版的《海洋的变化》一书,是世界深海研究女王西尔维亚写的书。书写得很精彩,很快也翻译完了,可就找不到原书中的图片。这本书中的图片可以从视觉上把读者带进那深不可测的海底世界。西尔维亚本人已答应给中文版图片。可她答应后就消失了。据说是在世界各地出游,反正是怎么给她发电子邮件也找不到她。后来辗转费了好大的劲才找到她的女儿,她的女儿也为她做一些代理的事情。奇怪的是,她的女儿答应以后,不知为什么也杳无音信了。后来又说是给我们发了她的图片。再好不容易联系上,才给了五、六张,那么丰富的一本书,五、六张根本不够用。可佳又再次和他们联系,又说是寄过来了,真是天天盼着,盼着,就是接不着。保护国际的吕植、孙珊到美国开会,直接找到他们,还请在华盛顿的朋友找到西尔维亚。照片和海底世界一样神秘,难见踪影。

在等待的那些日子里,我能想象张可佳是怎么过的。

在曾繁旭写张可佳的文章中有这样一段:她家中有一个重要的成员——一条可爱的小狗。"当你烦恼的时候它会对你笑,你受到委屈的时候,它会给你舔掉眼泪,我们能互相察觉到对方的感情,你给他什么,它就回报什么。"这是可佳对她那条宝贝狗的描述。

追寻"野人"的足迹
——中国环保领跑者

在小狗舔掉的眼泪中,是不是也有这等待中急出来的呢?

"就不知道为什么这么不顺!人都是很好的人,书也是很好的书。"张可佳说。

《海洋的变化——来自大海的呼唤》的首发式是在北京大学百年讲堂的大厅里搞的。这种事张可佳一定会拉着我的。那天,西尔维亚坐在主席台上,激动得说:我没想到中国的效率这么高。

我们一起吃饭时,张可佳却用了这样几个字:哭笑不得。因为这本书里没能展示出那些精彩的照片。后来这本书被新闻出版署评为暑假最重要的10本必读数目,出版社为此很高兴,可佳也才稍稍有了些欣慰。

追求独家新闻

我从来没有问过,但我可以感受到,追求独家新闻是张可佳作为新闻从业人员的最高标准。我们一起采访归来,她让我先别广而告之的事不止一次,可我老也不长记性。有些时候她甚至让人先别告诉我的事也有过。我不知道这是性格还是什么,更不知道从新闻使命上来分析,我们谁更具记者素质。但可佳的新闻敏感是不言而喻的。

要评述张可佳的独家报道,就不能不先说说她精心培育了6年的《中国青年报》"绿版",说说"绿版"的停刊给张可佳的打击。

当我听中青报的朋友说张可佳为"绿版"停刊差点没哭晕过去后,问她为什么会被停时,可佳的话匣子是这样打开的:"绿版、绿网和绿岛是同时出生的。就连报社'冰点'主编李大同和他的女友也是在绿岛一周年的纪念会上开始的他们浪漫史的。"

"一开始是压缩了我的版面,当时所有的主管,对这个事情有发言权的编委、副总编辑、总编辑都说可佳你放心,压哪个版面也轮不到你,你这个版面肯定会保留,你放心,因为这个版不错,我们都挺看好的。我就很放心了。没想到我出了一趟差回来,原来一个礼拜一个版就变成了一个月三个版。虽然被压缩了,每个月还有三期。过了一年,报社又要改版了。本来改版对报社来说是年年要做的事。大家又都非常紧张,又都开始在为自己争版面,版面就是谋生的地方。特别不巧的是我又出了一趟国。走之前部门领导和主管的总编辑都说可佳放心吧,你要忙什么先忙你的去吧。没想到等我回来,宣布的已经是结果:取消。

当时的感觉就是我要脑溢血了。不过很快我告诉自己:不能就此放弃,要再去找领导，结果他们说可佳，我等着你呢，我知道你肯定要跟我谈。我说你有时间吗？我至少要占你半小时时间。领导说一个小时都可以，我听你讲。边说边还拿出一个纸巾盒放到我对面：有眼泪你就尽管流。对于这样的态度我虽然感觉事情已无可挽回了，可还抱一线希望。我就力陈中国的环境问题越来越凸现，政府和其他媒体越来越重视的情况下，为什么还要给我灭了？

我当然是越说越控制不住自己的感情，越说越伤心。最后这位领导说，这样吧，我们明天再开一次党组会，我们再碰一次头，你也再跟其他几个总编辑说一说，我们再商量商量。抱着一线希望我跟另外的几个副总编辑都谈了。其中一个副总编辑还对我说：我非常理解你，也非常同情你。而且可佳，我们这么深厚的交情。这位副总编辑在地方做记者的时候，曾经想离开《中国青年报》。我当时觉得他是一个很棒的记者。其实，那时我们交情并不深。我还是给他写了一封非常诚恳的信。后来他告诉我，这封信他一直留了20多年。他说我是对报社真正有感情，对新闻事业非常有责任心的人。

可是让我怎么也没想到的是，第二天党组会以后，告诉我结果的人说：所有的人都同意把'绿版'取消。他们跟我说的，跟他们做出决定的表态不一样。这时候我才知道说任何话都没有用了。我只有告诉自己必须要把心里的愤怒发泄出来，要不我就该得病了。我就到厕所里痛哭了十几分钟。"

这个事儿后来弄得报社好多人向张可佳道歉，包括那些副总编辑。他们说真没想到张可佳会受到这么大的伤害，本来他们觉得取消一个版面无所谓。也有人来说，不就是钱的问题吗。报社现在要靠广告，不如一年承包50万、100万的广告把这个版包下来，走广告的形式。可张可佳想想觉得还是心里有气，这么重要、这么严肃的事情要靠自己拉广告、乞讨一样地去做，心里多少还是接受不了，想了想也把这个念头放弃了。

"怎么办？没有'绿版'了，我还得干啊！"张可佳来到了经济部，选择了上夜班。记得这样的话我和她说过好多次，都混到你这样一大把年纪了，还要上夜班。"上夜班是我可以留在经济部的一个条件。这样白天做记者、晚上做编辑，白天还可以干很多我喜欢干的事情。另外，我必须要有经济部编辑的位置，才可能有更好的表达机会。有关怒江的报道都是在经济版上发的，而且都是头条。可以说是开辟了一个新天地，又有了一批年轻的记者，他们有他们的便利条件，信息来源，做出的报道也很漂亮。"

那天，可佳和我聊着聊着，话题又转到更让她焦心的野生动物身上。她说，我对中国虎的问题现在跟关注江河大坝的问题一样，也很多年了。我没有披露自己的记者身份到桂林熊虎山庄做了一次调查，得知有关部门可以有限地出售虎制品、虎骨。国家有关政府部门能够在他们的政策保护伞下冠冕堂皇地做这些。这完全是和我们中国对国际上的承诺，和国际公约相违背的，是违法的。我们调查的时候遭遇很大的阻力，都是偷偷做的。原因不说谁都知道。

追寻"野人"的足迹
——中国环保领跑者

我看到过可佳写的这篇文章,很快还被我非常喜欢的一张报纸《作家文摘》转载了。我想在这里摘录一段,也让大家看看我说了半天的一位有责任心的记者笔下的功夫。

"这就是一副完整的老虎骨架。"在广西雄森酒业有限公司的地下酒窖里,该企业一名负责人从一人高的酒缸中拎出泡酒的虎骨架给记者看。8月9日,记者以游客的身份前往参观。

"随便选一个酒缸,就能看到一副完整的老虎骨架。"

众所周知,中国政府在1981年就加入了《国际濒危野生动植物种贸易(CITES)公约》。《公约》认定,虎是国际上最濒危的物种之一,并被列入《公约附录1》的名单中。《公约》规定,该名单中的所有动物在全球(成员国家、地区)禁止利用和贸易。1993年,我国政府发布了《关于禁止犀牛角和虎骨贸易的通知》,从那时起至今,无论在国内还是国际,再不允许任何企业和个人生产、出售与虎有关的产品。

但是,为什么这家企业竟能公然利用虎骨酿酒并且大量出售虎产品?

作为游客,记者向这位负责人表示,他们能出售虎骨酒,实在令人吃惊和好奇,"你能肯定这真的是用老虎的骨头泡的酒吗?"

"当然可以肯定。"他说,"你随便选一个酒缸,我给你打开,你就能看到一副完整的老虎骨架。"

往酒窖深处走,在同样大小的一个缸前,这名负责人告诉记者,"整个酒窖目前泡着400多具老虎骨架,旁边的中转仓马上就要验收了。"他说,这样,生产规模还能再扩大。虎骨酒包装上印有特许出售标记。

雄森酒业有限公司负责人介绍,所有虎骨酒的包装盒上,都有国家林业局和国家工商总局专门颁发印制的特许出售标记,而这些产品除销往内地外,在香港也有出售。

广西自治区林业局一位官员证实,国家林业局曾拨750万元专款支持雄森熊虎山庄虎的繁育和酒厂扩建。在山庄办公楼3层一间办公室里,记者看到一份今年6月国家林业局组织国内外专家和记者来访的名单。据悉,此行是政府有关部门希望向国际上表明,中国的老虎养殖在技术、规模和管理上都已相当成功,却面临发展资金紧缺的困难,以此争取CITES公约委员会能批准中国对虎骨贸易的开禁。

在今年早些时候,记者就已获知有关部门签发了一个文件,批准虎骨在部分省区进行一定限额的利用,并指定了销售范围。但这个文件被严格保密。据悉,与国内几家大规模养虎企业无关的省(直辖市、自治区)林业部门都没有见过这份文件……

山庄销售部门一位负责人向记者作推销宣传时说,"买我们的酒就是为老虎献爱心,有些农民没钱买酒,就把自己的牛捐给山庄,拯救老虎。"

一个精明的企业家难道真不明白这老虎生意做不下去吗?国际公约、国家法律法规咋都拦不住这虎骨买卖?

seeking the footprints of wild man
—— Leading pacemaker of environmental protection of China

为什么有"游戏规则",可还有人这么明目张胆地买卖虎骨。张可佳的文章里并没有直说,但明眼的人谁都能看出来。国家林业局在里面充当了一个什么角色?这里面仅仅是对老虎保护存在巨大的分歧吗?是不是还有人想靠老虎生财?现在全世界靠租老虎、卖老虎、卖虎骨赚了多少钱,有谁算过这笔帐吗?现在虎骨的价钱已经卖到了两万块钱一斤。做生意的人是打着保护老虎的名义在做的。在他们赚的钱里为保护老虎的开销能占其中的多大比例?

为这事,我和张可佳一起跑到过国务院信访办,她的那份着急,感染着在场的每一个人。长年的关注,张可佳还发现,现在要养的不只是老虎,要养殖的还有藏羚羊。国家有关部门拨了一些钱,以异地保护,迁地保护为名,资助养殖,做科研。但是这种养殖很快就走了样,就变成了大量的老虎繁殖场。

我们中国加入了国际CITES公约,就等于向全世界做了承诺。老虎是全世界最濒危动物,任何交易也不行,不管你在中国还是世界任何地方。这个公约一宣布,我国台湾地区马上就烧毁了所有的虎骨,其他东南亚国家也都是全部销毁。但我们中国大陆,说先封存起来。最终公约委员会也同意不销毁,但要由国家管理封存,可是……

让张可佳更没想到的是,她的文章发表后对有些人来说成了广告,要做虎骨酒的生意了。这做生意的是位美国华裔。看了报道后专门派人到桂林熊虎山庄看了一次,山庄的人把有关部门的批文都给他看了。而这个批文张可佳一直想看都没见到。这位老板通过他在人民日报工作的朋友找来,要投资虎骨酒销售的生意。他对张可佳说,我的考察证实了你所报道的事情都是真的,既然都是真的,那老虎的贸易就可以开始做了。

老板要听听张可佳的意见,做这个生意能赚大钱吗?他们还真见了面,不过张可佳给他的建议是:千万不要做,风险太大,你投进去的钱全部会泡汤,政府最终还是要制止这个事情的。你有钱,我可以给你推荐。现在有很多环保项目在中国的发展空间非常大,你选适合你做的,一定能赚钱。那位老板最后说:你的话我信,不做了。

张可佳的独家新闻还有这样一次也有轰动性的反响,是关于虎跳峡的。2006年两会期间,有朋友向我们介绍了全国政协委员、国务院参事任玉岭。说他已经提交了9个提案,是个对公共决策很热心的人。于是两会期间,我们几个这些年来一直关注江河问题的人敲开了任委员下榻的房间。进屋后我们开始想不直接说我们反对在虎跳峡建坝。可几个书生气十足的人,话说得绕来绕去。不知是谁就终于忍不住了,把怒江和虎跳峡是世界自然遗产,应该慎重决策的话说了出来。哪儿想到,人家任委员的9个提案中《关于提早对虎跳峡水库进行公开论证的建议》就是其一。

任玉岭在他的提案中说,虎跳峡是世界上最险的峡谷之一,也是金沙江、怒江、澜沧江"三江并流"世界遗产的主导景观,举世闻名。"2004年,媒体报道虎跳峡即将建坝修筑水库的消息后,立刻引起了社会各界特别是一批环保和水利专家的广泛关注。时至今日,对此工程质疑的人越来越多,不少人发出了"建议论证"的呼声。虽然这个水库的建设已经改名,而且离正式开工尚有时日,但在虎跳峡附近建坝引水和发电已箭在弦上,评估和论证工作看来已不可避免。"

记得我们是2006年3月4日晚上找到任玉岭委员门上的。3月6日的中国青年报上,就发表了:"本报北京3月5日电(记者张可佳)要接受岷江上游紫坪铺水电站的教训,不能用'倒逼'的办法去建虎跳峡水库。虎跳峡水库上马可能造成巨大损失－有全国政协委员建议提早进行公开论证。"

文中,张可佳用任玉岭的话说:紫坪铺水电站是西部大开发的重点工程,按规划设计,这个大型水电工程需在下游建一个反调节水库,才能保证应有的效益。但因下游这个反调节水库(杨柳湖水库)离都江堰很近,"有关方面出于企业利益考虑,用加大投入,加大装机容量的办法,'反逼'杨柳湖工程上马。"后因该工程将直接破坏世界遗产都江堰而被否决。这造成了几十亿元的国家损失。

在张可佳的这篇引起网上热烈讨论的文章中,还着重强调了任玉岭说的这样一句话:"根据我们了解的社会反映,这件事迟早要进行公开论证,而且是早论证会胜于晚论证。这样做有利于工程的顺利开展,也可避免万一出现通不过的情况时'骑虎难下'和损失国家财产。"

有关水电开发之争,近年来一直十分热闹,可佳文章标题中的"倒逼"二字更让这场论战激烈起来。

任玉岭曾任广西北海市科技副市长,后来在国家科委和国务院工作期间,多次考察过云南。他说,希望按照有关法律规定,公开论证这一决策过程,广泛听取各利益相关方的意见,让社会充分了解这个工程,因为这是遵循科学发展观进行西部大开发的基本要求。

张可佳的独家报道占领了新浪显著位置的也有一次。那本是《中国风景报》的檀兰敏打电话找到我,希望我关注一下贵州马岭河国家地质公园建电站的事。我因为出差在外,就让他们找张可佳和南方周末的记者。后来,张可佳让这一消息成了独家报道:本报北京11月5日电(记者张可佳)记者近日获悉,接到游客反映"马岭河大峡谷在呼救"的来信后,建设部城市建设司根据部长汪光焘的批示迅速发函给贵州省建设厅,要求立即调查此事,并在11月15日前向建设部报告调查结果。

这一独家新闻不光在新浪上引起公众的关注,也真的叫停了这一未经环境影响评价就要上马的项目。地质公园的人为此对媒体的作用刮目相看。

在我就要结束写张可佳的这篇文章时,我俩儿合作的又一件事已经紧锣密鼓。这是由公众与环境研究中心马军提出的把污染企业揪出来"示众"的绿色选择项目。这件事做的是要让老百姓别把手中的钱花在购买污染环境的产品上。这次我们依然是在遵循着各自的做事原则,她琢磨着又一篇独家新闻怎么报道。我则忙着发布会那天,怎么才能让更多的记者朋友来到现场。

新闻维护公众利益才有生命力——刘鉴强

2004年9月29日，我买了50份《南方周末》，上面有一篇《虎跳峡紧急——世界最壮丽的自然景观之一将可能因修大坝而消失》，作者是刘鉴强。那个时候，我还不认识他。后来对刘鉴强本人有了印象，是在年仅32岁的金沙江之子萧亮中的遗体告别会上，我俩都是朋友中哭出了声的人。

采访刘鉴强，是2006年7月，我们一起从泰国清迈回北京的飞机上。这次采访说到动情处，鉴强又几次止不住地擦去眼镜上粘的泪水。一个壮汉的眼泪，让我追寻着他的内心世界。

采访中，刘鉴强的话让我掉泪的是这样一段："和环保人士打交道能给我一些鼓舞，这些人热心于维护公众利益，这跟我的精神世界比较契合。跟这些人交往时，没有世俗的利益，不讲钱，不讲回报，甚至大家出去吃饭都要AA制，君子之交淡如水。但又有一种精神纽带联系在一起。这跟和其他任何圈子的人打交道是不一样的。比如说怒江有什么事儿了，虎跳峡有什么事儿了，圆明园有什么事儿了，做事情，有的不是像做生意似的要去分钱，有的是兴趣和理想，我很喜欢这种很淡的关系。大家可能很长时间不见面，再次见面的时候还是为了那些共同的大事情，这就是特别之处。"

以往别人采访我的时候，我说起自己只干自己喜欢干的事，说得总是很轻松。可是近年来关注江河问题，关注公众参与，再说自己只干自己喜欢干的事时，就有点轻松不起来了。听有人说喜欢我们这种君子之交时，心里能不觉得悲壮和酸酸的吗？

最近几年我和刘鉴强的私人交往也有一些，他带着妻儿参加我们绿家园组织的湖南九嶷山生态游。和他上小学的儿子牛牛在火车上初次见面一个小时后，我到另一个车厢和朋友聊天去了，牛牛竟然和鉴强说："汪永晨（在绿家园里大人孩子都叫我汪永晨）怎么还不回来，我都想死她了。"多情的小男孩子的内心世界，不知是受了他爸爸还是妈妈的影响。

那天，我们在飞机上的交谈，让刘鉴强追溯起他是怎么成为一个关注环保的人。

他最早接触到环保概念，是2001年去美国俄勒冈州参加环境记者协会年会。那次是他平生第一次知道，原来美国有那么多人关注环境问题，有那么多的环境NGO。有NGO只为了保护当地的一条河，那条河叫哥伦比亚河，像一条玉带，太美了。

刘鉴强说："那时我在中国所见的河，没有那么清澈的。"更让他惊讶的是，那么干净的河还要保护？太厉害了！那次他知道了，美国的环保组织有保护三文鱼的、有反对建坝的、有关注电子垃圾的。

那条被保护的清澈的哥伦比亚河，令刘鉴强联想到自己家乡的弥河。那是山东北部的一条河，流入渤海湾。小时候他真喜欢那条河。100多米宽，河底是沙地，很平，有浅也有深。用刘鉴强的语言：水太清澈，太干净了。小时候他最盼望的就是跟着哥哥到那儿去游泳。周围都是很浓密的树林，有时候他们去那儿，在河边的叉湾里，把水堵起来抓小鱼。有时到河边去粘知了，挖木耳。那时的快乐是跟那条河联系在一起的。后来那条河先是污染，再后来断流，然后又开始挖沙，挖得一个大坑接一个大坑的，慢慢树林也没了。

刘鉴强说：现在每年春节回家的时候，年初一我就会一个人走到那干涸了的河床上，回忆小时候，觉得太伤心了。20年的工夫，水到哪儿去了？树林到哪去了？我们村子叫双井口，一个井上面两个井口。青石板的井盖，被井绳磨了几百年，磨出深槽。小时候公社组织游行活动，人们都要离开队伍，蜂涌着跑去看我们那个双井口，那时候水真多。几年后，再去看双井口，里面没有水了，只有垃圾。以水命名的一个村庄没有了水，也没有了灵气。

刘鉴强还记得，小时候在外面工作的爸爸，挣回了钱，家里就不停地请人打井。开始是打几米，后来是十几米，再后来就要几十米。后来家里打的井半村人都来打水喝。因为别的井已经打不上水了。他在一个小村庄里，亲身经历了三十年中环境恶化的历程。

三峡的疑问

2004年6月三峡蓄水一周年，刘鉴强去写三峡，那是他第一次接触环保题材，他要先弄清三峡的来龙去脉，特别是科学问题必须搞清楚。

看了很多书，包括十几年前的科技资料后，刘鉴强到了三峡总公司。他采访了上到三峡总公司的副总经理，下到一些工程部、科技部的负责人。随着调查的深入，刘鉴强慢慢地把问题聚焦到重庆港和长江航运上。

刘鉴强在采访中发现，三峡总公司一直没有对外公布重庆港要被淹掉。而三峡蓄水一周年，水位提高后，泥沙淤积进了库区，重庆港将被淤的问题就出来了。在重庆采访时，重庆交通委的人说：这是西南地区一个很重要的港口，怎么能说淤掉就淤掉呢？重庆人说，重庆港在市内，和搬到外面去建一个港口，这是两回事。这个港口不光可以运送东西，它还跟重庆市内的交通，经济紧密相关。

当时《南方周末》做有关三峡的报导安排了四个版面，分别是移民、环境和工程技术方面的问题。采访中，刘鉴强发现的有关技术的问题包括航运的瓶颈、防洪、还有水位提升到175米后所带来的损失并没有给予很好的计算和重视。为了信守承诺，刘鉴强文章写完后，尽管知道人家会不高兴，还是发了过去，请三峡总公司过目。三峡公司的人一见稿子急了，半夜就给刘鉴强打手机。不过，那时他已经沿江而上，在下一个采访的路上。

2004年6月10日《南方周末》"三峡别来无恙？——三峡蓄水一年间周边的变迁"中的一篇《175米诱惑三峡？》中的记者调查和专家分析为历史留下了这样的记载：

对于三峡蓄水问题，据本报从国务院三峡建设委员会得到的资料，本来初步设计的安排是：工程开工第11年，即2003年，水库蓄水至目前水平135米，工程开始发挥发电、通航效益；至第15年中，即2007年，水库开始按初期蓄水位156米运行；若干年后，水库抬高至最终正常蓄水位175米。何时抬高到175米，要根据水库移民安置的情况、库尾泥沙淤积实际观测结果，以及重庆港泥沙淤积影响处理方案，相机而定。初步设计是暂定安排观测6年，即2013年蓄水到175米。

现在，三峡总公司将争取提前一年，到2006年就达到156米这个水位。还希望能在2009年，也就是在156米蓄水3年后，就将水位提高到175米——这比初步设计提前了4年。

蓄水到156米还是175米，对发电收益的影响巨大。三峡总公司副总经理毕亚雄算了这样一笔账：汛期过后，蓄水到175米，就像存下大量的煤一样，用这些水发电，然后在第二年汛期之前把这些水放完。"每6立方米的水发一度电，你可以算出蓄水175米比156米多发了多少电。"

追寻"野人"的足迹
——中国环保领跑者

记者估算了一下，根据三峡总公司枢纽管理部副主任冯正鹏提供的数据，蓄水156米的库容是234亿立方米，而175米时的库容是393亿，两者相差159亿。这一项就可多发电26.5亿度，如果按三峡电力平均上网售价0.25元计算，就是约6.6亿人民币的收入。

……有学者指出，长江航运是国家经济命脉，对重庆和四川经济万分重要，无论如何重视也不为过。作为长江上游最重要的港口，重庆港区如果因为库尾逐年淤积而成为死港，西南经济将受严重损害，波及全国。因此，针对葛洲坝工程，周恩来总理曾警告说："长江是一条大河流，不能出乱子，如果航运中断了，坝是要拆的，那就是大罪，那和黄河不一样，黄河不通航。"

那么，如果蓄水到175米，重庆港的命运究竟如何？

……三峡蓄水一年间，川江（长江的宜昌至宜宾段）货运激增一倍。但当重庆人满载货物，顺江而下，来到三峡大坝前，却突然发现自己被船闸卡住了脖子。如果能幸运地顺利通过船闸，需要3小时20分钟。如果待闸，有的需要几小时，有的需要几天几夜。今年春节期间，满载生猪、柑橘、蔬菜的重庆货船在三峡船闸前滞留，结果农副产品变质，部分生猪居然饿死。

人们突然意识到，三峡船闸的通过能力不像预料的那样好。其5000万吨的设计年通过能力，远未达到。

……船闸的设计单位是水利部的长江水利委员会设计院，业主为三峡总公司，他们都倾向归咎于船舶的不标准。理由是：一条高速公路，怎么可能允许拖拉机和牛车在上面跑？

而反方则问：如果是修高速公路，那么旁边还会有普通公路，供拖拉机和牛车跑。你们设计时没有考虑现实情况，船闸一关，让那些小船从哪儿走？

刘鉴强说：这篇文章发表的时候，因为考虑到很多事实是用调查数据表达的，读者读起来会有一定难度，所以编辑删掉了不少内容，而且版面安排并不显著。"那么重大的独家报道没能造成大的影响，我至今很遗憾。"

2006年8月，我写刘鉴强时，重庆酷热，持续几十天40多度的高温。8月30日《人民日报》的人民网上有这样一段文字："旱情似火！入夏以来，重庆、四川出现50多年来最严重的高温伏旱。持续高温的原因是什么？高温伏旱的出现与三峡工程有关吗？就此，记者专访中国气象局国家气候中心主任、世界气象组织气候委员会气候应用与服务工作组主席董文杰等多位专家。他们从多方面综合分析后认为，将今年高温伏旱归咎于三峡工程是没有科学依据的。"

我的一个从重庆出差回来的朋友说那儿热、旱到什么程度，连给人送水的毛驴都渴死了。这篇文章中科学家对此的解释有两点：其一，这是全球气候变暖大背景下极端天气气候事件增多、增强的个例之一；其二，气温偏高降水偏少。高温伏旱造成旱情严重与今年下垫面热状况和大气环流异常密切相关。

三峡大坝还将要经受时间的考验。我和刘鉴强都这样认为。

seeking the footprints of wild man
--- Leading pacemaker of environmental protection of China

虎跳峡的牵挂

三峡这篇报道的遗憾在刘鉴强的心里没搁多久,能让这位善于撰写调查性报道的记者兴奋的事又来了。而他这次写的文章,就是我前面说的自掏腰包买了50份报纸的那篇。

"那天报社的编辑给我打电话,说报社准备做虎跳峡,问我能不能去。我极为兴奋,说,好,我干!在朋友的推荐下,我找到当时在商务印书馆当编辑的萧亮中。

在我心目中,汉族知识分子离开家乡就跟那里没有什么关系了。萧亮中就是一个编辑,又不是当地官员,他能知道多少呢?不过我想还是去见见吧,不管怎么说他是当地人。我记得很清楚,我跟他见面后他就拿出一本《大坝经济学》,说刚刚买的,送你一本。说现在大家都应该学一学这个东西,他买了20本要送给朋友。我觉得挺奇怪的,一个编辑关心这些问题。我问他,我的一位同事去虎跳峡了,你能不能帮帮他。他说行,让家里的兄弟找车帮他到处跑跑。

那次我和同事分工采访,他在当地调查,我在北京调查。首先我们要确定国家环保总局对此事的态度。我找到环保总局,一个处长说:不可能吧,虎跳峡那样的地方能建电站?不可能,不可能。

这个处长当时同意给发改委管这事的一个处长打个电话,推荐我去采访他们。因为是环保总局介绍的,发改委的人很热情。他告诉我那里建电站还没有批准,但是正在勘察。"

刘鉴强采访了北京大学教授、保护国际的吕植。吕植说:我们不是反坝,而是认为建坝公众要有知情权,要依据法律程序办事,比如是否依照《环境影响评价法》做了环境评价,这些都没有做就开始建,那是违法的。

刘鉴强说他自己也没有想到,采访了各种观点的专家后写出的《虎跳峡紧急——世界最壮丽的自然景观之一将可能因修大坝而消失》一文,惹恼了发改委,以至于作为记者他现在得不到发改委的任何消息。

《南方周末》的这篇报道影响特别大。2004年10月在北京召开的联合国水电大会上,刘鉴强听说,总理办公室的人都说看了《南方周末》的报道,看到了报道中揭露的当地非法动工。总理办公室的人说,欢迎这样提供真实情况的报道。

后来水电公司公关部经理给刘鉴强打电话希望见个面,反映一些情况,跟媒体沟通一下。刘鉴强同意了,但条件是不能去公司的办公室,要到报社办公室。因为他

追寻"野人"的足迹
——中国环保领跑者

怕孤身一个人去，对方要楞给他塞点钱，塞点东西怎么办？

这次约会本定在十一前，可对方说要过十一了，过了节再说吧。过节期间，刘鉴强忍不住地要亲眼去看看虎跳峡那儿到底怎么了。让他没想到的是，还在路上报社就给他打电话，说水电公司给报社发来传真，认为他们的报道失实，他们的主体工程并没有动工。刘鉴强告诉报社领导，前方记者拍的照片里导流洞都开始建了，建到流洞就是主体工程，那是为截流在做准备。

但对方不停地发传真打电话让《南方周末》更正，刘鉴强对报社领导说：告诉他们，对不起，如果我们的报道有失实，我们将郑重登报更正。但是为了慎重起见，希望他们能配合，我们一起找水电工程专家到实地勘察，他们是否可以安排。此外刘鉴强还告诉报社领导，在他的调查中发现，对移民的补偿有很多问题，还在路上就碰到有老乡哭诉。上一篇报道没有涉及这方面的问题，这一次将继续报道这个问题。

有意思的是，这个传真发过去以后，对方就再也没有消息了。这次采访令刘鉴强感触最深的，是新闻媒体的力量。当地的一个校长说：我帮不上什么忙，但是可以复印几百份《南方周末》，让更多的乡亲们看到。

这是一篇什么样的报道呢，我们一起来看看：

……这是世界上最壮丽的自然景观之一。但是，因为即将来临的水利工程建设，危在旦夕的虎跳峡已经成了很多人的伤怀之地。当地居民、纳西雅阁旅舍的主人李元，曾先后见到3个外国的徒步旅游者，坐在石头上，望着江水，放声大哭。

……金安桥水电站在入口设置两道警卫岗，实行全封闭施工。在当地村民帮助下，记者翻越一座山，并沿着山上傈僳族驮货马帮走的羊肠小道，迂回来到施工现场，但见各种载重卡车像忙碌的蚂蚁来回穿梭，水电站建造的两个导流洞已经成型，而围堰等主体工程也在施工。"我们已经浇了十多吨混凝土的永久性坝基。"一位来自玉溪市通海县的建筑民工说。

……据某水电公司驻云南的一位工程师介绍，大型水电工程必须等到可行性报告以及地质勘测、环保、移民等各份报告全部通过，才能正式进入施工。但考虑水电工程投资、建设周期长，所以允许做一些前期准备工作，如三通一平，即通电、通水、通路、施工场地平整等。但有些企业为了赶时间，打"擦边球"，提前进行主体工程建设。

……谈到华睿公司开发的金安桥水电站已经动工一事，国家发改委那位官员说："国家没有批准。"

本报记者从丽江有关部门了解到，云南丽江市一年的财政收入约为2亿元，而华睿集团投资开发的金安桥水电站竣工后，一年就可以为丽江市带来4亿元的税收。为此，丽江市委市政府热情欢迎并十分重视华睿集团的金安桥水电项目，把它作为"头号工程"，从上到下都为这个项目大开"绿灯"。

除了金安桥水电站在偷偷摸摸违规建设外，华能澜沧江电力公司还与虎跳峡旁边的

seeking the footprints of wild man
—— Leading pacemaker of environmental protection of China

香格里拉县政府合作成立一家"天界神川"旅游公司,把手伸到了香格里拉的旅游业,并从它购买了虎跳峡、哈巴雪山、白水台和碧塔海四个景点的独家经营权。自去年以来,这家公司已经多次要求在当地从事旅游业的人退出中虎跳,"我们被他们从景区里逼出来,正好让华能公司打如意算盘———修水坝。"一位老板私下对记者抱怨说。

一位曾于最近勘察过虎跳峡地区的环保人士告诉本报,水电勘测部门已在虎跳峡地区打了200来个大洞,寻找坝址。但他们只做不说,一直不声不响。"他们吸取了华电的教训。"一位一直关注此事的云南环保人士告诉记者。他说,华电集团在开发怒江时,大张旗鼓,结果遭到民间组织的质疑,并被世界遗产委员会关注,进行重新评估,以致被迫暂停。"因此这次他们怕走漏消息,变成热点,引起公众关注。"

据称,目前华能集团不接待记者,其所有下属公司的宣传口径由北京总部直接控制,对外一律"无可奉告"。9月13日,就华能介入金沙江开发一事,记者致电北京华能集团总部要求采访,未获接受。

2003年,"三江并流"所在地的迪庆州、丽江市、怒江州三地建立起"三江并流"世界自然遗产管理机构,表示要积极稳妥地处理好自然遗产地资源保护与开发的关系。但是,当外界指责这一世界自然遗产的完整性遭到破坏之时,迪庆州"三江办"一位工作人员在接受本报采访时表示,虎跳峡和长江第一湾并不属于世界遗产的范围。他说,"三江并流"的保护范围有"高程控制"一说:怒江流域2000米以上;澜沧江流域2400米以上;金沙江流域2500米以上。这个说法意味着,这个举世罕见的"世界自然遗产"就成了漂浮在空中的保护地,而它2500米以下的三条大江,并不在其内。"

这样的报道,有关部门看了高兴才怪呢。这篇文章发表后,网上跟贴了这样一些文章:"强烈建议刘鉴强再去虎跳峡调查。""感谢记者,感谢那期报纸的责任编辑,没有你们,也许中国的8万危险水电站中,又要添加这样一个'虎跳峡水电站'。联系此前此后的一些报道,感觉刘鉴强是一个历史责任感强,对环境问题思考比较深刻的人。""在经济方面,我只想请你们给我建水电站对当地人民有好处的证据;在环境方面,我只想请问你们真的认为建水电站不会破坏环境和生态吗?几十种甚至几百种濒危动植物,世界最宝贵的生物圈因开发而消失!特别是在世界独一无二的三江并流区域。"

说到刘鉴强写虎跳峡紧急,不能不说说他写的另一篇文章《亮中,我的兄弟》。亮中,就是我前面说的32岁的金沙江之子萧亮中。也就是在他的遗体告别仪式上,我和鉴强都哭出了声。刘鉴强因写虎跳峡认识的萧亮中。短短四个月的相识就有了那么浓厚的友情,我想那是因为在他们的骨子里有相通的东西。

《亮中,我的兄弟》一文中,刘鉴强是这样把亮中和生他养他的家介绍出来的:"金沙江河谷的人家,因上天的赐予和自己辛勤的劳作,生活虽不大富大贵,却优裕自如。多民族的杂居,多文化的交汇,以及对教育的崇尚,使他们在纯朴的民风之外,还宽容、豁达、自信而又自敛。

在计划中因水坝而会淹没的金江镇采访完毕,我要去虎跳峡现场。离开萧家时,亮

追寻"野人"的足迹
---中国环保领跑者

中的奶奶给我带上了一小口袋核桃,那是江边特有的核桃:皮薄,肉香。亮中妈妈送给我一些干菜,也是这里的特产,告诉我,回北京后可以泡开,炒来吃。我珍惜地将他们的礼物装好,萧妈妈又拿着一瓶包得严严实实的蜂蜜过来,执意要送给我,说这里的蜂蜜是真的百花蜜。我的眼睛湿润了,我知道,他们的情谊,就像这蜂蜜一样真。"

刘鉴强在虎跳峡的采访,亮中通过电话做的安排是让自己的三弟亮远和葛全孝带路。那天因为路上有情况,虎跳峡封山了。

当时刘鉴强想,虎跳峡之行要泡汤了,他不能让陪伴他的人冒这样的风险。可亮远已走上前去,观察地形。悬石就在他头顶上,很快,工人就要在上面爆破,将悬石炸下。刘鉴强急得大叫:"亮远,快回来!"工人们也连连发出警告。

接下来刘鉴强这样写道:"这个小伙子对我摆摆手,很快就跑到塌方最严重的地方,那里一点路也没有了,只有山石砸出的悬崖,下面,就是望而生畏的金沙江。他手脚并用,攀爬在那里,招呼我们快过去。

天哪,他的头上就是悬石,脚下就是峡谷。一阵恐惧袭击了我:如果他出点意外,我如何向萧叔叔和亮中交代!

喊他回来没有效果,我和葛全孝老师只好飞好快跑过去,在最狭窄的地方,弓身钻过山石,亮远挺立在我们脚下,伸着头,让我们按着他的头,借力爬过去。他身后,金沙江峡谷令人眩晕。

我们紧张得连气也不敢喘,连滚带爬冲过塌方地点,亮远也赶过来,大家这才长舒一口气。

我从亮远身上,又一次看到他哥哥亮中的影子。

虎跳峡之行虽然只有我们三个人,但我感到亮中一直与我们在一起。亮远时时接到哥哥的短信,告诫他"注意刘哥的安全"。亮中并不给我发短信只是不停提醒弟弟亮远,要全力保护我。他就是这样一个人,只做实事,不做表面文章。

如果说刘鉴强写"虎跳峡紧急"时完全是以记者的角度在陈述这件事。而虎跳峡之行后,和亮中一家及当地的乡亲们打了交道后,刘鉴强的角色有点变了。我们在飞机上聊起这些他说得很恳切:上下几百公里的采访,所到之处的农民还有干部,都不愿意开发。当看到片子中,漫湾的水库移民靠捡垃圾为生时,他们是一边看一边流泪。老乡们说,没有人告诉我们,如果建水电站,我们的情况就是这样!我们这个地方不需要扶贫,我们这个地方很富,是非常美的地方。三年困难时期,我们这里出产的粮食救了我很多人。而且我们这里还出了那么多大学生。老乡们给我算了一笔帐,说你建电站给我们补偿,按市场规律一亩地出产几千块钱,这个坝的寿命是六十年,我们的河谷地要淹的有20万亩,你算算多少钱,你看看水电公司还做不做这个买卖,这才是按市场经济办事。现在地方政府和水电公司的做法不是按市场经济办事,更谈不上扶贫了。刘鉴强说,我的这次采访,真的是让我感觉到老百姓的力量太伟大了。那些利益集团在侵犯老百姓的利益。

亮中的家乡我去了两次，但都是在他去世后。那里农民的儒雅，那里生活的富裕，让我看到的是中国的传统文化在多民族地区蕴含着的魅力。去过之后我和刘鉴强的感慨是一样的。那里人家住的房子真宽敞，那里人家家天天吃的都是鸡鸭鱼肉，那里农民家里都有花园，那里的柏油路四通八达。

我也是记者，现在很有些角色错位。在这点上也许我和刘鉴强是一样，就是我们采访中看到的现实，让我们情不自禁地被采访对象所感染，并忍不住地偏离了单纯的记者视角。

在说到如果真修了水坝亮中家乡的人就要搬到中甸时，刘鉴强更是掩饰不住自己的情绪。他说：到中甸的香格里拉，那里的老百姓不种地，有的只是草场，根本安置下不了10万农民。而虎跳峡这十万人是纳西人的主体，如果这个地方被淹了，纳西族的文化就没有了。纳西的东巴文化，是世界文化遗产。

刘鉴强说，其实在我采访中也经常碰到侵犯群体利益的事，特别是侵犯弱势群体的利益。让我激动的是，虎跳峡那里的老百姓已经组织起来，他们认为应该去争取自己的权利，而不是等待，也不是只听政府的话。他们说还是国际歌说得对，世上没有救世主，只有自己靠自己。这些老百姓太厉害了，非常让人觉得振奋，他们崇尚教育，他们富裕。还有亮中的作用，他是当地走出去的农家子弟，出去以后没有忘记家人，他在这个事情上发挥了巨大的作用，家里的人也被他所鼓舞，互相鼓舞才做出了这样的事情。刘鉴强说他自己也是从乡里走出来的，但是他们那边的人没有亮中家乡的人那么纯朴。我走的时候眼里含着泪。

后来我仔细想过，刘鉴强说的他对金沙江，对亮中一家及他的乡亲们的这份感情，不仅仅是发自内心的情感，更是与他心底里那份渴望维护公众利益的正义发生了碰撞之后产生出的生命的活力。这一活力的产生，让刘鉴强从此走向关注环保的新路程。

神山圣湖的神圣

2006年，刘鉴强到北京大学做半年的访问学者，这个渊源要从2005年8月保护国际中国办公室参与的一次神山文化节说起。那次去的路上，刘鉴强自己都不好意思，关于藏族文化他一无所知，也不认识一个藏族人，更别说藏族朋友。从西宁到青海湖，从青海湖到玉树，用刘鉴强的话说，我提的问题让人觉得是那么的幼稚和可笑。

从一个汉族人对藏族文化的一无所知，到当上了北大的访问学者，这一转变刘鉴强说是从跟藏民们一起在他们的文化节上唱歌、跳舞、做游戏、赛马开始的。而一开始他就一发不可收拾地要弄个明白：为什么这些文化生活都和环境保护密不可分。

刘鉴强说自己发现了一个新的世界。

玉树，是长江、黄河、澜沧江的源头。在藏族文化节上，先是有这样一件小事让刘鉴强看到了。原来藏民们喝完了酒，玻璃瓶子是要砸碎的。因为他们认为不砸碎

追寻"野人"的足迹
——中国环保领跑者

了，小虫子进去钻不出来的话就会被闷死。可是砸碎就破坏了环境，怎么办？于是他们想了办法，统一收集这些碎玻璃，运到垃圾场。看来保护环境跟他们的宗教也有一些冲突，但是他们有自己调节的办法。

在藏传佛教里，喇嘛在保护神山中起到了很重要的作用。文化节上自然也少不了他们的身影和做的法事。听着，听着，刘鉴强听出来了，喇嘛们念的经、做的法事，主要内容还是告诉老百姓，不要杀生，不要穿虎皮、豹皮，不要杀野生动物，大家都是生命，每一个生命都希望快乐地活着。在藏传佛教里面核心的观念是：生命的轮回。或许藏族的自然环境保护得好，跟他们的宗教有着重要的关系。有了这些最初的感受后，刘鉴强更想走进这些藏族兄弟们的世界里去了。

在藏传佛教里认为，神山的神和湖泊的神和自己是息息相关的。一棵树，一块石头，一条小溪，一个泉眼，一座山，都和自己的家族有关。我们家有一棵树，那棵树是生命树，它不好了我们家也就不好了。树的生命关乎着家里人的健康与生命。

刘鉴强说，对我们汉族人来说，初听起来可能会认为这是愚昧的，这种信仰里面有科学的成分吗？

这些认知与疑问，引领着刘鉴强继续走进藏族文化。

在玉树，刘鉴强听到这样一个数据：在中国长江、黄河、澜沧江下游，有5亿多人要喝这三条江的水。中游和下游现在污染得都很厉害，上游却依然清澈。这一数据让刘鉴强进而推出：几乎有一半的中国人在享受着藏族同胞用他们的文化、他们的传统、他们的宗教保护着的江水。

了解了这些后，刘鉴强问自己：藏族兄弟为什么要保护环境，他们保护环境的方式对其他民族保护环境有什么启示吗？

那天，在飞机的隆隆声中，刘鉴强和我说着藏族文化中的神山，神湖的概念时我问自己，我们国家这些年总算开始说要人与自然和谐相处，不说人定胜天，改造自然了。可我们对自然的认知、理解，与藏族文化到底区别在哪儿？刘鉴强要是用他在北京大学当访问学者的时间，真能挖掘出这其中的奥妙。

有关神山圣湖，刘鉴强在《南方周末》上发的文章我摘了这样几段：

……他们曾讨论过这样的问题：狼来吃羊怎么办？这里很贫穷，本来羊就不多。最后，他们决定，谁要是打死一只狼，罚款50元。这意味着，当狼威胁到农牧民的生活基础时，可以打死狼，但是，通过罚款，又告诉大家，这种行为是不被鼓励的。

之所以要讨论狼的问题，是因为2002年之前，狼多成灾，村民们最心疼的，是自家的奶牛被狼咬死。

2004年到2005年，一只牛羊也没被吃掉。村民们简直不敢相信。"这么灵！我们的环境只保护了一年！"仁青桑珠高兴地说。

seeking the footprints of wild man
—— Leading pacemaker of environmental protection of China

村民们发现，他们的庄稼地里，有动物来过的痕迹，像是岩羊，这提供了对这一奇迹的解释：村民们保护神山，种树种草，野生动物多起来了，狼有了食物，就不再袭击牛羊。

……远古时候，藏民族对很多自然现象无法做出科学解释，因此产生了本能的敬畏大自然的心理。这是藏民族保护生态观的形成之始。

如果这样，是否意味着"神山圣湖"是迷信的、落后的？

藏族商人仁青桑珠说，这不是迷信，而是文化与传统，是藏族人民在历史发展中慢慢形成的环保文化。藏民族生活的青藏高原，是生态最为脆弱的地方，在人类发展中，藏族人比其他民族经历了更多的生态灾难，这些灾难，在藏民族的文化、宗教、风俗中都有所反映。

仁青桑珠说，藏民族的环境保护文化，已上升到生命之间平等对待的程度，他们尊重自然，尊重其他生灵，因此，在青藏高原上，他们与自然和谐地相处了好多好多年。

而在其他地方，环境保护是因为工业污染所带来的迫切要求，不是因为对其他生命的尊重。仁青桑珠说："我们村民保护环境，是遵从传统文化，很快乐地去做，没有其他目的，而外面的人做保护环境——"，他两手伸出，做了一个拧湿衣服的姿势，"——是被法律和钱挤出来的。"

"他们的道理能让你听得一愣一愣的，听了就觉得激动不已"。刘鉴强是一个性情中人。

这篇报道发出来后，2005年11月29日，刘鉴强应邀参加了在四川康定召开的神山圣湖会议。会上，北大校长许智宏的发言："西部生态的保护，要与当地百姓的经济发展结合起来。""保护国际"中国首席代表吕植教授说，西部山地生态保持良好的地方，大多因为有神山圣湖的存在。当地百姓出于自己的文化传统，保护自然环境，已经惠及东部。可是，发达地区并没有认识到这一点。对当地民众生态保护的成果给予承认，是对他们最好的支持。

全国人大环资委法案室副主任蔡微说，全国人大正在起草自然保护区法，这部法律的起草，应该借鉴与传统文化相结合的经验。这个会议上所介绍的社区共管形式，应在法律上给予鼓励。

刘鉴强告诉我，那次会很有意思。会里面的人在激烈地讨论着神山圣湖是迷信，还是追求生命的平等。而藏族弟兄们对外面人是怎么看待他们心中的神山圣湖的也很想知道。结果，就出现了这样的新鲜事"手机实况转播"。41岁的仁青桑珠，身穿藏袍，坐在会议室前排，他右耳上塞着手机的耳机，不是追求时尚，是"实况转播"。这位来自西藏贡觉县大山里的农民，没有上过一天学，听不懂普通话，但他坚忍地坐在会议室里，紧盯许智宏的脸，希望能从他的脸上，猜出他所说的话。电话的那一头，连着西藏贡觉县几十个农牧民。他们都聚到了仁青桑珠的家里，打开电话的免提，屏住呼吸，也要听听北京大学的校长在说些什么。

在这些藏族同胞的心中，从来没有一个会议是如此遥远，需要用电话来听；也

追寻"野人"的足迹
——中国环保领跑者

从来没有一个外面的会议是如此近,会议上讨论的"神山圣湖"保护,与他们息息相关。窗外,他们所保护的森格南宗神山,高高矗立着。他们就是要知道,按照自己的文化传统保护神山,外面的人怎么看?

刘鉴强说,当时进行电话"实况转播"的仁青桑珠,通过找来的业余翻译,弄明白了许智宏、吕植他们的话后,立即兴奋地将这一信息转告给家中的老乡们。然后,他就想关掉手机了。可电话那头喊开了:"仁青桑珠,你不要关手机,让我们听到会议上说些什么。"这是仁青桑珠村里的朋友索南求培说的。"可是你们和我一样,听不懂汉话。"仁青桑珠说。"没关系,你就开着吧。"乡民们说。他们将耳朵更加凑近电话机。这是他们极少的了解外部世界的机会。每当听到会场爆发出笑声,乡民们就急急地问仁青桑珠:"他们在笑什么?与我们有没有关系?"在这种关键时刻,仁青桑珠就要请人将会场上的发言翻译过来,讲给家乡的人听。

2006年7月13日,在我们坐着波音747从泰国的清迈飞往北京的路上,刘鉴强说得高兴时做了这样一个比喻:仁青桑珠为了实现这次"实况转播"所充值的300元话费,像家乡热曲河的水一样,很快哗哗哗地流走。

在和仁青桑珠的接触中,刘鉴强还发现,现在不仅环境出了问题,我们的国人还缺乏一种精神,缺乏信仰,但藏族不缺少。刘鉴强说他自己在采访中就不停地被他们的信仰所激动着。并越来越多地明白了,在他们保护自然环境的背后,驱使他们保护的精神是什么,是信仰。因为有了他们的信仰,才为我们中国保护了三江源和整个1/4的国土。

飞机上的采访中,刘鉴强很坚定地认为:每个人都应该尊重别人的信仰,不要还不了解人家就把人家的信仰说成是愚昧、落后。如果像我们目前这样对西部无限制地开发下去,全球气候变暖,冰川融化、草场沙漠化将会是可以想象的未来。刘鉴强甚至认为,如果我们尊重别人的信仰,能够从藏传佛教中得到一些东西,这对我们重建一种精神,对我们社会的和谐发展都是有用的。

刘鉴强说,就是仁青桑珠让他动了要写一本书的念头。在和保护国际最后敲定资助他写书时刘鉴强对吕植说:我的书里不限于保护国际的研究,我也绝不是为你们保护国际写宣传报道,我也不想受你们太大的影响。我感兴趣的不光是他们保护了神山圣湖,我还要探究他们保护神山圣湖背后的文化、他们的成长经历、他们为什么跟汉族人不一样、他们为什么从小到大自然地要保护大自然?我就是要从他们的成长经历,他们的传统文化和和宗教中间找到答案。吕植对刘鉴强说,让他们感兴趣的也正藏族文化在保护自然中的精髓到底在哪里。她期待着刘鉴强能写出来。

我在飞机上采访刘鉴强的录音因为起用的是一个新录音机,记录音的时候发现出了一点小问题。我请电脑公司的人帮我把录音保存下来。那位工程师还我录音机时对我说:什么时候让我认识认识刘鉴强。我说怎么了,你有事要找记者?他说不是,我花了三个多小时坐在那,把你的采访录音全听了,我佩服这样的记者。敢说真话,有同情心,想交个朋友。后来,这位工程师竟然沿着刘鉴强采访走过的路自己也

seeking the footprints of wild man
——— Leading pacemaker of environmental protection of China

走了一遍，去寻找刘鉴强走过的人家和江河。

我在写这本书的采访过程中，开始总想设一个规定动作，就是让每个人都说一件自己最得意的事、最伤心的事和最想干的事。后来真的采访时，并没有刻意去做，但刘鉴强最想干的事他说了，近期就是写有关藏族兄弟与大自然和谐相处的书。

最得意的事到目前为止，刘鉴强说是他写的那篇有关虎跳峡的报道。用他的话说就是：虎跳峡报道比较有影响，大家就知道我了，跟环保界的联系就多了。我做了很多的报道，有时候影响很大，但是没有成效，对事情没有任何改变的作用。有时有一些改变，比如封国境线外的赌场。但毫无疑问，我自己都相信过几个月它们又会开的。但是环保是我们国家面临的最重要的问题之一，而且我们国家的老百姓的环保意识刚刚觉醒，如果这个时候我们再用一些力气启发公众，就能达到帮助公众进一步提高认识。

说到最伤心的一次采访，刘鉴强问我能不能不是有关环境保护的报道。我说，说来听听。他说是2004年5月份，他在《南方周末》上写的一篇文章，高尔夫球场两个男孩儿的神秘死亡。两个男孩是河南到北京来收破烂的人的儿子。两个八岁的男孩在那年冬天一个寒冷的夜晚失踪，第二天尸体被发现在高尔夫球场的湖里面。家长怀疑是被高尔夫球场的人打死的。为什么这么怀疑？当时是一月份，高尔夫球场的湖里结了厚厚的冰，孩子们的父亲们当天晚上去找时，湖上并没有打开的洞。发现孩子们尸体的第二天，湖里就发现了冰窟窿。打捞上来的两个孩子虽然穿着厚厚的棉袄，身上却是遍体鳞伤。有人问警察这是为什么，警察的回答是掉到水里，往上爬，被边上的冰划的。可是，明明穿着冬天的大棉袄，伤痕怎么就能划到腋下，刘鉴强想不明白？为了弄清这里面的"神秘"，采访的那几天，刘鉴强在一个半夜，躲避着高尔夫球场来来回回的灯光，爬过铁丝网，匍匐前进，跳到淹到嘴角的湖里，寻找证据。

刘鉴强记得那天是妻子的生日，妻子问他怎么半夜多才回家，他说采访。妻子说你的笔记本为什么没带？他说这次不用带，只带了手机和数码录音笔。当然他没敢告诉妻子，带手机，是为了碰到什么事好向报社求救，数码笔是一旦被抓住，可以把对话录下来，日后作为证据。后来，高尔夫球场的人给他打来电话，说刘记者我们很佩服你，你能够半夜跑到我们高尔夫球场来。

刘鉴强报道的这件事虽然和环境保护没关，不在我写的"野性"生活之列。但是听后我认为从这一报道中很可以看出刘鉴强的性格和人品，所以就继续问了下去。

在说到那次采访为什么会让刘鉴强伤心？事过已经两年了，刘鉴强说起来依然激动，依然要把顺着眼镜镜片流下来的眼泪拭去。他说那两个孩子的父亲和我是一边流泪一边谈的。我自己也有孩子，我和那两个父亲的年纪差不多。有人竟然可以对孩子们下这样的毒手？这篇报道我一定要写出来，要声张正义。要让世人明白，我们这个社会是绝不允许有这样的事情发生的，这太不公平了。我知道写这篇文章压力很大，高尔夫球场有很深的背景，还有警察，对我来说都有危险。但做记者的应该写出这篇报道，而且《南方周末》允许我发表这篇文章，我就觉得《南方周末》对得起我，以后即使报社

追寻"野人"的足迹
——中国环保领跑者

对我有什么不好,我也不会埋怨。因为这个事情被开除,我也豁出去了。

讲完自己经历的这件伤心事后,刘鉴强话锋一转又回到了环境保护报道上:"这样的报道,这么不公平的事情登出来,除了在读者中引起愤恨,没有别的作用。要不我说,做环境保护的事情更有成效。比如我报道了虎跳峡工程后,第一,让当时的水电工程停了工做环境评价;第二,公众知道了这个事儿,虎跳峡水电工程未做环评就开工,掩藏不住了,对当地老百姓也有很大鼓舞。他们到处散发我写的报道和中国青年报上有关文章。而那个人命关天的报道过了一年多后,我才只是给很近的朋友发了我的采写手记。作为记者,在这件事上我起的作用并不大,只是让孩子的父母把报纸留下了,作为对孩子的纪念。"这篇文章刚刚写完时,我请刘鉴强在我们为南宁办的绿色沙龙上给当地的记者们讲课。他上来先向记者们提了一个问题:什么是环境记者?在听完了人家的回答后,他给出的自己的定义:和报道政文、经济的记者比起来,是弱势的。如果你能够坚持下去,说明你一定是有公益心的记者。

自然之间

没有河流的故乡
——我与绿家园

2006年12月31日,绿家园志愿者在北京的一所小学里过了自己十周岁的生日。

国家发改委宏观经济研究院研究员、北京大学志愿服务与福利研究中心主任丁元竹事后在《新京报》上撰文:我参加了一个环境保护志愿团体的活动。该志愿团体起因于一些人对环境问题的敏感和对保护生态环境的责任感,吸引了一批志同道合者,从1996年正式命名到现在,该志愿团体从几十到几百到成千到上万。队伍的成员也从最初的记者、环境科学工作者发展到大中小学老师、学生、退休老人和公司的白领、党政机关的干部及各行各业的老百姓。这次活动非常有意思,参加者基本上是该组织的志愿者。活动选择在一所小学的教室,这些大人把学生小课桌围起来,一瓶矿泉水和一点水果,大家侃侃而谈,气氛好不热闹。参加者也有带来孩子的,孩子们围坐成另外一圈，畅谈自己的话题，大家度过了一个愉快的夜晚。这情景使我不由地想起了上个世纪我在加拿大和美国见到的社区活动，两者很类似，一群有共同兴趣的人，周末利用一个公共空间聚集在一起，畅谈、交流，度过一个愉快、轻松、友好的周末。

丁元竹是中国最早研究志愿活动的专家之一。

国家环保局的官员牟广丰发言感慨颇多。他是绿家园元老级的志愿者，参加的活动很多，可说是和绿家园一路走来经历了酸甜苦辣的人。那天，他回忆了绿家园志愿者早期的"老三样"：观鸟、种树、捡垃圾；再到利用媒体干预一些开发建设项目，比如河北，北京湿地的保护，怒江、虎跳峡的建坝。他认为民间与政府共同推动在工程项目建设期间应该有公众的参与。

在牟广丰看来，社团或者NGO，跟政府在利益导向方面趋于一致时就能形成互补，同时也可以起到拾遗补阙的作用。由此他对绿家园的工作给与了很高的评价，认为这十年做出的成绩是可圈可点的。并坚信："志愿者的数量和素质，在某种程度上标志着一个国家的文明和进步的程度。"在绿家园十周岁生日会上，牟广丰针对中国民间的社团和NGO如何进一步提高公众参与的质量和水平，也中肯地指出："我们不能老凭一种朴素的感情，一种义愤。NGO的工作一是应该从国家法律的角度，一是从环保科技的角度去思考，去努力。"

北京理工大学教育研究所研究员、自然之友会长杨东平坐在小学生们平时上课坐的小椅子上、小课桌前说：绿家园这十年的建设是非常有特色的，在很多方面很有活力，而且具有极大的创造性和更多的特性。杨东平展望第二个十年，认为无论是自然之友还是绿家园都应该在公众参与上有所作为；并赞赏了在这方面绿家园是走在前面，是有非常优秀、非常出色的表现的。特别是在保护江河、留住怒江上取得了实质性的成就，对整个国家产生了实质性的影响。五年后，他希望绿家园志愿者的生日在中学里过。

苏京平是绿家园又一位元老级的朋友和志愿者，见证和参与了很多绿家园的重大活动。说到绿家园，他认为就像一个家，一个温馨和谐的家，也是一个团队，是一个非常有战斗力的团队；大家都有自己特有的素质、社会责任感和做事情所具备的使命感，同时也不乏人情味。走到一起来，每一次活动都能给人留下一些难忘的回忆。苏京平说，他常常被绿家园的志愿者感动着："我觉得绿家园是一个见义勇为的群体，在每一个环保的关键时刻，咱们绿家园都能够拍案而起，仗义执言，代表了一种声音，而且具有极大的社会影响力，就因为这个不可忽视的声音，在某种程度上震动了整个中国，才造就了我们今天看得见、摸得着的成就。"下一段话，苏京平说得充满了感情："作为环境保护这样一个民众尚未完全觉醒、但又必定触动多方利益集团的民间组织而言，此间种种难处和压力，非常人想像得来的，但绿家园不仅扛下来了，而且还有了亮点，做出了实实在在的成绩。希望未来的十年继续强调这个精神，走得更好。"

自然之友、绿家园"双料"志愿者李晓溪谈到民间环保组织,她认为有两个任务,一个是唤醒民众的环保意识,教育大家身体力行地参与环保事业;另一个非常重要的是影响政府,影响政府的环境决策,取得政府的支持。

在绿家园志愿活动的"老三样"里,观鸟是头一样。提到观鸟,北京师范大学赵欣如老师的感叹是,回想和今天的一些老朋友在一块儿观鸟好像就是昨天的事儿,竟已十年了。绿家园从无到有,从弱到强这是让人感慨的事情。赵欣如同时也建议,绿家园在以后的十年要想能有跨越式的发展,就要更加突出科学的理念和精神,并在人文方面加强。能有更多的朋友进入,能使绿家园变成一个国际化的,具有真正影响力的,真正有创造和发展的NGO。

中国环境报的熊志宏说,做为一名专业报纸的记者,她最初没想到环保志愿者带给她的震撼。也就是这些震撼把她吸引进了深切关注和了解民间环保组织的行列,也就有了后来的一些参与和合作。她回忆着绿家园的观鸟、领养树、种树、生态游、保护白鳍豚、关注江河、记者沙龙、模拟听证会、中国环境记者调查报告、江河十年行……熊志宏说:绿家园的成长也就是在这一个又一个的环保活动中,从浅绿走向深绿。

十岁的孩子还在上小学。我认为,我们中国的环保NGO和世界上许多国家的环保组织比起来,确实还是小学生。小学生,对这个世界充满了好奇;小学生,看到什么新鲜事儿都想学;小学生,天真幼稚对未来充满了理想;小学生渴望表述自己的观点,且还不善隐瞒,要说真话。

绿家园志愿者十岁的生日之所以在小学里过,正是因为我对自己发起且倾注了所有情感和精力的绿家园目前的定位:小学生。虽幼稚,却渴望长大。

媒体与环境保护

我是一名记者,但自从开始关注自然以后,环保志愿者的身份便和记者职业交融以至天平甚至有些倾斜了。尽管到今天为止,我给自己的定位仍是记者,因这一职业更符合我的天性。但我深知,十年来我做的事,对一个职业记者来说是越位的。我希望在我的有生之年,不管生理年龄是否已到了退休,只要有归位的可能,我都会豪不犹豫地恢复自己真正的记者身份。但现在不能!

追寻"野人"的足迹
——中国环保领跑者

记者,人们称为无冕之王,在中国更有着特殊的地位。在受众中,这些从业人员的工作起到的宣传作用之大、教育普及的泛围之广,影响程度之深,有着举也举不完的实例。如以我自身经历感言:记者自身环境意识的提高,参与环保行动,有着诸多的优势。首先是能够敏感地获取各种生态环境信息,迅速广而告之;其次是舆论监督的作用有时会超过执法的作用;再就是具有较强的号召性,发起环保行动时,传播范围之广,速度之快有时令人难以想象,而且受众就是最积极的参与者。参与者的行动经媒体的放大又会引起更多公众的关注,并加入到环境保护的行列中。

当然,上面这些阐述已表明,我是一个乐观主义者,也是一个喜欢做事的人。这些习性直接地影响着绿家园志愿者从生,到长,从着力于公众环境教育,到试图影响公共决策的全过程。

我十分认可朋友对我的形容:"环保发烧友"。可我没想到,美国自然资源保护委员会(NRDC)媒体官员2007年1月在我们绿色记者沙龙上也大谈特谈:要把NGO关注环境的"病毒"传染给更多的记者。看来,媒体人恪守的职业道德和NGO对媒体解读的,不光在中国,在美国也是有区别的。以媒体影响公众,且身体力行,在有些时候是可行的。

要分析我"发烧"的原因,那得从1993年我的那趟青藏高原采访说起。那次我从西宁坐"巡洋舰"到格尔木,沿途碰上很多淘金者。这些人一进青藏高原就是半年,

森林中的我们

带的只是一大口袋面和一小口袋盐。在青藏高原淘金,他们严重破坏的不仅有植被,青藏高原特有的野生动物,如野牦牛、藏羚羊、白唇鹿也都成了他们枪下的猎物。

那次,在格尔木的野牛沟,望着那么蓝的天,那么白的云,那么绿的草,和身披黑色长毛的野牦牛的奔跑,我体会着什么是野生动物的乐园,什么是人与自然和谐相处。也是那次,我看到了挖金之后高原上裸露的山坡,珍稀野生动物的遗骨,它们的血,一滴滴地印在了小溪边的砾石上。

seeking the footprints of wild man
——— Leading pacemaker of environmental protection of China

那一刻我在心里发誓：从今以后我要干的事就是把自然保护区的美和丑告诉更多的人。

1994年，我在美国参加了世妇会的筹备会后回到北京。一位同行告诉我，她的家乡有个被人们称为"鸟痴"的小学校长，问我有没有兴趣去采访。有鸟就有鸟鸣，广播记者需用声音描绘我们生存的世界，我答应了。

也许是刚刚看过发达国家自然环境的状况，苏北农村的穷和每一棵树上让虫子吃得没有一片完整树叶的恶劣环境，让我的内心有种说不出来的滋味。然而，进到那所小学我却看到了另一番景色。绿树参天，树上挂着鸟巢。学校里有鸽子楼、小鸟医院、标本室。一位村民给我讲了这样一个故事：周飞同学家里要盖房子。料和工都准备好了。可周飞对爸爸说，要砍了用做大梁的树上有三窝鸟巢里正在孵小鸟，树要被砍了，小鸟就没家了。爸爸急了，我还没家呢，还管小鸟有没有家。周飞听后，一把抱着爸爸的腿说：您要是砍树，就先砍了我。儿子显然是不能砍的。后来，周飞家的新房子硬是等小鸟长硬了翅膀飞上了蓝天后，才盖的。

在贫穷的小村子里，粮食对一个家庭来说是什么？可一次，有个村民在路上捡到一只受伤的大天鹅。他拿着天鹅找到"鸟痴"朱以勋校长后说：你不是爱鸟吗，给我50块钱，我就把天鹅给你。朱校长二话没说，回家拎起面口袋到街上把面卖了，把卖面的50块钱给了那个村民。这以后朱以勋带着同学们天天看护着受伤的大天鹅。养得好一点了就试着放飞，放了七次都没成功。一天晚上，值班的同学听到天鹅发出了一声长长的鸣叫，赶快跑过去看，大天鹅已经倒在了地上。大天鹅被解剖后发现，它身体里有六颗子弹。

朱校长把天鹅做成标本，带着全校的孩子们，从田间地头一直走到县长办公室。一路走一路向人们说着：大天鹅是我们国家重点保护的野生动物，是我们人类的朋友。

那次回到北京后，我把大余小学爱小鸟的故事讲给朋友们听，一位做生意的朋友给了我一万块钱，1994年7月我们把30个穷孩子和10名老师请到北京，希望他们能把自己爱鸟的故事亲口讲给北京的孩子们听一听。

让我感动的是，就是在我们民间第一次举办的环保活动"让我们再来手拉手，爱心献给大自然"中，一位退休老人，从我制作的广播节目中听说孩子们在来北京的路上，一天一夜没吃没喝，拿着自己刚刚补发的200块工资找到朱校长："我们北京人不能让孩子们再饿着肚子回去。"这位老人还买了一大包毛巾，递到朱校长的手上时说：让孩子们回去的路上擦擦汗。

孩子们在北京时，我想让他们也过一次城里孩子周末常过的生活，就给前门肯德基老板打了个电话，讲了穷孩子爱小鸟的故事。老板听后慷慨地说，让孩子们来吃吧，全部免费。吃完饭，每个孩子还得到了一个漂亮的书包和一个水壶。为了让来自农村的孩子们，在今后的谈资里多点有关中国的传统文化，我和一起组织活动的人

追寻"野人"的足迹
——中国环保领跑者

民大学周孝正教授带他们去了故宫博物院。本以为学生有半票,但是没有。20块钱一张,40个人,难住了我们。当我把孩子们爱小鸟的故事通过电话讲给院长听后,孩子们又是一分没花地走进了故宫博物院的大门。

随后,全国有300多所学校和大余小学结成了友好学校,其中还有几所大学。1997年,朱以勋校长以最高票获得首届中国环保大奖"地球奖"。

作为一名中央人民广播电台的记者,我制作的有关环保的节目听众听了后,常常来信说:你们说的破坏环境的事,我们周围也有,可我们不知道应该怎样去制止。你们说的那些保护环境的活动,我们也想参加,更不知道到哪儿去找这样的活动加入?也有人说,我们自己虽然没参与什么保护环境的行动,但是如果有人在做,我们很想用自己力所能及的方式,表达我们对这些行动的支持。

从听众的反馈中我深深地感受到:记者是一座桥,连接了四面八方。

从1994年到1996年,我制作的《这也是一项希望工程》、《有关放养笼中鸟的讨论》、《中国紫金山天文台》得到了"中国广播新闻奖"一等奖,"中国新闻奖"一等奖。

1997年,我和中央几家媒体的记者一起乘船在长江上航行时,见到一位乘客随手要把一个白色塑料饭盒扔进江里。经制止后发现,我们所在的这艘很不错的江轮上竟然没有一个垃圾筒,问船上服务员垃圾怎么办,回答十分一致:扔到江里。回到北京,我采访了中国交通部和长江航运管理部门后得知,在我国长江上运营的客船上,如何垃圾处理确实没有条文规定。

经过现场随机和事后的大量采访,我制作了广播节目《"白"了长江》在中央人民广播电台播出后,交通部和国家环保总局对此给予了极大关注。不久后,有关"禁止在长江航行的船只上使用塑料饭盒的规定"出台;国家环保总局组织大规模的沿江考察,以便进一步制定相关的法律条文。

环境监督,这个词,过去我只是知道,而通过这次采访我懂得了它的意义以及媒介发挥的作用之重。

1998年夏季,长江发生特大洪水时,我随中国女子长江源科学探险漂流队进入长江源区。在那次采访中,录到了长江是如何由冰川融化的水一滴一滴的滴就而成,录到了大量长江源区的音响资料。了解到因遭遇全球气候变暖,世界第三极青藏高原近年的变化及面临的生态考验。同行的科学家说,现在的长江源和几年前相比,退缩得可说是面目全非。一位科学家讲了自己的亲身经历:曾在江源挖了一小块冻土回去分析研究。没想到,过了几年再去时,原本绿绿的一座山秃了。高原的生态太脆弱了,一旦破坏就不可逆转。这位科学家非常遗憾地告诉我:因我们人类缺乏对自然的了解干的蠢事太多了。而现在的环境保护很大程度还停留在口号式的宣传上,要想保护自然,应该从认识自然,了解自然开始,不认识自然,了解自然,又怎么与自然和谐相处?

seeking the footprints of wild man
—— Leading pacemaker of environmental protection of China

那次的江源行，40天和大自然亲密接触，40天对大自然深刻了解后，制作的广播节目《走向正在消失的冰川》获得了1999年第36届亚洲太平洋地区广播联盟广播节目大奖。专家的评语是：记者与自然相处后达到了一种境界。

我越来越体会到，媒体是让公众更好地认识自然，保护环境的重要途径。1999年，在中央人民广播电台我开播了《环保热线》《动物天地》和《走进绿家园自然保护区》栏目。

一位从河北蠡县过路的听众，发现当地小皮革作坊里流出的水五颜六色，严重污染了当地的农田，于是打电话向《环保热线》节目反映情况。随后播出的节目，当地村民竟然也听到了，立刻也打来电话。他们在向《环保热线》表述自家的农田多年来遭受严重污染却无法解决时，把全部希望都寄托在了广播节目上。

为了帮助听众解决这一严重的水污染问题，我制作了跟踪报道。并把电话打到了河北省环保局、保定地区环保局。在他们的过问下，蠡县县长亲自批示：小制革作坊属于国家规定关停并转的15小，要在最快的时间里关闭。困扰当地农民多年的污染，经过媒体的干预，终于得以解决。

杭州古荡，是因水多而命名的江南古镇。可因房地产的开发，最后一片湖水也要被填埋开发房地产了。当地群众给《环保热线》打来电话，希望在节目中帮他们呼吁：为了我们的生态环境，为了自己的家园，请留下这片湖水。节目制作中，我和当地媒体联系，希望他们也加入到我们的呼吁当中。中央人民广播电台《环保热线》和杭州电视台播出后，惊动了杭州市长。在他的关注下，当地建筑部门大规模地修改了原来的设计方案，保住了当地最后一个"荡"。

香格里拉，有人间仙境之意。1999年我在被称为香格里拉的云南迪庆自治州采访时，因1998年9月1日，国家下达了禁止砍伐一切天然林的规定，靠伐木为生的当地老百姓的生活遇到了很大的困难，国家一时又难以解决。环境保护和经济发展，如何处理好二者的关系，记者很难给公众一个答案。于是，就在《走进绿家园自然保护区》节目中展开了讨论，让听众各抒己见。当时，生态补偿机制，就是听众提出的办法之一。七年之后的2006年两会期间，国家环保总局副局长，政协常委汪纪戎为大会做的报告讲的是生态补偿机制在环境保护中的运用。

我是在制作这些广播节目的过程中，越来越认识到环境保护媒体参与和环境保护公众参与的积极意义的。"绿家园志愿者"也在这一过程中孕育。

走进自然,认识自然和自然交朋友

在听众"我们也想做些对环境有利的事,怎么做"的询问中,1996年,我和中国环境科学院的金嘉满走到了一起。我从记者的视角认识到环境保护公众参与的迫切,金嘉满则从环境工作者的角度认识到公众与环境保护之间的关系。于是,我们决定共同发起"绿家园志愿者"。

绿家园这个名字,是我在骑车上班的路上想出来的。绿家园,可大可小。大,可为我们赖以生存的地球。小,就是我们家的院子。绿色代表生命,也代表生机。我们给自己定的宗旨是:走进自然,认识自然和自然交朋友。

无论生活在城市还是农村,鸟是我们人类最常见的野生动物。鸟的生存状况,往往又是一个地区环境质量重要的监测指标。野外观鸟,除了看鸟外形的不同,还可了解它生存的环境。对目前学习负担十分繁重的学生们来说,到大自然中观鸟,对身心也是一种调剂。

1996年10月5日星期六,我把从美国鹤类基金会学来的观鸟方式用上了,发起了中国第一次民间观鸟活动。那天观鸟活动一行80人,冒着秋雨出发了。路上大家一直在为雨天能否看到鸟儿发愁。可是到了北京鹫峰山脚下,带着大家来的首都师范大学生物系高武老师,还没讲完有关观鸟的常识,天空就一片蔚蓝,接着就是小鸟们在林中放开了歌喉,大鸟们在高高的蓝天中展翅飞翔。

那天,下有8岁的小学生,上有70多岁的老人。带着学生们来的一位老师说:天下着大雨,学生们都来了,尤其是男孩。他们的兴趣我都挺感动的,我是教生物的,平时带学生出来的机会不多,学习任务重于一切。孩子们当然愿意出来。观鸟,一是走进大自然,二是了解了我们人类赖以生存的环境。一位中学生说:过去以为,观鸟,就是去野外看鸟吧,真到了大自然才知道,关于鸟还有那么多学问。

那天最高兴的恐怕还要算那位8岁的小姑娘。她平时就对动物有着浓厚的兴趣。观鸟时,高先生一会儿指着灌木丛中说,看,黄鹂、大山雀。听,柳莺、红喉翁。一会儿又问,你们谁知道,喜鹊窝里面的结构是什么样的?你们听说过鸟类搭窝时的"拉、扒、压吗?"就这样,一路走着、说着、问着,小姑娘认识了什么是老鹰、什么是大鸳的。

高先生那天也很高兴。以往他只是带大学里学生物的学生们观过鸟,领着这样一群完全是业余的老老小小的观鸟人到大自然中观鸟,对他来说也是头一回。高老师说,观鸟一般来说,主要是到大自然中去欣赏鸟类姿态的美丽和叫声不同,陶冶情操,丰富对自然的认识。除了这些以外,还应该有目的地看一些东西。比如秋天在北京观鸟，就要注意一下北京地区的候鸟。只有认识了这些候鸟，我们才知道怎样保护它们安安全全从这里过路，到南方去越冬。来年春天再安安全全地回到北京来繁殖。

第一次观鸟，我们看到的鸟还不真少，猛禽起码就有三种，先是看到了一只苍鹰在天空中盘旋。然后看到的是，大鵟。它的尾巴比鹰稍长一点，扇形的。比较小型的猛禽的还有隼。三只大嘴乌鸦是突然闯进我们的视线里的，它因嘴厚而得名。高老师说，能看到这些大型鸟，说明北京地区自然资源还比较丰富，它们在这一地区还能繁殖。高老师还说，有猛禽在天上飞，就说明地下有东西可供它吃。猛禽是食物链中的高层消费者，三级或四级消费者。吃草的鸟则是初级消费者。

从那以后，绿家园志愿者观鸟的足迹留在了东西南北一条一条山路和水边。我们走近过湖南东洞庭湖，和那里的小白额雁一起看到了新千年的曙光；到过山东荣城天鹅湖，和那里的大天鹅一块迎接了新世纪的到来；在江苏盐城，和丹顶鹤一块过过春节；在北戴河给鸟环志，为我们国家目前人手很缺的环志工作培养了一支业余队伍。

人民日报女记者钟嘉在参加了几次观鸟活动后就着了迷，几年的时间里，她已经能认识600多种鸟，成了业余观鸟队伍中大师级的人物。2002年12月6、7两日，湖南岳阳的东洞庭湖迎来了全国各地的观鸟高手。他们要在这里一比高低，看谁能在短短的30个小时里，把更多的鸟收于自己的"囊中"。最后夺冠者为北京绿家园队，他们看到的鸟种是104种。我这里说的"囊中"，可不是把鸟逮起来装入囊里，而是登在自己的观测记录中。从1996年开始观鸟到2002年第一次有了全国的观鸟大赛，中国民间环保组织用了6年的时间。

1996年，义务植树在中国早已家喻户晓，可树种上后基本就没人管了。那年我采访了北京市林业局局长后，"绿家园志愿者"命名后发起的第一个环保活动是"领养树"。让我们没有想到的是，一下子就有几千人加入到这一行列中。一位13岁的中学生在接受记者采访时说：种树和领养树当然不一样。种树，这棵树种上了，长得好不好我就不管了。领养树，树要长不好，别人该说了，瞧这小姑娘，干得什么活呀！这位中学生参加环保活动后，自觉地把一种责任，放在了自己的肩上。

这以后，领养绿地，领养动物，在中国一起接着一起，一个接着一个，义举在全国蔓延。

1997年，我在采访日本老人远山正瑛时得知，在内蒙沙漠上，每年都有很多日本志愿者前去种树，中国志愿者却鲜有前往。从1997年五一开始，"绿家园志愿者"开始推动荒漠植树计划。志愿者们的足迹从内蒙的恩格贝、科尔沁沙地，到黄河、长江两岸，和长城脚下、太行山中。

1997年在内蒙古科尔沁沙地，种下了相当于分之一香港面积的树，那是绿家园志愿者和香港的志愿者一起为新世纪向祖国献上的绿色礼物。

追寻"野人"的足迹
——中国环保领跑者

1997年6月5日,绿家园志愿者在各大报刊上发出倡议:"救救长江里的白鳍豚"。8月8日,在北京自然博物馆举办了大型展览"长江瑰宝—白鳍豚"。展览中我采访了10位观众,知道白鳍豚吗,有8位说不知道,两位说知道的人中,有一位说白鳍豚生活在黄河里。8月18日,北京、江苏50余名绿家园志愿者赴武汉中科院水生所,看望了当时世界上唯一一头人工饲养的白鳍豚"淇淇",并在武汉码头和过往的船只上张贴、分发了5000张保护白鳍豚的宣传画。在码头上,我又采访了10个人:知道白鳍豚吗?还是只有两位说知道。可其中一位追着我说:知道,知道,肉300块钱一斤。

绿家园志愿者在码头上为白鳍豚募捐时,3岁的小志愿者王翰臣在记者问他为什么要给白鳍豚捐钱时的回答是:因为白鳍豚还没吃鱼呢。就是这位3岁的小志愿者,还没有接受正规的教育,在一次绿家园志愿者培训课上,老师拿出一张躺在地上,被猎杀了身边都是血的东北虎的照片让大家看时,突然大声地哭起来。边哭边问奶奶:"他们为什么要杀大老虎?他们为什么要杀大老虎?"这一来自孩子的质问,感染着当时在坐的每一位成年人。

2000年5月,已成为小学生的王翰臣再次到武汉看望淇淇。长大的他,特意把当年为淇淇找的,可还没成婚就死了的雌性白鳍豚"珍珍"画了下来。他说回去后要告诉他的同学们,全世界只有4种淡水豚,生活在中国长江里的白鳍豚最濒危。

1997年的数九寒天,京城举办了一个西红柿节,参加者捧着自己从育苗,栽种,到浇水,到看着它从绿变红的西红柿,一口一口地把它们吃掉,心里那滋味,恐怕只有生活在城里,且亲手种过西红柿的人才知道。在冬日的菜园子里,一位小学老师很感慨:"我是教数学的,应用题里要是说到麸皮、糠皮,现在的孩子没人知道它们和麦子、稻子是什么关系。如今学校里就连种向日葵也没成功过。要不是种的地方见不到阳光,就是种了被学生们踢球都踩死了。孩子们在这儿种地,不光知道菜不是从天上掉下来的,是怎么从土里长出来的,还知道了劳动的辛苦。真是可以学到很多课堂上学不到的知识。"

国家环保总局牟广丰司长作为绿家园志愿者在参加一次"观树"活动后的感慨是:原来对树是只知其然,不知其所以然。"观树",告诉我们什么树分布在那儿,它在那儿到底能起到什么作用,如何美化城市。牟司长一次又一次作为一名绿家园志愿者来到黄河边,走进大沙漠。当有人问他,是什么吸引你参加志愿者活动时他说的是:目前我们国家的环境问题可以用这样三句话形容:局部有所改善,整体还在恶化,前景令人堪忧。所以,要以实际行动建立起环境保护的公众参与机制,而不应只停留在口头的宣传上。

牟广丰说,如果每个公民都能利用自己的休息时间,走进自然,认识自然,和自然交朋友,我们在生活中干的破坏自然的事就会少一点,再少一点。一次植树行动中,牟广丰听一位中学生说:"沙漠的美是一种残酷的美,在沙漠里的时间越长,越感觉到美向残酷转变"后接着说:沙漠,确实会给我们人类很多只有走进沙漠后才会

seeking the footprints of wild man
—— Leading pacemaker of environmental protection of China

有的感受,走进去吧。发出这一呼唤,牟广丰是以一个志愿者的身份。

路易斯和张义是《北京周报》的加拿大专家。每年的沙漠种树活动他们都是约了很多外国朋友一块去的。有一次要到沙漠种草时,路易斯正在赶写一份与2008北京奥运会有关的稿子。结果,她硬是以放弃几个周末休息日为代价提前完成工作,约了20几个外国朋友一道,加入到中国沙漠种草的行列中。

一提到洪水,常常让人们想到洪水猛兽……然而2000年7月《中国青年报》上的一篇文章却用了这样的标题"洪水变洪财"。文章中解释:洪水是大自然自身的一种形式,如果被我们人类合理利用还可以变为洪财。记者在这篇文章中说:湿地的价值如以100来计算,围湖造田产出的粮食,只用了湿地本身价值的9%。多少年来,我们对湿地是忽略了91%不计。人类对自然的了解,是在无数灾难的降临后才逐步认识的。

这篇对于老百姓来说,带着颠覆性观点的文章"出炉"于2000年盛夏绿家园志愿者创办的环境记者沙龙上。一个月一次,请懂得自然、了解自然、在与自然相处中有经验也有教训的人,为记者们讲述他们对自然的认识,对自然的理解。近8年来,动物学家讲了动物也应有自己的福利、社会学家讲了百姓应有环境知情权、企业应信息公开、国外环保项目官员提示:排污权可以交易,草原生态学家认为:地球应是五颜六色的,而不仅仅是绿色;生态学博士提出:我们已面临不可忽视的挑战:外来物种的入侵;国际能源专家告知:什么是清洁能源;环保官员分析:中国南水北调的利与弊;地方政府官员发出:退耕还林中存在着的问题应该怎么办的质疑。

如今,环境记者沙龙,是一个课堂。关注生态环境的记者,在这里提高着自己对自然,对环境的认知水平,也提高着自身的环保意识。环境记者沙龙,是一个平台。在这里,记者们交流着信息,培育着友谊,探讨着行动。北京京密引水渠畔的树要被砍了。一位编辑看在眼里急在心上,记者沙龙上,大家一起想办法向有关部门反映,分头报道,希望今后砍树的斧子不再举起。北戴河,东北亚鸟类迁徙的重要湿地上要建立一个国际会议中心。一位记者知道了在沙龙上一说,大家又分头行动,直到此事惊动了河北省主要领导,最终使这块鸟们喜欢嬉戏的地方,留了下来。北京郊区最大的一块湿地被开发商们觊觎,记者们动起来,以自己的使命感和便利条件呼吁,最终使得这片本已定为高尔夫球场的芦苇荡,成了未来北京的第一个湿地公园。

一位记者到云南昭通采访,听说那里的黑颈鹤在逐年增多;听说那里的老百姓在自己还吃不饱肚子的情况下,保护在那里越冬的黑颈鹤。这些信息传到记者沙龙,马上有了回应,扶助当地贫困学生上学、申请参加云南昭通黑颈鹤保护志愿者协会、在报刊、电台、电视上声援黑颈鹤保护行动。

为环境记者沙龙做出贡献的每一位都知道,这是一个无报酬讲座。几年来,凡是被请到的人无一例外地接受了邀请。一位老专家说,这是我的责任;一位年轻的学者说,这是传播文明的一个重要渠道;一位政府官员说,保护环境是每一个人的事,媒介是一座桥,它沟通的是上下左右,四面八方。这句话,其实是每一位讲者的共识。

追寻"野人"的足迹
——中国环保领跑者

2002年绿家园记者沙龙和中国青年报绿岛联手，使得环境记者沙龙成为更多记者的"加油站"、交流平台和不同观点碰撞的场所。

2002年隆冬，绿家园志愿者合唱团正式成立。从那以后，一首首歌唱自然的歌，回荡在教室、车上和田间。也回响在更多的人的心中……

2004年，北京动物园里有了志愿者导游的身影。这是中国民间环保组织的又一开创。

最初产生在动物园里招募志愿者的想法，是因为1996年我在美国威斯康星州的国际鹤类基金会访问时，发现那儿有好多志愿者做着科学家们做不过来的活儿。全世界有15种鹤，国际鹤类基金会已经收集齐了。那里除了研究不同种的鹤以外，环境教育是他们工作重要的组成部分。而志愿者们来自各行各业，而且有各种的目的。我采访过一个医院的化验员，她曾经养过一只猫，后来那个猫去世了，她觉得自己喜欢动物，离不开动物。于是几乎每天下了班后她就到鹤类基金会去当志愿者。她用一个很简单的录音机录下15种鹤的声音，放给前来参观访问的人听。告诉他们这是美洲鹤的叫声，那是丹顶鹤长鸣，等等。

这位志愿者告诉我，开始自己到这里来，只是因为喜欢动物。在这里越干，越发现自己的人生价值在这里也得到了充分的实现。后来我访问了美国的一些动物园，像华盛顿动物园、洛杉矶动物园，亚特兰大动物园。我发现这些动物园里都有一个志愿者协会。志愿者导游是美国动物园里不可或缺的工作。

不过，最初在中国动物园里开展志愿者服务并不是件容易的事。我找过当时北京动物园的领导，当时动物园的领导认为最大的问题就是安全，出了事怎么办，谁给上保险？他们的这些问题，也困惑了我好几年。

后来我又找到了北京百鸟园，那里的老板听说我们是为他们找来不要报酬的解说员，非常高兴。可是，由于我们缺乏科学的管理制度，志愿者在百鸟园没能坚持下去。

从1996年到2003年这七年间，中国的动物园里也有志愿者导游，一直是我心中的愿望。

2004年，中国动物园协会、绿家园志愿者、中国青年报绿岛、国际爱护动物基金会和北京动物园一起在北京动物园里创立了志愿者导游服务。

2008年，8月26日，我在人民网主持的"绿家园访谈"中，从北京动物园副园长王宝强那里得知：四年来，北京动物园志愿服务已有五万三千多小时，共一万四千八百多人次。

seeking the footprints of wild man
—— Leading pacemaker of environmental protection of China

从关注江河到推动公众参与影响公共决策

2003年，对中国NGO来说是不平常的一年。为公众的环境利益呐喊，成了这个群体新的使命。

春天，中国经历了非常时期。SARS扰乱人们正常生活时，中国的环保NGO一方面发出倡议：禁食野生动物，一边在一家著名电视台的主持人教观众洗手打肥皂搓手心，搓手背时，水龙头里的水一直白白哗哗地流着的做法提出建议：新闻从业人员的脑子里应随时绷着这根弦：我们中国，是世界上严重缺少水资源的国家。冰川退缩、草场退化、湖泊干涸、黄河断流，和非典一样，也是实实在在发生在我们每一个中国人身边的事，也许，不是那么迅速地就威胁着我们的生命。但是以后呢，长远呢……

夏天，2003年是人类登珠峰50年，媒体把注意力放在了专业和业余登山者攀登珠穆朗玛峰上。让人遗憾的是，一些媒体从业人员，特别是一些著名电视台主持人的口中，也把登上珠峰称为：人类终于又一次征服了珠穆朗玛峰。不过，在中央电视台的直播节目里，前方记者刚刚说了珠峰终于被征服时，演播室里的主持人马上纠正，应该是亲近，是攀登而不是征服。虽然只是两字之差，却反映了一个人对待自然的态度。

这一过程，我见证了，参与了，并影响着……

意大利一位50多岁的妇女独自一人徒步穿越塔克拉玛干大沙漠后，深情地说："感谢沙漠宽广的胸怀容纳了我……"大自然的存在，才是我们人类存在的基础！

2003年夏天，中国的媒体与环保NGO开始参与性地关注中国江河的保护。随之，民间环保组织的声音及行动开始影响到了公共决策。2004年2月，国家总理温家宝对国家发改委上报国务院的《怒江中下游水电规划报告》批示道：对这类引起社会高度关注，且有环保方面不同意见的大型水电工程，应慎重研究，科学决策。

国家总理在一个工程报告上批示"引起社会高度关注"，这对中国来说，应该是第一次。"社会"，是什么，公众可以影响决策。为此有人说：保护怒江的行动，是一个标志性的、甚至是具有里程碑意义的事件。这一行动，同时也标志着中国环保NGO迈向了一个新的台阶。《纽约时报》用整版篇幅报道中国怒江建坝之争的文章，2006年被评为普利策新闻奖。

水电开发确实会带来收益。在西部开发水电资源，开发者认为除了解决能源问题以外，还有扶贫。在一片大干快上的热潮中，这一现象被社会上形容成"跑马圈水"。近年来，跑马圈水的积极程度，甚至到了圈地到"最后一公里"、水头一米也

追寻"野人"的足迹
——中国环保领跑者

不放过的境地,西部生态环境面临比以往滥伐天然林木更大的威胁。被开发地原住民的生活也受到了严峻的挑战。

2003年以来,围绕水电工程的争论中,有一种观点为:媒体就是"反坝"。持这种观点的人甚至认为,社会上之所以有人对大规模修建大坝提出置疑,和媒体的宣传有关。

其实,在各大媒体上有关水电工程的正面报道,远远多于所提出的疑义,到是无论从我国的环保事业,还是从传媒发展的历史来看,建坝之争在媒体上出现,这是一个新现象。这一现象直接涉及到我国决策民主化的进程和媒体的作用及职责。

媒体在这一事件中大声疾呼:环境保护,公众参与。和以往有关工程方面的报道相比,媒体对拟建的大型工程从一味说"好得很"变为多种声音;媒体报道的内容大大超越了简单的"反坝"与"拥坝"的争论水平;媒体在传递新观念;媒体在呼唤公众参与。无论是作为媒体的从业人员,还是作为绿家园志愿者,我亲历亲为着这一过程。也希望用自己手中的笔记录这一过程。

从2006年起,绿家园志愿者发起了"江河十年行"。2006年的11月19日,取1119的谐音行走正式起步。绿家园志愿者要连续十年,通过电视、广播、报纸和网络媒体不间断地关注中国西部的江河。江河十年行的路线是:始于都江堰,走过岷江后,沿着大渡河上到康定木格错,穿过雅砻江的锦屏峡谷、攀枝花的二滩,然后走进云南的金沙江、澜沧江、怒江。

"江河十年行",选择十户人家,十个特殊景观和十条江河的水质,从2006到2016年的十年中,把这些江河的生态景观及生活在这些江边百姓的命运及人与自然之间的相互关系一同记录下来。

2006年11月19日到28日的十天里,"江河十年行"的记者们看到了岷江和江上的紫坪埔水电站。为岷江那一处处已经干涸的河床,为都江堰还能不能继续它的四六分水、为都江堰的飞沙堰还能不能继续飞沙而忧虑;

大渡河支流雅拉河的发源地,贡嘎山脚下的木格错,已被当地政府宣布不建水电站了,发展绿色经济。记者们看到的木格措依然原始,依然秀丽;

雅砻江锦屏峡谷里正在紧张地准备着大江截流,雅砻江那还鲜为人知、鲜为人看的屏风般的峡谷绝壁,绝壁下峡谷中的激流,它还能不能继续自由地流淌,这不能不让人为之担心;

在攀枝花的二滩,副市长对记者们说的是:修电站,钱不能只让少数人挣了,要往农民的口袋里装钱。做事要有志愿者参与。这样的领导作风让记者们由衷地赞叹;

在金沙江,我们看望了金沙江之子萧亮中的妈妈,在亮中的坟前鞠了躬,和亮中家乡的人们交谈了怎么能继续亮中保护金沙江的壮举;

seeking the footprints of wild man
—— Leading pacemaker of environmental protection of China

在澜沧江江边的老乡家里坐客后，记者们印象最深的是这样一句话："眼下最担心的是怕搬穷了"。未来的十年里，不知道他们会搬到哪儿去，只能留下他们的手机，希望能与这户人家保持着联系；

怒江，两年来一直在江上勘探的勘探船不见了，只有江边峡谷崖壁上的那些探洞，还在告诉着人们，过去的两年里人类留下的"作为"：江边的滑坡和崖壁的破碎。江边一位穿着工作服的技术人员说：修了水电站后，怒江的激流就再也没有了，会成为一个个的水池子。

2007年12月16日到30日，"江河十年行"第二年行走在都江堰时，2006年我们选定的第一户人家紫坪埔水电站的移民陈明家的大门紧闭着。而且整个村子家家户户的卷帘门都是拉着的。唯一一户开着门的人家告诉我们，因为无生意可做，乡亲们都出去打工了。想想去年来时，陈明一家人刚在政府为移民提供的宅基地上盖了新房，置办了家伙什，用自己的手艺开起了餐馆。没想到才一年，他对新生活的向望就成了大门紧闭。邻居说，政府为他们选择新家的所在地，门前虽有路，却不通车，也就没有人从那里经过，生意做不起来。陈明到更远的山里给人家打工去了。

2008年，陈明所在的紫坪铺大坝旁的家，是重灾区。

从2006到2007，一年来，不变是的木格措，除了今年雪少以外，我们在那里选定的荣东江措一家的日子，因旅游的兴旺，过得挺红火。上山的路铺了柏油。不修水电站了，江措一家憧憬着明年木格措会有更多的游客。

锦屏电站旁的代兴民，去年我们去时家里买了辆车准备加入电站的运输行列中。今年我们去得知家里的车已经卖了，代兴民也到别的地方去打工，原来家里开的商店由他的姐姐在经营。代兴民的姐姐说，当地人很难到水电工地上打工，因为人家嫌他们素质差。修电站对他家来说没想到的影响是，路边种的桑树，被来往大车的扬尘弄得桑叶上全是灰尘，蚕无法吃了。而养蚕的收入，对他们家来说本是重要的生活来源。

江边人家变化最大的还要算是怒江边小沙坝的村民。他们于2006年12月被搬入农民新村。老家立刻被拆掉。新村是盖在他们的水田里的。没有了水田的农民，新村的家，家家都有铺面房，可是一年过去了，没有人能让属于他们的铺面房开张。家家都卖，谁来买呢？我们选定怒江边的人家是老村长何学文的家。2006年我们去时，家里养了很多猪和鸡。卖了就可以供孩子们上学。2007再去时，家里没有了这笔收入，原因是没有院子，新村规定：不许养牛、羊，不许养猪，一家只能圈养20只鸡，可给的鸡笼子只能养得下20只鸡雏。村里一户还住在旧址一间小屋子的村民不肯搬家的原因是，他家有200多棵芒果树。以往每年一棵芒果树能有400~500块钱的收入。而搬迁一次性补偿一棵芒果树的钱是多少？200元人民币。

2007年，一年来我们看到的变化是，修了和正在修水电站的江河，干枯的河床更多了，两岸的大山失去了绿色。要么是黄土，要么是水泥砌的护坡。没修水坝的江水依然自由地流淌着。特别是在怒江边，我们碰到一支特殊的队伍。他们认定：怒江是目前中国激流回旋皮划艇队迎战奥运的训练中，水流最复杂、最典型，水流量最大的一个场地，而且气候也非常好。他们也听说了那里要建电站的消息，希望回去向有关部门反映。

2007年的江河十年行结束后我们得到消息，发改委已经批准六库电站的修建，2008年6月开工。

时间跨度在2008年6月还没有到来的时候，于5月12日28分，在四川汶川发生了8级地震。都江堰、紫坪埔、岷江、大渡河"江河十年行"行走的路线上遭受了巨大的灾难。三个月后，"江河十年行"的另一关注点攀枝花又有36个生命在地震中结束，60万人受灾失去家园。

绿家园志愿者发起"江河十年行"的初衷是对中国江河的担忧，是要以记者的视角把江河的变迁及人与江河命运的相关记录下来。这一记录当然不仅仅是记录，还要把记录下的问题告诉公众，影响决策，保护利益相关群体受到的伤害。两年的行走后，地震使得我们记录下来的江河信息更加珍贵，地震也使我们为之担忧的江河更令人担忧。

2008年后的"江河十年行"所行走的江河因地震与前两年有了那么大的不同。诱因是什么，未来呢，还会有什么发生，我们走，我们记，我们也要发出我们的声音。

我属马，生性喜欢东奔西跑并乐此不疲。十年来和绿家园志愿者上山"领养"树、在水边、林间"观鸟"，在沙漠里留下荫凉，在长江里寻找白鳍豚，生态游、走江河……心中奢望：拉着更多的朋友和我一起，走进自然，认识自然，和自然交朋友。这辈子跑遍中国那些漂亮的地方，让那里永远保持大自然的本色。关注弱势群体、呼吁环境保护公众参与也是绿家园今后要走的路。争取未来的5里，具备到中学开我们"生日"会的资格。

绿家园志愿者及其他
中国环保NGO关注江河的时间表

2003年

2003年6月，走近四川贡嘎山的木格错，仁宗海。

2003年6月，质疑四川都江堰杨柳湖水库。

2003年7月，绿家园、绿岛主办的记者沙龙和保护国际共同召开专家研讨会，商讨如何将在大渡河、都江堰上建坝的信息让媒体、上层和公众知道。中央电视台《焦点访谈》随之赴贡嘎山采访并报道。

2003年8月，北京媒体和环保NGO到湖北襄樊关注南水北调中汉江的生态保护。

2003年8月，"三江并流"世界自然遗产地怒江将修建十三级梯级电站的信息公之于众。

2003年8月29日，召开的四川省政府第16次常务会议上，杨柳湖电站的建设项目被一致否定。在处理保护与发展的关系上，省政府选择了保护。

2003年9月3日，由国家环境保护总局在北京主持召开了"怒江流域水电开发活动生态环境保护问题专家座谈会"。媒体与NGO第一次参加了由政府部门召开的有关江河开发的研讨会。来自动物学、植物学、地学、生态学、遗产地保护和水电部门等不同领域的30多位学者、官员发表了各自观点，指出怒江大坝建设将会付出巨大的生态和社会成本和建坝意味着什么。

2003年10月14-19日，国家环境保护总局组织有关专家及NGO代表对怒江流域进行了生态考察。对怒江流域拟建水电项目主要坝址、高黎贡山国家级自然保护区、保山市和腾冲县部分环境敏感区域进行了实地考察，并于20-21日在昆明市主持召开了"怒江流域水电开发与生态保护问题专家座谈会"，这次会议后来被形容成：云南和北京的专家出现了按"户口"所在地持有观点的现象，既北京人提出疑义，云南人表态支持。NGO列席了这次会议。

2003年10月1日，民间环保组织"云南大众流域"组织10名怒江边的村民进行了为期一周的"怒江对澜沧江的访问与考察"。大众流域的于晓刚说"那次考察就是要获得真实的情况！"，"我们希望能以NGO的名义说服当地政府。""我们把漫湾电站建成后给老百姓带来的问题告诉当地政府，我们赠送他们《世界水坝委员会公民指南》，我们与沿途各县领导交流，希望他们能够了解水坝建成后在移民、泥石流、生态方面造成的损害！"

2003年10月25日，中国环境文化促进会第二届会员代表大会上，NGO代表发起了"请保留最后的生态江河—怒江"的签名活动。62位科学、文化艺术、新闻、民间环保界人士联合签名。这份签名被媒体广泛转载。

2003年11月，"第三届中美环境论坛"在北京人民大学举行，全国较为活跃的环保NGO都参加了此次论坛，会上联名发起倡议：保护中国最后的生态江河——怒江。

2003年12月，"世界河流与人民反坝会议在泰国举行"，中国民间环保组织和参会的60多个国家80个NGO组织以大会的名义联合为保护怒江签名。联合签名书递交联合国教科文组织，联合国教科文组织回信，称其要"关注怒江"。随后，泰国的NGO就怒江问题联名写信，并递交中国驻泰国大使馆。泰国总理他信在信中写道："相信中国是一个负责任的大国，不会因发展自己的经济而牺牲小国的利益"。

追寻"野人"的足迹
—— 中国环保领跑者

2004年

2004年1月,中国社会科学院环境与发展中心等民间环保组织共同在北京召开了"水电工程的经济、社会、生态环境影响"研讨会,随后出版《科学发展观与江河开发》一书;

2004年2月,北京、云南的十几个新闻媒体的记者和民间组织的志愿者一起第一次走进怒江,感受怒江。

2004年3月,全国两会期间,中国环境NGO代表撰写的《保护天然大河怒江,停止水电梯级开发》《关于分类规划江河流域,协调生态保护与经济开发的提案》议案提交给了全国政协委员和全国人大代表。

2004年3月14日"世界关注水坝日",《情系怒江》网建立;

2004年3月22日,"世界水日"北京、云南等多家民间组织分别在北京国际邮局、昆明家乐福商场联合举办《情系怒江》摄影展。随后在北京的十所大学和广州、上海巡展;摄影展在各北京公共场所持续展出至今。

2004年3月26日-29日,北京地球村、自然之友、绿家园志愿者的四位代表在韩国济州岛参加了第五届联合国公民社会论坛,此论坛为联合国环境署第八届部长环境论坛而举办。会上,中国绿家园代表作了《情系怒江》的专题讲演。联合国环境署执行主任、联合国副秘书长托普费尔看了怒江的照片后,提笔写下:"多美的江啊!水一直是全世界人民最重要的需求。"联合国亚太地区执行主任索拉塔也在"情系怒江"摄影展首日封上签名,并专门观看了"情系怒江"网上照片;

2004年3月,中央电视台《新闻调查》"怒江之争"节目播出。

2004年4月,华电集团云南怒江水电开发有限公司副总经理张建新在接受记者采访时说:按照规划,2003年内怒江上将开工建设六库电站,同时启动马吉、碧江、亚碧罗、泸水、赛格和岩桑树电站的设计工作。但是因为随之而来的一连串"舆论攻势"——专家辩论、民间力量的参与、公众要求知道真相,所有的设想开始搁浅,到2004年便有了中央领导的批示;

2004年6月,来自全国23家单位的43名关心"三江并流"世界自然遗产地的民间组织代表、科研人员、新闻工作者以及生活在"三江并流"地区的原住民代表,给正在苏州召开的联合国第28届世界遗产大会写信:"保护三江并流世界自然遗产";

2004年7月,组织专家、学者、NGO采访,关注大渡河诸多电站修建中的移民问题

2004年8月,中国9家环保NGO联合建立网上"中国河网",呼吁"留住虎跳峡";

2004年10月,联合国、世界银行、中国发改委在北京共同主办"水电可持续发展大会"。在中国NGO的协助下,5名住在金沙江,澜沧江边的农民参加了这次国际会议。在这次大会的开幕式和第一天的大会发言中,没有人提及NGO和公众参与。

seeking the footprints of wild man
——— Leading pacemaker of environmental protection of China

三天的会中，因NGO努力发出了自己的声音，因农民代表的出席，大会后两天的发言中，特别是在大会的闭幕式上，无论是联合国官员，世行代表还是中国发改委的领导，都在发言中用很大篇幅提到，并肯定了NGO的作用和水电工程中的公众的参与。

2005年

2005年1月，媒体上展开有关"敬畏自然"的讨论。科学院院士何祚庥在《环球》杂志上撰文说：现在中国电力短缺，需要开发水能，需要修水库，这就不可避免要破坏一些环境和生态。这里有一个权衡得失的问题，如果过分强调保护环境和生态，那么水库就不能建设。我认为，遇到这样的情形，权衡轻重得失的标准就应该是以人为本。随后在《新京报》、《人民网》等媒体上对应不应该"敬畏自然"进行了激烈的论争。本人写的文章中有一篇题为"敬畏自然不是反科学"。论争后有因关部门干预停止。

2005年1月18日，国家环保总局在京宣布停止金沙江溪洛渡水电站等30个项目。这是《环境影响评价法》实施以来国家环保总局首次叫停违法项目。随后56家中国民间环保组织联名写信声援国家环保总局的"环评风暴"；

2005年2月，58名绿家园志愿者访问怒江，并资助沿江小学的30名学生，靠义卖所得在30所小学建立了阅览室；为金沙江之子，年仅32岁就逝世的萧亮中扫墓，并和金沙江边的老乡座谈江河保护公众参与。

2005年3月，与美国《时代周刊》、法国《世界日报》、中央电视台《共同关注》、光明日报、北京青年报、上海新闻早报、三联书店编辑、香港无线电视台记者采访怒江、金沙江。

2005年4月，应水电部门之邀中国科学院和中国工程院院士何祚庥、陆佑楣等科学家方舟子、司马南等民间打假者赴怒江傈僳族自治州考察，随后云南省政府组织专家学者、打假者座谈，并邀请云南大众流域、自然之友代表参加。会上何祚庥等科学家认为，开发怒江水电非常必要，刻不容缓。自然之友代表NGO陈述了十条怒江上为何不适于建大坝的理由。

2005年4月13日，国家环保局召开"圆明园遗址公园湖底防渗工程项目听证会"。这是中国第一次国家级的环保听证会。NGO在会上发言。

2005年4月，应WWF之邀考察蓄水后的长江三峡，水清了。

2005年4月，筹备每天在网上刊登"江河信息"。

2005年5月，绿家志愿者在南水北调工程起点丹江口水库边种树。

2005年6月，在美国耶鲁大学、夏威夷大学讲中国江河保护公众参与。

2005年7月，环境保护与公众参与及模拟听证会项目启动，开始向全国12个城市推广绿色记者沙龙。

2005年8月，中国民间组织联名上书国家有关部门，"提请依法公示怒江水电环评报告"，62个民间环保组织，300余名院士、博士生导师等科学家、知名人士和关注环境的各界人士签名；

2005年9月，绿家园志愿者用义卖的钱到怒江，为30个沿江小学建立阅览室；

2005年10月，《中国投资杂志社》主办"中国水电开发与环境保护高层论坛"，因中国民间组织呼吁公示怒江水电环评报告没有得到答复，在这次论坛上，中国环保NGO没有出席，国家环保总局官员也未应邀参加。

2005年10月，在意大利罗马举办的绿色记者论坛上讲"中国环境保护与公众参与及保护怒江行动"，在挪威南森研究所讲"中国媒体与江河保护"。

2005年11月，美国哈佛大学讲"中国媒体与NGO关注怒江"。

2005年11月，环保总局面向全社会征求意见《推进公众参与环境影响评价办法》民间组织积极响应。

2005年11月，东南亚河流观察论坛在柬埔寨吴哥召开，中国环保NGO代表参加。会上怒江下游、澜沧江下游国家的学者和NGO代表在发言中指出，中国上游建坝和到东南亚开发水电，影响了当地的生态环境及渔民的生活。

2006年

2006年1－11月，在天津、石家庄、上海、南京、武汉、西安、昆明、兰州、南宁、成都十个城市举办绿色记者沙龙。

2006年春节，绿家园志愿者再次走进怒江并为怒江小学绿家园阅览室捐书，捐物。

2006年2月，组织并参与记者、学者沿怒江采访100个潜在移民。采访报告由北京师范大学、香港科技大学做出分析报告。并翻译成英文登在"情系怒江"网上。拍摄"沉默的怒江"电视纪录片。

2006年4月，与联合国教科文组织官员座谈，如何保护世界自然遗产"三江并流"。

2006年6月，国家环保局副局长祝光耀在世界环境日新闻发布会上说：根据当前国际社会的一些反映，以及国内一些专家学者的担忧，发改委、环保总局和相关部门对这一流域的资源开发进行了深入研究，对可能产生的生态影响和生态方面的问题进行了认真的和多方面的论证。现在的论证和评价工作还在继续进行中，原来的方案可能要做大的调整。概括来讲是两句话：对资源匮乏的国家来讲，水利资源的开发依然是国家再生能源开发利用的重要方面；水利资源的开发必须深入进行研究，科学进行论证，慎重地进行决策。

2006年6月，走渭河，拍摄渭河的干涸及因淤积泥沙而修的桥上桥。

2006年7月，和怒江下游萨尔温江流域国家商讨共同保护江河的自然生境。

2006年7月，在立陶宛维尔纽斯第30届联合国教科文组织遗产委员会会议上，大会提交27页纸有关"三江并流"的报告，三江并流被列为重点监测保护项目，这是三江并流自2003年被列入《世界遗产名录》后，连续在3届会议上被列为重点监测保护项目。与会者对该项目审议后建议，次年2月1日前有关方面提供补充材料，供下届会议进一步审议。

2006年8月，走访干枯的渭水之源。

2006年8月，关注怒江的学者与NGO代表向国家发改委能源所研究员阐述：怒江建坝公众应有知情权，应有公众参与。

2006年9月，开始"北京问河"行动、为"中国水污染地图"定位北京水边排水不达标企业。

2006年11月8日四川日报消息：四川甘孜州停建康定木格措龙头水库及其水电开发，发展绿色经济。

2006年11月，组织"江河十年行"参与者媒体：中央人民广播电台北京人民广播电台、北京电视台、经济时报、新京报、南方周末、人物周刊、云南日报、华西都市报；NGO：绿家园志愿者、公众环境研究中心、美籍华人自由制片人；江河：岷江都江堰、大渡河、木格错、雅砻江锦屏、金沙江虎跳峡、澜沧江、怒江等水系和电站，对河流开发做一系列考察，关注这些江河水电开发与环境保护的关系，寻访当地百姓的生活变迁。将连续十年关注这些江河的生态及十户沿江移民或潜在移民，撰写"江河十年行日记"。

2006年12月，开始跟踪考察北京周边水库。

2007年

2007年2月，绿家园志愿者登上位于浙江开化县的钱塘江源头。

2007年3月，由光明日报记者冯永锋创办的自然大学和北京几家民间环保组织共同发起"乐水行"，每周六行走在北京市内及周边的河流边，认识并保护。

2007年5月，绿家园志愿者走进大渡河、海螺沟一次泥石流冲毁的水电站现场、再次见证原生态的木格措。

追寻"野人"的足迹
——中国环保领跑者

　　2007年6月,新西兰举行的第31届世界遗产大会上,丽江古城、故宫、天坛、颐和园、布达拉宫和云南三江并流六项中国世界遗产,被要求在大会上就管理上出现的问题作出解释。对于三江并流世界遗产大会给的说法是:"如果明年'三江并流'再得不到有效整治,'世界遗产'的称号很可能被吊销。"

　　联合国专家在第31届遗产大会上,特别要求中国将日后对"三江并流"附近的每一个工程计划都及时公开透明地公之于众,"希望中国享有世界遗产的地方政府都能从'三江并流'中认识到,成为世界遗产更多地意味着承担责任和兑现承诺,远不仅是享受旅游收益,可以随意开发那么简单。"2008年1月14日至17日,联合国再派检查组到丽江实地考察丽江古城,并提交报告。这个报告对于丽江是否会被列入世界遗产"濒危目录"至关重要。

　　2007年7月,中央人民广播电台、北京人民广播电台、中国环境报、凤凰卫视等媒体采访永定河、桑干河源头。给永定河流域污染企业定位。

　　2007年7月,北京专家、记者随绿色汉江探访汉江源,给汉江原两岸污染企业定位。

　　2007年8月,绿家园志愿者走进青海长江、黄河、澜沧江三江源,目睹江源的沙化现状。

　　2007年8月,绿家园志愿者探访永定河、汾河源。

　　2007年9月,北京三家民间环保组织:自然之友、地球村、绿家园探访长白山,走近东北松花江、鸭绿江、图门江三江源,定位长白山脚下污染企业。

　　2007年10月,凤凰卫视启动大型电视记录片"江河水",记录三峡水电站建成后的长江三峡及两岸的生态变化。

　　2007年11月,专家学者和中国的民间环保组织回应云南政府网上公示的"阿海水电站环评报告",对《阿海水电站环境影响报告书》(简本)提出意见和建议。这是政府有关部门第一次公示长江干流上的水电项目的环评报告。

　　2007年12月,"江河十年行"进入第二年。中央人民广播电台、中央电视台、南方周末、第一财经日报、中国国家地理、南华早报、中国环境报、云南日报、时尚先生杂志等记者、水力水电专家、水问题专家、绿家园志愿者共20人参加。

　　2007年我走了中国11条大江大河:钱塘江、桑干河、永定河、汉江、长江、黄河、澜沧江、松花江、鸭绿江、图门江、汾河的源头。

2008年

　　2008年3月,绿家园邀请国务员参事到怒江调研,随后将调查报告直书国务院总理。

　　2008年4月,我以民间环保人士的身份,参加凤凰电视台大型记录片《江河水》

seeking the footprints of wild man
——— Leading pacemaker of environmental protection of China

在四川和云南的拍摄。

2008年5月,中国环保民间组织在第一时间奔走在了四川大地震所波及的地区。

2008年6月,5月12日汶川大地震后,52名专家和18个民间环保人士联合发出了《建议对西南地质不稳定地区大型水坝项目安全性进行重新评估》的呼吁,并希望政府部门在评估后,将评估结果进行公示。

2008年7月,再次以民间环保人士的身份加入到凤凰台《江河水》在长江、黄河、澜沧江三江源的拍摄。

2008年12月30日,绿家园、环境与公众研究中心以民间环保组织的身份参加国家环保部有关金沙江江河海电站的环评会。

搂

追寻"野人"的足迹
——中国环保领跑者

为怒江小学送书

绿家园书屋

众人除大草

后 记
——记录"野人"的足迹

在一本书上看到过这样一句话把它抄录下来,因为这段话比我自己的语言更能说出我为什么要写这本书。

不知从什么时候起,公益行动者在我们身边慢慢地多起来了。每一个这样的人周围,都有一个小小的磁场,无声地吸引着那些心性相近、情怀相依、理念相似的"同道"们。他们是一道道精神的清流,缓缓然而韧性地渗进在犬儒和物欲的生存状态中日益板结的心田。这些公益行动者与众不同之处,也许我们可以找出很多,但有那么几条,仿佛与生俱来,融汇在他们的血液之中。"相较其他人,他们确实更为留意自己的直觉,遵从自己内心的愿望,并有极为进取的行动能力,去追求自己的抱负,哪怕,这个抱负不被天下人认同。"——一个考察过世界上几十个国家的民间公益行动者的研究者告诉我,在他或深或浅地接触过的这类人士中,给他留下深刻印象的就是这点。

我认识的,并写出来的这些有"野性"生活的朋友,绝对是一个个留意自己的直觉,遵从自己内心的愿望,并有极为进取的行动能力,去追求自己的抱负,哪怕这个抱负不被天下人认同的人。我确信。

让我把他们的故事写出来的另一内心冲动是,他们所经历的事加起来,我认为就是中国民间环保"史记"。说得不知天高地厚一点,我这辈子想写两部"史记",一部是2006年到2016年这十年中国西部的江河"史记";一部,就是中国环保的领军人物。当然,我或许截取的只是片断,不能和司马迁的史记相提并论。但我认为,这些片断的代表性应该让今天的人知道,也应该留给后人。

梁从诫先生是创办中国第一个民间环保组织自然之友的领军人物。从1994年到我写完这部书稿,自然之友是中国最大的民间环保组织的地位没有改变。

廖晓义和她的地球村,与国际环保界的知名人士保持着密切的关系。这一关系使她具有了引领中国民间和国际民间环保沟通与合作的可能。她提出的用中国传统文化关爱自然,是我们中国特有的人与自然和谐相处手段,对世界的影响在未来我想会越来越显示出它的魅力。

唐锡阳和绿色大学生营的故事是一个古稀之年人的年轻,他和马霞的故事则是他生命中的浪漫。二者的结合,让他的人生像火焰,燃烧着自己,照耀在一条条坎坷的小路上。在他用笔书写着小路的延伸时,还在招呼后来者跟上。

王灿发，2007年被美国《时代周刊》评为环保英雄。是他在中国率先打起了保护被污染，与被伤害的群体的大旗。

梁晓燕从教育入手，以学者的思维，志愿者的胸怀把自己"流放"在大山中，感悟自然，感悟民情，让环境教育植根于民间。

吕植从保护大熊猫开始，到用藏传文化以神山圣湖的名义宣扬人与自然的关系。她交的朋友中有她的学生，也有穿着袈裟的僧人。

于晓刚，冒着被有关部门盯着"黄车已过"的境遇，发誓要在中国经济发展的大潮势不可挡时，除了要推动环境影响评价的实施以外，还要建立社会影响评价。

沈孝辉带着我们在长白山找他的神秘花园，讲着什么是风倒木时，我知道，带着朋友们实现长白山大穿越和寻觅难得一见的长白山野生动物，揭露天池里根本就没有什么水怪都是他未来的梦。我愿为他梦想成真加油。

牟广丰被朋友们称为官员里的另类，8小时以内是环保官员，8小时以外是环保志愿者，敢说此话的官员，别说在中国，在世界又能有多少？当今世界上经济发展速度最快的国家的环评，归老牟他们办公室管，他有多忙，有多难，我们一般人不知能不能想象得出来。

杨欣蹲在青藏铁路上为迁栖中的藏羚羊拦车，为退缩的冰川打桩标记，让后人知道冰川曾经在哪里。

奚志农的故事中，那只为昆明世博会做出牺牲的小滇金丝猴，死得如此凄惋。平遥摄影展中他们野性中国展区的那片草地和他火暴的摄影培训课。

运大姐站在中国第一艘民间监测水质的船上那份神情若定。

刘书润，背着小挎包的样子，在草原上，还被人当成坏人吗？他那对沙尘暴特有的"感谢"，沙尘暴领情吗？

马军网上《中国水污染地图》中的黑名单"黑"了多少人；

袁国映看着小野骆驼怎么从妈妈的怀里生出；

周海翔为流泪的天鹅流泪；

给蝗虫立"立户"的陈永林。那一个个故事打动我的，是他们伸向世界的手带着温度；是他们看待人生的眼睛会淌泪的；是他们的心，对贫穷、灾难、不公平，对他人的痛苦和制度的不人道，有着天然的敏感；还着对自然的大爱。

在当今普遍性麻木的日常生活中，在与他人无异的琐碎人生中，他们，可以听到潜藏在自己内心的无声呼唤；而一旦听到，"跃然而起"成了一种生命的选择。

和我一起听着这些故事，记下这些故事，讲给更多的人听这些故事的我的同行们：

　　苏京平，他的"人生热线"里，有我们一起隔着大山，隔着大海的对话和倾诉。

　　我和张可佳的交情里，留下了我们一起为江河的不能自然流淌，为让记者们的脑子里多塞点生态常识，多了解自然已遭毁坏如何挽救，这个月的环境记者沙龙我们打什么人，讲什么着的急。

　　熊志宏，昨天拉着杜邦公司创办了环境新闻奖，今天又在为这个百年老店在中国发展中遇到的新问题能不能成为又一个警示世人的范例出着主意。

　　刘鉴强为虎跳峡叫得急，惊动了国家领导，这份惊动能波及到，或者说能影响到决策者们修改他们手中的开发计划和发展势头吗？

　　在中国特定的时期，特定的环境下，感受着一桩桩、一件件发生在我们这代人身边的事儿，在这些事儿中，交织着人与自然，人与人，政府与民间的关系。即使不夸海口，我写的这本书就是一部中国民间环保史。但我在写的过程中，的确是时时刻刻在告诉自己，应该本着修史的态度记下发生在20世纪末、21世纪初，中国民间环保中的这些普通人做出的与他们的命运连在了一起的不普通的事。这些人与事的纠缠，这些人与事的"关系"，孕育出的结晶，往大了说，关乎着我们未来的生存环境。往小了说，是我为我的祖国留下的一串被我称为命系自然的"野人"足迹。